日本経済図説 第五版

宮崎　勇 Isamu Miyazaki
本庄　真 Makoto Honjo
田谷禎三 Teizo Taya

Eurus Notus Boreas Zephyrus

岩波新書
1878

目　次

図版作成＝風呂谷浩作

I　経済発展の軌跡

「日本国ガ三等ノ地位ニアレバコレヲ二等ニ進メ、二等ニアレバ一等ニ進メ、ツヒニハ万国に冠タレ」

（森　有礼）

I—①

近代化

徳川時代には、貨幣(カネ)を仲介として財貨(モノ)の取引が行われる商品経済がある程度発達していた。しかし国内では封建制が強く、対外的にはほとんど閉鎖的であった。したがって、日本経済の近代化は、明治維新頃に始まったとみてよい。

明治政府が樹立されてから第二次世界大戦直前までのおよそ七〇年間の経済成長率は年平均四〜五％程度だったと推計され、この間の欧米各国のそれより高かった。

維新当時、一人当たり所得二九〇ドル程度(一九八八年価格)の、四面を列強帝国主義勢力に囲まれ、また関税自主権などもなく不平等の立場にあった日本が、外国からの経済援助もほとんど受けずに、高い成長を実現し、明治半ばには近代的な製鉄業を建設し、また西欧的な銀行制度を持つようになったのはなぜか。多くの史家や経済専門家の注目するところである。また、多くの開発途上国の識者の関心を集めてきた。

いくつかの要因があげられるが、指導者が積極的な開放政策の下で先進的な技術・制度を導入し(今日の「国際化」)、そのための費用と人材の投入を惜しまなかったこと、国民、特に若い人びとがそれを日本的に消化するだけの教育を身につけていたことが大きい。それに、いわゆる〃後発の利益〃もあったであろう。

「殖産興業」の経済政策は、先進国に追いつくには効果的だった。反面、「富国強兵」政策の結果、経済成長の成果が必ずしも国民生活の向上に結びつかなかった。また、〃上からの産業育成〃は急速な工業化をもたらしたが、官主導の経済運営の影響を後代に残した。

工業生産の長期的動き

(1900年＝100)

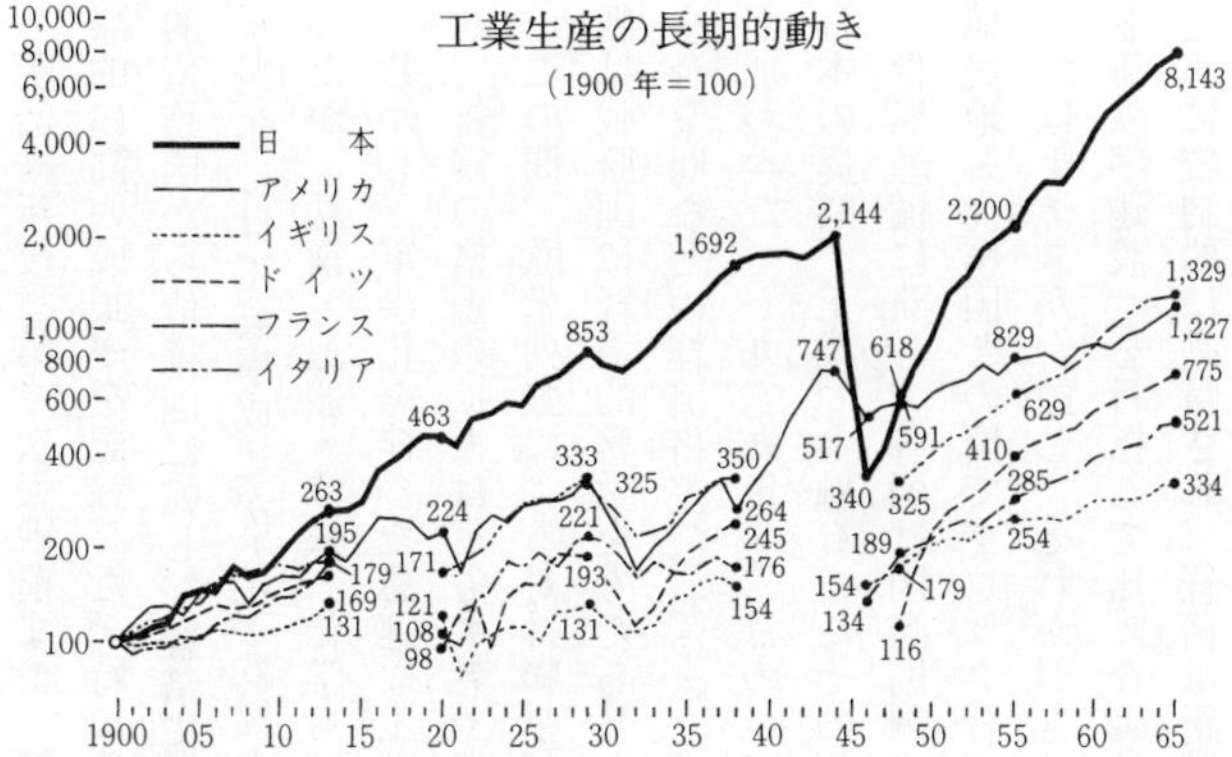

注：ドイツの1948年以降は西ドイツ

資料：OEEC「鉱工業統計，1913-1952」，OECD「鉱工業統計，1900-1962」「鉱工業生産，1955-1964」，「主要経済指標」，「合衆国ヒストリカル・スタティスティックス」，都留・大川編「日本経済の分析」

物価変動の長期的動き（1875年＝1）

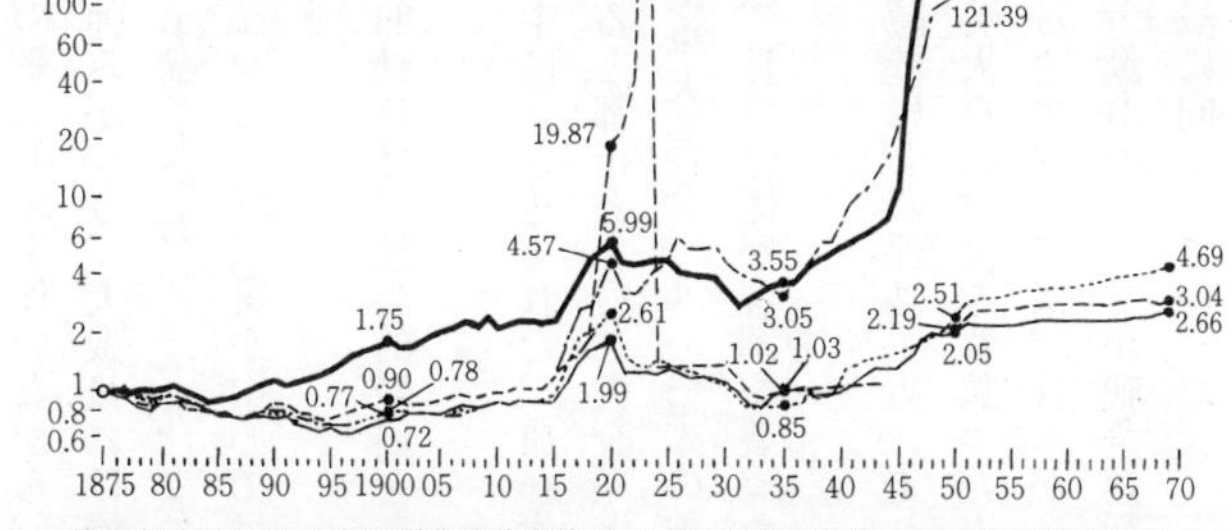

注：ドイツの1923年は通貨改革直後の11月における数字，1948年以降は西ドイツ

資料：各国統計年鑑，国連「統計年鑑」「統計月報」，日本統計研究所「日本経済統計集」

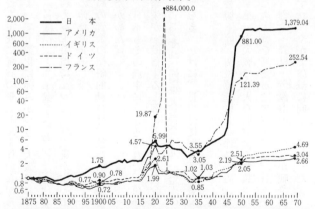

戦前と戦時中

明治維新後、第二次大戦前まで、経済は年々、資本主義に特有の景気循環を伴いながら、国際的に高い成長率を記録した。特に第一次大戦によって工業化に弾みがつき、大戦後には慢性的債務国から債権国に転じ、経済構造もそれまでの農業国から、大戦の終わった一九一八(大正七)年には工業構成比が五六・八%と、五〇%を越える工業国になった。軽工業が中心ではあったが、鉄鋼・造船・機械・化学も、輸出と海運の伸長で発達した。

しかし、軍事化を伴った急速な工業化とそのための資金の傾斜的動員は、社会的発展を遅らせ、貧富の格差の拡大は、労働者や農民の不満をたかめた。

この間、欧米列強による対外膨張競争は激しく、日本もその渦中に巻き込まれた。第一次大戦は戦勝国に経済的繁栄をもたらした。しかし、繁栄が一段落すると都市と農村、大企業と中小企業間などの経済格差(いわゆる二重構造)が顕在化し、それに関東大震災(一九二三年)の被害が加わった。一九二九年一〇月の「暗黒の木曜日」をきっかけに、世界恐慌が各国を襲ったが、日本の農業、工業、金融もまたその打撃をうけた。

世界恐慌に際し、各国は国際協調に失敗し、為替切下げ、関税障壁による保護主義に走り、植民地・従属国との間でブロック経済を形成した。第一次大戦で莫大な賠償金を背負ったドイツではナチスが台頭し、それが引き金になって第二次大戦を迎える。アジアでは、日本が「東亜新秩序建設」を目指して無謀な戦争に突入する。資金・資材・労働力のすべてが戦争遂行のために統制的に動員され、経済は正常な軌道をはずれ、やがて破滅に向かっていった。

財政支出・公債・日銀券

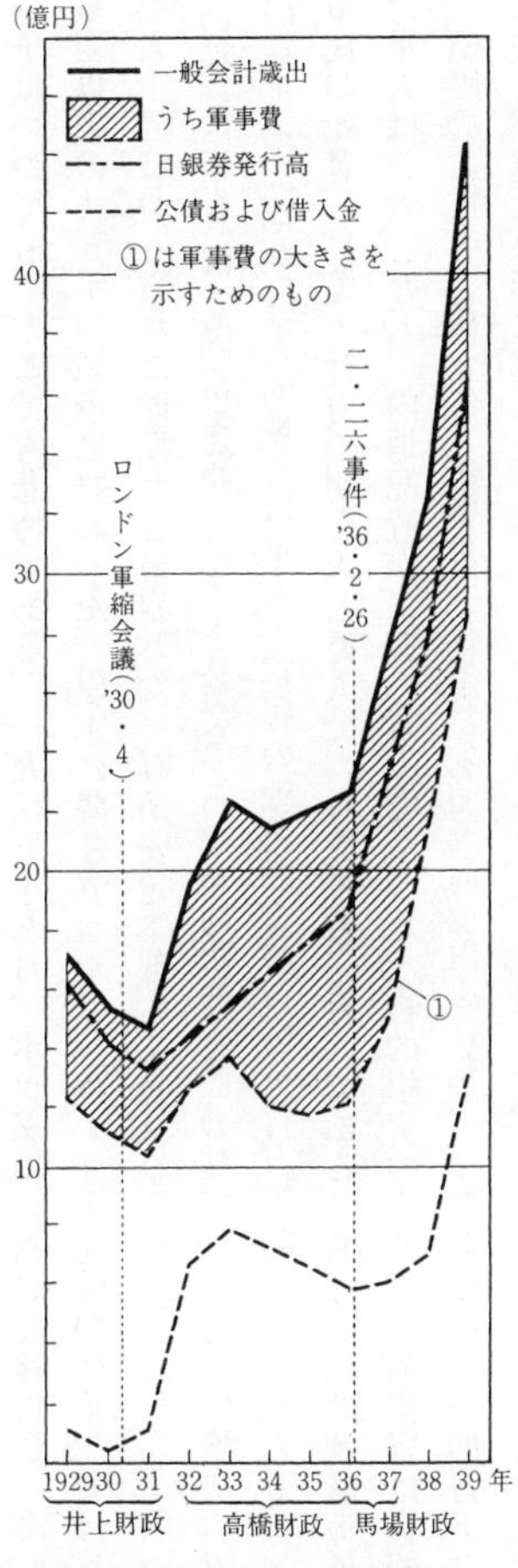

戦時中の生産指数

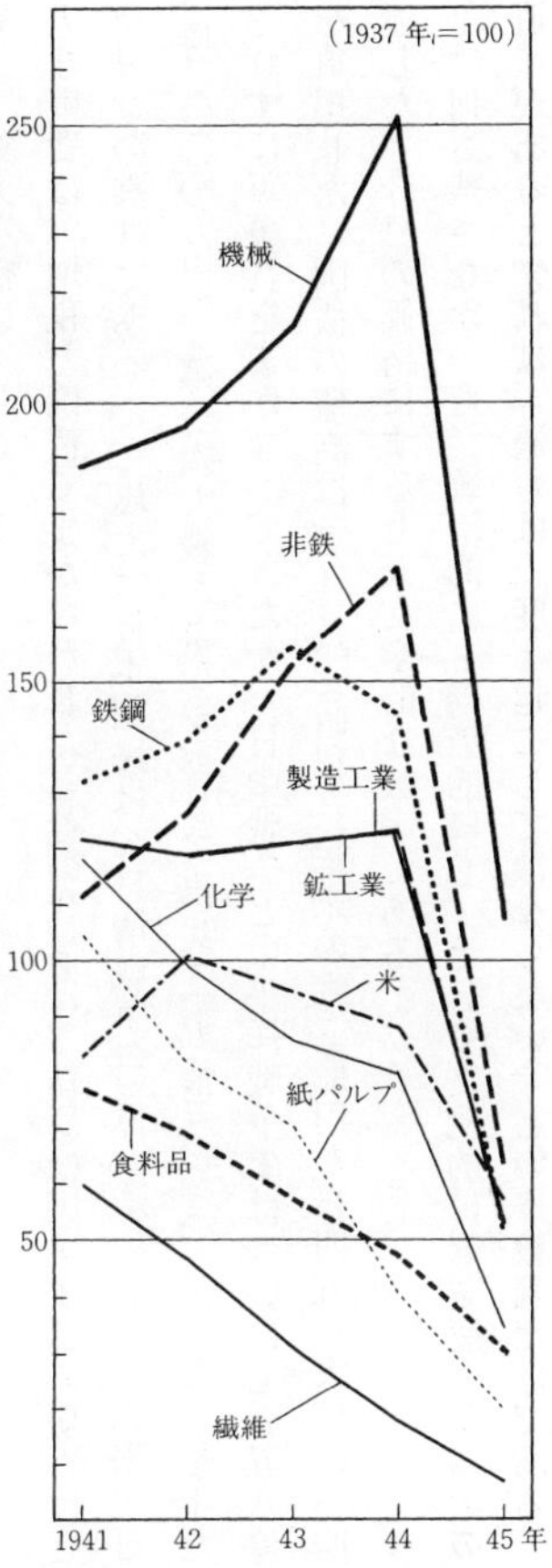

資料：「日本の経済」日本経済新聞社，1988 年など

戦争被害

戦争はいつでも、どこでも悲惨である。一九四五年八月、ポツダム宣言の受諾によって、満州事変以来の一五年の戦争は終わった。厚木に降り立ったマッカーサー元帥の従軍記者は日本を「人工的につくられた砂漠」と形容した。経済安定本部(後の経済企画庁、二〇〇一年から内閣府)の推計によれば、国富(建物・港湾・鉄道などの平和的物的資産)の被害は当時の価格で六五三億円(被害率二二%)。人的被害は軍人・軍属の戦死および負傷・行方不明者が一八六万人、一般市民の死者・負傷・行方不明が六七万人で、合計二五三万人である。ちなみに敗戦時海外にいた軍人は三六〇万人、内地配置が二五〇万人であった。物的損害のうち軍事的損害は兵器七〇〇億円(航空機六万機喪失、艦艇六二八隻喪失の四〇四億円を含む)、一般船舶は八一四万トン分の喪失と、莫大な額に達した。

膨大な戦費は、増税と国債でまかなわれた。その代償は、結局は国民生活の切下げとインフレーションの高進であった。思えば日本国民は、日清戦争(二億三〇〇〇万円)以来、日露戦争(一八億二〇〇〇万円)、第一次大戦およびシベリア出兵(一五億五〇〇〇万円)と、一年たりとも中断されずに軍事費をまかなってきたが、日中戦争と太平洋戦争ではついに七五五八億円の軍事費を負担した。国債の残高は一九三〇(昭和五)年末の六二億円から四五年末には一四三九億円に達した。今日の価格にすると天文学的な数字である。

戦争は何も残さなかった。政治的にも経済的にも、そして文化的にも荒廃と堕落のみが残った。遺産があるとすれば「過ちは二度と起こしてはならない」という教訓だけである。

日本経済の戦争被害

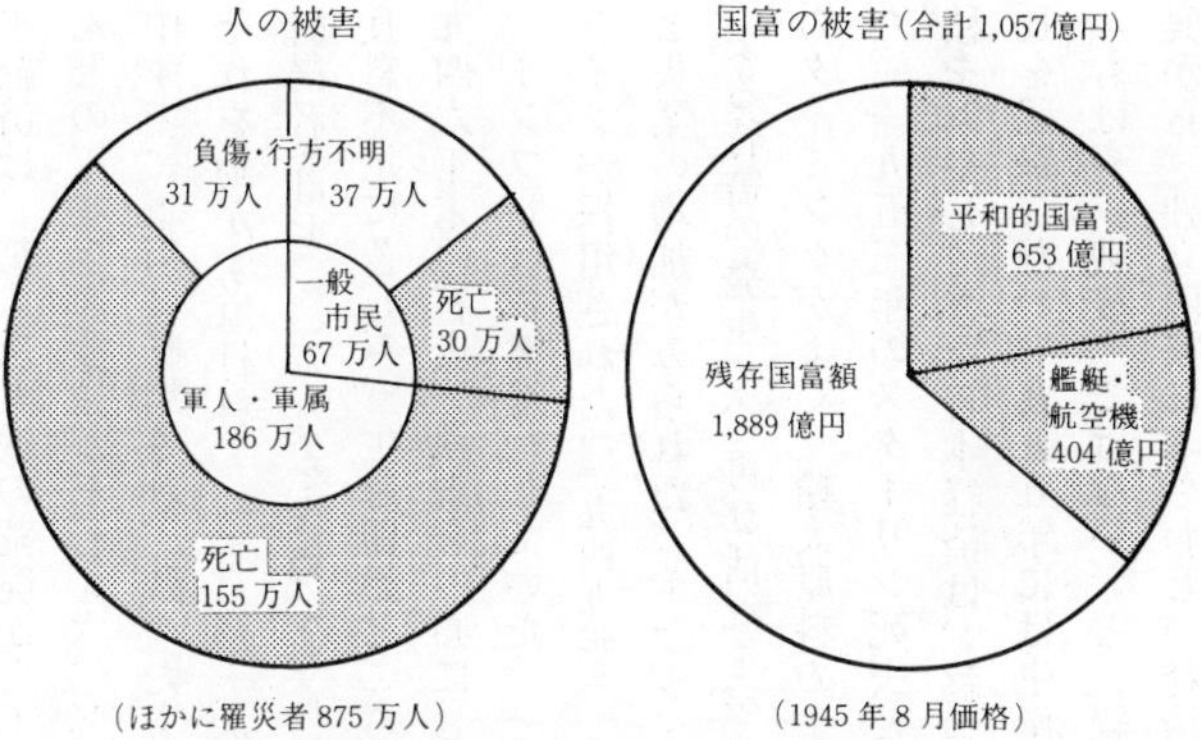

生産能力の被害(個別業種例示)

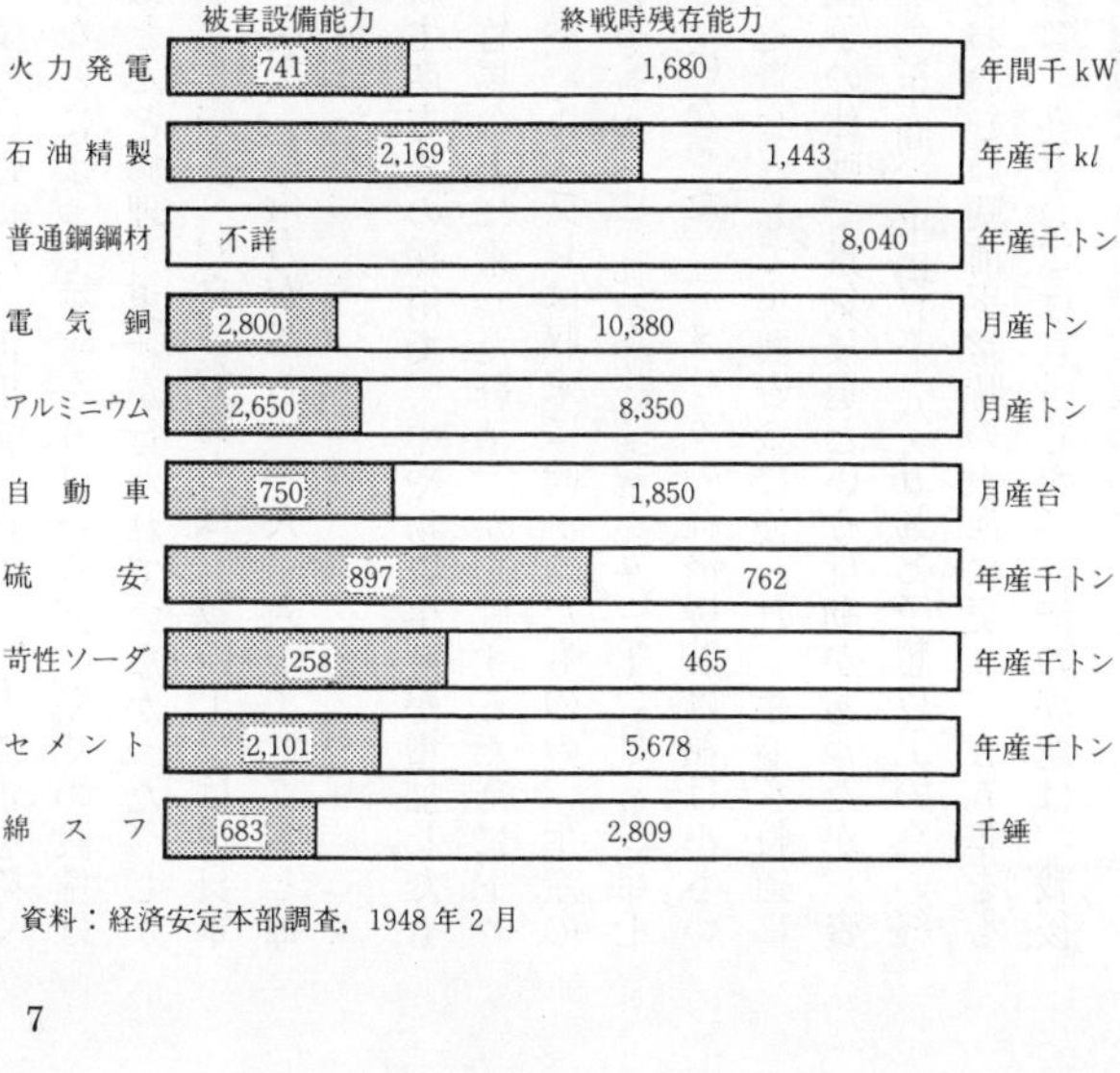

資料：経済安定本部調査, 1948 年 2 月

復興から自立へ

日本経済は、第二次大戦の荒廃から不死鳥のように甦った。再出発時点で、水力発電を除くほとんどの工業生産設備が三〇～六〇%、空襲などによって被害をうけたうえ、多くの設備は戦時中すでに軍用に転用され、残ったものもほとんど修理・更新が行われていなかった。しかも、それを動かす原材料・エネルギーの輸入も途絶えていた。労働力は、数の上では復員軍人・引揚者(計七〇〇万人)を含めて豊富になったが、技術力が落ち、一人一人がインフレと毎日の食料不足に苦しみ、生産開始どころではなかった。

一九四六年末の石炭・鉄鋼を中心にした傾斜生産方式の採用で、やや物資生産が増加したものの、インフレは依然進行していた。そこで「竹馬の上に乗った経済」から脱するためにドッジ・ラインが採用された(一九四九年)。その結果、インフレは収束に向かったものの、生産の縮小と失業の増加がみられた。ドッジ・デフレである。それが朝鮮戦争(五〇年六月～五三年七月)による特需の発生で、再び活況を呈するようになった。アメリカの経済援助は額は小さいながらタイミングがよく、輸入原料の手当や見返資金として復興資金に使われ、生産を軌道に乗せた。一九五三年のスターリン死去と朝鮮戦争の休戦で景気後退という反動があったが、資本蓄積をふやしてきた日本経済は、終戦後の一〇年間、平均して八・五%と予想以上の高い経済成長を記録した。一九五五年には生産水準もおおむね戦前平常時の水準に戻り、五五年をもって「もはや「戦後」ではない」と『経済白書』(一九五六年)は宣言した。経済の課題は、戦後の復興から、独立国家にふさわしい経済自立の達成という目標に変わっていく。

復興から自立までの経済

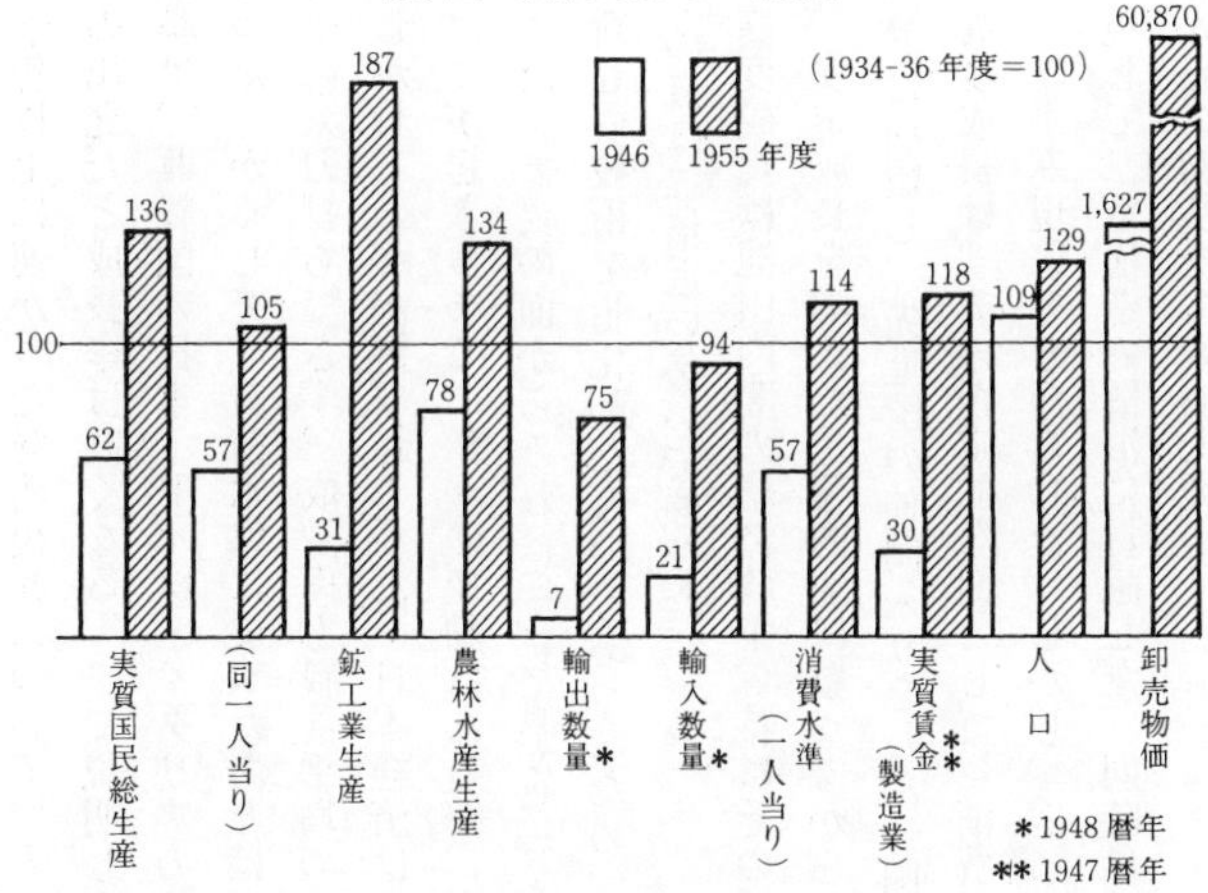

経済成長率の屈折
(復興期)

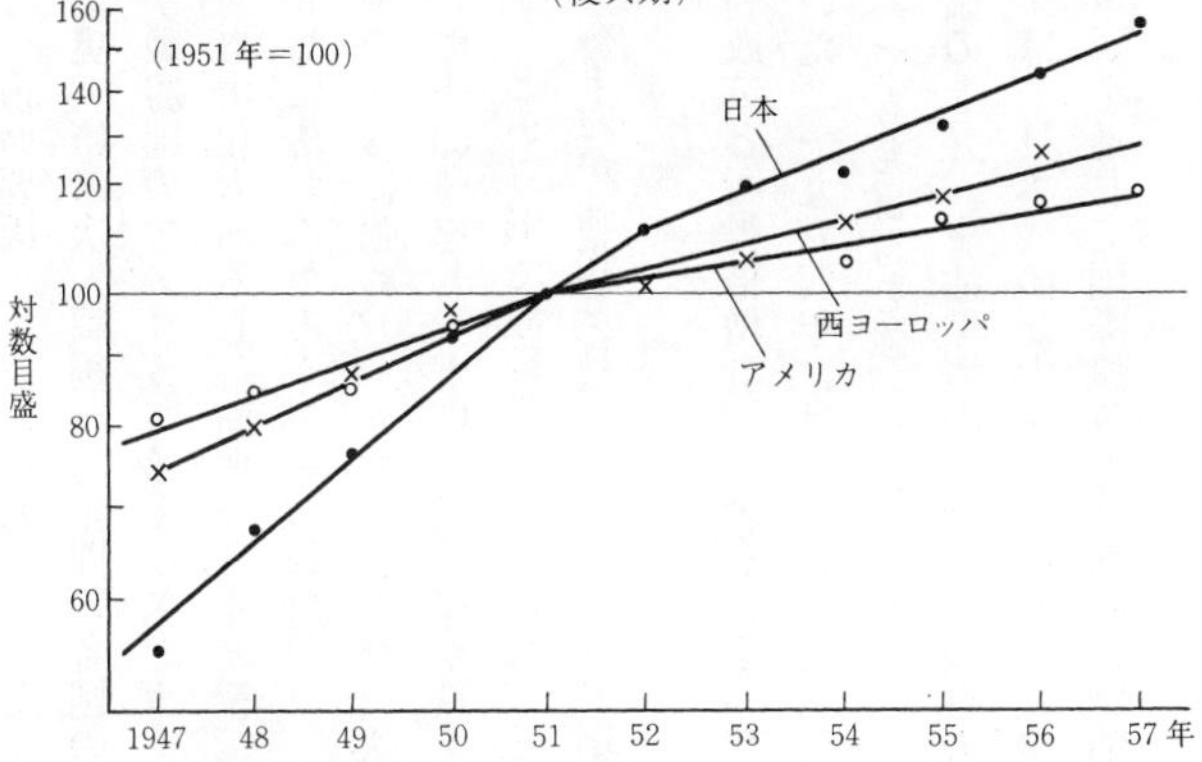

注：1)実質国民所得による
　　2)西ヨーロッパは OEEC 参加国の総合
資料：経済企画庁「経済白書」1958 年度版

高度成長

予想以上に速かった経済復興について、人びとは、復興要因――谷深ければ山高し、ゼロからの出発だと成長率は高くなる――で説明した。事実、第二次大戦後一〇年間の各国の経済成長率は、敗戦国の日本・ドイツ・イタリアのそれが戦勝国のアメリカ・イギリス・カナダを上回った。かくして、戦前水準に戻ったあとは、貿易自由化もあるし〝脆弱な日本産業〟は国際競争に太刀打ちできず、成長率も戦前平均の四～五％に落ちるだろうとみられた。

しかし、奇跡が再び起こった。日本経済は成長率をさらに強め、一九七三年に第一次石油ショックが起きるまで、年々の変動はあるが、平均して一〇％を若干上回る成長率が続くことになった。需要の面からみれば、〝投資が投資を呼ぶ〟という形で設備投資が行われ、その投資は新しい技術を胎化したものであったため、国際競争力が強化され、輸出がＧＮＰ(国民総生産)のほぼ二倍近い勢いで伸びた。

高度成長は池田内閣の経済政策、特にその低金利政策と所得倍増計画の理念によって推進され、安定成長を唱えた佐藤内閣になってからも続いた。一九六四年にはＯＥＣＤ(経済協力開発機構)に加盟し、先進国の仲間入りをした。国際舞台でも発言力を強めていった。

高度成長は、その否定的な面として、消費者物価の上昇、生活環境の立遅れ、公害の多発など、ひずみ現象をもたらした。しかし、総じていえば、日本人の能力を引き出し、完全雇用を実現して二重構造の解消に貢献した。同時に技術革新を通じて国際競争力を強め、物的な貧しさからの解放をもたらした。

主要国の国内総生産の推移

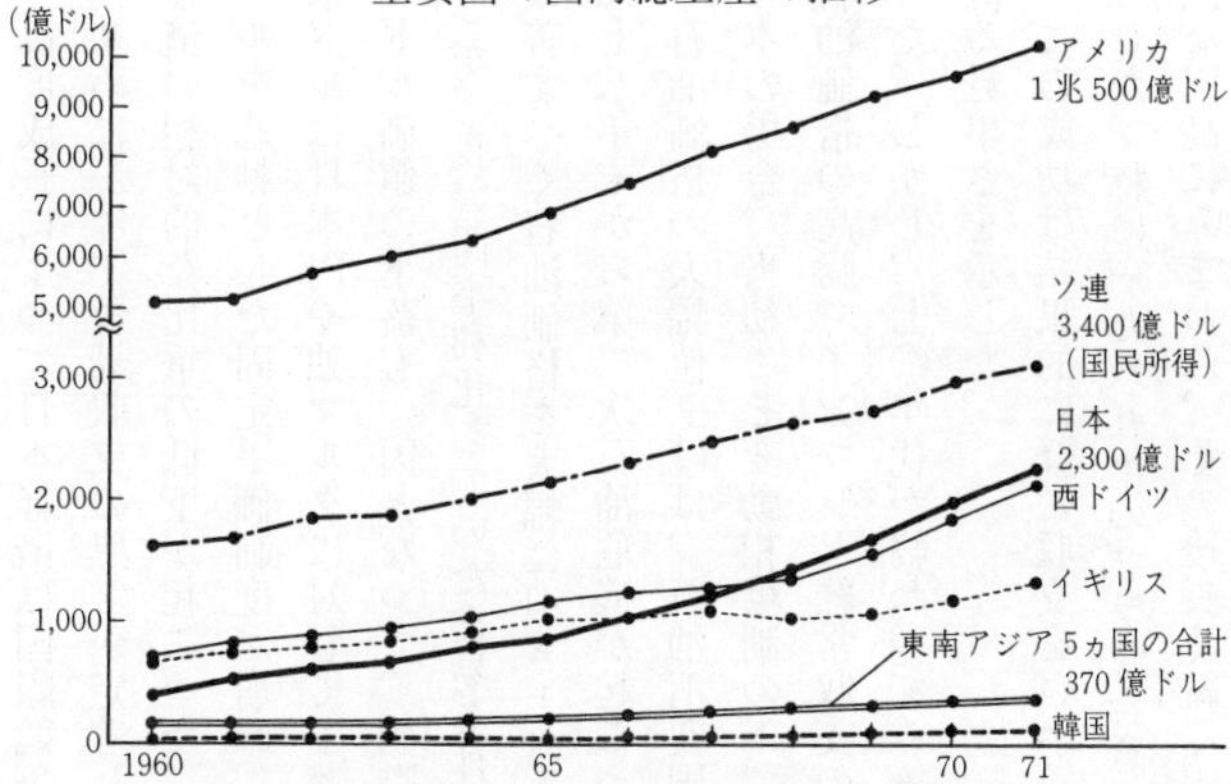

注：東南アジア5カ国はインドネシア，マレーシア，フィリピン，シンガポール，タイを示す
資料：教育センター作成「経済教育参考資料」No.81より

名目需要の主要項目別増加寄与率

(%)

	1966～70年	1971～75年	1976～80年	1981～85年
総需要	100.0	100.0	100.0	100.0
内需	89.5	86.4	85.9	79.4
民間支出	76.7	66.7	69.8	71.2
消費	42.8	52.9	51.5	54.3
住宅投資	6.5	6.5	4.5	−0.9
企業設備投資	22.9	10.1	12.2	17.4
在庫投資	4.6	−2.7	1.5	0.4
政府支出	12.7	19.6	16.1	8.2
消費	6.2	10.7	7.9	9.0
固定投資	6.9	8.6	8.6	−1.6
在庫投資	−0.4	0.3	−0.5	0.8
輸出等	10.5	13.6	14.1	20.6
総供給	100.0	100.0	100.0	100.0
GNP	90.4	85.4	83.9	97.2
輸入等	9.6	14.6	16.1	2.8

注：新SNAによる

I—⑥

石油危機とその後の円高

高度成長によって日本経済は国際競争力を増し、輸出が伸びて、一九六〇年代末から七〇年代初めにかけて貿易収支の黒字が定着した。ヨーロッパでも生産力が高まったため、アメリカ経済の相対的な比重の低下が起こった。そこで、それまでの戦後世界経済の基盤となってきたドルを基軸とした固定平価制度が崩れ、一九七三年から変動為替相場制に移行した。その結果、米ドルは日本円や独マルクに対して下落した。

ドル価値の下落も一因となって、国際舞台で発言力を増しつつあったOPEC（石油輸出国機構）が、長い間不利化していた交易条件（輸出価格指数を輸入価格指数で割った数値で表される）を改善すべく石油価格を大幅に引き上げた（第一次石油危機）。その後も、イラン革命もあって一九七八年末から第二次石油危機が起こった。

石油価格の大幅値上げは、石油消費国にインフレや国際収支の悪化など様々な影響を与えた。日本の場合、当初こそ変動相場制の下で円高になれば企業の競争力が失われて不況になるとか、石油価格の高騰でインフレと経常収支の悪化がもたらされ、ゼロ成長の時代が到来するといわれた。しかし、七〇年代が終わってみると、日本企業、日本経済は世界の中では最も早く立ち直る見事さを示した。

この成功は結果的に経常収支をいっそう大きくさせ、その他の要因とも重なって円高をもたらした。特に一九八五年のプラザ合意（G５によるドル高是正を目指した為替レート調整）以降急激な円高にみまわれ、その後長く続く円高恐怖症を日本人の中に植え付けることとなった。

石油危機後の景気循環の3局面

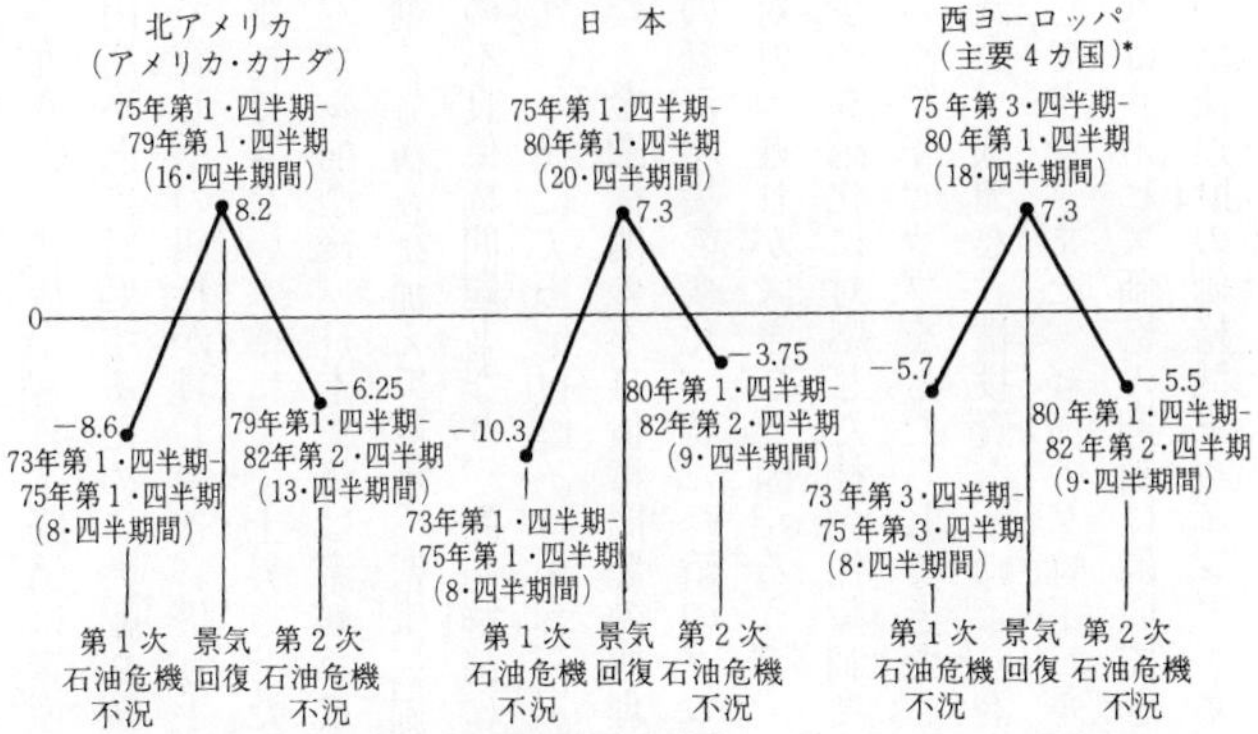

＊：西ドイツ，フランス，イギリス，イタリア

注：山の高さおよび谷の深さを示す数字は，それぞれの期間全体の現実成長率からトレンド成長率を差引いた値．なお北アメリカと日本はGNP成長率であり，西ヨーロッパはGDP成長率である

資料：OECD Economic Outlook，No.31

日本の貿易収支と経常収支の推移

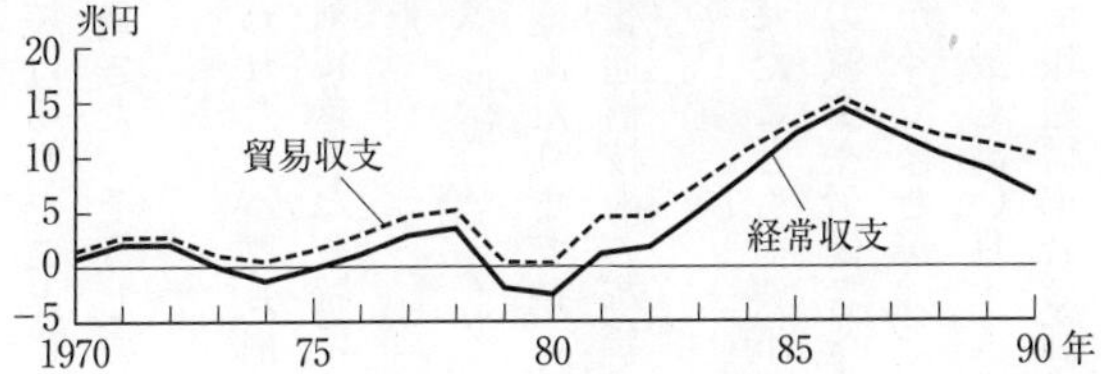

円/ドル・レートの推移

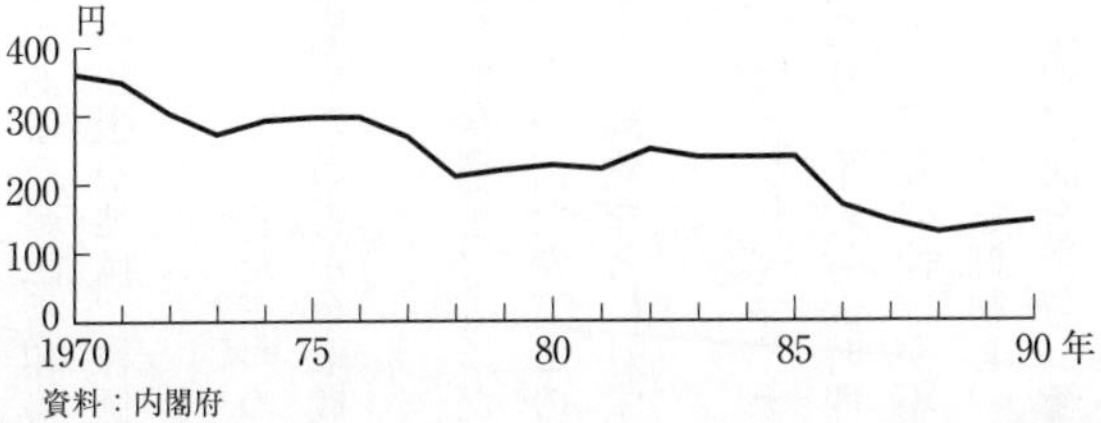

資料：内閣府

バブル経済の崩壊とデフレの長期化

一九八〇年代後半、日本経済は資産価格バブルを経験した。それは、八五年のプラザ合意後の円高不況に対処するために大幅な金融緩和が長く続けられたことに一因がある。金融緩和の下で貸し手の銀行が貸し過ぎ、借り手の企業も借り過ぎた。そうした信用の膨張が地価、株価を維持できない水準にまで上昇させた。

バブル崩壊後、日本経済は深刻な景気不振に見舞われた。バブル崩壊によって生じた三つの過剰(企業債務に加えて設備と雇用の過剰)が不況を深刻化させた。特に企業債務の過剰が金融機関の不良債権問題となり、問題解消に時間がかかった。

九〇年代に入って以降の日本経済の最大の特徴は、低成長とデフレ(継続的な物価の下落)だった。金融機関の不良債権問題の処理が二〇〇四年度あたりまで続いたことも一因だが、この間の経済環境の変化、特に経済のグローバル化、情報通信技術の革新、少子高齢化などに対する対処の遅れが大きな要因だろう。

少子高齢化に対応した社会保障制度への移行が遅れたことも需要不足の一因となり、マイナスの需給ギャップをもたらしてきた。生産年齢人口の減少や労働者一人当たりの平均労働時間の減少、低調な設備投資などにより潜在成長率も下がってきたが、それ以上に需要の伸びが不足してきた。また、経済のグローバル化は東アジアで最も高い日本人労働者の賃金を抑制し、それはサービス価格の抑制に働いてきた。さらに、情報通信革命は価格革命の側面を持ち、情報通信関連財の価格低下やインターネット経由の低価格競争取引が物価の低下を促した。

日本の地価・株価の推移

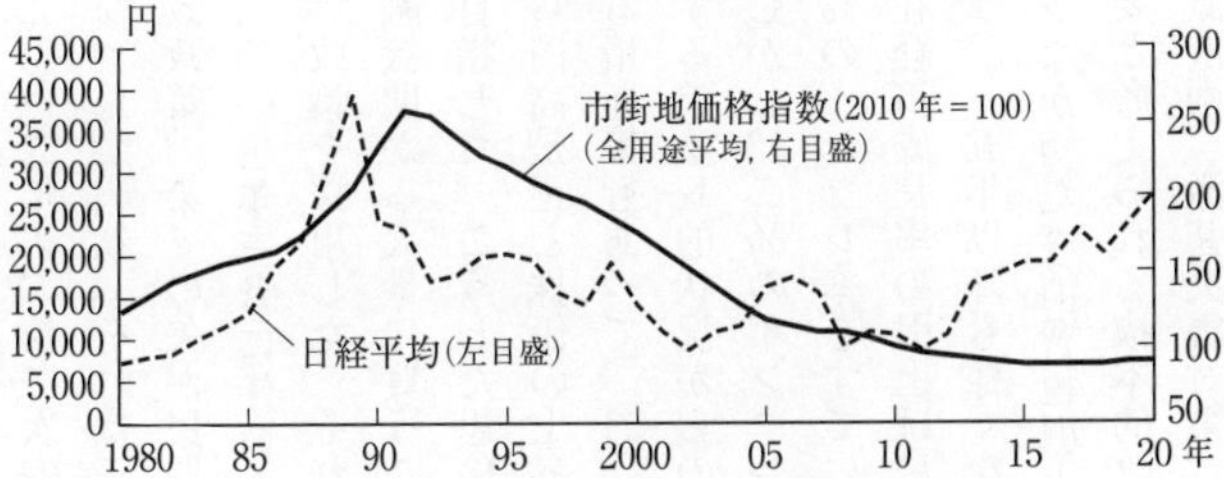

需給ギャップと消費者物価変化率

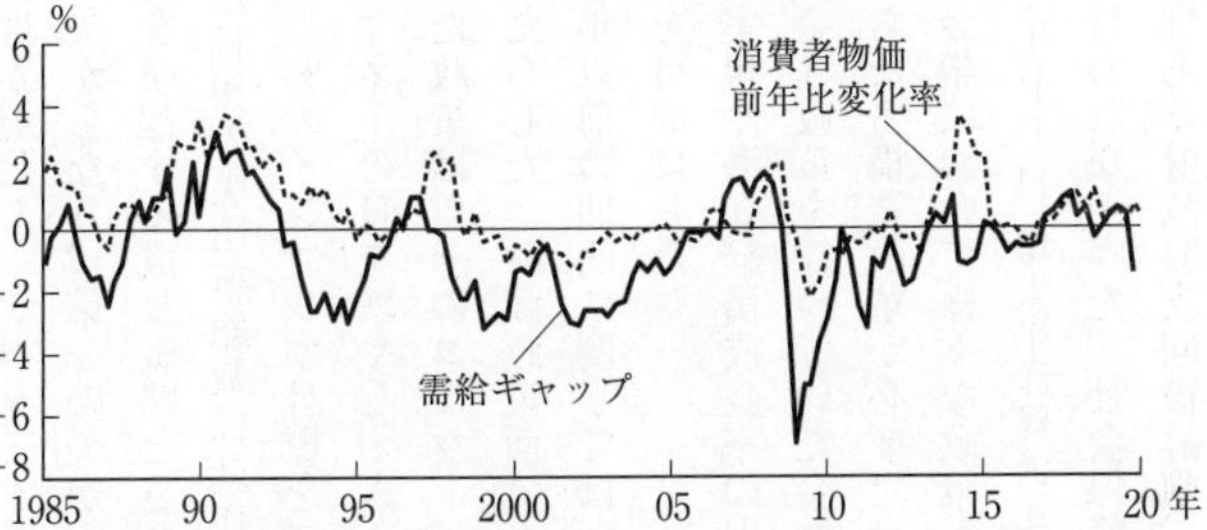

注：消費税の導入と引き上げ：1989年4月3%, 97年4月5%, 2014年4月8%, 2019年10月10%
資料：内閣府, 総務省

主要国の消費者物価指数の推移(財・サービス別, 2001年=100)

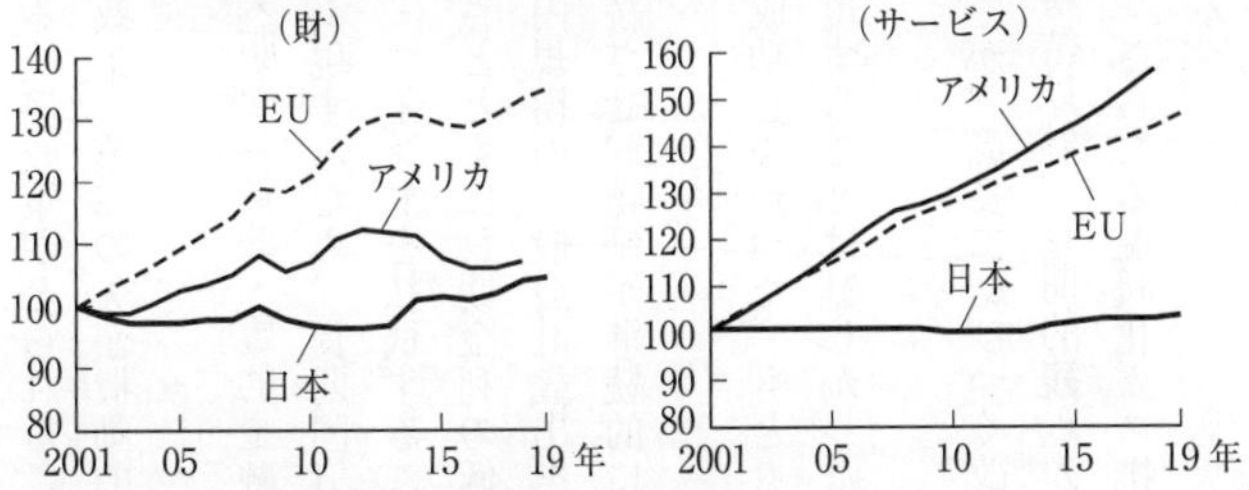

資料：Eurostat, US Bureau of Labor Statistics, 総務省

I—⑧
アベノミクス

二〇一二年末、第二次安倍内閣が発足し、アベノミクスと呼ばれる経済政策がとられることになった。当初、それは三本の矢からなり、第一の矢が大胆な金融政策、第二の矢が機動的な財政政策、第三の矢が民間投資を喚起する成長戦略とされた。

二〇一三年三月に任命された日銀の黒田新総裁は就任直後から大胆な「量的・質的金融緩和」政策を採用した。それは、二%のインフレ率目標を二年程度で実現するため、長期国債を金融機関から大量に買うことでマネーの量を増やし、人々のデフレ・マインドを払拭することを目指した。こうした思い切った政策は、そのコミットメントの強さとともに長期金利の低下から円高是正と株価の上昇をもたらした。財政政策面でも一〇〇兆円規模の一般会計歳出を続ける積極策もあって、二〇二〇年以前の期間に関しては、景気を持続させ、物価が継続的に下落するデフレ的状況からの脱却を可能にした。

しかし、二%のインフレ率の実現や潜在経済成長率の引上げには成功しなかった。もともと二%のインフレ率をすでに超低金利政策を採っていた金融政策で実現することは難しかったし、潜在経済成長率の引上げにはさらなる構造改革が必要だった。

二〇一五年以降も様々な戦略会議において様々な政策が発表されたが、成長に結びつく改革は少なかった。消費税引上げやTPP11（環太平洋経済連携協定）の締結以外、長期的観点から重要と考えられる抜本的改革が行われなかった。社会保障制度改革、さらなる温暖化ガス排出削減計画、激甚災害対策、信頼性ある財政収支回復計画、などである。

10年国債利回りと日銀保有長期国債残高の推移

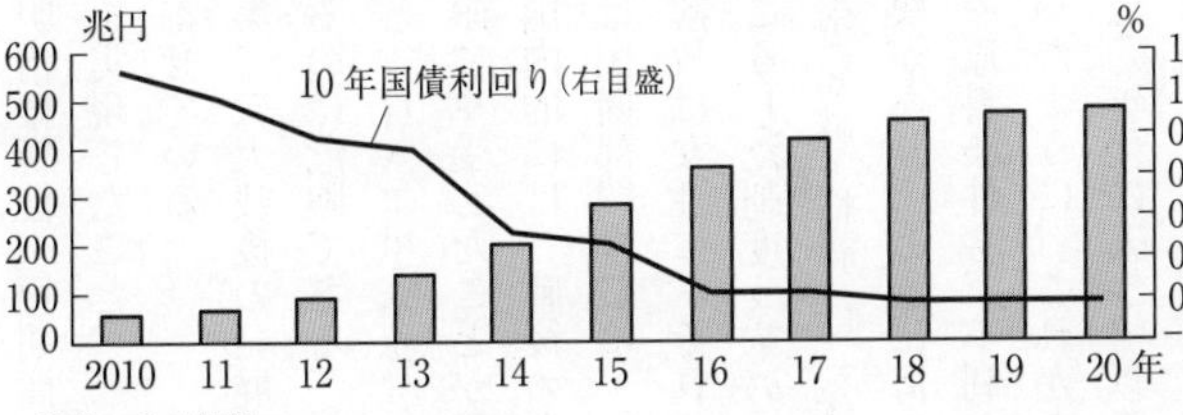

資料：日本銀行

日米長期金利差と円/ドル・レートの推移

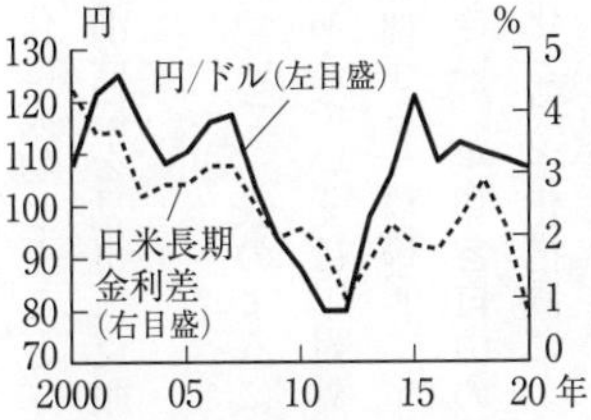

資料：内閣府，財務省

円/ドル・レートと株価の推移

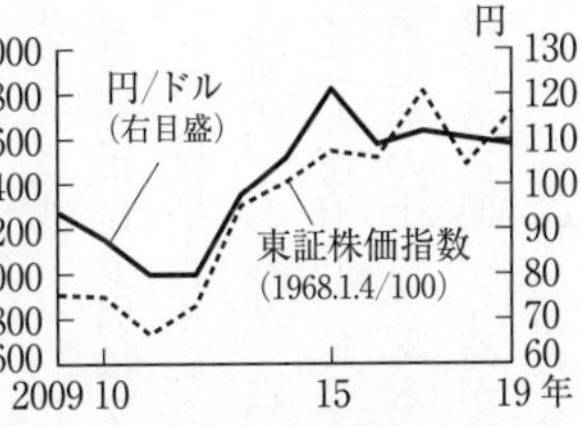

資料：東京証券取引所，日本銀行

一般会計における歳出・歳入の推移

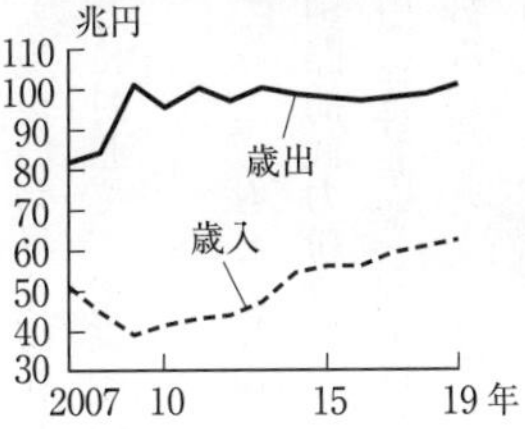

資料：財務省

実質GDP成長率と消費者物価変化率

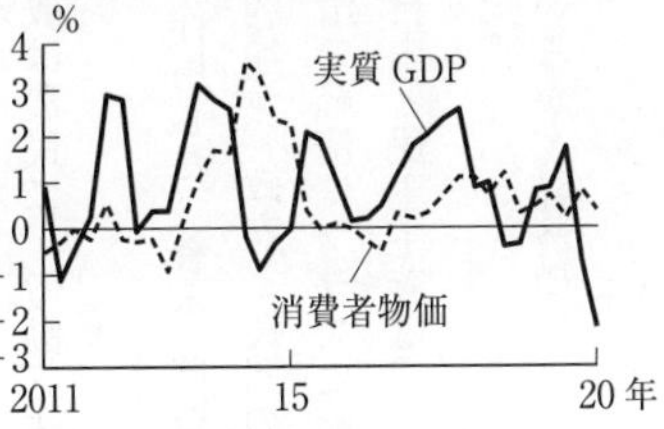

資料：内閣府，財務省

年平均前年比変化率

	1999-2012	2013-20
実質GDP	0.77	0.93
消費者物価	−0.29	0.81

経済発展の諸要因

明治維新後、短期間に工業化に成功したこと、第二次大戦後いち早く復興し、ついで高度成長を実現したこと、二度の石油危機を見事に克服したことに対して、史家や経済専門家も関心を寄せている。

第二次大戦後の発展要因について、表のように整理してみた。もとより複合的要因を単純化するのは危険である。しかしあえていえば、対外的には国際的武力紛争に巻き込まれなかったこと、ＧＡＴＴ（関税と貿易に関する一般協定）・ＩＭＦ（国際通貨基金）の両体制のメリットを最大限に享受したことが最も大きい。平和と自由の尊さである。

国内的には、戦後の非軍事化と民主化措置による制度的改革を何よりも評価したい。非軍事化は民間部門全般に、独占禁止法制定は企業に、農地解放は農民に、労働三法は労働者に、女性解放は女性に、それぞれ活力を与えた。

こうした制度改革の下で、経済的生産要因はプラスに作用した。資本（貯蓄）、労働（教育）、技術（知識・情報）は一体となって生産性を高めた。労使関係も、政府と民間の関係も、ときに軋轢があり、ときに海外からも批判されたが、概して円滑で経済にプラスに働いた。地理的条件や原料条件も、不利さをバネにして有利さに変えた。自由と民主主義は、これまでがそうであったように、これからも経済発展の土台である。

九〇年代に入って以降マクロ経済指標の停滞が続いているが、経済環境の変化に対応した経済構造改革を進めて、「いま一度」の飛躍が期待される。

戦後日本経済の発展・停滞

	これまでの発展要因	最近の変化・停滞要因	必要とされる今後の対応
国際環境	①大国間の平和が維持された，② GATT・IMF 体制下で世界貿易が拡大，③資源・エネルギーの安定供給(石油危機を除く)，④世界経済の一体化	①地域紛争の継続，② WTO 機能低下，③資源・エネルギー制約，④米中摩擦，⑤感染症蔓延による人の移動制約	①軍事大国にはならない，②国際的経済協調，③国際的責任の分担，④自由貿易体制の維持，⑤アジアの重要性認識
国内環境 Ⅰ自然条件	①気候温暖，②長い海岸線で海洋国家の有利性，③国土の高度利用	①海洋国家としての制約強まる，②土地の狭小性(自然破壊，過密)	①資源の有効利用，②環境対策，③東京一極集中の是正
国内環境 Ⅱ経済的要因	①労働力：豊富低廉，高い教育・技術水準，勤勉，忠誠心，②資本：高貯蓄，間接金融制度，③技術：導入活発，経営技術も導入，④市場：自由，競争的，⑤産業組織：近代化，巨大化，⑥政府：誘導，保護	①少子高齢化の進展，②対外投資の活発化と低調な国内投資，③情報通信技術革新(対応の遅れも)，④所得格差の拡大	①少子化是正措置，②高い労働力化率の追求，③硬直的な雇用慣行の是正，④社会開発的技術(技術の非人間性克服)，⑤競争的市場の確保，⑥効率的政府，⑦安定成長(インフレ・デフレ，失業なき経済)，⑧財政再建，⑨ ICT 革新への対応
国内環境 Ⅲ社会、制度	①戦後改革：非軍事化措置，民主化措置(独禁法，財閥解体，農地改革，労働民主化など)，②社会の均質性(人種，言語)：中流意識，自由社会，③言論の自由，情報の発達	①国際化・市場経済化への制度改革不足，②価値観の多様化，③内なる(社会慣行や日本人の思考や行動様式の)国際化への遅れ	①戦後制度改革の良さを継承し，内需中心の成長のための制度改革(特に，持続可能な社会保障改革)，②協調と連帯(多数の国民参加による国民的合意に向けた努力)，③新しい日本文化の形成，世界の中の日本(それによる新しい人間形成)

経済停滞の諸要因

一九九〇年代、特に二〇〇〇年代に入って以降の二〇年間、先進諸国の経済成長率が低下してきた。しかし、世界経済全体の成長率は二〇〇〇年代に入って以降、それまでの二〇年間に比べてかえって高くなってきた。そうした世界経済の高い成長率は中国を筆頭とした新興・発展途上国に牽引されたものであった。低成長に陥ってきた先進国の中でも、日本、欧州諸国はアメリカに比べてより低成長となってきた。さらに、日本は欧州諸国に比べても成長率が低い。

近年において先進諸国が低成長に陥ってきた共通の要因は、少子化の影響で労働投入の増加ペースが低下したことがある。また、経済のグローバル化でサプライ・チェーンが世界的に形成されたが、その過程で新興・発展途上諸国における設備投資が活発化し、比較的熟練を要する仕事も先進諸国から輸出された。それと反対に、先進諸国、特に日本や欧州における設備投資は停滞し、中程度の熟練労働需要が減り、非熟練労働者が増えた。それは先進諸国における消費性向の高い低中所得者の所得増加率を低め、需要低迷の一因にもなった。さらに、低賃金国からの輸入の増大で、先進諸国の労働者の賃金が全般的に上がりにくくなったこともある。

特に日本は、米中や一部欧州諸国などと比べて、情報通信革命に乗り遅れた面があるし、産業構造が大きく変化する中にあって労働市場の硬直性がそれを阻んだ面がある。また、少子高齢化のペースが最も速いにもかかわらず、それに見合った社会保障制度の改革が進んでいない。必要とされる改革を実行する以外、低成長から脱却することはできない。

先進経済・新興発展途上経済実質 GDP 成長率

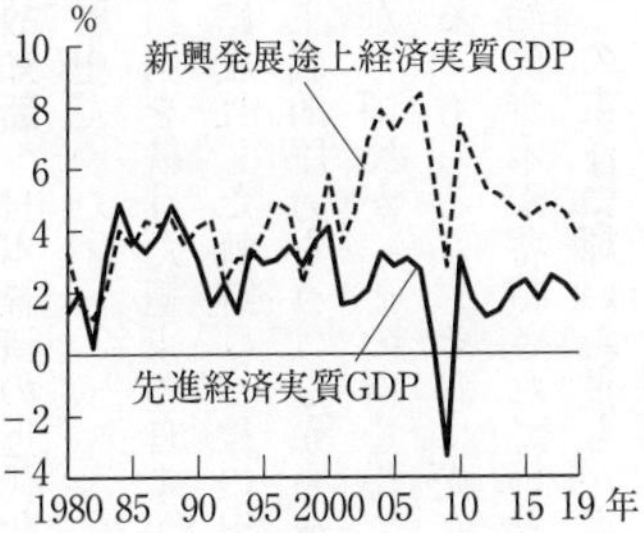

実質 GDP 年平均成長率(%)

	1980-99	2000-19	1980-2019
世界	3.1	3.8	3.5
先進経済	2.9	1.9	2.4
新興・発展途上経済	3.4	5.6	4.5

日米の実質 GDP 成長率の推移

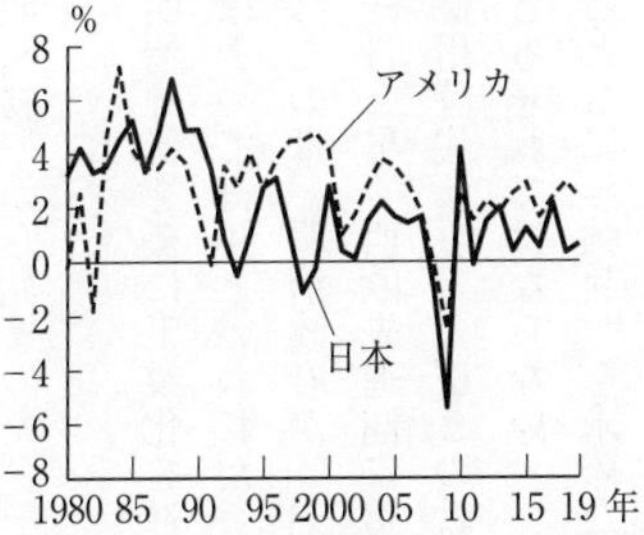

資料：IMF WEO, Apr. 2020

実質 GDP 年平均成長率(%)

	1980-99	2000-19	1980-2019
日本	2.9	0.9	1.9
アメリカ	3.2	2.1	2.6
フランス	2.2	1.4	1.8
ドイツ	2.0	1.4	1.7

日本における労働生産性上昇の要因分解

	高度成長期(1955-70)	安定成長期(1970-90)	長期停滞期(1990-2015)
労働生産性の上昇(a)	7.52	4.23	1.39
労働時間当たり資本サービス投入増加の寄与(b)	3.01	1.67	0.80
労働時間当たり耕地面積拡大の寄与(c)	−0.03	−	−
労働の質上昇の寄与(d)	1.33	0.76	0.31
TFP(全要素生産性)の上昇(e=a−b−c−d)	3.21	1.80	0.28
労働時間の増加率(f)	2.30	0.50	−0.55
GDP 成長率(g=a+f)	9.82	4.73	0.84

出所：深尾京司「世界経済史から見た日本の成長と停滞 1868-2018」岩波書店，2020 年，60 頁

ここでひとこと

温故知新　日本経済の近代化は明治初期から始まった。それから一五〇年余、「輝きと惨めさ」の歴史だった。

鎖国を続けた極東の日本が、明治維新を機に工業化を進め、昭和の初めには立派な資本主義国に成長した軌跡は、後の史家によって奇跡といわれた。西欧の技術から遅れ、しかもその帝国主義的圧力をうけながら成長したのは、明治政府が「知識を世界に求め」「万機公論に決し」ながら国民が「その所を得て」一日も早く西欧先進国に追いつくべく、努力を傾注したからである。もちろん、それに先立つ徳川時代から、人びとの教育水準と技術が高まっていたことや原始的資本が蓄積されていたことも忘れてはならない。

この東洋に輝いた星も、富国とともに「強兵」を求めたために、成長の成果は国民生活に必ずしも十分には還元されなかった。しかも、幸か不幸か日清・日露そして第一次世界大戦と戦勝国となったため、その路線から離れられず、逆に、太平洋戦争に突入し、そして敗戦で再び「ゼロからの出発」を余儀なくされた。

そこで、もう一度、奇跡が起きた。戦争で平和的国富の二二％を失い、インフレと失業に呻吟した経済は、朝鮮戦争の経済的影響もうけたが、ほぼ一〇年で「もはや「戦後」ではない」状態にまで復興した。その後、「勃興期」ともいうべき高度成長を謳歌した。「非軍事化と民主化」の制度改革の精神を遺憾なく発揮したからである。それはしかし、二〇世紀の最後に挫折した。「失われた三〇年」を取り戻すには、まず過去の評価と反省から始めなければならない。

Ⅱ　人口・国土・環境・国富

「人口の多少は国土の面積に比較して計るべきでなく、その勤労可能な人口に、どれだけの勤労の機会を有効に与えうるかをもって論ずべきである」

（石橋湛山）

人口と人口動態

人間は感情と理性を持った生命体であり、万物の霊長である。経済的にみれば生産者であり、消費者である。経済活動の究極の目的は、こうした人びとに豊かさを与えることである。

日本の人口は一八七二(明治五)年に三四八〇万人、一九一二(大正元)年に五〇五七万人、そして、最近(二〇一九年末)では一億二六一四万人となっている。世界人口約七七億人の一・六%にあたる。人口の大きい順にいえば、日本は一一番目にあたる。国連人口基金によると、世界人口の増加率はピークだった一九六五〜七〇年の二・〇五%から低下してきており、二〇一五〜二〇二〇年には一・〇九%(先進諸国〇・二六%、発展途上国は一・二六%)と推計されている。日本の人口は二〇〇八年(一億二八〇八万人)をピークに減ってきているが、出生率の低下、その中でも特に若年出産の低下が主因である。

経済的発展とともに教育年限が延び、結婚年齢も上昇し、出産が高齢化してきた。多くの先進諸国、特に東アジア諸国と共通の現象である。その一方、衛生思想の普及、医療の発達、栄養の改善などで死亡率が低下し、世界的に平均寿命が上昇してきている。日本人の平均寿命は二〇一八年時点で女性八七歳(世界第二位)、男性八一歳(世界第三位)となった。

生産年齢(一五〜六四歳)人口も一九九五年をピークに減少してきているが、これだけの働き手で、狭い国土の中で生活していかなければならない。人口をどの産業、地域にどう配分していくか、リモート・ワークのあり方を含め、国づくり・人づくりのポイントになる。

日本の人口と年平均人口変化率の推移

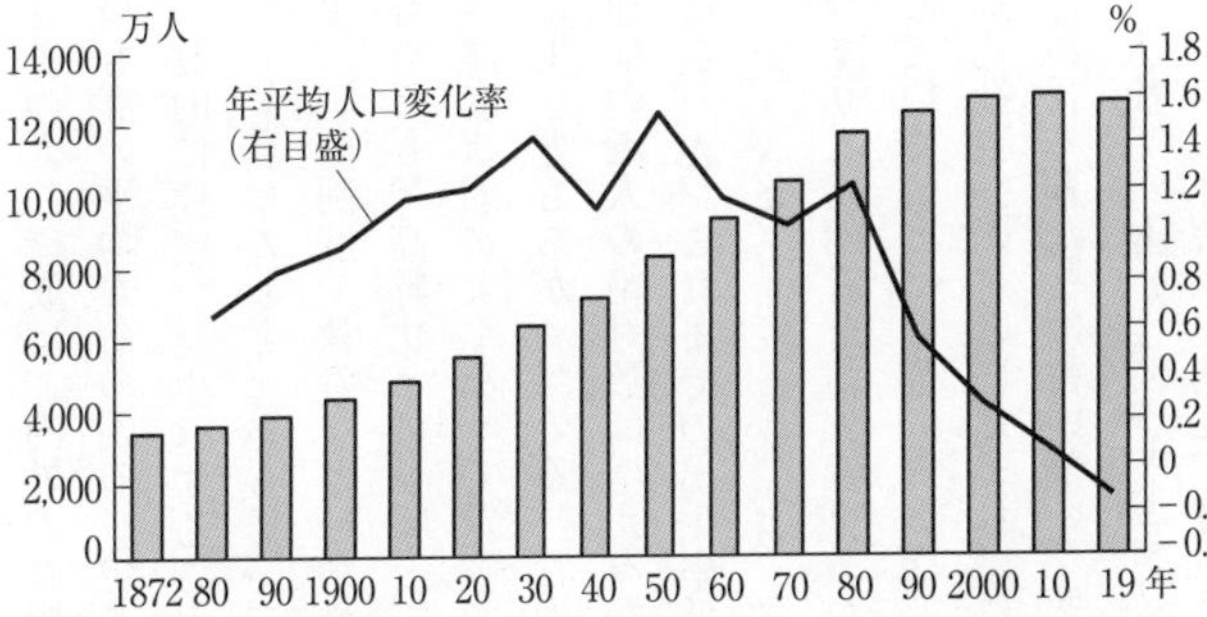

資料：日本銀行統計局「明治以降本邦主要経済統計」1966 年，総務省「人口推計」2020 年

出生数および合計特殊出生率の年次推移

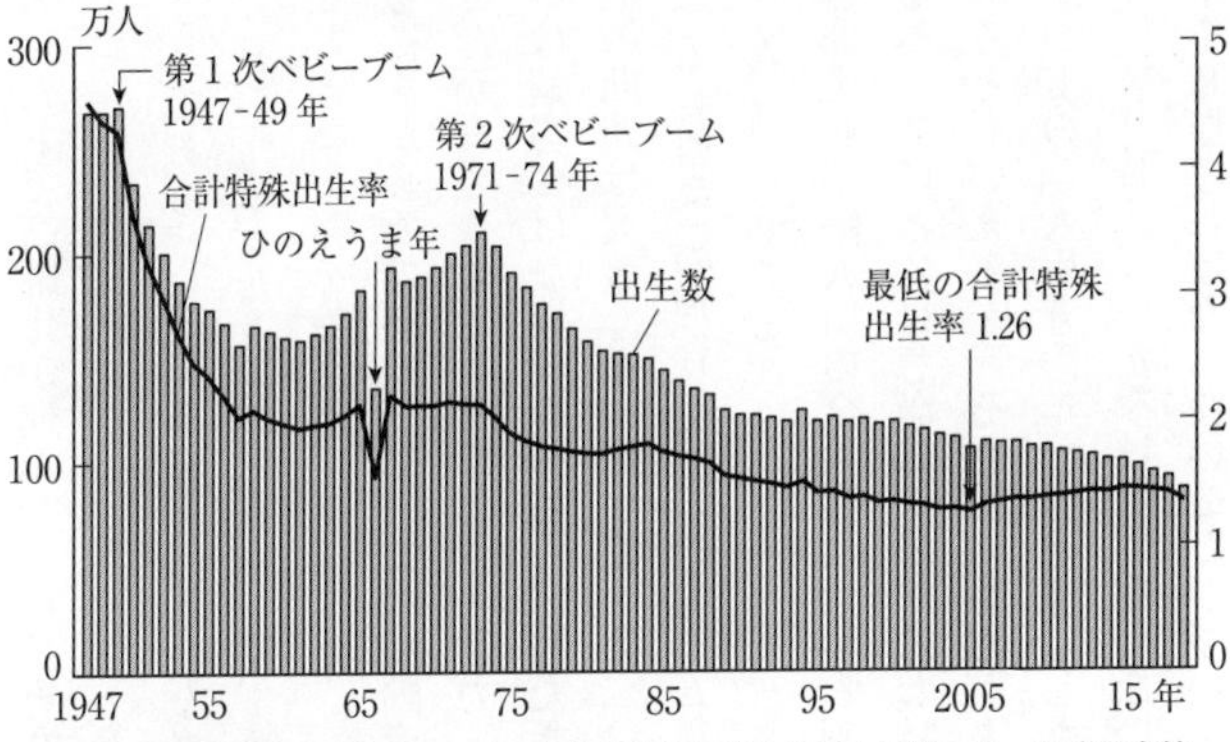

注：合計特殊出生率とは，一人の女性が生涯に産む子どもの数．15〜49 歳の女性の年齢別出生率を合計して算出する

資料：厚生労働省「人口動態統計」2019 年

少子化と高齢化

日本の人口構成は、内外の歴史上かつてないスピードで高齢化が進んでいる。男女とも世界で最も高い平均寿命の国の一つとなっている。

一般的に健康で長生きすることは歓迎すべきことである。しかし老年人口(六五歳以上)が急増(一九七五年の七・九%から二〇一〇年二三・〇%、二〇二〇年二九・一%)することは、賃金、雇用、年金、医療制度、教育など経済社会の様々な面で大きな影響を与える。

もっとも、高齢化といっても、いくつかの但し書きが必要である。第一に、高齢者といっても、健康状態がよくなって寿命が伸びているわけだから、昔の老人とは体力・活力・思考、それに生き方もちがっている。昔のような老人扱いは適当ではない。もちろん、寝たきり老人や認知症の老人の絶対数は増えるから、介護その他の問題は大きくなっている。第二は、高齢化が進む一方、これまでの出生率低下で年少人口(〇～一四歳)の割合も減少(一九七五年の二四・三%、二〇一〇年の一三・一%から、二〇二〇年には一二・〇%)してくる。

つまり、高齢者や幼少者をあわせて扶養すべき非生産年齢人口の全人口に対する割合は、上昇していくことは間違いないが、高齢者が増えるペースほどには急激に上昇するわけではない。高齢化社会への対応にはそれだけ時間的余裕があるともいえるが、それへの対応がタイムリーに行われてきたとは言い難い。個人レベルでもかつての「人生五〇年」を前提にした生活設計を「人生八〇年」、あるいは「人生一〇〇年」型に切り替えていかなければならない。行政のレベルでも社会保障制度、財政制度をはじめ改革をしなければならないことが多い。

年齢三区分別人口割合の推移

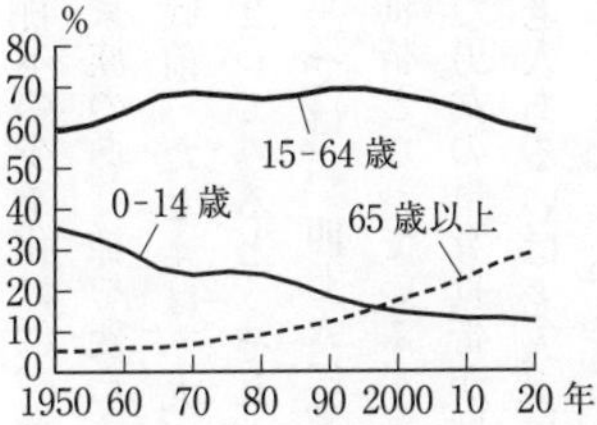

日本の平均寿命の推移

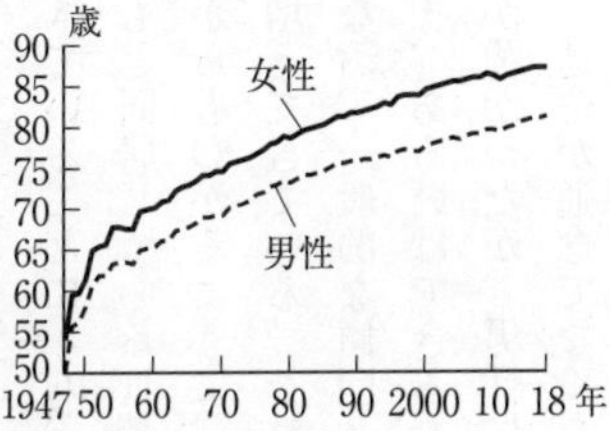

資料：厚生労働省

主要国・地域の平均寿命(出生時の平均余命)
標準予測　対象期間：2015-2020年

	男	女	差
インド	68.11	70.53	2.42
中国	74.47	78.97	4.50
台湾	77.48	83.01	5.53
日本	81.28	87.47	6.19
韓国	79.63	85.70	6.07
ロシア	66.81	77.54	10.73
イギリス	79.37	82.90	3.53
スウェーデン	80.75	84.38	3.63
イタリア	81.04	85.35	4.31
フランス	79.44	85.36	5.92
ドイツ	78.67	83.55	4.88
アメリカ	76.30	81.34	5.04

アジア諸国・地域の合計特殊出生率

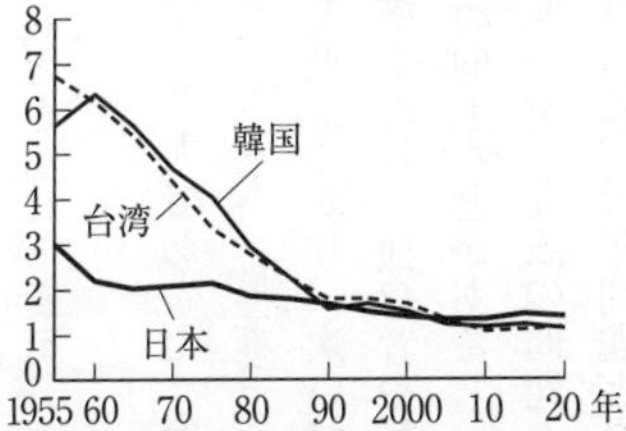

欧米諸国の合計特殊出生率

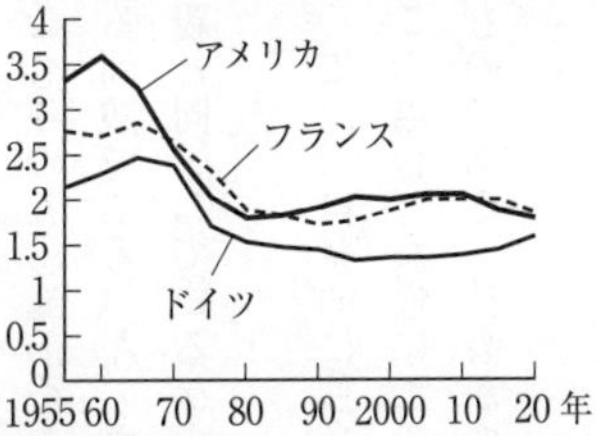

資料：United Nations Population Division Dept. of Economic and Social Affairs, World Population Prospects 2019

変わる世帯と新たな問題

日本の少子化には、様々な経済的・社会的理由がある。人口の高齢化とともに、それが世帯や家族のあり様を変える大きな要因になった。

戦前、たとえば一九三五(昭和一〇)年頃の平均世帯の世帯員数は四・一二人であった。戦後をとってみると、それが一九六〇年で四・一三人だったが、七五年が三・三五人、最近(二〇一六年)では二・四七人に減少してきた。近年、最も増えてきたのは、二人世帯であり、次いで一人世帯となっている。結婚はしたが子どもはつくらないという世帯が増えたり、独身者や離婚した男女の単身世帯が増えている。背景には女性の地位向上や生活力の向上などがある。

老人あるいは老人夫婦だけの単独あるいは夫婦世帯も増加してきている。介護の問題が、「老々介護」を含めて、ますます社会の重要問題となってきている。さらに、近年問題となってきていることに「八〇五〇問題」がある。親が八〇歳前後で、引きこもりの五〇歳前後の子どもと同居している世帯が、親の高齢化とともに限界に達してきている問題である。左のグラフからもわかるように、四〇代、五〇代の未婚でしかも未就業の者が親と同居しているケースが増えてきている。それぞれの問題に対する対応が急務となっている。

なお、一般的な傾向として結婚年齢や出産年齢が上昇してきている。また、自発的に独身のまま、あるいはできるだけ長く独身でいたいという人も増えている。この場合、女性にこの傾向が強かったが、男性にも増えてきている。価値観の変化を反映したものである。社会が変わり、通念が通念でなくなってきている一つの例である。

世帯数と平均世帯人員の年次推移(1953-2016年)

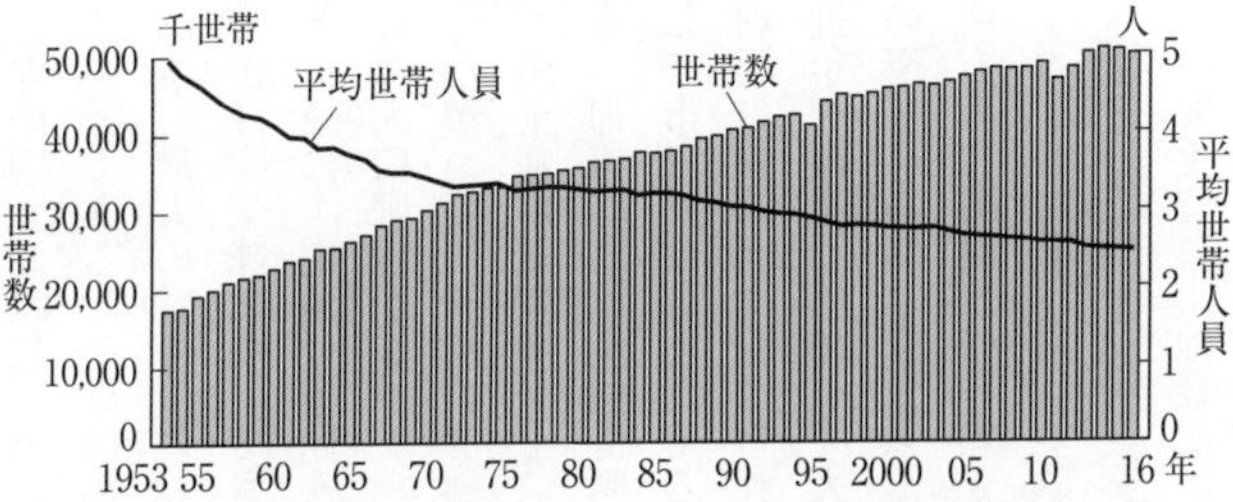

世帯人員別にみた世帯数の構成割合の年次推移(1953-2016年)

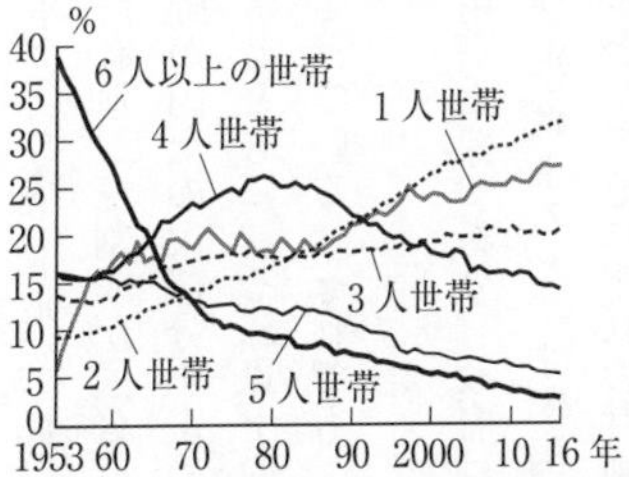

年齢別にみた同居の主な介護者と要介護者等の割合の推移

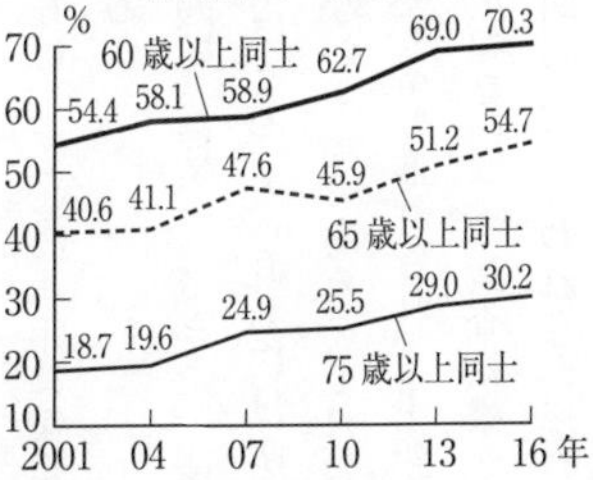

資料：厚生労働省「平成 30 年国民生活基礎調査(平成 28 年)の結果から，グラフでみる世帯の状況」

40 代, 50 代の未婚者における親同居者・単身者の人口の推移

(国勢調査から作成，万人)

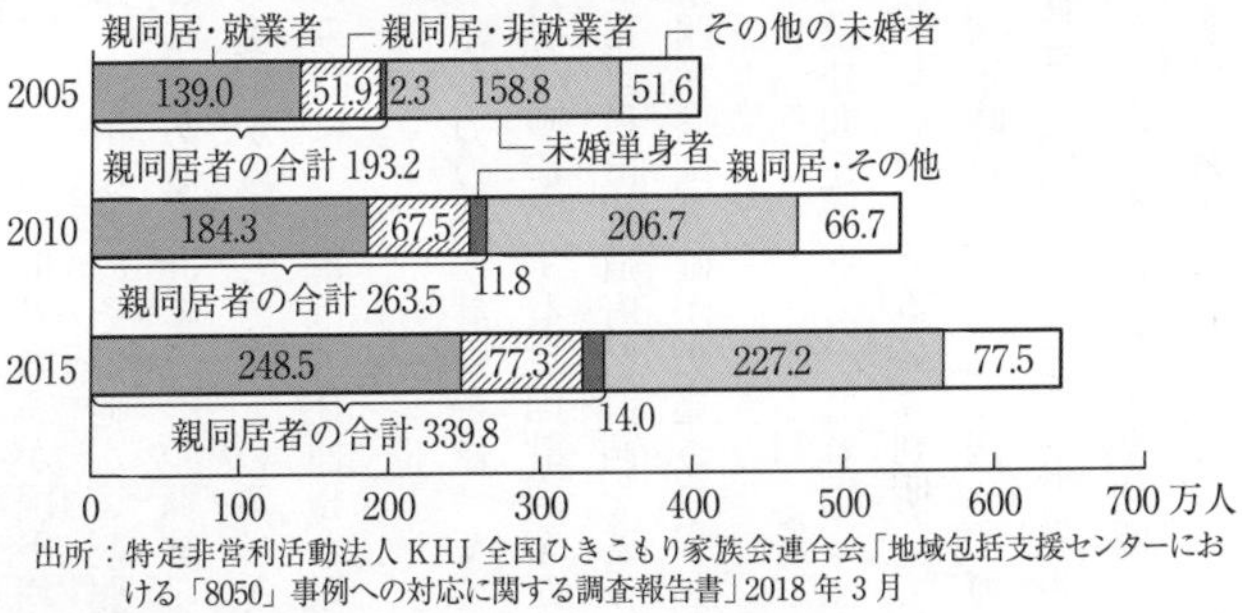

出所：特定非営利活動法人 KHJ 全国ひきこもり家族会連合会「地域包括支援センターにおける「8050」事例への対応に関する調査報告書」2018 年 3 月

国土と土地（不）利用

日本の国土面積は三七・八万平方キロメートルで、世界の陸地の〇・三％、世界の一か国平均の約半分である。その四割強が民有地、三割弱が国公有地、道路・河川などのその他が三割弱である。最大の特徴は森林・原野が国土の大部分を占めていることである。近年、その森林・原野が減少気味になってきているとともに、それ以上のペースで農地が減少してきている。それとは逆に、宅地や道路が増えてきている。それでも、国際的にみれば、日本は可住面積が限られ、人口密度が高い。

したがって、国土の計画的利用が重要であり、政府は国土利用のための基本計画を作っている。国土利用計画法（一九七四年制定）によると、まず国が国土利用計画に関する全国計画をたてる。都道府県は全国計画を基本としてそれぞれの計画を作る。市町村は都道府県計画を基本として市町村計画をたてる。現在は、二〇〇八年に策定された第四次全国計画が実施され、国土利用の質的向上が図られている。

近年、国土利用の点で大きな問題が浮上してきた。所有者不明土地問題である。これは、土地の所有者台帳（不動産登記簿等）によって、直ちには所有者が判明しない、あるいは判明しても所有者に容易には連絡がつかない土地である。それは、二〇一六年時点で、全国で四一〇万ヘクタール（九州より広い）にも達すると推計され、事態を放置すれば二〇四〇年には北海道（約七八〇万ヘクタール）にも匹敵しかねないとの調査結果が明らかとなった。今後は相続や住所・氏名の変更時に土地登記が一定期間内に行われない場合、罰則が設けられることになる。

土地所有主体別面積割合（%）

国公有地	28.3
国有地	19.8
都道府県有地	2.8
市町村有地	5.7
民有地	43.6
個人	33.7
法人	6.0
免税点未満 1)	3.8
その他 2)	28.1
	100.0

注：1) 固定資産税対象外（課税標準額30万円未満）の土地
2) 道路，河川，海岸，港湾，漁港等
資料：同「平成30年度土地所有・利用概況調査報告書」

土地利用現況面積の変化

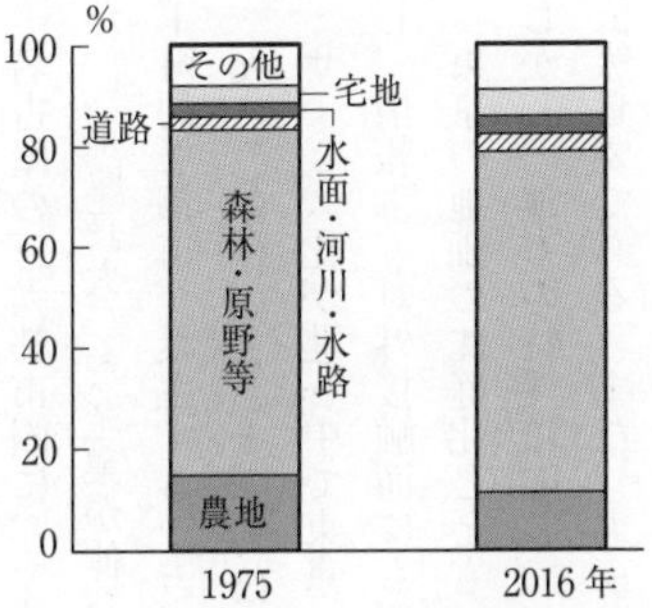

資料：国土交通省土地・建設産業局「平成30年度土地所有・利用概況調査報告書」

主要国・地域の人口密度

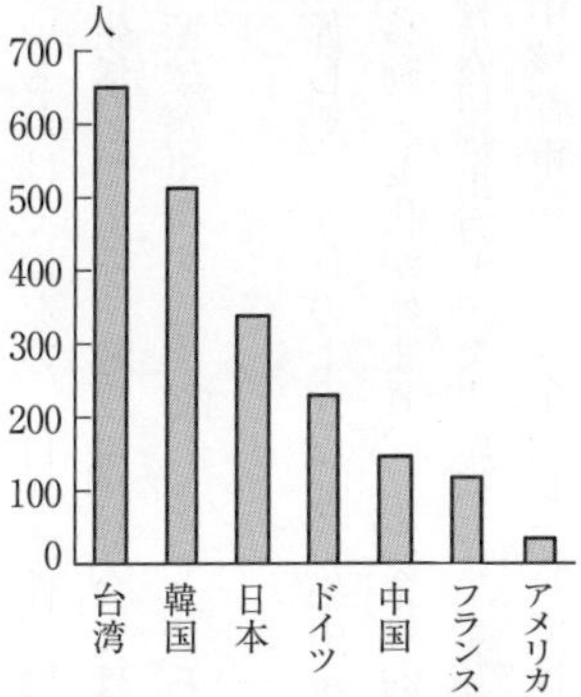

注：1平方キロメートル当たり人口
出所：総務省統計局「世界の統計2020」

増加する所有者不明土地面積

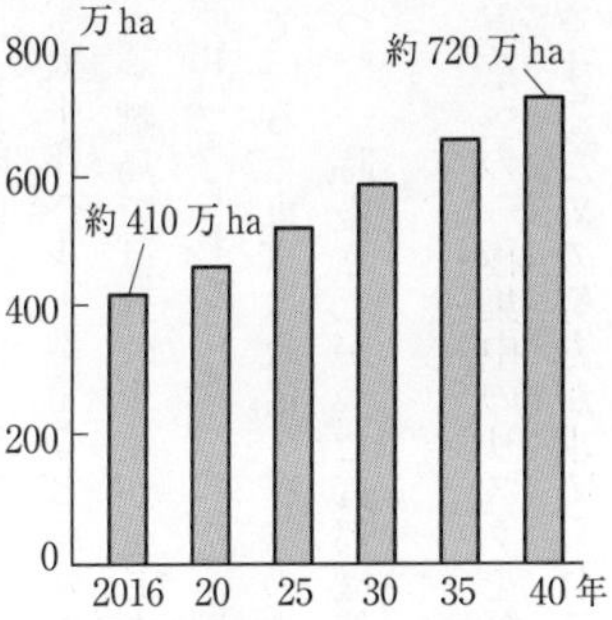

注：ここでの対象は，別途調査をすれば判明するケースも多く，対象地全てが直ちに問題というわけではない．100 ha = 1 km²
出所：増田寛也「所有者不明土地問題研究会最終報告概要」2018年1月

過密と過疎：東京一極集中

日本の人口は狭い国土の中で、平均的に分布しているわけではない。自然条件、歴史的経緯など様々な居住条件に左右されて、地域的に多様に生活している。特に現代社会では産業の立地に伴って人口の移動があり、あるところに人口・産業が集中する反面、あるところでは過疎ないし、取り残され現象が生じている。

第二次大戦直後は、帰農もあったし、都市生活も苦しく、今日のような都市集中現象はみられなかった。やがて高度成長とともに大きな社会的移動・変化が始まり、(1)全般的に農村から都市に人口・産業が移動(農業生産性上昇による農村人口排出力と工業生産拡大による都市の雇用吸収力)、(2)地域の中では県庁所在地などの地域中核都市に、(3)全国レベルでは東京・大阪・名古屋の三大都市圏に、(4)大都市の中では特に東京圏に、人口・経済力が集中してきた。また、〝重厚長大〟な産業が伸びた高度成長期には、太平洋ベルト地帯などの臨海地域に企業城下町的な都市が誕生する一方、農村、特に山村僻地や離島では過疎現象が生じた。

一九八〇年代に入ってからは極端な地域格差の深化はみられなくなったが、国際化・情報化・サービス化が進む中で東京一極集中だけは進んでいる。東京は政治・経済の中枢機能が集中し、情報量、対外接触面にも圧倒的な有利性を持つ。一時盛り上がった首都機能移転の動きも、東京の地価の沈静化とともに下火になった。

しかし、地方の特性に応じてその活性化を図り、東京への一極集中のリスクを分散することは依然必要である。また、東京自体もさらに住みよくするための努力が求められる。

過疎地域が全国に占める割合

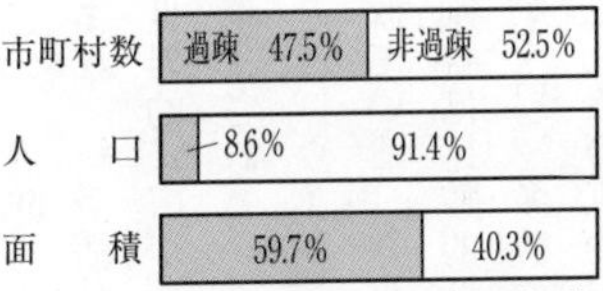

注：全国の数字はそれぞれ市町村数1,719，人口1億2,709万人，面積37.8万km^2．市町村数は2019年4月1日現在，過疎地域の市町村数は過疎関係市町村数による．人口，面積は主として2015年国勢調査による

過疎地人口割合の推移

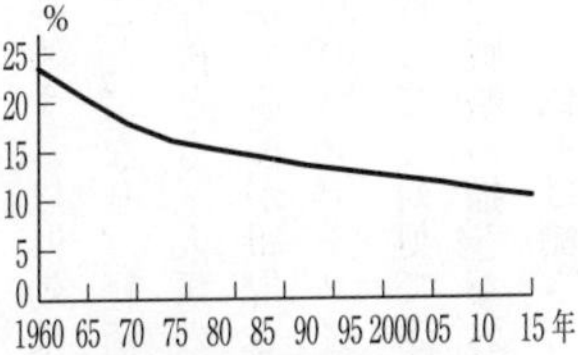

注：過疎地は2019年4月1日のもの
資料：総務省「平成30年度版 過疎対策の現況」

東京および東京圏へのヒト，カネ，経済活動の集中

	面積（万km^2）	人口（100万人）	事業所数（万）	歳入総額（兆円）	GDP（兆円）	貯蓄現在高（世帯当たり平均，万円）
東京都	0.2 (0.6)	13.8 (10.9)	68.6 (12.3)	7.3 (14.4)	104.3 (19.1)	1,966.9 (1.26倍)
東京圏	1.4 (3.6)	36.6 (28.9)	144.0 (25.8)	12.7 (25.9)	180.8 (33.1)	1,816.8 (1.16倍)
全　国	37.8 (100.0)	126.4 (100.0)	557.9 (100.0)	50.9 (100.0)	546.6 (100.0)	1,564.60

注：カッコ内は%．面積と人口は2018年10月，事業所数は2016年6月，歳入総額は2017年度，GDPは2015年度，貯蓄現在高は2014年11月．東京圏は東京都，神奈川県，埼玉県，千葉県の計，貯蓄(現預金より広い)現在高は2人以上世帯で，東京圏の数字は1都3県の平均の単純平均
資料：事業所数は総務省・経済産業省「平成28年経済センサス—活動調査」，それ以外は総務省統計局「社会生活統計指標—都道府県の指標—2020」

三大都市圏の転入超過数の推移（日本人移動者）（1954-2018年）

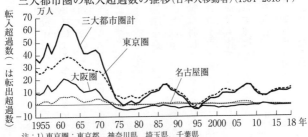

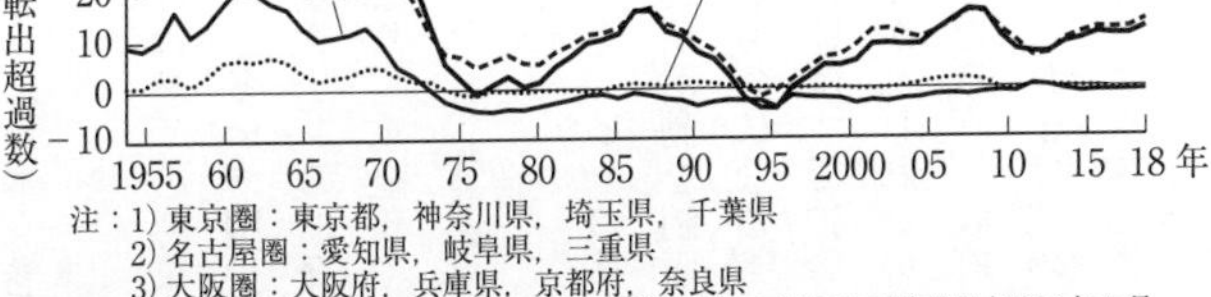

注：1）東京圏：東京都，神奈川県，埼玉県，千葉県
2）名古屋圏：愛知県，岐阜県，三重県
3）大阪圏：大阪府，兵庫県，京都府，奈良県
資料：総務省統計局「住民基本台帳人口移動報告 平成30年(2018年)結果」2019年1月

Ⅱ―⑥

感染症被害

二〇一九年末から始まった新型コロナウイルスの世界的大流行(パンデミック)に日本も巻き込まれ、経済活動に大ブレーキがかかった。

世界的に広がる感染症はこれまでも繰り返し発生してきたし、現在でも人間は多くの感染症に悩まされている。近年になって特に問題化する感染症はウイルスによるものが多い。困ったことに、ウイルス感染症には抗生物質のように細菌に効く薬も効かないし、ワクチンの開発も遅れている。さらに、新型コロナウイルスはそれまでのコロナウイルスと異なり、重症化や死亡割合は比較的低いが、感染力が非常に強い(ただし、インフルエンザと比べると、重症化のリスクが高い)。多数の無症状者や軽症者が自覚なく感染を広げてしまう確率が高い。

これらの点から、感染拡大を阻止するためにはヒトとヒトの接触を避けるべく、ヒトの移動を制約する以外効果的な対処方法がない。人の移動を制限することは多くの経済活動を制限することになり、経済活動がグローバル化したもとでは、その影響は特に大きなものになる。

今後とも、人類の天敵であるウイルスとの戦いは続く。新型コロナウイルスにはすでにいくつかの亜種が報告されているし、インフルエンザA型の新たな亜種も出てくるかもしれない。今回のパンデミックは、政府、企業、個人に様々な変革をもたらす契機となるだろう。政府は今回うまく対処できなかった様々な点を改善する努力をするだろうし、企業はこれまで進めてきた戦略の描きなおし(サプライ・チェーンのあり方、在庫、雇用、販売のあり方など)をするだろうし、個人は働き方、あるいは生き方そのものなどを考え直すことになるだろう。

感染症法に基づく感染症の類型

	定義等の概要	主な感染症
1類感染症	危険性が極めて高い	エボラ出血熱，ペスト，クリミア・コンゴ出血熱，マールブルグ病，痘そう他2
2類感染症	感染力，危険性が高い	急性灰白髄炎(ポリオ)，重症急性呼吸器症候群(SARS)，結核，鳥インフルエンザ(H5N1，H7N9)，中東呼吸器症候群(MERS)，ジフテリア
3類感染症	感染力，危険性は高くないが，集団感染しやすい	コレラ，腸チフス，細菌性赤痢，パラチフス，腸管出血性大腸菌感染症
4類感染症	動物，飲食物等の物件を介して感染．ヒトからヒトへの感染はない	E・A型肝炎，鳥インフルエンザ(2類を除く)，ボツリヌス症，マラリア，狂犬病等43
5類感染症	情報公開することで発生・蔓延を防止すべきもの	ウイルス性肝炎，インフルエンザ，後天性免疫不全症候群(エイズ)等48
新型インフルエンザ等指定感染症	ヒトからヒトへ感染する新旧のウイルスによるインフルエンザ1-3類，新型インフルエンザに準じた対応が必要な感染症	新型インフルエンザ，再興型インフルエンザ，新型コロナウイルス(政令で1年に限定して指定)
新感染症	ヒトからヒトに感染し，既知の感染症と症状等が異なり，その蔓延が国民の生命・健康に重大な影響を与える感染症	都道府県知事が応急対応を行い，症状等を指定した後は1類感染症に準じた対応をする

資料：厚生労働省「平成16年版 厚生労働白書」および厚生労働統計協会「国民衛生の動向2017/2018」

20世紀に入ってからの主な感染症

時　期	名　称	ウイルス(介在した動物)	A型の亜種	死者数，人
1918-21	スペインかぜ	インフルエンザA型ウイルス	H1N1	5,000万
1957-58	アジアかぜ	インフルエンザA型ウイルス	H2N2	200万
1968-69	香港かぜ	インフルエンザA型ウイルス	H3N2	100万
2003	重症急性呼吸器症候群(SARS)	SARSコロナウイルス(こうもり)		1,000以下
2009	新型インフルエンザ	インフルエンザA型ウイルス(ブタ)	H1N1	1万以上
2012	中東呼吸器症候群(MERS)	MERSコロナウイルス(ラクダ)		1,000以下
2019-	新型コロナウイルスの感染拡大	COVID-19コロナウイルス(こうもり)		305万*

*：WHO Coronavirus (Covid-19) Dashboard, 2021. 4. 22

注：これらのほか感染者数・死亡者数で顕著な感染症はエイズ(ウイルス)とコレラ(細菌)がある．また，鳥を介在したA型インフルエンザが1997年，2003年，2017年にも発生している．インフルエンザウイルスにはA，B，C型があるが，B，C型には一つの亜種しかなく，罹患しても比較的軽症．A型だけがさまざまな亜種を持っている．スペインかぜの日本人感染者数は3,380万人で，死者は38万人に上った．COVID-19はCoronavirus desease 2019の略

自然災害

自然災害とは一九九八年制定の「被災者生活再建支援法」によると、暴風、豪雨、豪雪、洪水、高潮、地震、津波、噴火、その他の異常な自然現象により生じる被害である。

確かに、日本列島は自然災害が多い。一九〇〇年から二〇一八年の間の世界における主な自然災害(死者・行方不明者が一〇〇〇人以上)に占める日本の割合は、地震・津波が一〇件で一三・九％、その他(台風、洪水など)の自然災害が六件で六・七％だったが、これらは日本が世界に占める国土の広さ〇・三％や、人口の割合一・六％と比べると格段に高い。特に、地震、津波の被害が多いのは、日本列島が置かれた位置が大きく関係している。日本列島は、地球を覆っている十数枚のプレートのうち四枚の衝突部にあって、大きな地震が起こりやすい。さらに、列島の太平洋プレートへの沈み込みは日本を世界的にも有数の火山列島にしている。

しかも日本はアジア・モンスーン地域に位置し、梅雨や台風時期には集中豪雨をもたらす。また、急峻な地形は豪雨の際には洪水をもたらす。もっとも、台風、洪水の大きな被害は一九五〇年代末までに集中しており、その後は災害に対する事前対応が進んだこともあって、減少してきている。これまでのところ、戦後の最も大きな被害は阪神・淡路大震災と東日本大震災で発生した。特に後者は日本の観測史上最大のマグニチュード九・〇(一九〇〇年以降発生した世界の地震の中で四番目の大きさ)の巨大地震であり、通常の想定をはるかに超える規模の津波によって被害が拡大した。そうしたこともあって、最近は将来想定される巨大地震や火山噴火の被害想定を見直すとともに、減災に向けて様々な取り組みが行われている。

1900 年以降の世界の主な自然災害と日本

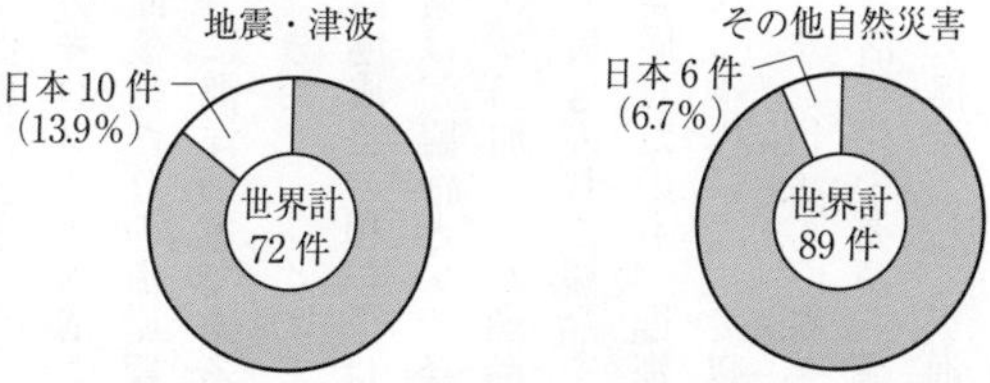

注：1900-2018 年に起こった死者・行方不明者 1,000 人以上の自然災害
資料：内閣府「令和元年版 防災白書」附属資料 23

脆弱な日本列島

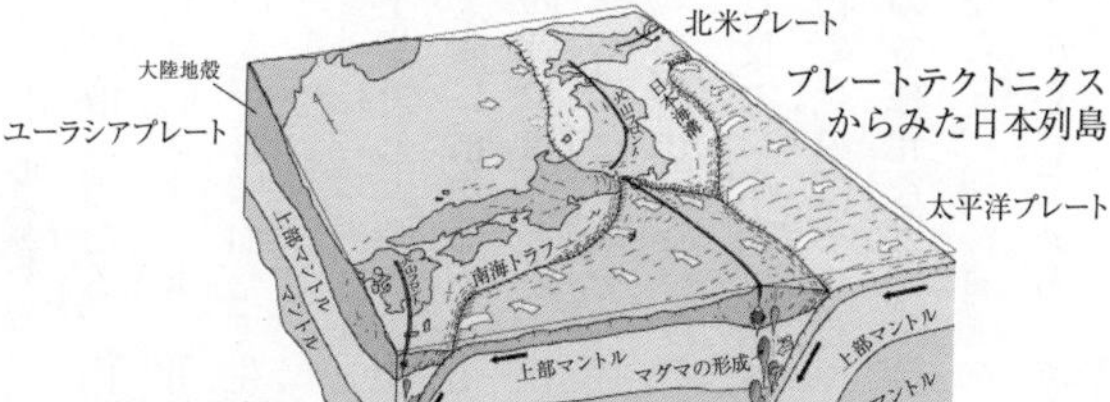

資料：一般社団法人全国地質調査業協会連合会 HP

戦後の主な自然災害による死者・行方不明者数

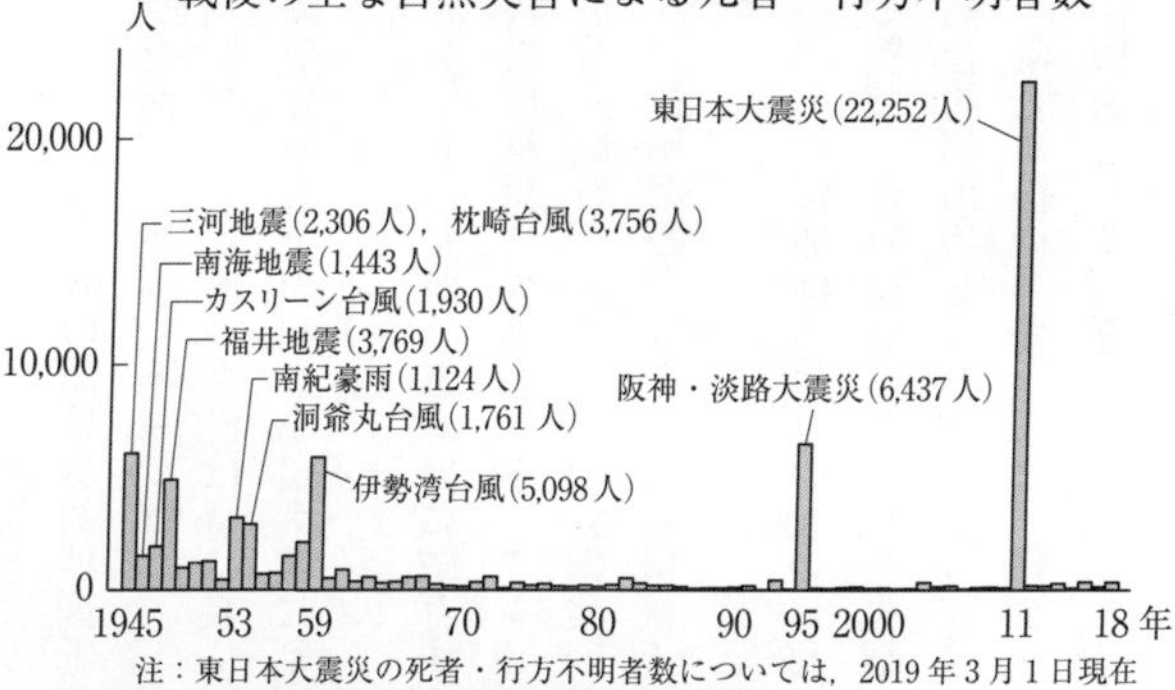

注：東日本大震災の死者・行方不明者数については，2019 年 3 月 1 日現在
出所：内閣府「令和元年版 防災白書」附属資料 7

Ⅱ−⑧

海洋国家

日本は四面海に囲まれた海洋国家である。四つの主島と六八五二の島々から成り立っている。国土面積は三七・八万平方キロメートルであるが、二〇〇カイリ経済水域の面積は約四四七万平方キロメートルと、その約一二倍に当たる。両方をあわせた面積は世界でも一〇番目で、国土面積当たりの海岸線延長は約九〇メートル／平方キロメートルと主要国の中では特に長く、まさに海洋国家である。多くの人が海に面して生活し、産業や交通もその利点を最大限に活用してきた。

高度成長の担い手は重化学工業であったが、原材料・エネルギーの大部分を海外に依存する産業は、臨海という条件を最大限に活用し、最も安価で良質な原材料を大型輸送船・タンカーで運び、加工した商品を輸出向けに再び港から出荷した。自前の原料を欠く日本の鉄鋼業が世界で最も優れた製品を生産・輸出したのはその代表例であり、造船業とそれを支える機械工業が発展したのも、臨海の有利さを活用したからである。

八〇年代に入って以降、重厚長大な産業は情報・通信など、より付加価値の高いものに移行し、また巨大輸送船も航空貨物の登場でその役割が変わってきた。その反面、国際化の進展、地域活性化の要請、個人消費の多様化などで、臨海地域の複合的利用の必要性が高まってきた。沿岸を拠点として、漁業のみならず、海洋資源の開発、海洋環境の維持・保全など、海面・海洋そして沿海地域の総合的開発が必要である。さらに、海洋国家として、領海における安全保障を維持することが重要となる。

日本の領海等概念図

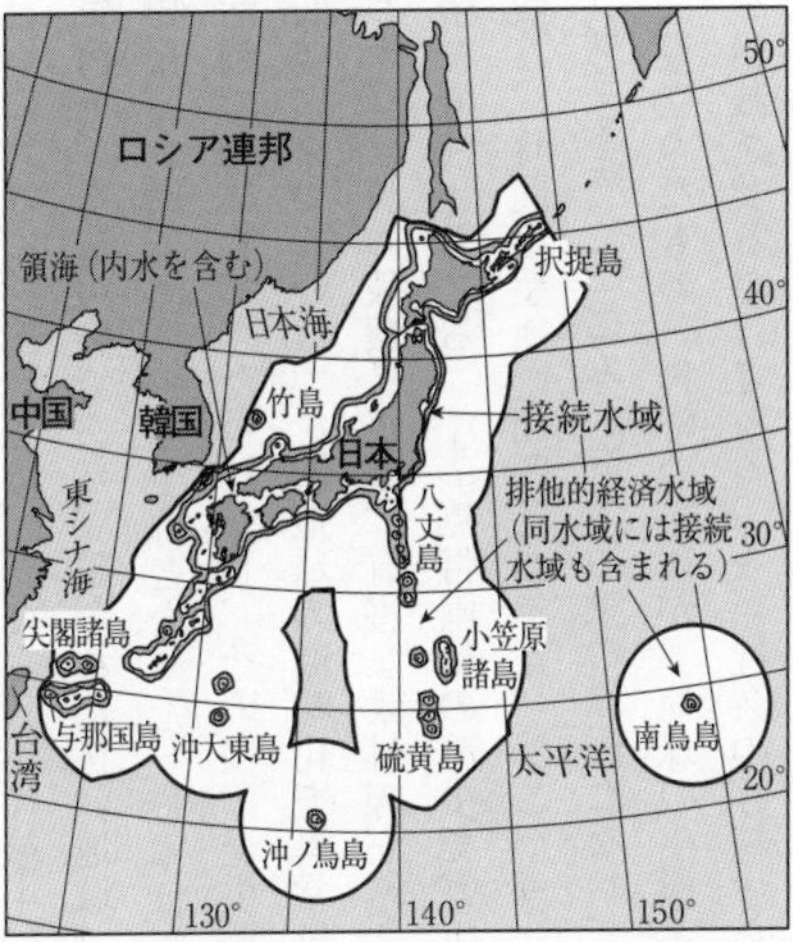

資料：海上保安庁作成

領海・排他的経済水域の面積：約447万 km^2（世界第6位）国土面積約38万 km^2（世界第61位）の約12倍

離島の数：6,852

海岸線延長：3.4万km（世界第6位）

輸出入取扱貨物量の海上輸送依存度99%以上

漁獲量：320万トン（2017年，世界第8位）

資料：海上保安庁，国土交通省，FAO（国連食糧農業機関）

海洋基本計画（第3期：2019-2023年）のポイント

1. 政策の方向性：「**新たな海洋立国への挑戦**」
2. 上の政策の方向性の内容を示すキャッチフレーズ：
   a）開かれ安定した海洋へ．守り抜く国と国民
   b）海を活かし，国を富ませる．豊かな海を子孫に引き継ぐ
   c）未知なる海に挑む．技術を高め，海を把握する
   d）先んじて，平和につなぐ．海の世界のものさしを作る
   e）海を身近に．海を支える人を育てる
3. 「**総合的な海洋の安全保障**」を政府一体となって推進
4. **海洋の主要施策**：1)海洋の産業利用の促進，2)海洋環境の維持・保全，3)科学的知見の充実，4)北極政策の推進，5)国際連携・国際協力，6)海洋人材の育成と国民の理解の増進

資料：内閣府「海洋基本計画」

環境問題

日本における環境問題は、一九六〇年代後半に公害として顕在化した。当初は、騒音、悪臭、大気汚染、水質汚染であり、限られた狭い地域での問題だった。その後、生活廃棄物、産業廃棄物なども環境汚染の発生源となった。日本は規制(排ガス規制は日本が最も厳しい)やリサイクル活動で対応してきた。しかし、その後、発生源、汚染地域とも広範囲になり、地球規模の国際問題になっている。(1)地球の温暖化で異常気象が頻繁に発生し、それが生態系を変える、(2)オゾン層の破壊により、有害な紫外線が増える、(3)酸性雨で植物の葉の代謝を妨げたり、土壌を酸性化させる、(4)熱帯雨林の減少で野生動植物が減少する、(5)残留性有機汚染物が拡散し、時間を超えた問題となった、(6)プラスチック(特にそれが時間を経て小さくなったマイクロプラスチック)ごみが海洋汚染の原因となってきた、などが代表的なものである。人類の発展に役立ったもの・科学の発達が、地球の生態系を変えつつある。環境の劣化は、多くの動植物を絶滅させるだけでなく、人類社会の存続すらも危うくしている。

二〇一五年に発展途上国を含めた、初めての温室効果ガスに関する国際的約束である「パリ協定」が実現した。これは、二〇二〇年以降に各国が自ら行おうとする温室効果ガス排出量の削減目標を宣言し合ったものである。しかし、これらの約束を足し合わせても目標(産業革命前からの世界の平均気温上昇を二度未満に抑える)にとどかない。そこで、五年ごとに削減目標を見直すことになっている。日本としても、二〇五〇年の長期目標の表明だけでなく、五年ごとの見直しにも前向きに取り組んでいかなければならない。

世界の温室効果ガス排出量
(CO_2 換算ベース，2010 年)

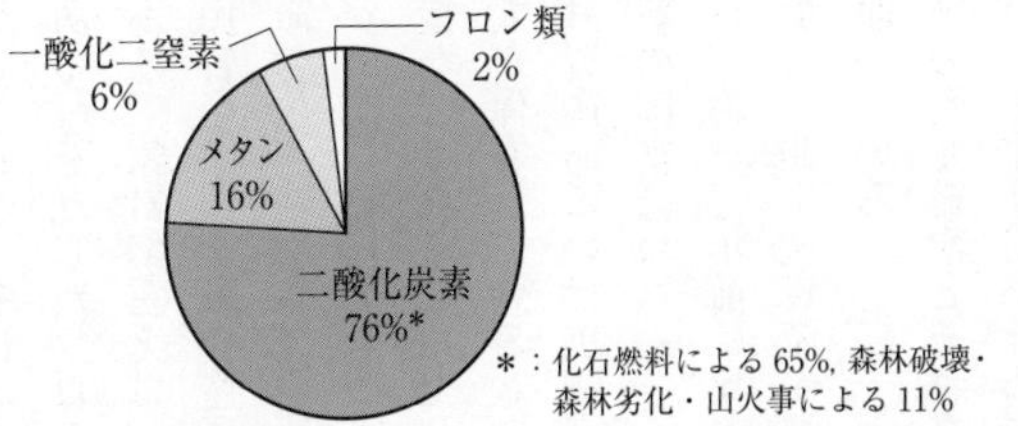

各国の二酸化炭素排出量
(2017 年)

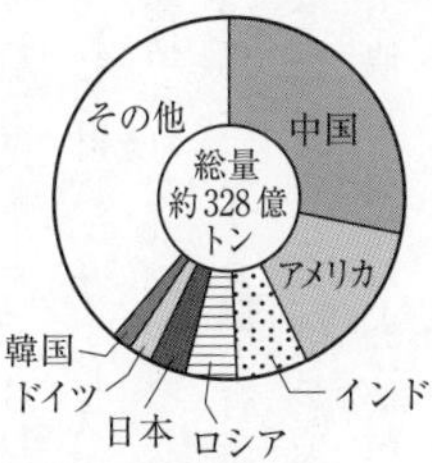

国別 1 人当たり二酸化炭素排出量
(2017 年)

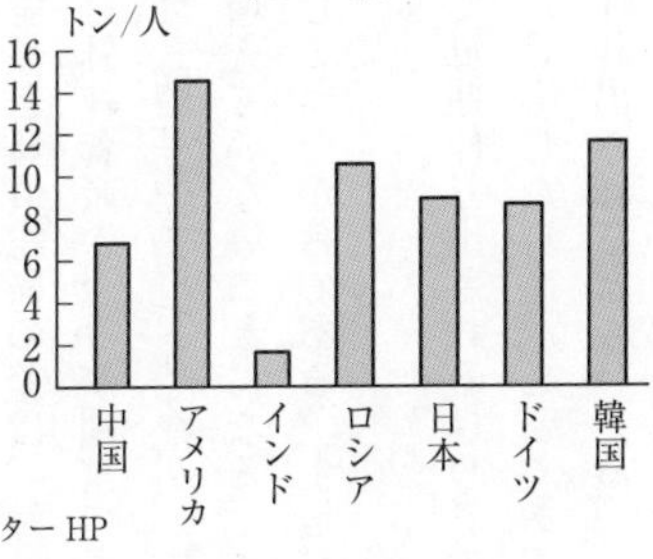

資料：全国地球温暖化防止活動推進センター HP

日本の温室効果ガスの排出量と削減目標

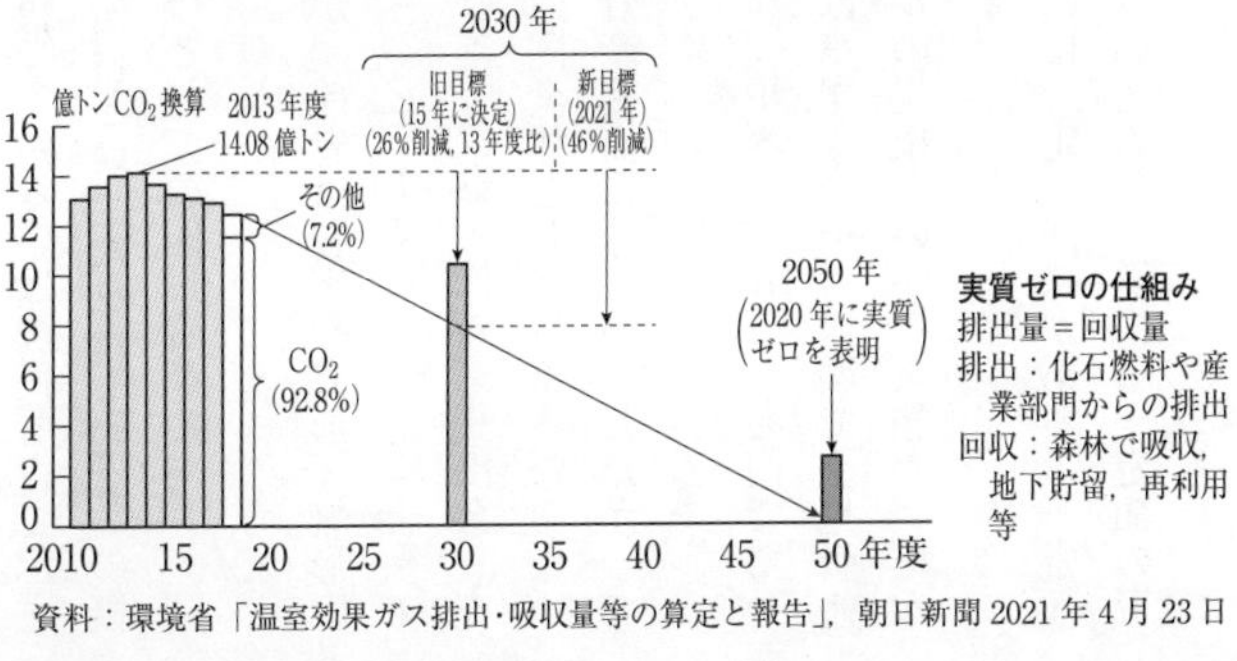

資料：環境省「温室効果ガス排出・吸収量等の算定と報告」，朝日新聞 2021 年 4 月 23 日

国富とその構成

一国の経済力や経済規模はGNP(国民総生産)やGDP(国内総生産)あるいは国民所得で示すことができるが、それは年々作られる財貨・サービスの価値や所得といったフロー(流れ)の概念である。そうしたフローから蓄積されたものがストック(残高)としての国民資産であり、国富である。家計で言えば、収入(所得)に対する個人資産である。

国民資産は非金融資産あるいは実物資産と金融資産からなるが、前者は在庫や有形・無形固定資産(住宅、住宅以外の建物、その他の構築物および機械・設備、コンピューター・ソフトウェアーなど)と土地、森林などからなる資産であり、後者は現金・預貯金、債券・株式、貸出金、売上債権などである。ただし、後者はその反対側に負債がある分、国全体としては富にならない。日本人が保有している金融資産総額と負債総額の差は、対外純資産残高に等しい。したがって、非金融資産あるいは実物資産と対外純資産の合計が国富である。

最新の国富は(二〇一八年末)は三四五七兆円であるが、一九九〇年末は三五三一兆円であったから、約三〇年前に比べても増えていないことになる。これはバブル経済の崩壊で土地資産が減少し、非生産資産が減ってしまったからである。土地バブルの規模がいかに大きかったかを物語っている。

一国の資産総額とそれを使って毎期作り出されるGDPの間には一定の関係がある。一定額のGDPを作り出すためにそれに対応した資産が必要であるともいえるし、逆に、一定額の資産からそれに見合ったGDPが作り出されるともいえる。

国民資産・負債残高(2018年末，兆円)

	1. 非金融資産	3,116
生産資産	固定資産	1,809
	住宅	376
	その他の建物・構築物	1,055
	機械・設備	219
	防衛装備品	11
	育成生物資源	1
	知的財産生産物	147
	在庫	74
非生産資産	土地	1,227
	鉱物・エネルギー資源	1
	非育成生物資源	5
	2. 金融資産	7,768
	総資産	10,883
	負債	7,426
	正味資産	3,457

資料：内閣府「国民所得統計」

非金融生産資産と非生産資産

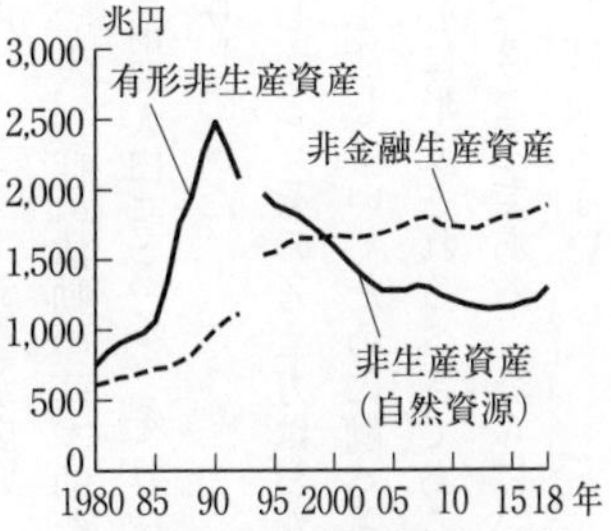

注：1994年以前の統計はそれ以降のものとは厳密には一致しない
資料：内閣府「国民所得統計」(1980-92年は2000年基準SNA，1994-2018年は2011年基準SNA)

総資産と名目GDPの推移

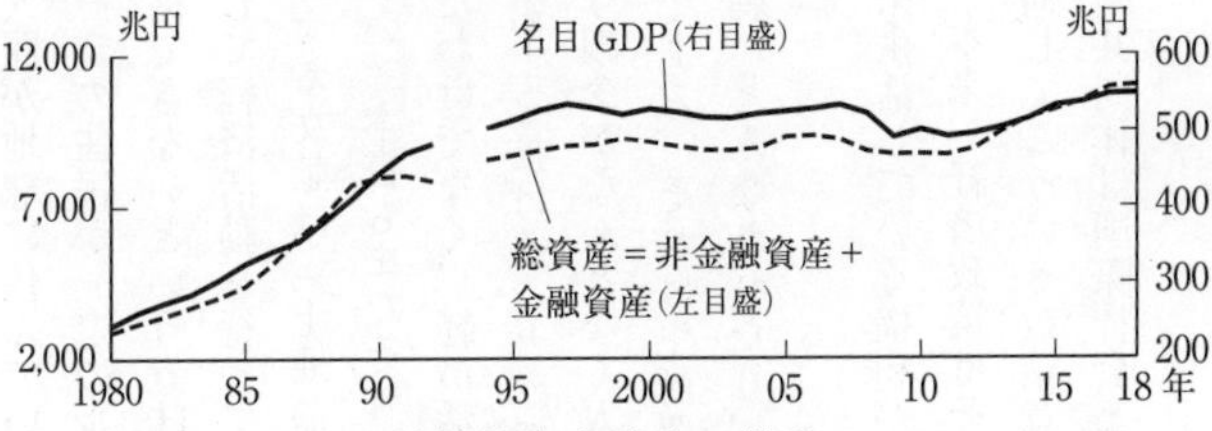

対外純資産残高の推移

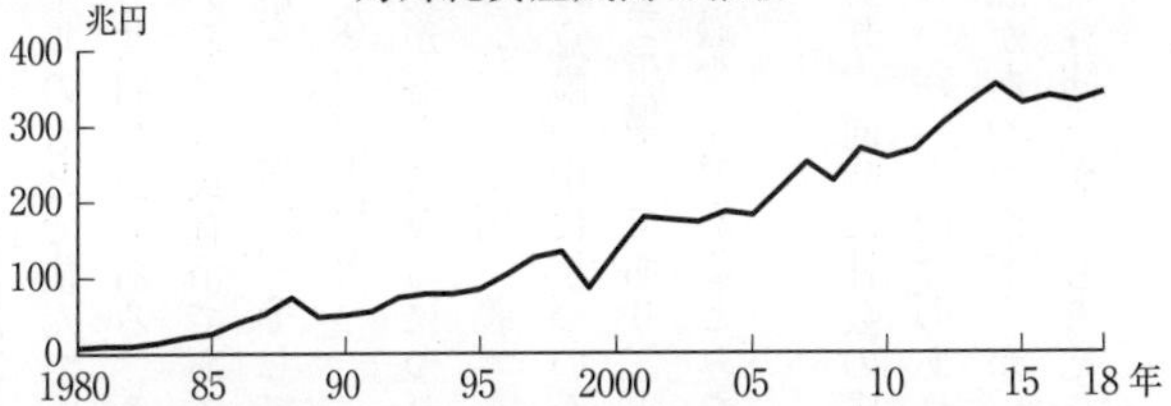

注：対外純資産残高はほぼ金融資産と負債の差と等しく，毎期経常収支の黒字だけ増加する
資料：日本銀行

ここでひとこと

共同体のヒト・自然・富　七〇億人を超える人間が地球に住んでいる。ほかの天体には人間は住んでいない。その地球上で「一定の領土に一定の住民が一定のルールのもとで住んでいる」のが、われわれの国家である。誰も一人で生活できないという意味で共同社会である。そして共同体の誰もが生きていくため、協業し分業して経済活動を行っている。国民経済である。

そういうこともあって、一国の経済を紹介する文献は「土地(面積)」「人口」、そして「富(経済規模)」の紹介から始まっている場合が多い。本書もまたそれにならっている。

日本は明治維新の時、領土面積が大きかったわけでなく、経済活動が盛んになるにつれて活動の場を広げる動機が強まり、戦争を通じて領土を拡げることができた。「小国主義」を説いた声は小さく、領土が広いことが大国だという観念がなんとなく人の意識の中に根づいた。

一方、経済活動の基本的要素の一つが人口である。それは生産要素(労働力)であり、需要要素(消費人口)である。それゆえ、人口が〝過剰〟とみなされたり、〝過少〟であるとみなされたりしてきた。

しかし、その考え方はおかしい。人間は本来生活していく権利があり、同時に社会の成員が皆生活していくために働く義務(責任)もある。本来、経済政策はそういう「人間」のあり方を中心に形成されるべきである。戦前、戦後を通じてこういう政策意思があったかどうか、反省すべきことである。さらに、二一世紀にはこの共同体は国際社会という観点からも考えられなければならない。

Ⅲ　日本経済の構造とその変化（1）

「茶園を転じて小麦を生産するよりも、茶の輸出を強めて小麦を輸入すべきである。今まで農業界には、テームズ河の水は隅田川に通じていなかった」

（東畑精一）

国民所得統計からみる日本経済：三面等価

人は生産に携わって、所得を得、その所得で支出をする。その結果、社会全体としては、自分たちが生産したモノ・サービスを消費する。つまり、一国の生産総額、所得総額、支出総額は一致する。輸出入があった場合、輸出品は国内で生産したが国内で支出の対象とならなかったもの、輸入品は逆に国内では生産しなかったが支出の対象になったものである。したがって、生産・所得が支出と等しくなるためには、輸出を足して、輸入を引けばいい。このほか細かくみれば、在庫の増減や貯蓄の増減などを考慮しなければならないが、一国の国民所得統計は三面等価となっている。生産面からみた価値の総額＝分配（所得）面からみた価値の総額＝支出面からみた価値の総額である。

左の表にそれぞれの側面からみた日本経済の姿が示されている。生産面から経済活動をみると、大半の活動は様々な産業に携わる人びとによって行われ、政府部門のサービスと対家計民間非営利団体による活動が加わる。分配面からは労働に対する支払いと資本に対する支払いを加えたものに、固定資本減耗（これは、生産活動をする中で、建物、機械などの固定資産が劣化・損耗する分の評価額）を考慮したものとなる。支出面からは、民間、政府部門の消費、投資に輸出を加え、輸入を引いたものとなる。経済成長率は、データのタイムリーな利用可能性から、通常、支出サイドから推計される。その後、他の側面の計数も計算される。

多くの民間の経済分析や経済見通しもあるが、政府の「月例経済報告」（特に、関係閣僚会議資料）、日銀による「経済・物価情勢の展望」（一、四、七、一〇月）が参考になる。

三面等価(生産，支出，分配)(2018年)

生産	兆円	%
農林水産業	6.78	1.2
鉱業	0.28	0.1
製造業	113.51	20.8
電気・ガス・水道・廃棄物処理業	14.21	2.6
建設業	31.06	5.7
卸小売業	74.78	13.7
運輸・郵便業	28.30	5.2
宿泊・飲食サービス業	13.87	2.5
情報通信業	26.99	5.0
金融・保険業	22.78	4.2
不動産業	62.00	11.4
専門・科学技術・業務支援サービス業	41.22	7.6
公務	27.22	5.0
教育	19.64	3.6
保健衛生・社会事業	39.38	7.2
その他サービス業	23.05	4.2
小計	545.07	100.0
輸入品への税金	9.26	
(控除)総資本形成に係わる消費税	−6.45	
統計上の不突合	−0.76	
国内総生産	547.12	

民間，政府，その他の内訳	兆円	%
市場生産者	484.64	88.9
一般政府	48.04	8.8
対家計民間非営利団体	12.40	2.0
	545.07	100.0

支出	兆円	%
民間最終支出	304.4	55.6
政府最終支出	108.3	19.8
総固定資本形成	132.0	24.1
住宅投資	16.4	3.0
企業設備投資	87.5	16.0
公共投資	28.0	5.1
在庫変動	1.1	0.2
財貨・サービスの輸出	101.4	18.5
(控除)財貨・サービスの輸入	−100.1	−18.3
国内総生産	547.1	100.0
分配＊	**兆円**	**%**
雇用者報酬	283.6	51.8
営業余剰・混合所得	97.9	17.9
固定資本減耗	123.5	22.6
生産・輸入品に課される税	45.9	8.4
(控除)補助金	−3.0	−0.5
統計上の不突合	−0.8	−0.1
国内総生産	547.1	100.0

＊：営業余剰・混合所得は，主として企業部門が提供した資本が生んだ付加価値であり，個人企業のそれは労働報酬要素を含むことから混合所得として記録

資料：内閣府

三面等価の原則

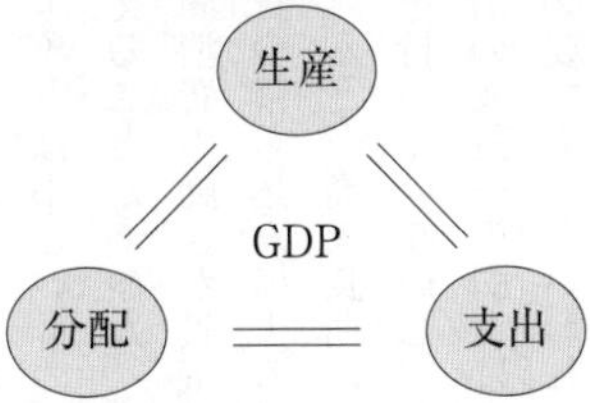

政府，日銀の経済見通し

1.「月例経済報告」内閣府

総論：「経済の基調判断」(毎月の文言が注目される)

各論：消費・投資等の需要動向，企業活動と雇用情勢，物価と金融情勢，海外経済

「報告」には3つの資料が添付されているが，特に「月例経済報告等に関する関係閣僚会議資料」が充実しており，便利

2.「経済・物価情勢の展望」(展望レポート)，日本銀行，1，4，7，10月公表

政策委員会・金融政策決定会合において，先行きの経済・物価見通しや上振れ・下振れ要因を点検し，そのもとでの金融政策運営の考え方を整理したもの

経済成長率は、データのタイムリーな利用可能性からまず国内総支出の変化率からみるのが普通である。消費や設備投資関連データは、各業界の販売統計などからほとんどタイム・ラグなしに得られるし、輸出入統計も税関当局から容易に捕捉される。生産関連データは入手に時間がかかるし、所得関連データはさらに時間がかかる。

また、経済成長率は通常は名目値ではなく、物価の動きを除いた実質値でみるのが普通である。戦後の実質経済成長率をみると、五〇、六〇年代の高成長期から、七〇、八〇年代の中成長期を経て、九〇年代に入って以降低成長期に入ってきている。この間、成長率の上下は典型的には輸出の好不調によって起こってきた。輸出が落ちると、生産が落ち、それが企業収益の落ち込みをもたらし、所得の伸びを抑制し、またそれが支出の減速に結び付く、といった展開となった。また、時として、支出に占めるウエイトは小さいものの、その振幅が大きいことから、住宅投資も景気の動向に大きな影響を与えることがあった。企業設備投資の動きも景気の動きに影響を与えることが多々あったが、民間消費の動きが景気の動きを先導することはまれだった。新型コロナウイルスがもたらした消費の落ち込みによる景気後退は例外的である。

最近の日本経済を支出の面からその特徴をみると、高成長期にある中国のように投資が活発ではないし、アメリカのように高い消費性向を持っていないし、ドイツのように輸出入に大きく依存しているわけでもない。ただ、日本経済の成長率の引上げには、労働者の数が減りつつあるもとでは、企業設備投資の一層の促進が必要であるといわれている。

日米実質 GDP 成長率の推移

	50	60	70	80	90	2000	10年代
日本	7.7	10.5	5.2	4.3	1.5	0.5	1.4
アメリカ	−	3.5	3.3	3.2	3.4	1.8	2.3

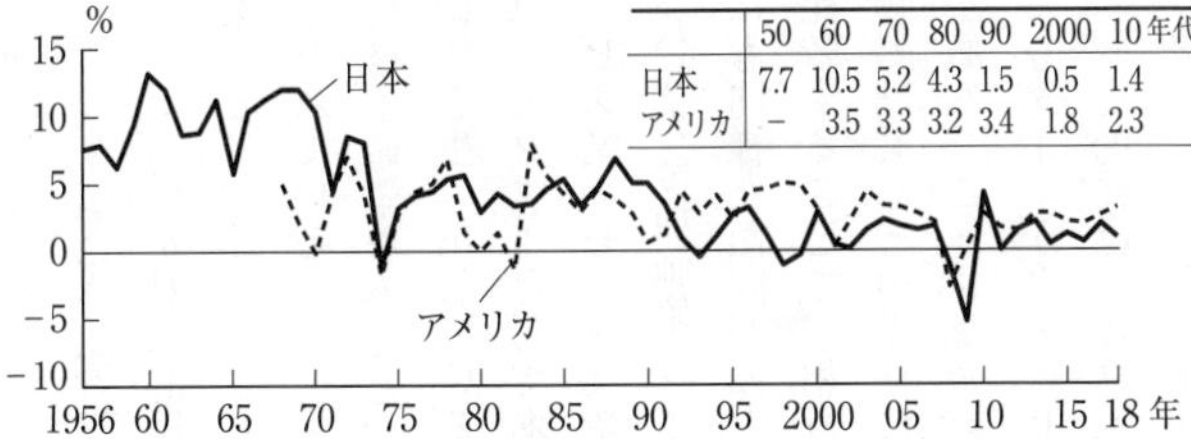

注：50 年代は 1956-59 年，2010 年代は 2010-2018 年
資料：内閣府「令和元年版 経済財政白書」長期経済統計，Economic Report of the President 2019 Appendix B

日米支出構造の比較(2019 年，%)

	日本	アメリカ
家計最終消費	55.2	68.0
政府最終消費	20.0	14.1
総固定資本形成	24.4	20.6
住宅投資	3.1	3.7
企業設備投資	16.0	13.4
公共投資	5.3	3.4
在庫変化	0.2	0.3
輸出	17.5	11.7
(控除)輸入	17.3	14.6
国内総生産	100.0	100.0

資料：内閣府，US. BEA

日本の実質輸出，実質住宅投資の前年比変化率

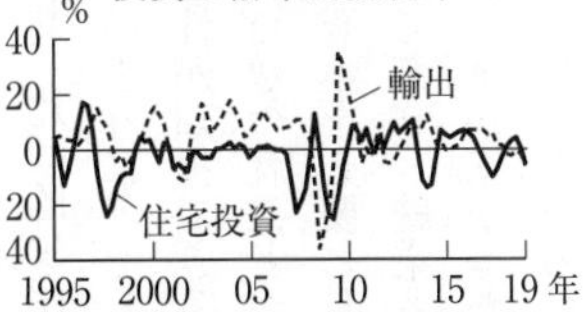

日本の実質企業設備投資，実質民間最終消費の前年比変化率

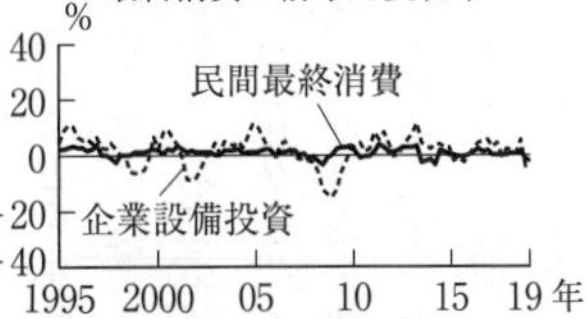

主要国における国内総支出項目の相対的ウエイト

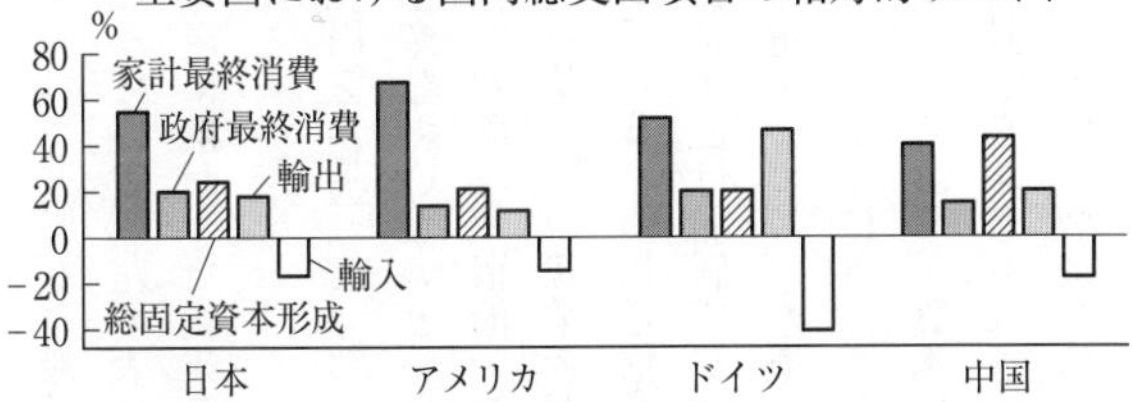

注：中国は 2017 年，それ以外の国は 2019 年
資料：内閣府，US. BEA，Statistisches Bundesamt，中国統計年鑑 2018

国内総生産：付加価値と生産性

国内総生産（GDP）は生産サイドから一定期間に作り出された付加価値の総額を表す。最近（二〇一八年）では、総付加価値額の九割近くが市場参加者によって生産され、九％が一般政府に、また二％が対家計民間非営利団体によって生産されたサービスとなっている。左の表は、産業ごとにつくり出された付加価値額とともに、それぞれの産業での生産に携わった就業者数が示されている。

農林水産業をみると、二六七万人（全体の三・九％）の就業者が六・八兆円（全体の一・二％）の付加価値を生み出している。三・九％の就業者が一・二％の付加価値しか生産していないということは、セクターとしてあまり生産的ではないことを示唆している。同様な特徴は、宿泊・飲食サービス業やサービス業全般にもみられる。逆に、製造業をみると、一五・一％の就業者が二〇・八％の付加価値を生産しており、比較的生産性が高いことを示唆している。情報通信業などにも同様な傾向がみられる。このように、それぞれの産業の就業者シェアと付加価値シェアを比較することで、相対的な生産性が類推できる。しかし、不動産業や電気・ガス・水道・廃棄物処理業などのように、限られた数の就業者が高い付加価値を生んでいるようにみえるケースがある。こうした産業は多額の資本を必要としたり、大型設備を必要としており、資本に対するリターンが余分に必要な産業であり、就業者の付加価値生産への貢献が必ずしも大きくない。歴史的には、農林水産業のシェアが下がったり（終戦後の一時期上昇したが）、製造業のシェアは最初上がった後下がったりする動きがみられたが、近年それぞれ下げ止まったかにみえる。

付加価値額と就業者数ベースの産業構造(2018年)

	付加価値額		就業者数	
	兆円	%	万人	%
農林水産業	6.8	1.2	267.0	3.9
鉱業	0.3	0.1	3.9	0.1
製造業	113.5	20.8	1,037.6	15.1
電気・ガス・水道・廃棄物処理業	14.2	2.6	58.1	0.8
建設業	31.1	5.7	503.2	7.3
卸小売業	74.8	13.7	1,161.1	16.9
運輸・郵便業	28.3	5.2	400.6	5.8
宿泊・飲食サービス業	13.9	2.5	436.3	6.4
情報通信業	27.0	5.0	194.2	2.8
金融・保険業	22.8	4.2	171.8	2.5
不動産業	62.0	11.4	118.0	1.7
専門・科学技術・業務支援サービス業	41.2	7.6	626.8	9.1
公務	27.2	5.0	196.2	2.9
教育	19.6	3.6	189.2	2.8
保健衛生・社会事業	39.4	7.2	859.9	12.5
その他サービス業	23.1	4.2	638.8	9.3
計	545.1	100.0	6,862.6	100.0
民間,政府,その他の内訳				
市場生産者	484.6	88.9	6,247.5	91.0
一般政府	48.0	8.8	396.4	5.8
対家計民間非営利団体	12.4	2.0	218.7	3.2
計	545.1	100.0	6,862.6	100.0

農林水産業,製造業シェアの長期推移

(付加価値額ベース)

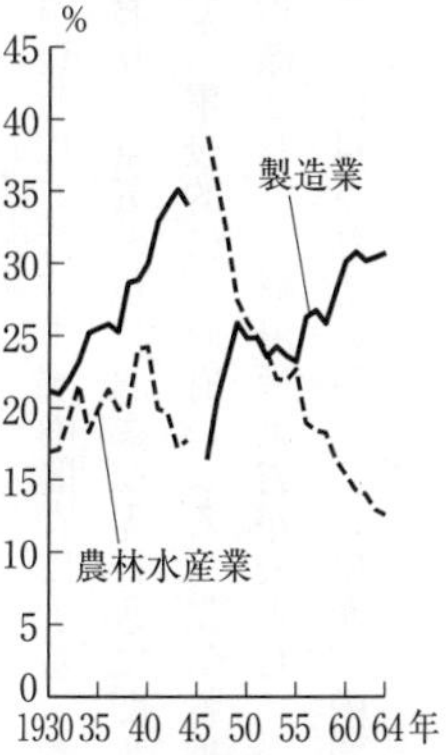

資料:経済企画庁「国民所得白書」1965年版

製造業の内訳(2018年)

	付加価値額		就業者数	
	兆円	%	万人	%
食料品	13.4	2.5	157.0	2.3
繊維製品	1.3	0.2	49.0	0.7
パルプ・紙・紙加工品	2.0	0.4	24.1	0.4
化学	11.7	2.1	47.1	0.7
石油・石炭製品	4.5	0.8	3.4	0.0
窯業・土石製品	3.0	0.6	33.7	0.5
一次金属	10.6	1.9	49.5	0.7
金属製品	5.1	0.9	90.9	1.3
汎用・生産用・業務用機械	17.4	3.2	141.6	2.1
電子部品・デバイス	5.5	1.0	51.6	0.8
電気機械	7.7	1.4	64.7	0.9
情報・通信機器	3.1	0.6	16.2	0.2
輸送用機械	18.1	3.3	139.5	2.0
その他の製造業	10.2	1.9	169.2	2.5
計	113.5	20.8	1037.6	15.1

農林水産業,製造業シェアの低下

(付加価値額ベース)

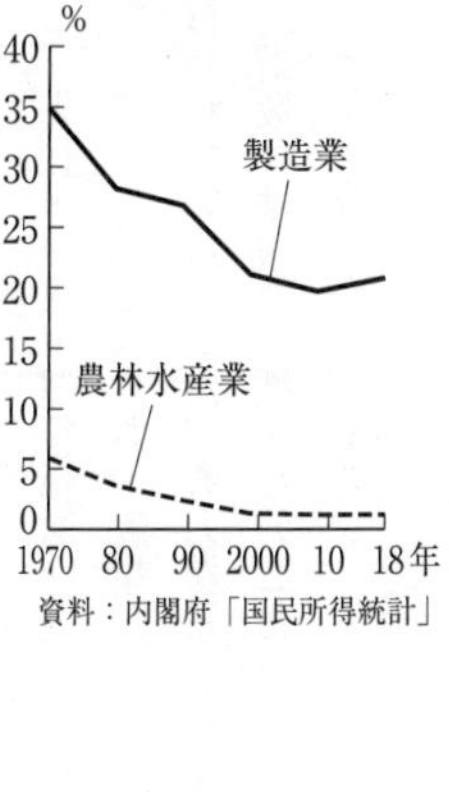

資料:内閣府「国民所得統計」

Ⅲ—④
国民所得統計以外からみた日本経済：日銀短観他

経済の状況は国民所得統計以外にも様々な指標からみることができる。

四半期統計として最も頼りになるものに、日本銀行が行う「全国企業短期経済観測調査」がある。内外の投資家などから〝日銀短観〟あるいは〝短観〟として広く知られている。これは、全国約一万社の大企業、中堅企業、中小企業に対するアンケート調査で、回答率が一〇〇％に近く、回答者の業況感その他を問うものである。特に、大企業製造業の業況判断は景気の現状・先行きに関する信頼できる指標として注目されている。その業況判断ＤＩは、左下のグラフが示すように、実質ＧＤＰ変化率と同様に、景気の局面をかなり正確に示している。短観と似た景気アンケート調査に、内閣府と財務省による「法人企業景気予測調査」がある。短観の〝業況〟に対してこの調査は〝景況〟等を調査している。また、調査サンプルは小さいものの、短観とほぼ同様な調査結果を、やや先行して示す傾向がある経済同友会の「景気定点観測アンケート調査」がある。

月例調査としては、まず内閣府による「景気動向指数」がある。先行・一致・遅行指数を発表しており、景気の現状および先行きに関する判断の拠り所となっている。このうち一致指数を使って、事後的に、政府による〝景気転換点〟などの決定が行われている。また、有力な景気判断指標として、経済産業省が公表している「第三次産業活動指数」は類似指標がないこともあって、注目されている。このほか、内閣府の「景気ウォッチャー調査」などがある。

国民所得統計以外の指標からみる景気調査

四半期調査

1．「全国企業短期経済観測調査」(短観) 日本銀行
約1万社対象(回答率約98%)，大・中堅・中小企業，金融機関
業況判断，需給・在庫・価格判断，売上・収益計画，設備投資計画，雇用，企業金融

2．「法人企業景気予測調査」内閣府・財務省
約14,500社(回答率約70%)，資本金1千万円以上の営利法人
貴社の景況，国内景況，雇用，企業収益，設備投資，資金調達

3．「景気定点観測アンケート調査」経済同友会
同友会メンバー200人超，景気DIは短観の業況DIに先行する傾向
景気，企業業績，設備投資，雇用

4．その他，日銀短観の予測調査：「ロイター短観」「クイック短観」など

月次調査

1．「景気動向指数」内閣府
先行指数(新規求人数，機械受注，株価など11系列)
一致指数(生産指数，生産財出荷指数，小売売上高など9系列)
遅行指数(常用雇用指数，失業率，消費者物価など9系列)
それぞれの指数の動きとともに，CI(コンポジット・インデックス，景気変動の大きさを測る)，DI(ディフュージョン・インデックス，景気変化の方向を測る)を計算．ただし，景気転換点の判断のためにはヒストリカルDIを計算する．

2．「全産業活動指数」経済産業省(2020年7月をもって作成終了)
建設業活動指数，鉱工業生産指数，第三次産業活動指数の加重平均
今後とも「鉱工業生産指数」「第三次産業活動指数」は引き続き注目される．発表に時間がかかるきらいがある．

3．「景気ウォッチャー調査」内閣府
全国で景気動向に敏感な職業に携わっている2,050人
地域の景気を迅速に把握し，景気判断の基礎資料にする．

実質GDP変化率と短観業況判断DI

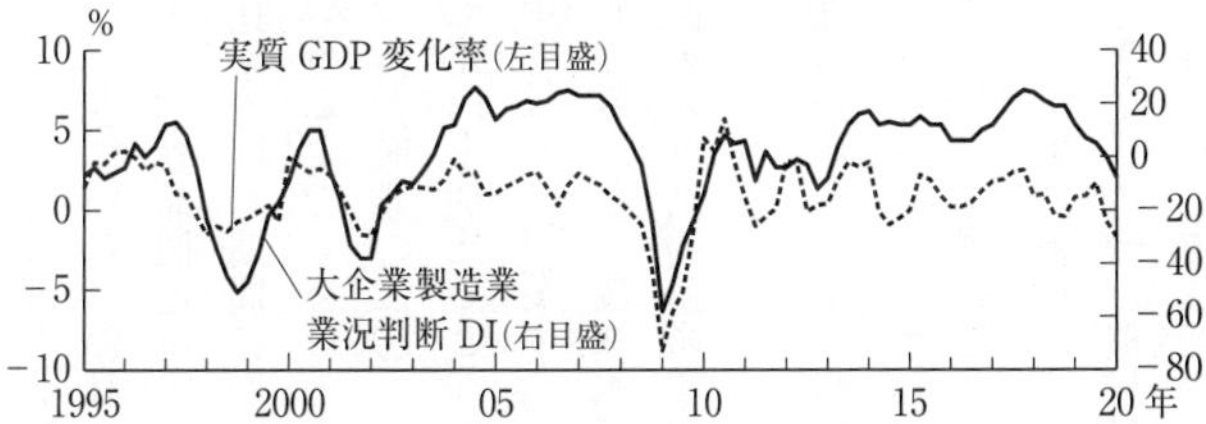

注：業況判断DIとは，業況が「良い」との回答社数の百分比から業況が「悪い」との回答者数の百分比を引いた値
資料：内閣府，日本銀行

経済の中の農業

国内総生産の中の農林水産業全体(いわゆる第一次産業)の比率は、一九七〇年の六・四%から下がり続けたが、二〇〇五年あたりから一・一〜一・二%で下げ止まってきている。農林水産業のGDPのうち農業が約八四%を占める(二〇一四〜一八年の平均)。また、食品関連産業ということからいえば、まず食料品製造業があるが、そのGDPに占める比率も同じ期間に四%から二・五%に低下した後下げ止まってきている。さらに、食品関連ということでいえば、食品関連流通業や外食産業も含める必要がある。食品製造業、関連流通業、外食産業の二〇一八年の産出額(左のグラフにみるように、九九・九兆円)に農林水産業の一三・七兆円を加えると、総額一一三・六兆円となり、その年の生産者価格表示の総産出額(ここから中間投入を引いたものが国内総生産の構成額となる)一〇四二・七兆円の一〇・九%を占める。こうしてみると、農林水産業だけを見るのに比べると、ほぼ一〇倍もの違いがある。近年、経済に占める食品関連産業のウエイトはほぼ一〇%強のところで安定してきている。

しかし、その一方で、農地(耕地)の減少が目立ってきている。一九六一年のピーク時に比べると、二〇一五年には一五九万ヘクタールの減少で、率にすると二六%である。これは宅地への転換や耕作放棄地の増大などによる。また、農産物の販売農家も減少してきている。特に問題は、農業所得に主として依存する主業農家やそれに近い準主業農家の大幅な減少である。この間、国際化の進展、食生活の多様化もあって農産物の輸入が増えてきているが、農村は日本の伝統や文化を象徴する場として注目されるなど、農業の地位と構造は変化してきている。

名目GDPに占める農林水産業および食料品製造業のシェアの推移

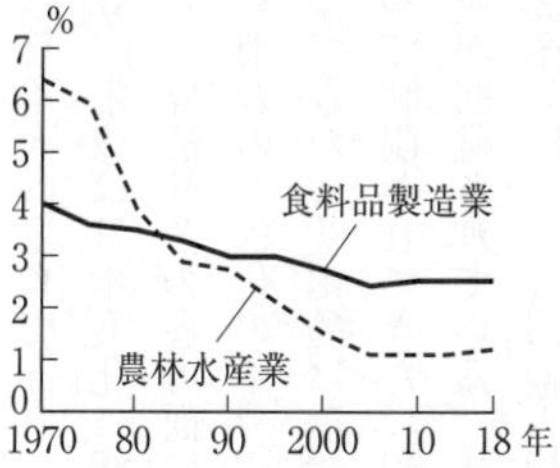

資料：内閣府「国民所得統計」

農地(耕地)面積の推移

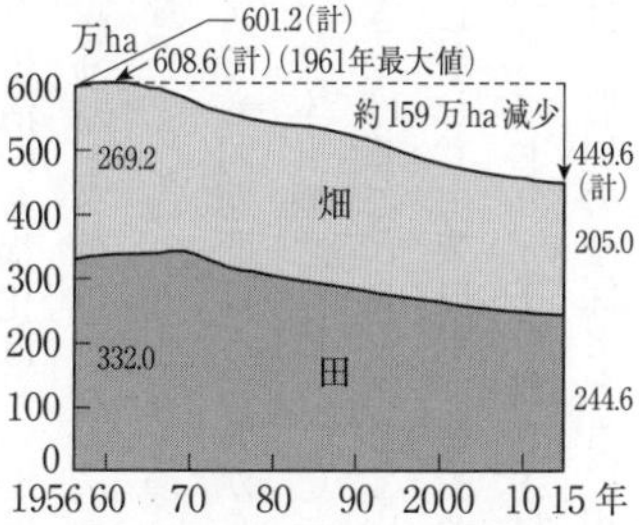

資料：農林水産省「耕地及び作付面積統計」

販売農家,自給的農家,土地持ち非農家数

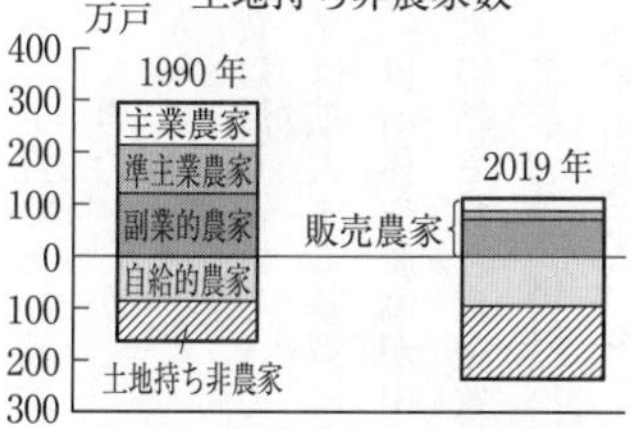

注：2019 年の自給的農家数は不明だったので, 2010 年と同程度と仮定.
資料：農林水産省, 農林水産政策研究所「農林水産基本データ集」

農業経営体の所得構成
(2019 年)

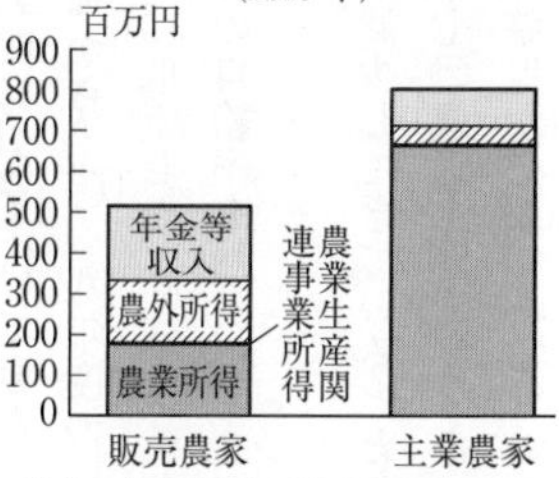

資料：農林水産省「農業経営に関する統計」

食品産業の国内生産額の推移

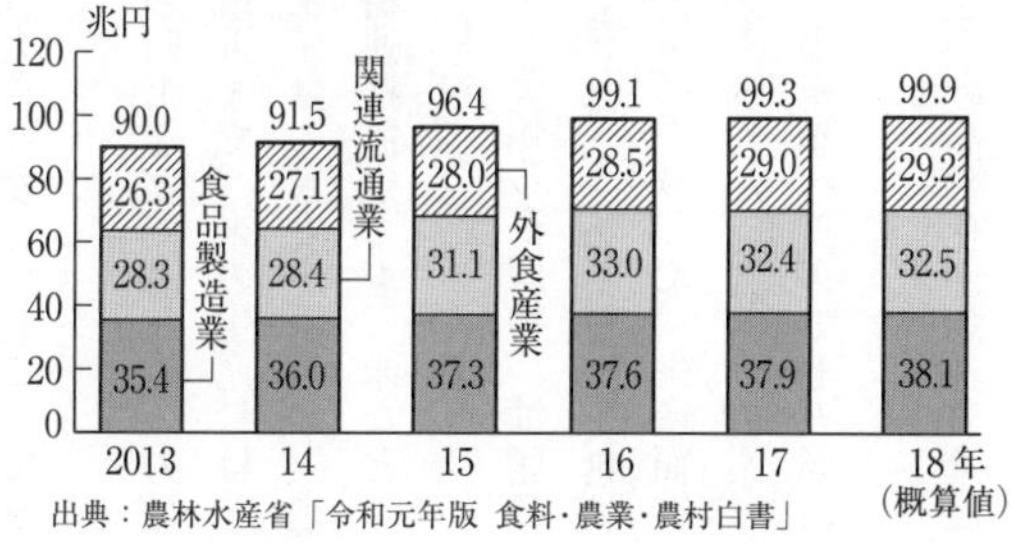

出典：農林水産省「令和元年版 食料・農業・農村白書」

農業生産の構造変化

米は日本人の主食であり、これからも主食であり続けるであろう。米を生産する水田は自然を守り、米作は日本文化に深く関わってきた。しかし、米の需給には大きな変化が起こってきており、経済社会の各方面に波紋を与えている。

食料消費の多様化の中で、米の消費は減り続ける一方、生産技術の向上などで潜在生産力は強まってきた。基本的に需給ギャップは拡大する基調にあり、つい最近まで、米の生産量は国によって制限されてきた。現在でも、自治体や農協が中心となって生産量の目安が示され、過剰生産が回避されている。また、最近締結された自由貿易協定や経済連携協定でも、米など一部の農産品は（一定量の輸入枠を設けることで）基本例外扱いされてきている。

食生活の多様化は、一方で米の消費を引き下げる一方、輸入に多くを頼る畜産物、油脂類（植物油など各種油類）などの消費を大幅に引き上げてきた。その結果として、食料自給率（供給熱量ベース）は一九六五年度の七三％から二〇一八年度の三七％までほぼ半減した。生産額ベースでも同期間に八六％から六六％に低下した。二〇二〇年からスタートした「食料・農業・農村基本計画」では、二〇三〇年度の自給率を熱量ベースで四五％、生産額ベースで七五％に引き上げることを目指している。

しかし、主業農家、準主業農家が減少してきているとともに、働き手の高齢化が急速に進展してきており、主な働き手は六〇～七〇歳以上が大半となってきている。目標を達成するためには、農地の確保とともに担い手の確保が必要である。

米の全体需給の動向

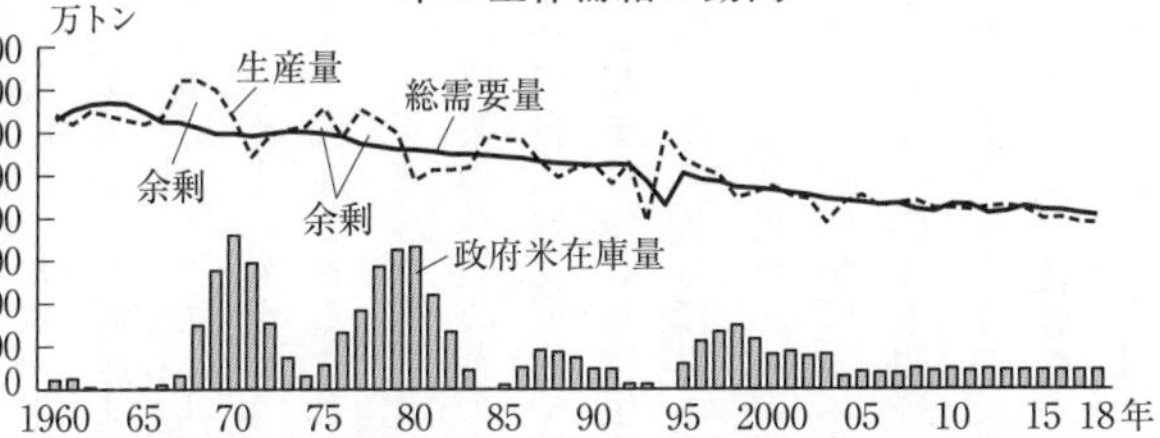

資料：農林水産省「米をめぐる関係資料」2019年7月

食料消費（供給熱量）構造と食料自給率の変化

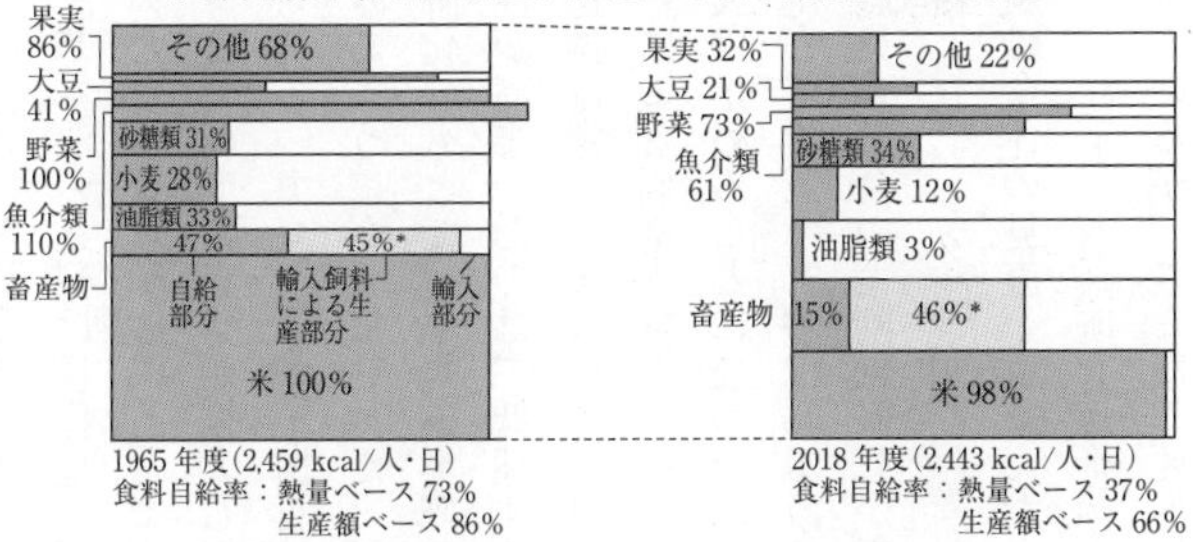

＊：輸入飼料部分で自給としてカウントせず
出所：農林水産省「令和元年版 食料・農業・農村白書」

年齢階層別基幹的農業従事者

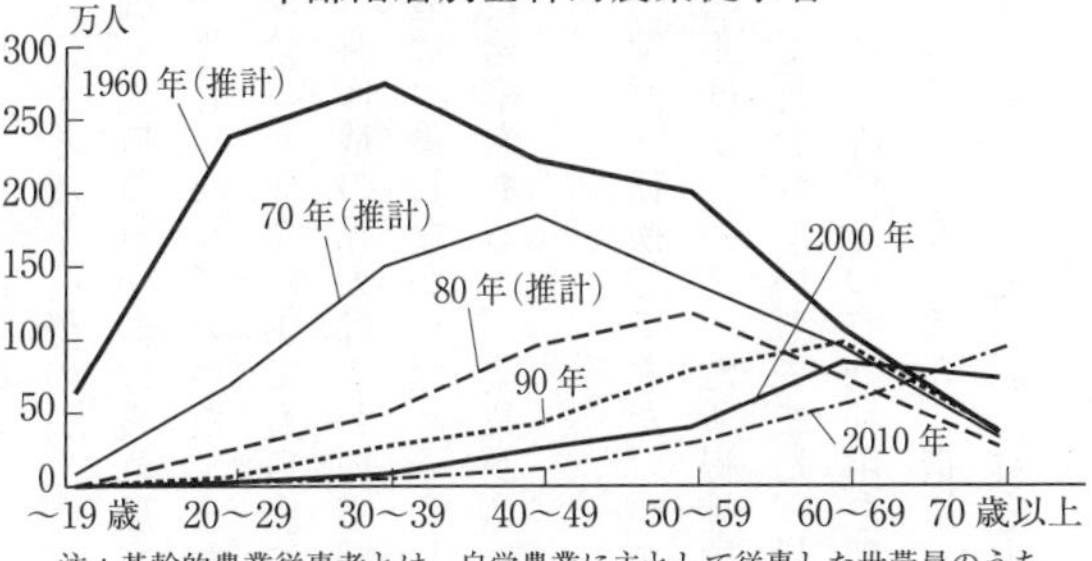

注：基幹的農業従事者とは，自営農業に主として従事した世帯員のうち，
普段の主な状態が「主に仕事（農業）」である者をいう
出所：農林水産省経営局「農業経営構造の変化」2012年12月

農業の構造改革

第二次大戦後、農地解放で小作人は解放されたが、零細農業構造が抜本的に改善されたわけではない。一九六一年の農業基本法の目標は耕作地の規模拡大による農業所得の引上げにあった。戦前から九五年まで続いた食糧管理制度のもとで、米の価格支持政策が続けられ農家所得の維持が図られた。しかし、食管制度の赤字が拡大し、維持が難しくなっていった。また、減反政策が七〇年代から続けられる一方(その正式な廃止は二〇一八年)、徐々に誰でも自由に米を販売・流通させることができるようになっていった。この間、耕作地の拡大はきわめて緩やかにしか進まず、兼業化、高齢化のもとで、小規模零細農業構造は改善しなかった。そうした中で、農業の構造改革の必要性が高まったのは、低迷する食料自給率もあるが、農業がネックとなって自由貿易協定や経済連携協定が進まないことにあった。

これまでの改革は生産調整による価格支持から欧米流の所得補償へ転換してきた。つまり、価格メカニズムに対する介入は止めることになった。二〇一〇年度から始まった所得補償は、二〇一三年度から「経営所得安定対策」と呼ばれる政策によって行われている。また、耕作地の減少を緩やかにすべく、農業委員会の役割見直しが行われたり、耕作地の有効利用を促進するために「農地中間管理機構(農地バンク)」が設置されたりしてきている。また、農協自体の創意工夫を生かすべく農協組織全体の見直しも進んだ。さらに、担い手不足問題に対応するためもあって、農地を所有できる法人(「農地所有適格法人」)の要件が二〇一六年に緩和され、それなりに農業法人は増えてきているが、さらなる要件緩和が必要である。

農業の諸構造改革

農業委員会法の改正(2016年)

農業委員会は農地法に基づく農地の売買・賃貸の許可，農地転用への意見具申，遊休農地の調査・指導等を行うため市町村に設置されている

改正によって業務の重点が「農地利用の最適化の推進」に

2018年から，従来の農業委員(23,187人)とは別に，農地利用の最適化を推進する“農地利用最適化推進委員”(17,823人)を新設

農地中間管理機構(「農地バンク」)の設置(2014年～)

都道府県に一つずつ(業務の一部を市町村に委託)

農地利用を担い手ごとに集約するための農地の中間受け皿組織

経営所得安定政策(2013年～)

1．畑作物の直接支払交付金(ゲタ政策)：諸外国との生産条件の格差から生じる不利を補正する交付金(対象作物：小麦，大麦，はだか麦，大豆)

2．農業者の拠出を前提とした農業経営のセイフティーネット(ナラシ対策)(対象作物：米，麦，大豆，てん菜，でん粉原料用ばれいしょ)

資料：農林水産省各種資料他

農協改革(2019年)：農業協同組合の組織と近年の動き

組合員等	市町村レベル	都道府県レベル	全国レベル	主な業務，役割等
正組合員424.8万人 准組合員624.5万人 計1,049万人(2018年度) (正組合員が減り，准組合員が増加してきている)	総合農協639組合(2019年3月)合併等で減少，専門性強化中，この他に専門農協(畜産，酪農，園芸など特定の販売・購買事業を行う)があり，それぞれの全国レベルの連合会がある	農業協同組合連合会中央会(JA中央会) JA全国監査機構(都道府県部)	全国農業協同組合中央会(JA全中) JA全国監査機構(全国監査部)	指導(法的権限廃止) 一般社団法人に 外部監査と選択制に* (旧JA全中の一部)
		経済農業協同組合連合会(JA経済連)合併・統合進展	全国農業協同組合連合会(JA全農)	集荷・販売・購買株式会社化可能に
		信用農業協同組合連合会(JA信連)農林中金への事業譲渡や合併進展	農林中央金庫(農林中金)	貯金・運用・貸出(JAバンクと呼ばれる)
		全国共済農業協同組合(JA共済連，県本部)	全国共済農業協同組合(JA共済連，全国本部)	共済(生命保険，損害保険)

＊：貯金量200億円以上のJA，負債200億円以上の連合会は，会計監査人(公認会計士または監査法人)による監査を受けることが義務に

注：これらの他，一部の農協は医療(病院等)活動をする厚生農業協同組合連合会の全国レベル(JA全厚連)と都道県レベル(JA厚生連)の組織を持っている

資料：農林水産省「農協について」平成29年11月，農林中金「系統組織と系統信用事業 REPORT 2019」他

林　業

日本の国土の六六％、二五・一万平方キロメートルは森林であり、日本は世界でも有数の森林大国である。しかし、その保全と利用には問題が多い。戦前、戦中そして終戦直後の薪炭利用などのための大量伐採と手入れ不足は著しく森林を荒廃させ、自然災害を多発させる原因にもなった。その後、「拡大造林政策」が行われ、針葉樹中心の人工林が造成された。現在、一〇〇〇万ヘクタール（一〇万平方キロメートル）を超える人工林が造成されており、二一世紀には国産材で需要をまかなうことになっていたが、主伐（木材としての伐採）や間伐（混み過ぎた林の立ち木を一部間引くこと）、またその他の手入れが不十分な状態が続いている。

木材需要は、高度成長期の住宅建築物を中心に、一九七三年に一・二億立方メートルのピークを示した。しかし、内地材でまかなえず、自由化もあって輸入が急増した。また、価格も一九八〇年以降低下し続けたこともあって、自給率が二〇〇〇年代初めまで下がり続けた。その後、木材価格の下げ止まりとともに、自給率は上昇してきている。ただ、人工林を中心として主伐の不足から、蓄積（森林を構成する樹林の幹の体積）が上昇し続けているし、人工林の約半分が一般的な主伐期である五〇年を超えている。資源の有効利用のためにも、循環利用のためにも木材産業の活性化が求められている。

林業も農業と同様、低賃金や高齢化もあって担い手が不足し、多くの林業経営者は小規模・零細である。さらに、相続手続きの不備などによって所有者確定困難な森林が拡大している。そこで、意欲ある者により広い森林の経営を委ねる（集積・集約化の）試みが行われている。

国土利用構成(2013年)

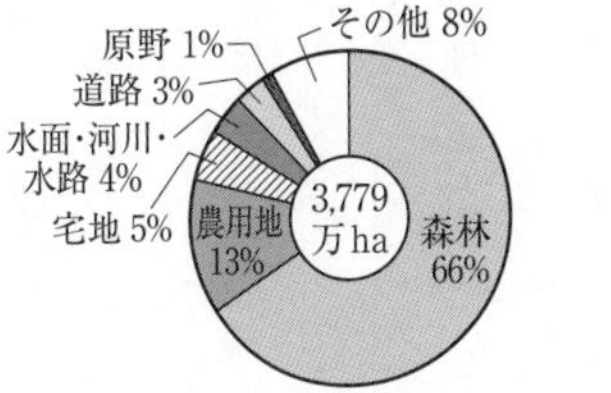

資料：国土交通省「国土利用に係る現状と今後の見通し」

所有者別森林面積の割合
(2017年)

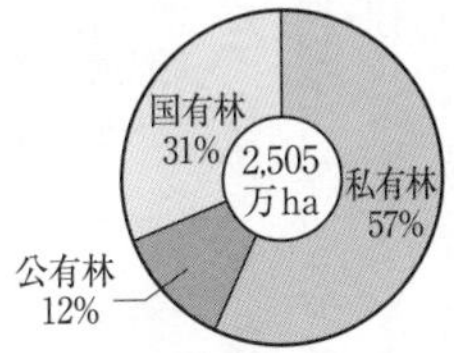

資料：林野庁「令和元年度 森林及び林業の動向」

人工林の樹種別面積

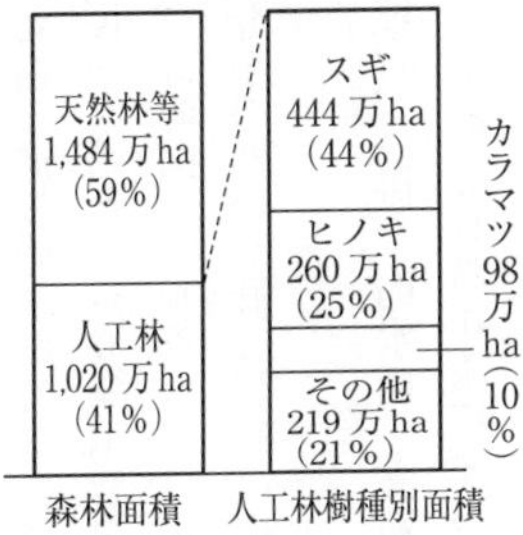

注：計の不一致は四捨五入による

林業産出額の推移

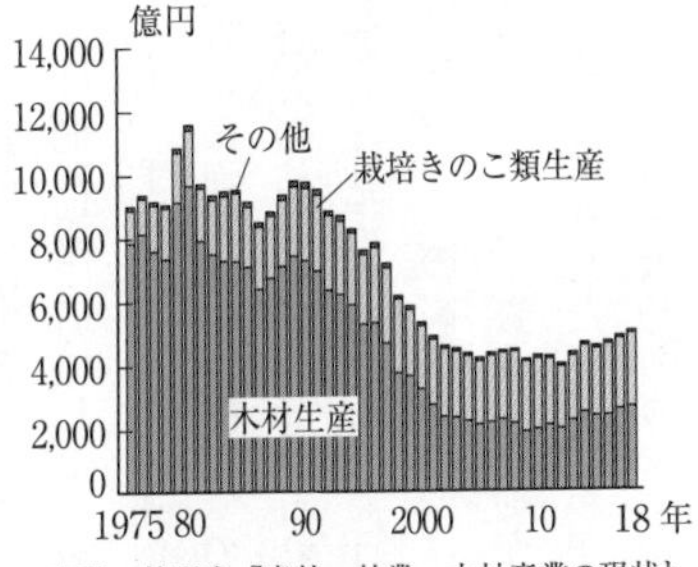

出所：林野庁「森林・林業・木材産業の現状と課題」，2019年3月

木材供給量と木材自給率の推移

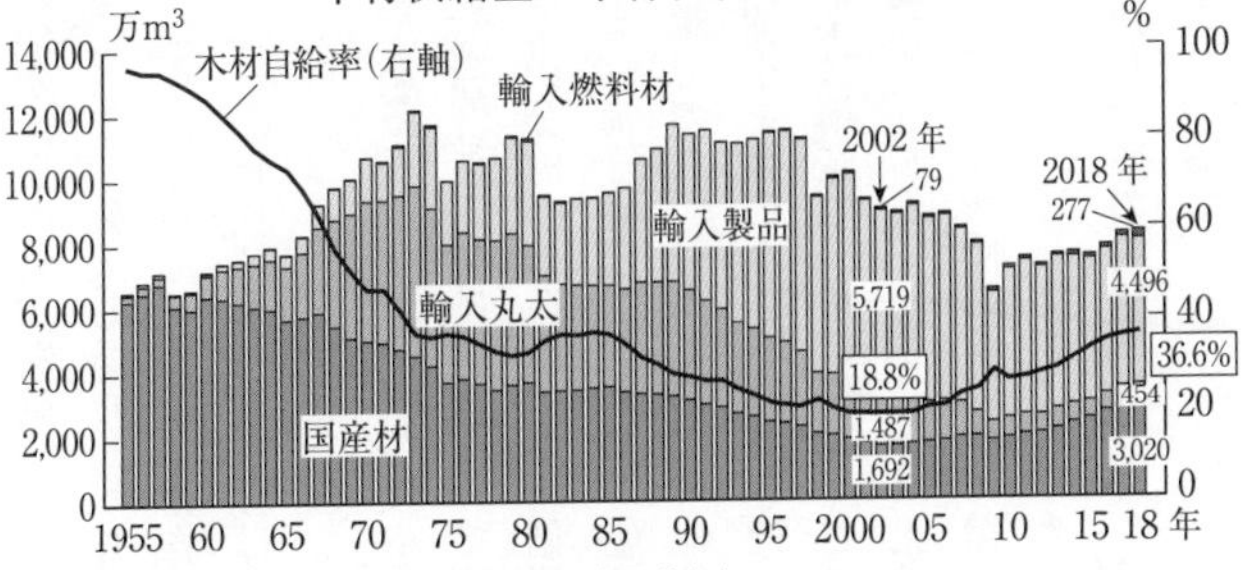

出所：林野庁「令和元年度 森林及び林業の動向」

Ⅲ－⑨

水産業

四面海に囲まれ、内陸地にも湖沼・河川の多い日本では、魚介類が国民の貴重な動物性たんぱく源となってきた。ただ、国民一人当たり魚介類消費量は二〇〇〇年代に入るあたりから減ってきており、二〇一〇年前後には韓国やノルウェーに抜かれるようになった。また、動物性たんぱく質の摂取量に占める魚介類の割合も減り気味となり、二〇一〇年代に入ってからは肉類の方が多くなってきている。

水産業（漁業）の形態は遠洋、沖合、沿岸、内水面、養殖と多様であるが、それぞれ規模も漁獲魚種も異なっている。一九五二年の対日講和条約発効以来、外延的拡大が可能となって遠洋・沖合漁業が伸びた。特に高度成長期には需要の拡大、自由操業の公海への進出、燃料価格の安定、新技術の登場などで生産は飛躍的に増加した。沿岸漁業も、海面養殖を含めて、需要の多様化に応じて成長した。しかし、七三年からの国連海洋法会議での二〇〇カイリの排他的経済水域設定とその定着以来、日本の漁業は広い海域での生産の縮小を余儀なくされてきた。沿岸漁業でも乱獲などもあって資源の枯渇が各地でみられ、水産業は構造転換を余儀なくされてきた。今後とも、遠洋漁業の拡大は見込めない中で、日本の周辺水域（二〇〇カイリ経済水域は約四四七万平方キロメートルで世界第六位）の高度利用のほか養殖業により一層力を入れ、需要の多様化に応えていくことになろう。また、資源の制約が強まる中で、エビ・マグロ・サケなどの中高級魚の輸入が増加してきた。そうした中で、わが国の食用魚介類の自給率は長らく低下してきたが、二〇〇〇年代に入って以降六〇％前後で安定してきている。

日本の漁業生産額の推移

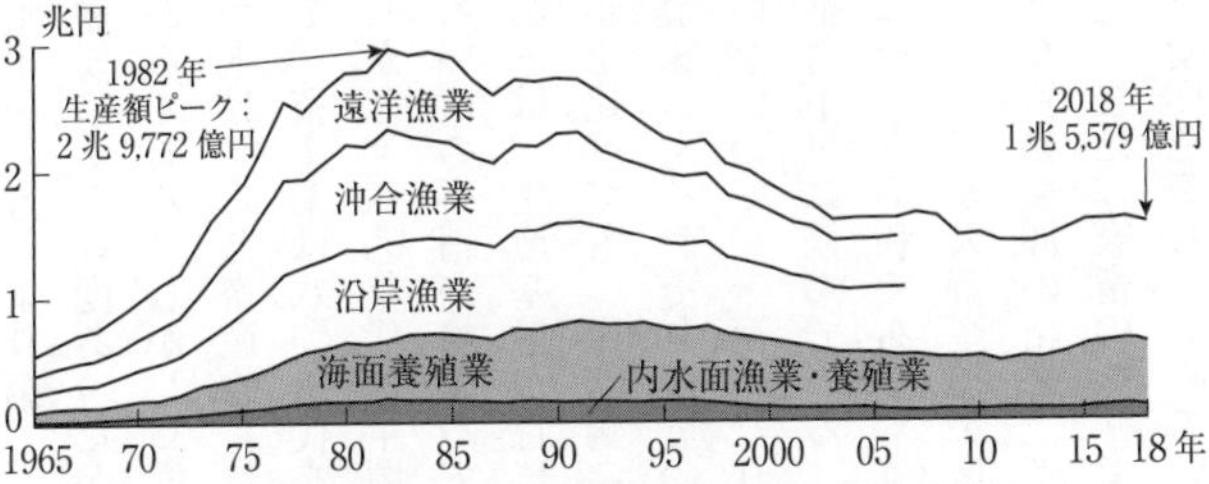

注：海面漁業の部門別産出額については，2007年から取りまとめを廃止

日本の魚介類の生産・消費構造

(2018年度概算値)

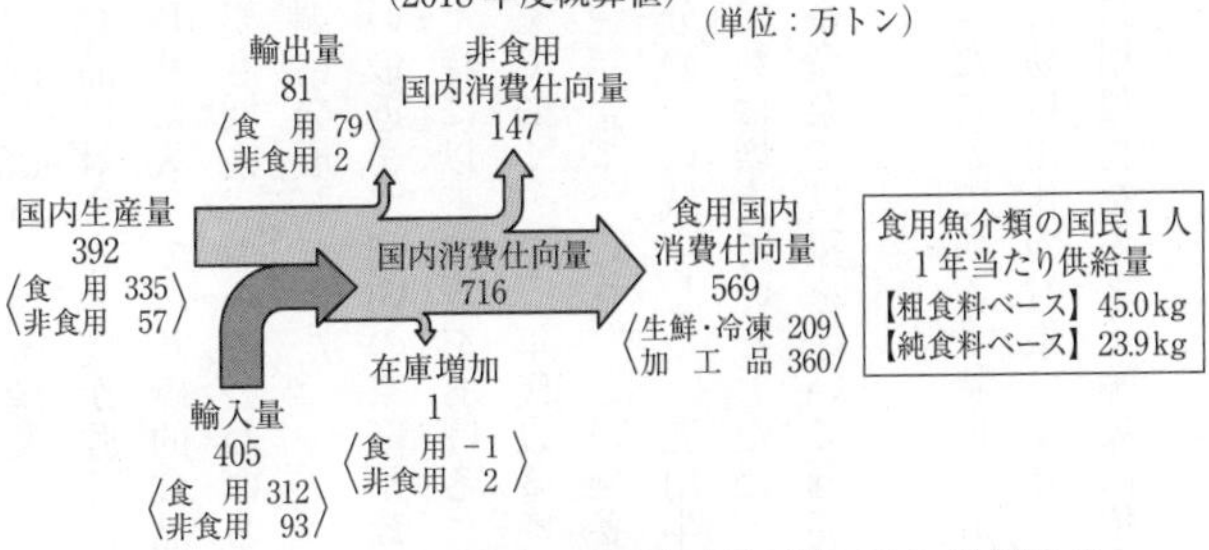

注：粗食料とは，廃棄される部分も含んだ食用魚介類の数量であり，純食料とは，粗食料から通常の食生活において廃棄される部分を除いた可食部分のみの数量

食用魚介類および肉類の1人1年当たり消費量(純食料)の推移

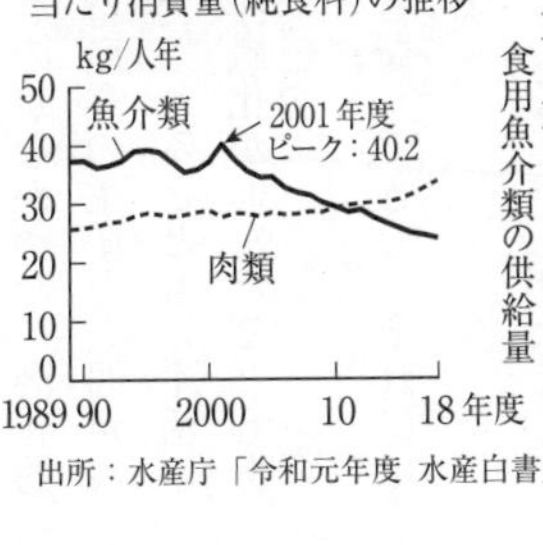

食用魚介類の自給率の推移

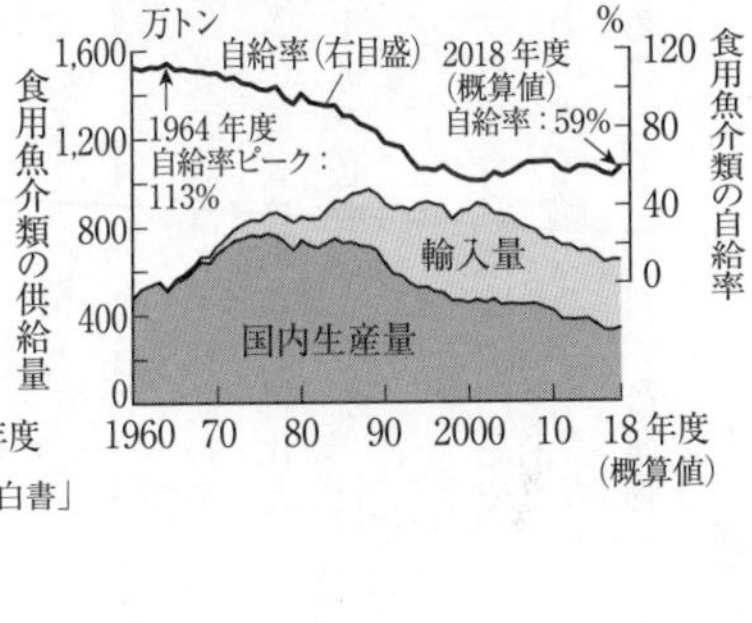

出所：水産庁「令和元年度 水産白書」

Ⅲ―⑩

畜産業

戦争中はもとより第二次大戦終結後しばらくは畜産業には見るべきものがなかった。潜在的な需要はある程度あったが、他の食品に対する需要が強く、また当の畜産業の生産力も弱かったからである。しかし高度成長の時期に入って、基礎的食品需要が満たされるとともに生活水準が上昇すると畜産物に対する需要も増え、さらにいわゆる食生活の洋風化が進んだこともあって、畜産業は八〇年代までは順調に発展してきた。

しかし、八〇年代後半頃からつい最近まで国内の家畜頭数は頭打ちとなってきた。それにはいろいろの事情が絡まっているが、特に以下二点をあげることができる。

第一は、生産基盤が特に零細農家で弱く、七〇年代以降廃業が続いている。九〇年と二〇一九年を比べても、産卵鶏(四〇分の一)、豚(一〇分の一)の飼養農家が激減、乳用牛、肉用牛の飼養農家数もそれぞれ四分の一、五分の一に減少した。乳用牛を除いて飼養頭数はあまり変わっていないので、一戸当たりの飼養頭数は増えている。ただ、規模の大きい飼養農家も高齢化と後継者不足に悩んでいる。また、畜産業では鶏を除いて飼養には広い土地を必要とするが、日本はその点不利である。

第二は、輸入畜産物が増加してきたことである。特に八五年九月のプラザ合意以降の円高や、様々な貿易交渉の結果、畜産品も貿易自由化の対象になり、価格競争力のある輸入品が増えてきた。また、家畜のエサである飼料用穀物を大きく輸入に依存していることで、飼料、畜産物の自給度を著しく低めている。

日本の農業における畜産のシェアとその内訳

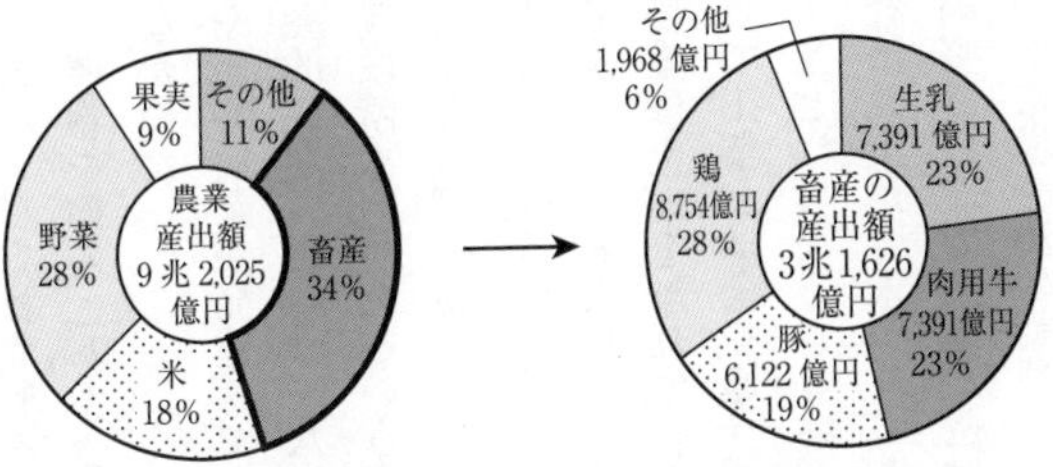

出所：農林水産省「畜産・酪農に関する基本的な事項」2018年12月

畜産の産出額の推移

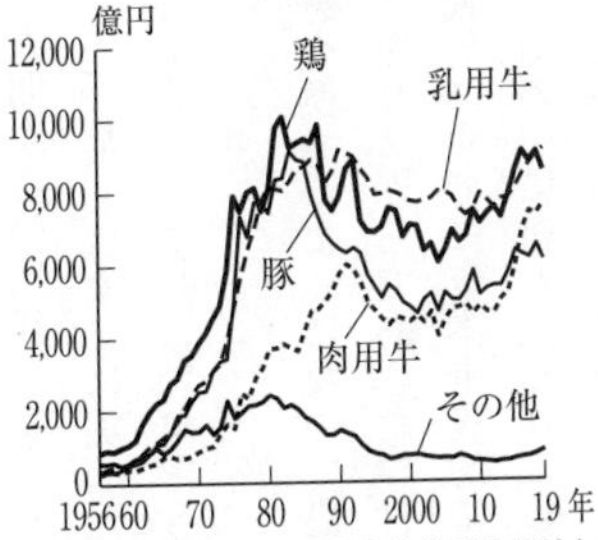

資料：農林水産省「生産農業所得統計」

畜産物自給率の推移

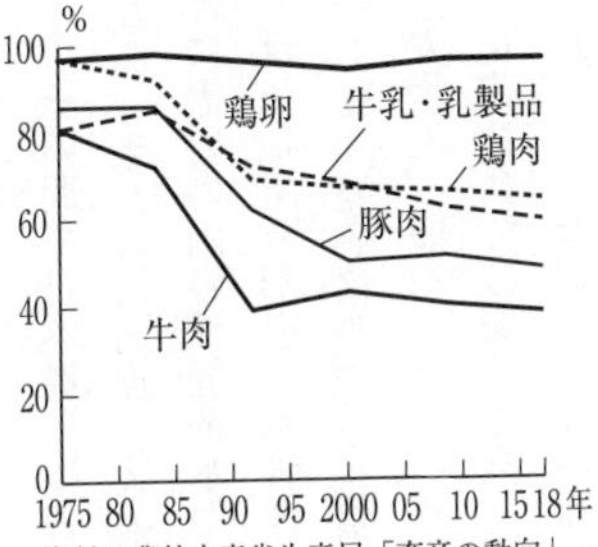

資料：農林水産省生産局「畜産の動向」2020年5月

食料自給率等の目標

食料自給率（輸入飼料で生産された分の畜産物は自給率の計算に入れない）
　カロリー・ベース：37%（2018）→45%（2030）
　生産額ベース：66%（2018）→75%（2030）
飼料自給率：25%（2018）→34%（2030）
食料国産率（新指標：輸入飼料で生産された分の畜産物も国産率の計算に入れる）
　カロリー・ベース：46%（2018）→53%（2030）
　生産額ベース：69%（2018）→79%（2030）
目標：飼料自給率や食料国産率を向上させながら食料自給率の引上げを図る

注：従来の自給率だけでは畜産業の全体としての生産動向がよくわからない．
資料：農林水産省「食料・農業・農村基本計画」2020年3月

ここでひとこと

〝耕す〟から市場経済の農業に　人間がこの地球上で生活を始めたその瞬間から、生命を維持するため人びとは食料を必要とした。最初はすでに実った植物を口にしたが、そのうち種をまいて植物を作ることを覚えた。しかし、それは農(たつくる、たがやす)であって、まだ農業ではなかった。

やがて商業が発達して農産物を交換するようになって農業が生まれた。しかし、それが資本主義的になったのは一八世紀のイギリスからであった。日本の場合は、第二次大戦まで前資本主義段階であったという説と、戦前にすでに資本主義的になっていたとの説があるが、いずれにせよ今日では紛れもなく市場経済の中に組み込まれている。

しかし、完全に市場経済化されていないから効率が悪いという一面と、市場経済化されたから荒廃しているという一面があり、その間で日本農業は苦吟している。

農業は土地を離れて存在しえない。また自然の与える水(雨など)や気候(寒暖)を無視しえない点で工業とは全く違う。おまけに需要の内容は経済水準の上昇とともに大きく変化する点でも工業とは異なる。勢い、農業では土地所有形態、水管理方式、季節変動への対応などで独特の経済政策が要求されてきた。そしてまた価格設定や在庫管理についても生産(者)と消費(者)の調整は政府の関与が避けられなかった。いや、そういう調整は〝市場〟に任せればよいというのが市場経済の論理であるが、現代社会では環境保全、景観開発、文化保存という新たな課題も出てきている。どう解決するか。二一世紀の農政が問われている。

Ⅳ 日本経済の構造とその変化(2)

「大凡《オホヨソ》国ノ強弱ハ、人民ノ貧富ニ由リ、人民ノ貧富ハ物産ノ多寡ニ係ル。而シテ物産ノ多寡ハ、人民ノ工業ヲ勉励スル……」

(勧業建白書)

殖産興業

日本の近代化は、イギリスの産業革命(一七六〇年代)にほぼ一世紀、ヨーロッパ大陸諸国のそれに比べても三〇年から五〇年遅れて始まった。産業別にみると、その原動力は農業や商業ではなかった。手工業的な生産方式から、新しい技術と機械設備による工場生産方式に移ってきた工業であった。日本で近代化のスピードが速かったということは、工業化のテンポが速かったということでもある。明治維新当時まだ農業国であった日本は、一九一五(大正四)年ごろに全産業の中で工業の割合(生産額ベース)が五〇%を超すに至った。

戦前にいろいろの点で先進国水準に追いつきつつあった工業も、戦争によって再びゼロから出発しなければならなかった。しかし、幸い高度成長の時期、石油危機克服の試練の時期を経て、日本の工業の水準は質・量両面において、完全に世界のトップクラスに入った。

日本の場合、工業化のスピードが速かったのにはいろいろの要因が作用している。なかでも政府が〝上からの育成〟に力を入れた効果は大きい。明治政府は「殖産興業」のスローガンのもとに、企業活動が活発になるような諸般の制度改革(身分制度の廃止、税制の改正、銀行の整備)を断行し、自ら技術導入、工場建設、人材確保の先頭に立った。しかし、不幸にも「富国強兵」のために、工業力が軍事目的に過度に割かれてしまった。第二次大戦後は軍事的色彩が一掃され、〝上からの育成〟も民間企業が力をつけるにつれて薄まってきた。復興の担い手としての工業、ついで輸出の担い手としての工業から、今では情報化、国際化、生活の多様化に対する工業に脱皮してきた。

第二次大戦前の経済成長率

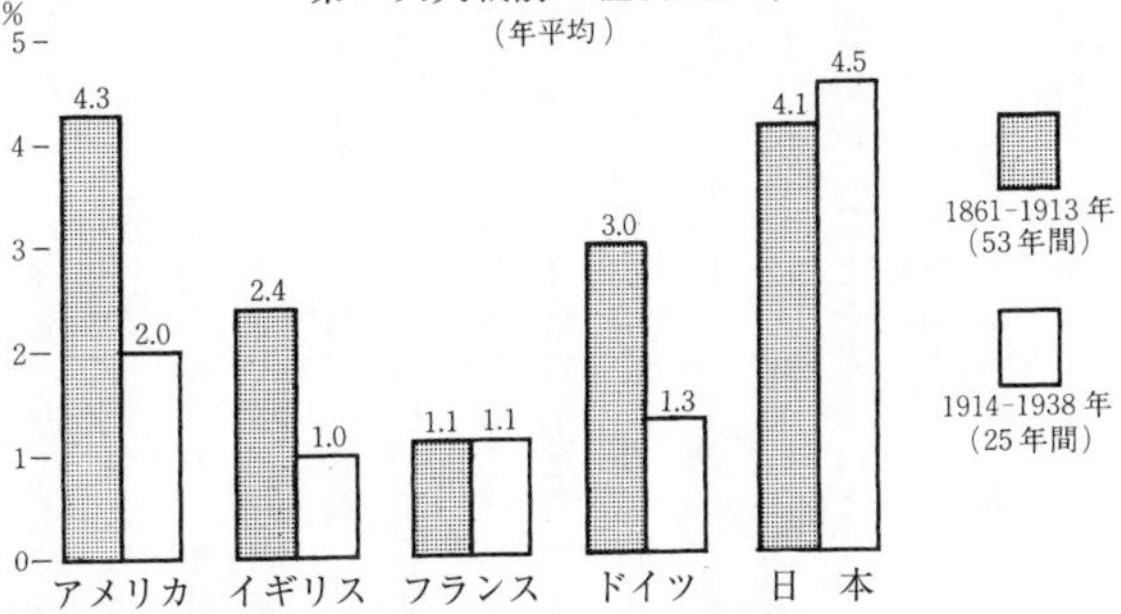

資料：正村公宏「日本経済」東洋経済新報社，1987 年

産業別就業者割合の推移

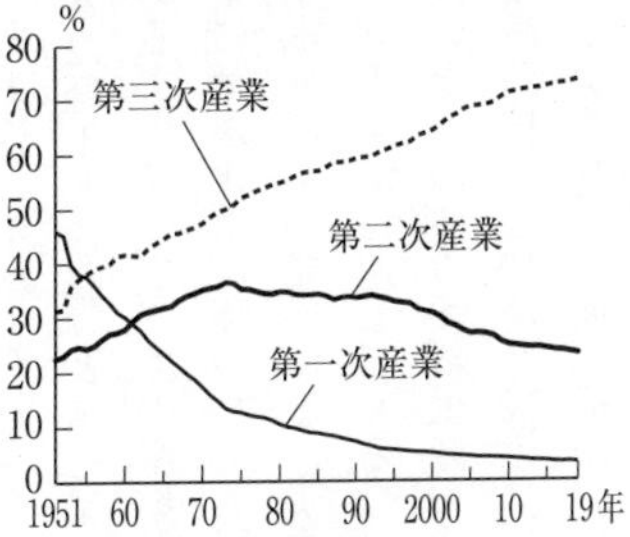

日本の産業分類
第一次産業：農林水産業
第二次産業：鉱業(*1)，製造業，建設業(*2)
第三次産業：その他(*3)
注：諸外国の中にはこれと異なる分類を使うことがある
＊1：第一次産業に分類することも
＊2：第三次産業に分類することも
＊3：この中の電力・ガス・水道を第二次産業に分類することがある(国連統計など)

資料：総務省「労働力調査」

産業(付加価値)構造の変化

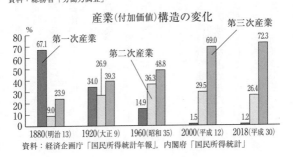

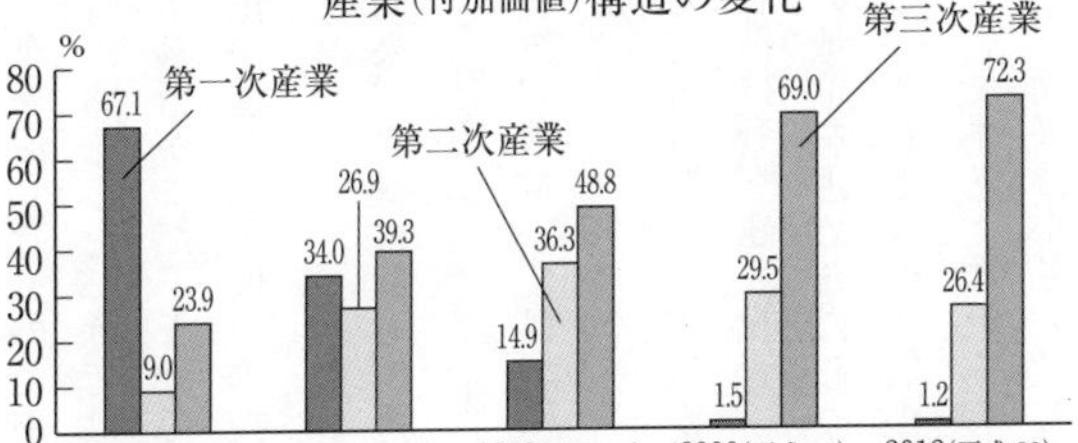

資料：経済企画庁「国民所得統計年報」，内閣府「国民所得統計」

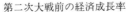

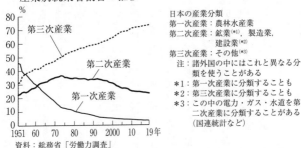

製造業の高度化

東京・丸の内の日本工業倶楽部の玄関上に、糸巻きを持った女性とハンマーを握る男性の像がある。日本経済の近代化を支えてきた軽工業(紡績)と重工業(石炭)を象徴したものである。しかし、どの国の工業発展もそうであるように、すべての産業が同時に開花したわけではない。軽工業から発展が始まり、重化学工業に漸次比重が移ってくる。資本蓄積がまだ不十分で労働力が豊富で安い時代は、労働集約的な繊維産業が発展する。資本蓄積が進み、労働力の技術水準が高まるにつれて、鉄鋼、造船、化学工業が台頭してくる。

戦後、石炭と鉄鋼の生産に重点を置いたいわゆる傾斜生産方式の効果、原材料輸入の再開などを契機に復興が始まり、ついで「技術が技術を呼び」「投資が投資を呼ぶ」高度成長期には、工業は文字通りその推進力となった。なかでも、鉄鋼、造船、化学工業、機械工業は、繊維産業に代わって輸出の主要品目となり、重化学工業時代の基礎を築いた。

高度成長の担い手であった重工業の製品は、鉄鋼にしても船舶にしても、概して重量があり大型であったことから、「重厚長大」と特徴づけられた。今後とも設備投資、建設投資、住宅投資が続くことを考えると、重工業は引き続き経済の中でそれなりの地位を占めるだろう。

しかし、その地位は、より付加価値の高い技術・知識集約的な産業、そして「軽薄短小」な商品を特徴とする産業に取って代わられてきた。情報通信関連産業などである。これらの産業は原材料・エネルギーの消費単位が小さい。その面では波及(需要創出)効果は小さい。しかし、研究開発効果が大きく、内外での需要の増大が見込まれ、経済の推進力になってきた。

軽工業・重化学工業(生産・輸出)比率の推移

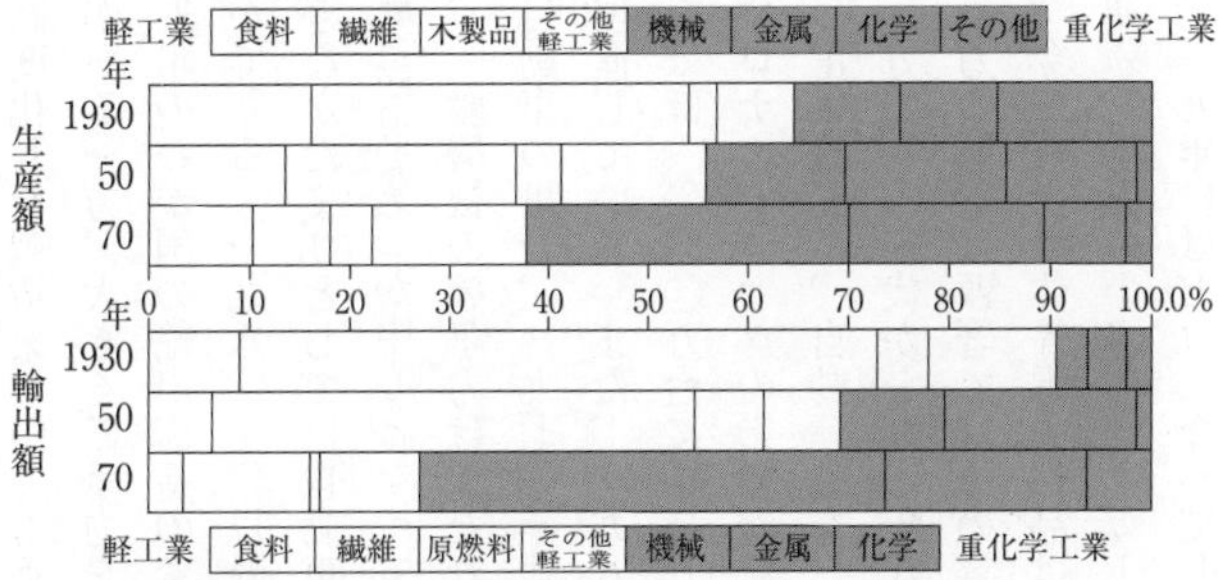

資料：経済企画庁「経済白書」1978年版

製造業における付加価値額上位産業の推移(%)

年									
1965	化学 10.9	食料品 9.6	一般機器 9.6	輸送用機器 9.3	電気機器 9.1	繊維 8.0	鉄鋼業 6.6	金属製品 5.8	その他 31.1
1975	一般機器 11.1	輸送用機器 10.2	食料品 10.2	電気機器 9.8	化学 8.8	金属製品 6.7	鉄鋼業 6.0	出版印刷 5.3	その他 31.9
1985	電気機器 16.2	一般機器 11.1	輸送用機器 10.6	化学 8.6	食料品 7.2	金属製品 6.3	鉄鋼業 5.6	出版印刷 5.1	その他 29.3
1995	電気機器 16.5	一般機器 10.6	輸送用機器 10.5	化学 10.1	食料品 7.9	金属製品 6.9	出版印刷 5.8	窯業土石 4.2	その他 27.5

注：全事業所対象の統計
資料：経済産業省「工業統計産業編」データ

以下は2008年の分類による

年									
1990	輸送用機器 10.5	化学 9.0	金属製品 6.8	食料品 6.7	電気機器 6.6	生産用機械 6.3	情報通信 5.9	印刷 5.4	その他 42.8
2000	輸送用機器 10.6	化学 10.1	食料品 8.3	電子部品 7.2	電気機器 6.3	金属製品 6.3	印刷 6.0	生産用機械 5.6	その他 39.7
2010	輸送用機器 15.1	化学 11.2	食料品 9.5	電子部品 6.3	電気機器 5.8	生産用機械 5.7	金属製品 5.4	プラ製品 4.4	その他 36.6
2017	輸送用機器 18.1	化学 11.1	食料品 9.7	生産用機械 7.4	電気機器 6.0	金属製品 5.9	電子部品 5.7	プラ製品 4.4	その他 31.8

注：上の製造業の名称は簡略化されており，正確には，印刷は印刷・同関連業，プラ製品はプラスチック製品製造業(別掲を除く)．2008年から，電気機械器具製造業は電子・デバイス・電子回路製造業，電気機械器具製造業，情報通信機械器具製造業に，一般機械器具製造業は汎用機械器具製造業，生産用機械器具製造業，業務用機械器具製造業に分割された．1990年から以降のデータは2008年の分類に従って再集計されたものだが，厳密には2000年までの数値は2010年以降のそれらと接続していない
資料：経済産業省「平成30年確報 産業別統計表」2020年1月

Ⅳ―③

高度化後の製造業内の変化

高度化した製造業の中でも近年大きな変化が起こってきている。強い競争力を保っている分野がある一方、大きく競争力を落としてきた分野がある。

近年のわが国の輸出構造の変遷をみると、工業分野における国際競争力の変遷を跡づけることができる。一九八〇年代以降、日本の輸出は、鉄鋼や化学製品も主要な輸出品ではあったが大きなかたまりとしては自動車と同部品、電気機器と関連部品、そして一般機械（原動機、半導体製造装置など）が中心となってきた。このうち、自動車関連輸出が好調を持続させてきているし、一般機械の競争力は保たれているが、電気機器関連輸出の退潮が顕著となっている。

自動車の場合、一九七〇年代に国際競争力を強め、一九八〇年代に入って以降世界のトップに位置している。また、一九八〇年代以降四〇年もの間、海外生産を急増させる中でも国内生産をほぼ一〇〇〇万台に維持し、その半分程度を輸出してきている。二〇二〇年に入って以降はコロナ・ショックの影響が懸念されるが、それ以上に大きな日本の自動車産業の課題は、今後の電気自動車、自動運転などの技術革新の流れにいかに対処していくかだろう。

一方、八〇年代から九〇年代にかけて興隆を極めた日本の電気機器関連企業の近年における競争力の低下は顕著で、その業界の中心ともなる技術を体現している半導体産業の退潮が目立つ。今でも半導体等電子部品は自動車に次ぐ輸出品である。しかし、一九八〇年代から九〇年代初め、世界の半導体メーカー売上高のトップ一〇社中、六社が日本メーカーであったものが、二〇一九年にはゼロになってしまった。この分野の日本メーカーの復活はあるのだろうか。

輸出額トップ10の推移(1)

	1960	1970	1980	1990	2000
1	綿織物	音響機	自動車	自動車	自動車
2	船舶	鋼板	音響機	事務機	電部品
3	衣類	船舶	鋼板	電部品	事務機
4	鋼板	自動車	管	映像機	科光学
5	ラジオ	織物	船舶	科光学	自部品
6	スフ	管	科光学	自部品	原動機
7	缶詰	科光学	織物	原動機	電回路
8	自動車	織物糸	二輪車	鋼板	映像機
9	玩具	二輪車	原動機	音響機	有機化
10	陶磁器	有機化	電子管	通信機	船舶

注：「鋼板」は汎用鋼板，「スフ」はスフ織物，「缶詰」はかん，ビン詰め魚介類，「玩具」は玩具及び遊戯用具，「織物」は合繊繊維織物，「管」は管及び管用継手，「織物糸」は織物用糸，「二輪車」は二輪自動車及び部品，「音響機」は音響機器，「電部品」は電子部品・デバイス

資料：大木博巳「日本の産業構造変化と東アジア貿易の発展」「日本経済の構造調整と東アジア経済」日本国際問題研究所，2003年，第3章，35頁

輸出額トップ10の推移(2)

	1995	2000	2005	2010	2015	2019
1	自動車	自動車	自動車	自動車	自動車	自動車
2	半導体	半導体	半導体	半導体	半導体	半導体
3	自部品	科光学	鉄鋼	鉄鋼	鉄鋼	自部品
4	科光学	自部品	自部品	自部品	自部品	鉄鋼
5	鉄鋼	原動機	科光学	プラ	原動機	原動機
6	電算機	電算機	原動機	原動機	プラ	半製造
7	原動機	鉄鋼	有機化	船舶	科光学	プラ
8	電算部	電回路	映像機	科光学	有機化	科光学
9	電回路	映像機	プラ	有機化	電回路	有機化
10	有機化	電算部	電回路	電回路	電計測	電回路

注：「半導体」は半導体等電子部品，「自部品」は自動車部品，「科光学」は科学光学機器，「電算機」は電算機器(含周辺機器)，「電算部」は電算機器の部品，「電回路」は電気回路等の機器，「有機化」は有機化合物，「映像機」は映像機器，「プラ」はプラスチック，「電計測」は電気計測機器，「半製造」は半導体製造装置

資料：財務省貿易統計

半導体メーカー売上高トップ10の国籍

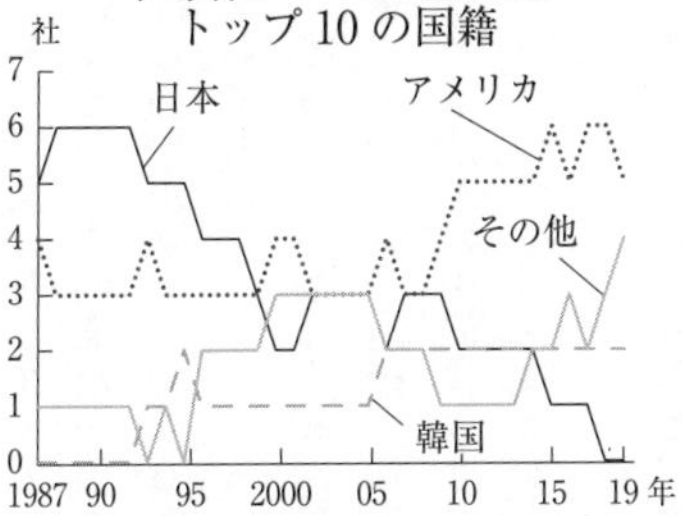

注：2014年以降，1社がアメリカとシンガポールの両国籍を持っているので合計が11社となっている

世界の自動車メーカー販売台数トップ10 (2019年)

1. VW(フォルクスワーゲン)
2. トヨタ自動車
3. ルノー・日産・三菱アライアンス
4. GM(ジェネラルモーターズ)
5. 現代自動車グループ(ヒュンダイ)
6. フォードモーター
7. ホンダ
8. FCA(フィアット・クライスラー・オートモービルズ)
9. PSAグループ(フランス)
10. ダイムラー(ドイツ)

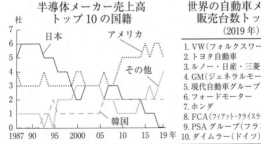

サービス産業

経済水準が高まり、高度化が進むにつれてサービス産業など第三次産業が伸びてくる。需要面からは、職・住など基本的・物的欲求から、教養・娯楽・文化などの非物的欲求が増大するからであり、供給面からは、金融コストや流通コストを引き下げる必要が強まってくると同時に、技術や経営に関する情報の取引とその必要性が増してくるからである。

もっとも、非物的な経済活動を担うのがサービス産業だといっても、具体的な定義は難しい。伝統的には、電気・ガス・水道、小売・卸売などの商業、金融業、不動産業、運輸・通信業、公務サービスなどを広義のサービス産業に含めるが、機能的には企業活動の中間投入としてのサービス、最終消費としてのサービス、家事労働への中間投入としてのサービスなどがあり、伝統的な分類に入らない分野のサービス業が増えている。

総務省の「労働力調査」の分類による少々詳しいサービス産業就業者割合をみると、最もウエイトの大きい分野は、社会の高齢化を反映して社会保険・社会福祉・介護事業（六・五％）や医療（六・〇％）となっており、次いで卸売業（四・九％）、飲食業（四・四％）、飲食料品小売業（四・二％）、その他の事業サービス業（四・二％）、その他の小売業（三・八％）、娯楽業（一・三％）といった多くの日常生活に密着したサービス活動が続く。一方、内閣府の「国民所得統計」から分野別就業者の変化をみると、最近一〇年間で最も増えた分野は、医療・福祉、教育・学習支援業、学術研究・専門・技術サービス、情報・通信業などとなっており、経済の構造変化を反映して分類不能産業の就業者も目立って増えてきている。今後も同様な傾向が続くと考えられる。

サービス業就業者割合

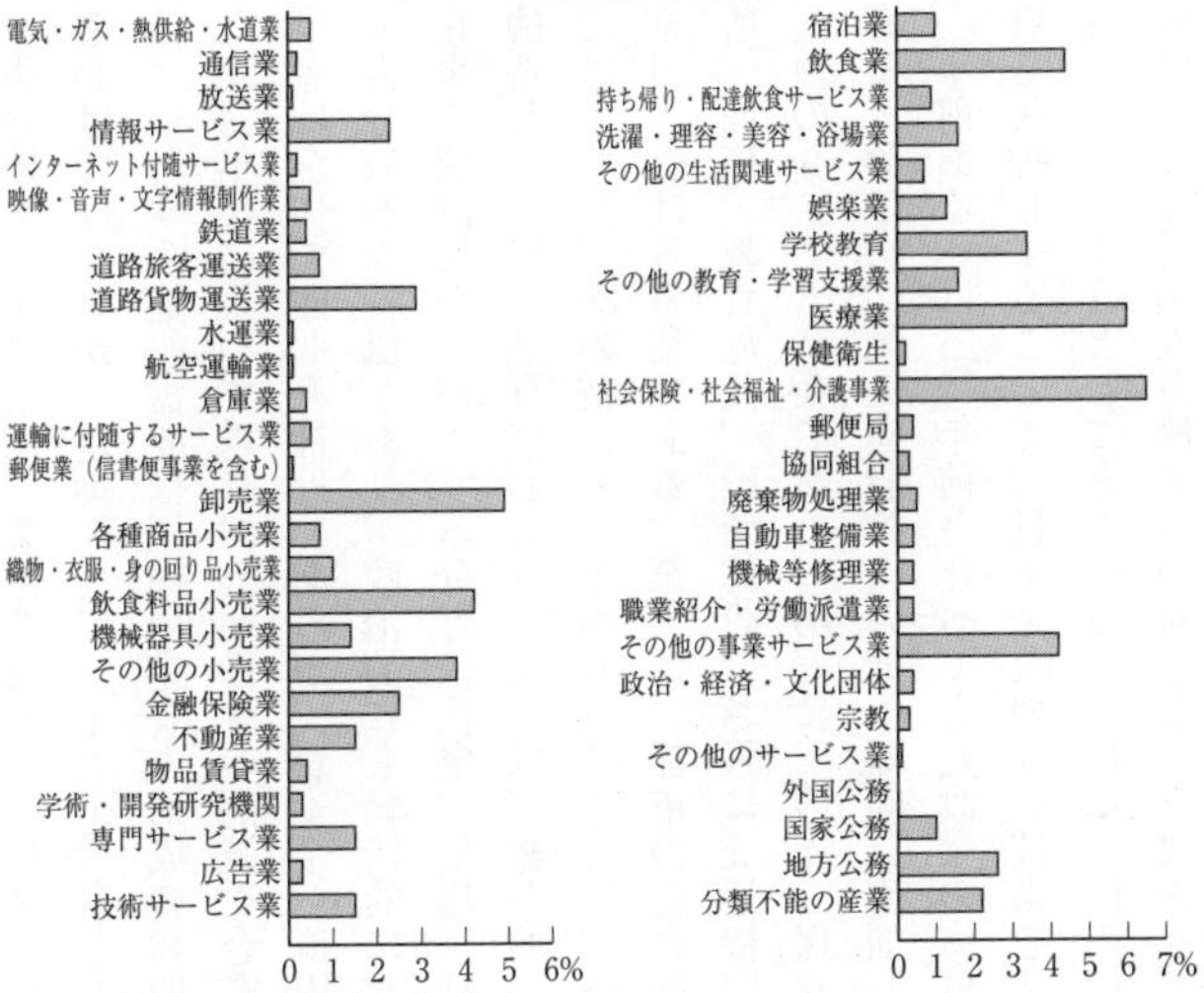
電気・ガス・熱供給・水道業
通信業
放送業
情報サービス業
インターネット付随サービス業
映像・音声・文字情報制作業
鉄道業
道路旅客運送業
道路貨物運送業
水運業
航空運輸業
倉庫業
運輸に付随するサービス業
郵便業（信書便事業を含む）
卸売業
各種商品小売業
織物・衣服・身の回り品小売業
飲食料品小売業
機械器具小売業
その他の小売業
金融保険業
不動産業
物品賃貸業
学術・開発研究機関
専門サービス業
広告業
技術サービス業
0 1 2 3 4 5 6%
宿泊業
飲食業
持ち帰り・配達飲食サービス業
洗濯・理容・美容・浴場業
その他の生活関連サービス業
娯楽業
学校教育
その他の教育・学習支援業
医療業
保健衛生
社会保険・社会福祉・介護事業
郵便局
協同組合
廃棄物処理業
自動車整備業
機械等修理業
職業紹介・労働派遣業
その他の事業サービス業
政治・経済・文化団体
宗教
その他のサービス業
外国公務
国家公務
地方公務
分類不能の産業
0 1 2 3 4 5 6 7%

資料：総務省「労働力調査」

サービス業就業者数の推移

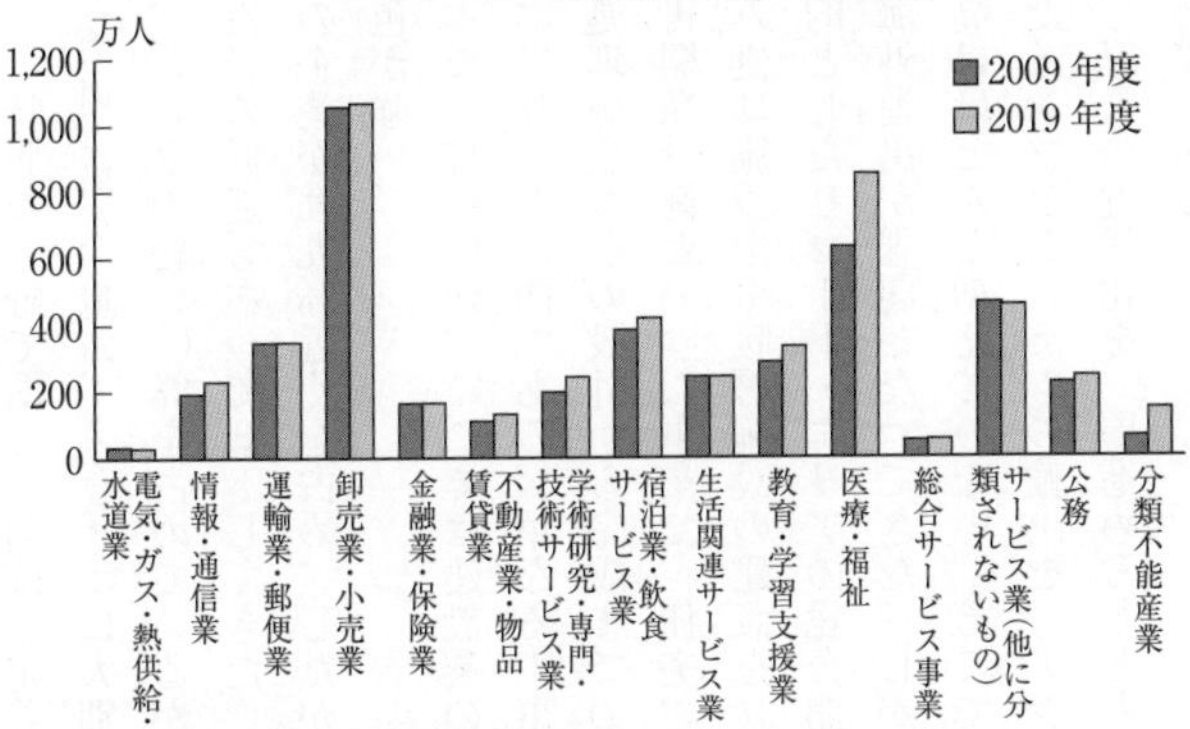
万人
1,200
1,000
800
600
400
200
0
2009 年度
2019 年度
電気・ガス・熱供給・水道業
情報・通信業
運輸業・郵便業
卸売業・小売業
金融業・保険業
不動産業・物品賃貸業
学術研究・専門・技術サービス業
宿泊業・飲食サービス業
生活関連サービス業
教育・学習支援業
医療・福祉
総合サービス事業
サービス業（他に分類されないもの）
公務
分類不能産業

資料：内閣府「国民所得統計」

Ⅳ－⑤

建設業

産業分類上で建設業は、製造業でもサービス業でもなく、特異な分野である。明確な定義があるわけではないが、建築（住宅、ビル、工場など）と土木（治山・治水、道路、ダムなど）に大別される。いわゆる建設需要は国内固定資本形成の約四〇％、ＧＤＰの約一〇％を占めているが、一九九〇年代に入って以降、公共投資の削減や企業設備投資の低迷もあって低下してきた。建設業者は全体で四七万社近くあるが、資本金一億円未満の企業が九九％近くを占め、したがって地方分散的な特徴があり、政治的にも経済的にも地域色が強い。

在来の建設業がカバーする分野は住宅、工場、社会資本など幅広いが、ここでは建設業の比較的新しい分野に触れておこう。第一は、総合的エンジニアリング部門である。単なる工事請負だけでなく、その技術力・企画力を活かして、廃棄物処理施設などの設計から完成までの一切を引き受ける事業である。第二は、都市の総合開発、再開発計画といった事業で、住宅、事務所、商店、教育施設、娯楽施設、さらに交通機関、ごみ処理施設や冷暖房施設の建設を含めた一種のシステム産業である。第三に、観光・保養を目的としたリゾート・エリアの総合開発である。第四に、国内建設投資の低下傾向に直面して、海外進出が課題となってきた。しかし、二〇年前あるいは三〇年前と比べても建設業の海外売上高はほとんど増えていない。そこで、政府も後押しすることで、日本企業の高い技術を活用したインフラシステムの輸出を、アジア以外にも広げようとしてきている。今後は、国内において経営の近代化を一層進めるとともに、内外における外国人労働者への対応などを改善していく必要がある。

日本経済と建設業

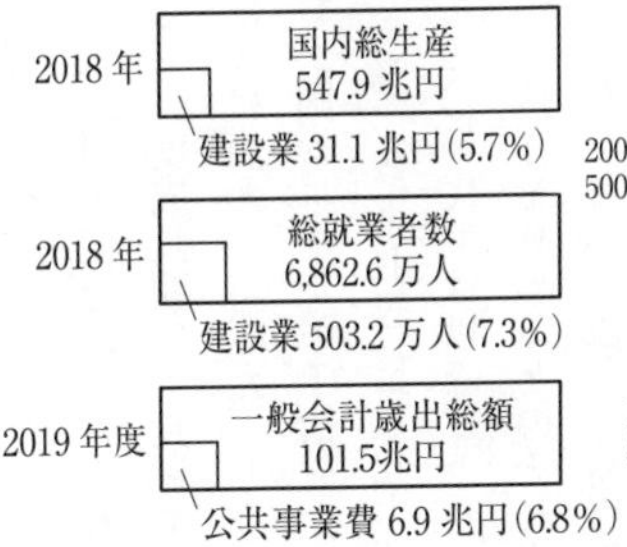

資本金別許可建設業者数の割合
(2019 年 3 月末)

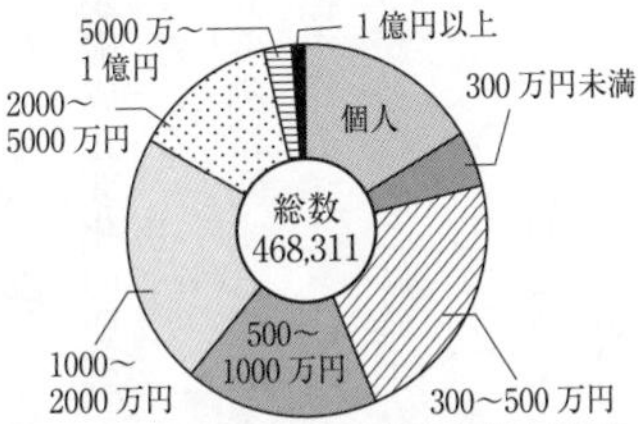

資料:国土交通省土地・建設産業局「建設業許可業者数調査の結果について」2019 年 5 月

国内総支出と建設投資の関係(2017 年度)

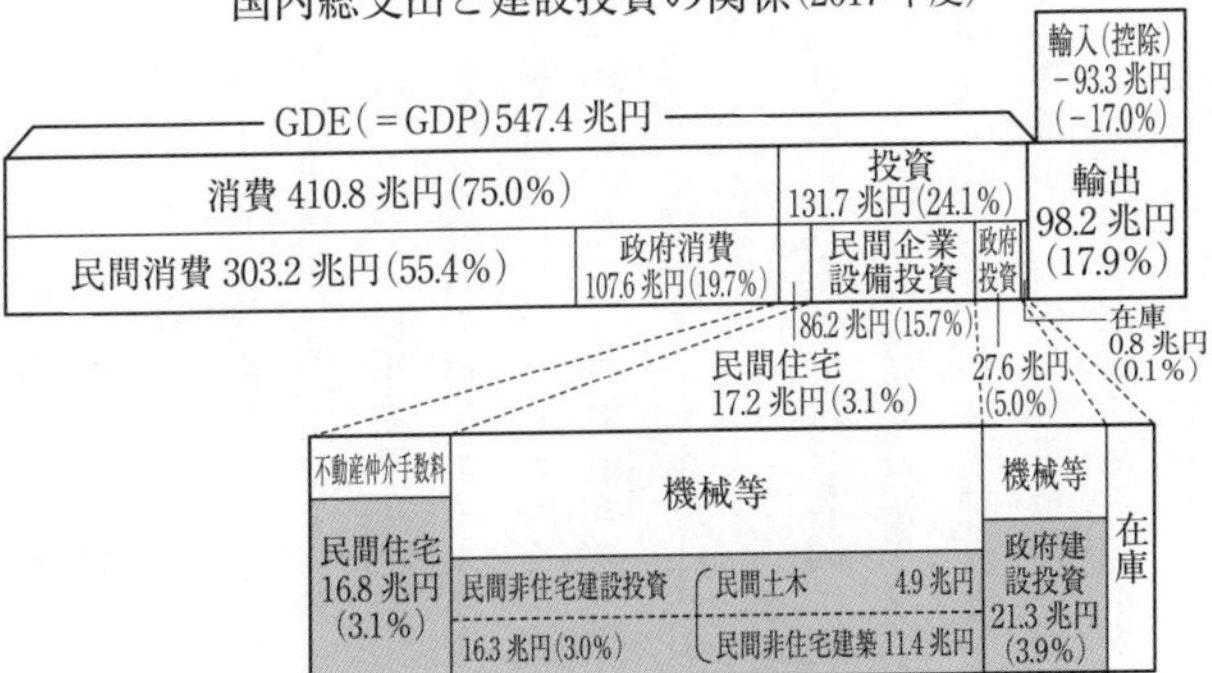

建設投資が GDP に占める割合の推移

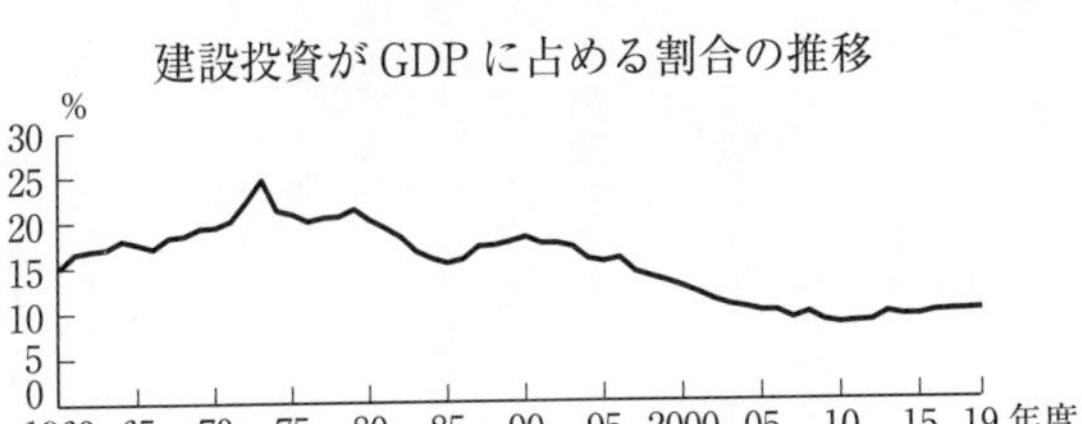

出所:国土交通省総合政策局「令和元年度 建設投資見通し」2019 年 8 月

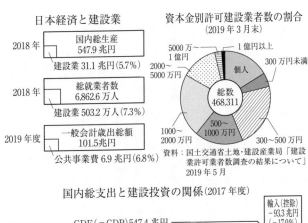

Ⅳ－⑥ エネルギー

産業にとってエネルギーは不可欠の資源である。第二次大戦後の日本をとってみても、復興期には傾斜生産方式にみられるように石炭が、ついでダム開発にみられるように水力発電が、そして高度成長期には良質で低廉な石油がそれぞれ主役になってきたように、エネルギーの供給構成は変わってきた。しかしエネルギーなしには産業も生活も成り立たない。

わが国のエネルギー構成比(二〇一八年度)は、石油が三七・六％と最も高く、ついで石炭が二五・一％、以下ＬＮＧ(液化天然ガス、二二・九％)、原子力(二・八％)、水力(三・五％)などが続く。一九九〇年代半ば以降、よりクリーンな天然ガスや再生エネルギーが増えてきた。ただ、原子力への依存を高めるとのそれまでの方針通りにはならなかった。福島原発事故の影響もあって、今後、原子力への依存を高めることは難しいだろう。生産コスト、輸入の安定性、使いやすさなどが構成比変化の要因であるが、安全性や環境への負荷などの社会基準がますます重要になってきている。

気候変動に関する国際条約であるパリ協定のもとでは、各国は五年ごとに温室効果ガスの削減目標を見直すことになっている(日本は二〇二〇年に見直しをしなかった)が、非化石燃料へのシフトが進むことは確実だろう。太陽光、風力など再生可能エネルギーへの依存が高まることは間違いない。しかし、それだけでカーボンゼロの長期目標を達成することは難しい。そうした中で、近年注目されてきているエネルギー源が水素である。水素は酸素と結びつくと、水と熱エネルギーになるが、二酸化炭素を排出しないクリーン・エネルギーである。

一次エネルギー国内供給の推移

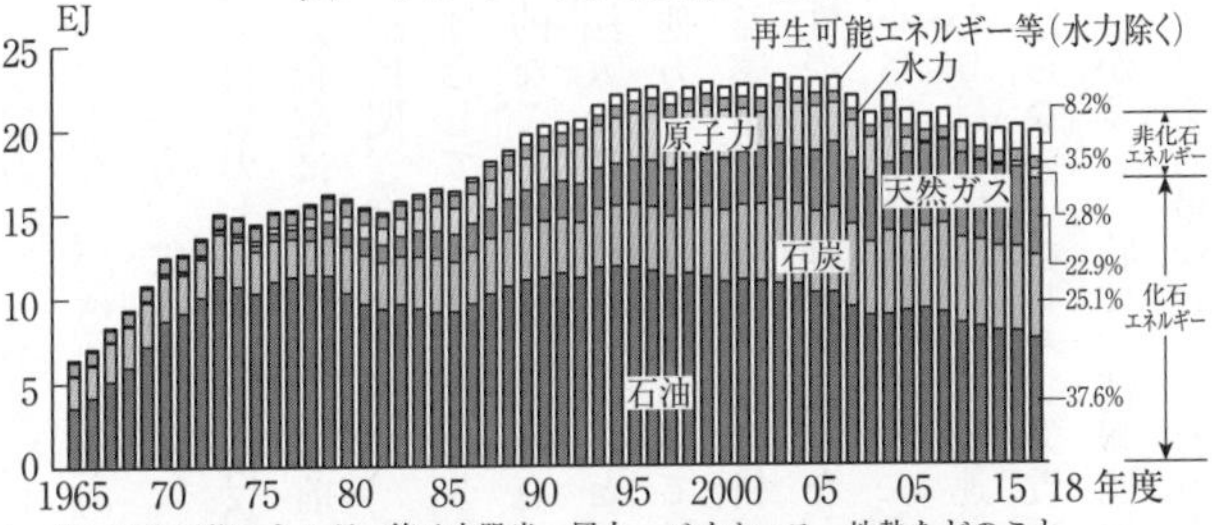

注：再生可能エネルギー等は太陽光，風力，バイオマス，地熱などのこと．1EJ は 10 の 18 乗ジュール．ジュールはエネルギーの大きさを示す指標のひとつ

最終エネルギー消費と実質 GDP の推移

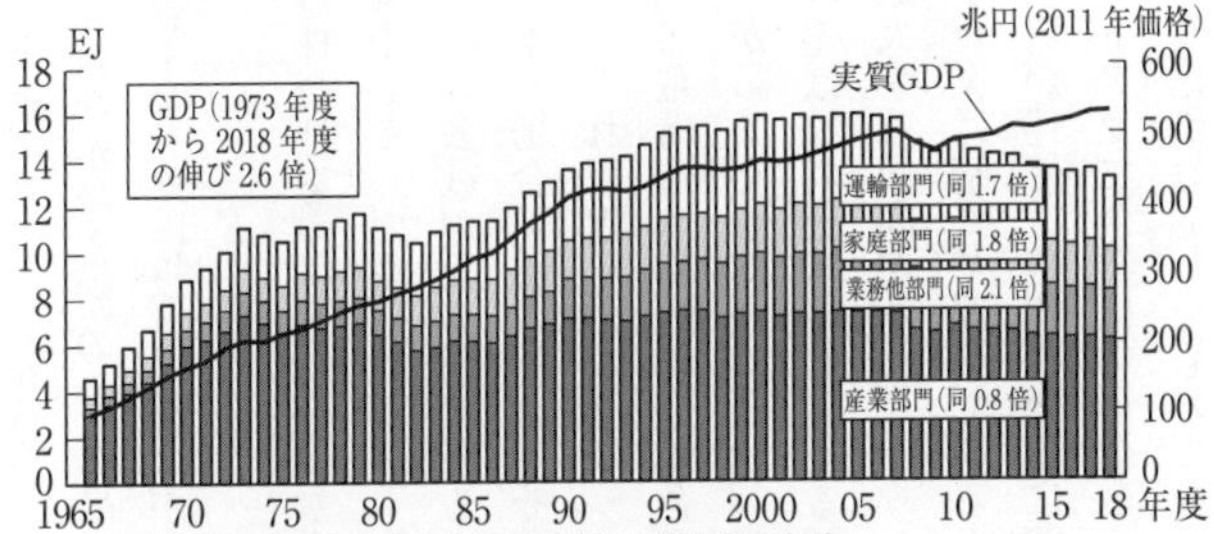

注：産業部門は農林水産・鉱業・建設・製造業の合計
出所：資源エネルギー庁「エネルギー白書 2020」

日本における水素・燃料電池関連の市場規模予測

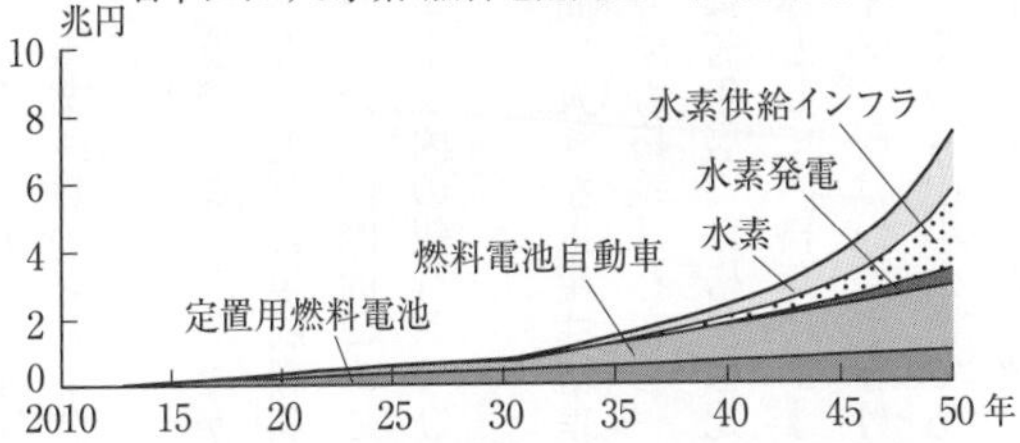

出所：新エネルギー・産業技術総合開発機構「水素エネルギー白書」2015 年

大企業と中小企業

財務省の「法人企業統計調査」によると、二〇一八年度において、全体の〇・二%弱にすぎない資本金一〇億円以上の企業五〇二六社が総資産の半分以上(五一・二%)の資産を保有している。一方、広範な分野に中小企業(資本金一億円以下の企業)が存在し、事業所数の九八・九%、従業員数の七〇・三%を占めている。

大企業については、戦前のような持株会社を中核とした企業結合体(財閥)はなくなったが、金融機関、有力メーカー、総合商社を中心とした系列化がみられた。一九九七年に規制緩和の一環として独占禁止法の改正があり、持株会社の設立ができるようになった。国際的にみて特徴的なことは、株式の所有について日本の場合、法人所有、それもグループ内の銀行および事業法人の持ち株が多いことであったが、これは近年かなり減ってきた。

他方、中小企業については、従来「二重構造」論的に、大企業との間に大きな生産性格差、収益率格差、所得・賃金格差がありながら共存しているといわれた。今でも格差は存在し、生産性や売上高経常利益率などではその差は拡大気味にもみえる。賃金は若年層では格差は比較的小さいが、年齢とともにその差は拡大する傾向があり、そうした全体としての格差にあまり変わりはない。それと関連して、中小企業は暗くて遅れているというイメージはなくさなければならない。むしろ、最近では技術革新が速く、時代の変化に即応しうるのも中小企業である場合が多い。特に、情報関連のスタートアップ企業に中小企業の暗いイメージはない。政府の中小企業対策なども、そうした最近の変化に対応したものでなければならない。

企業規模別諸指標の割合(2018 年)

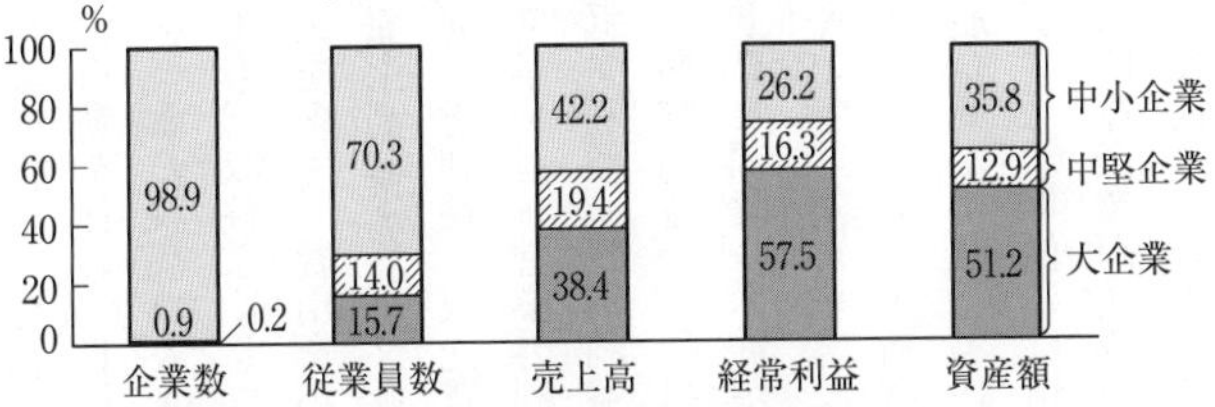

注：大企業は資本金 10 億円以上, 中堅企業は資本金 1-10 億円, 中小企業は資本金 1 億円以下の企業. 従業員数は役員を含む

資料：財務省「法人企業統計調査」

企業規模別売上高経常利益率の推移

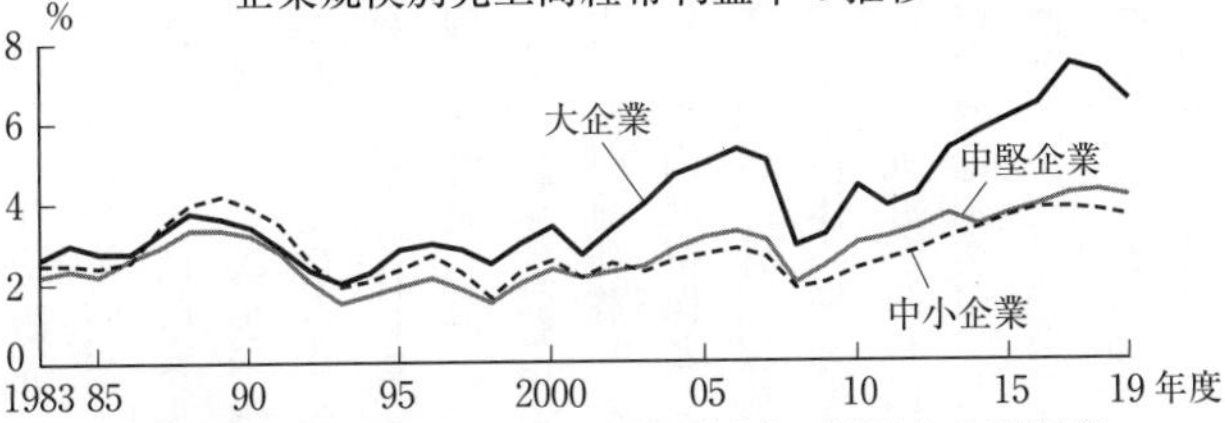

注：大企業は資本金 10 億円以上, 中堅企業は資本金 1 億円以上 10 億円未満, 中小企業は資本金 2 千万円以上 1 億円未満の企業

資料：日本銀行「短観」

企業規模別の労働生産性の比較
(パーセンタイル)

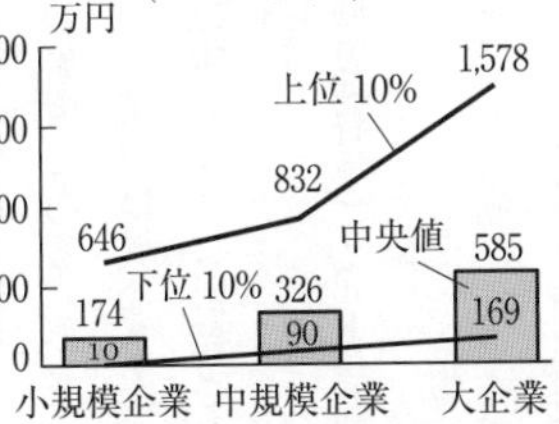

従業者規模別給与額の推移

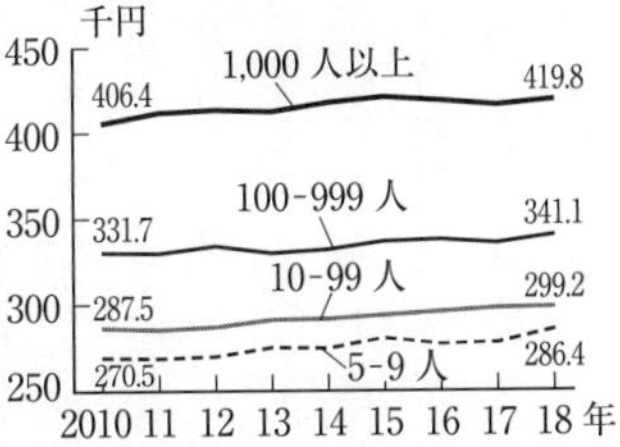

注：大企業は資本金 10 億円以上の企業, 中規模企業は小規模企業の定義にあてはまらない非大企業, 小規模企業は中小企業法上の小規模企業(資本金または出資額がある一定(5 千万−3 億円)以下で, 従業員の数も一定(50-300 人)以下のもので, 業種によって異なる). 右図は正社員の各年 6 月の現金給与額

出所：中小企業庁「2020 年版 中小企業白書」

企業収益

産業の担い手である企業は、購買・製造・販売（製造業の場合）の諸活動と財務・人事などの経営活動を行い、収益をあげる。収益は企業のパフォーマンスの象徴である。企業によって重点を当面の収益の大きさにおくか、その中期的安定性におくかなど戦略は異なるが、いずれにしても、収益なくして企業の存続はない。製造業の場合、利益は次のように計算されるから、収入を多く、費用を小さくすることが利益を大きくする方法である。

売上高（販売数量×販売価格）－製造費用（原材料費、人件費、減価償却費等）＝売上総利益

売上総利益－販売費・一般管理費＝営業利益

営業利益＋営業外利益（受取配当等）－営業外費用（支払利息等）＝経常利益

経常利益＋特別利益－特別損失＝税引前利益（ここから税金を引いたものが当期純利益）

当期純利益から配当を払い、残りを内部留保として自己資本に繰り入れると、自己資本比率が上昇し、財務体質が強化される。利益は外部環境（景気、物価動向、天候など）に左右され、税制や為替相場の動きにもよるが、企業自体の経営努力に大きく左右される。

戦後の企業の栄枯盛衰は激しい。一九五〇年代には繊維、石炭企業が、六〇年代には鉄鋼、造船企業が、七〇年代には自動車、家電企業が、八〇年代には重厚長大企業より軽薄短小型企業が、九〇年代には情報通信関連企業が、二〇〇〇年代に入って以降は、一部の自動車や情報通信関連企業が競争力を維持しているが、技術革新の先頭に立つ企業、高性能・高付加価値分野に転換している企業、確固たる経営戦略を持った企業が収益をあげている。

企業収益(売上高経常利益率)と経済成長率

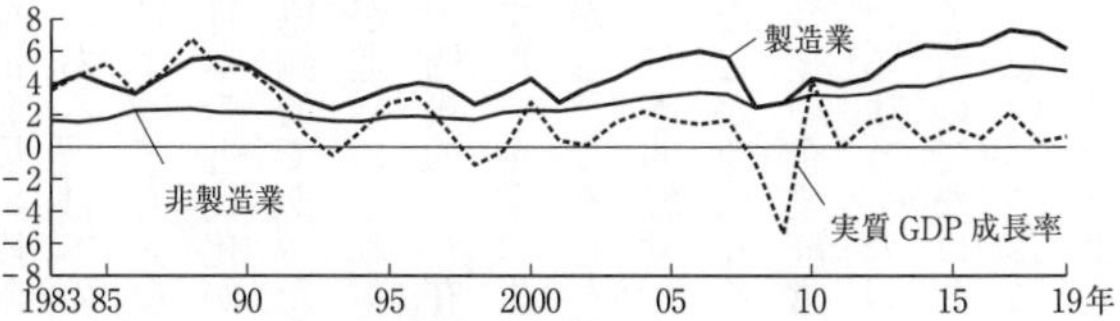

資料：日本銀行「短観」，内閣府「国民所得統計」

自己資本比率と自己資本経常利益率の推移

全産業(銀行，保険を除く)

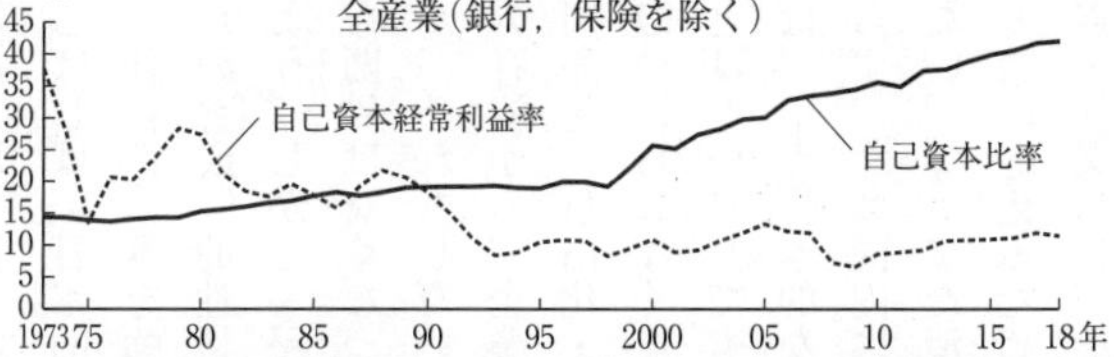

注：自己資本比率は純資産から新株引受権を引いたものを総資本で割った値．自己資本経常利益率は経常利益を純資産から新株引受権を引いたもので割った値

資料：財務省「法人企業統計年報特集」

時価総額トップ企業リスト

1992年末		2020年7月			
1	NTT	1	トヨタ自動車	21	東京エレクトロン
2	三菱銀行	2	ソフトバンク・グループ	22	村田製作所
3	日本興業銀行	3	キーエンス	23	三井住友 FG
4	住友銀行	4	ソニー	24	ファナック
5	トヨタ自動車	5	NTT	25	花王
6	富士銀行	6	NTT ドコモ	26	HOYA
7	第一勧業銀行	7	中外製薬	27	JT
8	三和銀行	8	KDDI	28	伊藤忠商事
9	さくら銀行	9	ソフトバンク	29	SMC
10	野村証券	10	ファースト・リテイリング	30	ゆうちょ銀行
11	パナソニック	11	任天堂	31	日本郵政
12	東海銀行	12	リクルート H	32	みずほ FG
13	東芝	13	第一三共	33	三菱商事
14	新日鉄	14	武田製薬工業	34	日立製作所
15	セブンイレブン	15	三菱 UFJ・FG	35	東京海上 H
16	あさひ銀行	16	ダイキン工業	36	デンソー
17	三菱重工業	17	信越化学工業	37	エムスリー
18	ソニー	18	オリエンタルランド	38	アステラス製薬
19	イトーヨーカドー	19	ホンダ	39	東海旅客鉄道
20	任天堂	20	日本電産	40	セブン＆アイ H

Ⅳ－⑨

日本的経営

経済発展の段階や経済環境は国によって異なるから、企業の経営ぶりにもそれぞれ独自のものがある。日本のそれはしばしば「日本的経営」と呼ばれてきたが、企業によっても違うし時代によっても異なるので、独自性のみを強調し過ぎるのは危険である。

日本の近代化が〝上からの育成〟的性格が強かったことから、政府との関係は国際的にみれば協調的であったといえよう。しかし、民間企業が力をつけるにしたがい、かつ国際化・自由化が進むにつれ、従属的な関係はなくなってきた。企業活動に対する政府の規制・介入は直接的・間接的に存在はするが、それもしだいに緩和・解消されてきた。

また、企業の生い立ちの経緯から、企業の集団主義的・家族主義的経営の色彩が強かった。しかし、こうした傾向も国際化・自由化・情報化などの影響をうけて多様化が始まり、画一的に「日本的経営」とは特徴づけられなくなってきている。終身雇用制・年功序列制・ボーナス制などが急になくなることはないにしても、現実にはかなり修正されてきている。

今後の企業経営としては、(1)日本的なよさは維持しつつも、国際的にその行動様式が理解されるようでなければならず、(2)国内にあっては社会的責任を果たし、地域社会との共存を図るものでなければならない。(3)また消費者に対してよいサービス・財貨を提供しなければならない。(4)これらの要請に応えるためには、企業自体の経営を合理化して利益を高め、より高い賃金とよりよい待遇を従業員に、そしてより多い報酬を投資家に還元することも必要である。近年、これらのことを実現すべく様々な改革の動きがある。

戦後の「日本的経営」の一般的特色

	特　色
対政府関係	協調的
労働関係	終身雇用制(変化しつつある) 年功序列制，ボーナス制度，定期昇給(変化しつつある) 企業別労働組合(協調的) 福利厚生施設(減少してきている)
経営者	所有と経営の分離(形の上では実施されてきている，特に大企業) 世襲制少ない(特に大企業) 企業内出身多い(近年，若干変化) 従来は法文経出身者が多かったが，近年は技術系出身者増加
教育・訓練	年功的熟練を重視してきたが，近年大きく変化 チームワーク重視 企業内訓練が従来多かった(中途採用，外部訓練増える) 海外留学(近年減少傾向)，研究開発に力
経営管理	稟議制(減少傾向)，提案制が増加 経営参加は少ないが，労働者の意思尊重
対社会・地域関係	地域との関係強化 「内なる国際化」「外国人の受け入れ」が課題
市場構造	企業系列関係，大企業のワンセット主義(崩れてきている) 金融のメインバンク制，銀行の護送船団方式(崩壊した)

資料：通産省「企業白書」他

日米欧上場企業の ROE の推移(加重平均)

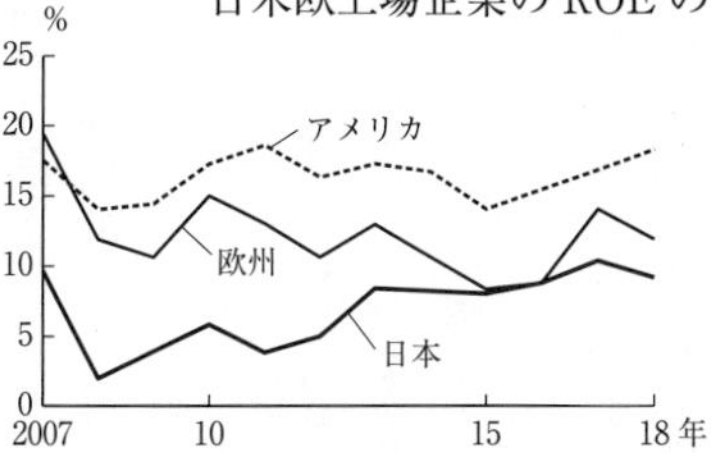

注：ROE は自己資本利益率
出所：経済産業省経済産業政策局「第 1 回サステナブルな企業価値創造に向けた対話の実質化検討会」資料 5「事務局説明資料」2019 年 11 月

企業価値向上に向けた 90 年代後半以降の改革の動き

1．コーポレート・ガバナンス改革
　ROE を意識した経営：社外取締役の導入，取締役会と執行役員会の分離
　女性管理職登用の奨励
2．日本版スチュアードシップ・コード(機関投資家の行動原則)の策定
　企業との対話を通じた中長期的企業価値の向上
3．ディスクロージャー(情報開示)の拡充
4．ESG(環境・社会・統治)投資の推進
　ESG を推進する PRI(責任投資原則)署名機関の増加

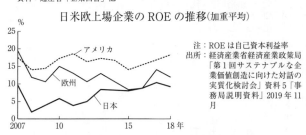

研究開発と新技術

経済発展のテコは技術革新であり、その基礎は研究開発である。日本の研究開発支出は一九・三兆円(二〇一九年)で、一〇年単位でみると緩やかに伸びている。対GDP比は約三%で、ほとんどの欧米諸国などと比べると依然として高い。負担割合は四分の三近くが民間企業、残りが公的機関、大学等である。

産業別にみると、製造業が九割近くを占め、なかでも輸送用機械器具(特に、自動車・同付属品)が大きく、次いで医薬品、電気機械器具、情報通信機械器具、業務用機械器具、電子部品・デバイス・電子回路、化学工業が続く。企業の売上高に対する研究費の比率は三%強であるが、これらの産業の比率は比較的大きい。

研究開発は技術の進歩を生み、新商品の開発、生産工程の合理化、経営技術の改善を通じて経済に大きな影響を与える。その進展は一般に「技術革新」と呼ばれている。

第二次大戦後の日本の技術革新は一九五〇年代後半から本格化し、民間技術の遅れを取り戻すための外国技術の導入とその日本的消化が中心であった。六〇年代後半に入ると品質管理技術やオートメーションの導入も図られたが、本格化したのは「技術が技術を呼ぶ」といわれた高度成長期で、新技術、新機種が続々登場した。最近では環境保全、省資源・省エネルギーの技術が登場している。そして知識集約化・技術集約化を進める電子機器を軸とした新機種が生まれている。また新素材、バイオテクノロジー、超電導体の実用化などのほか、量子コンピューターの実現やそれに使われる新しい半導体の開発などが期待されている。

主要国の研究開発費とその対 GDP 比率(2018 年)

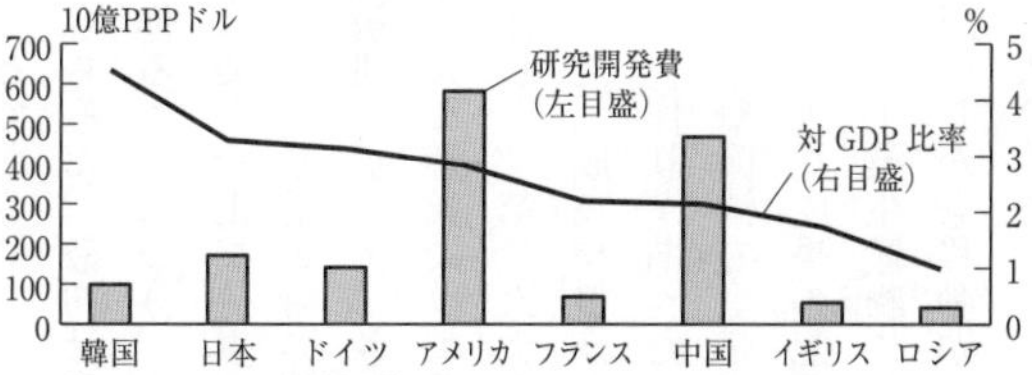

注：PPPドルは購買力平価ドル
資料：OECD Main Science and Technology Indicators, および IMF WEO

研究費の支出割合
(2019 年)

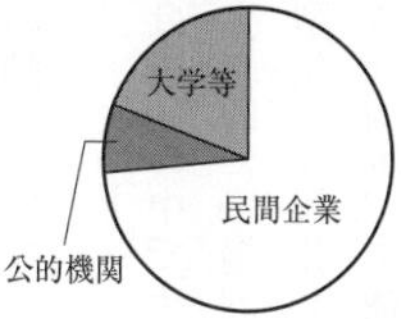

資料：総務省統計局「統計でみる日本の科学技術研究」

製造業分野別研究費(2018 年度)

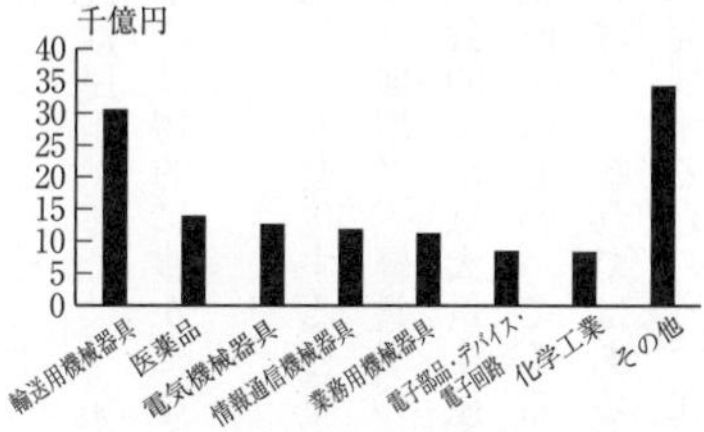

資料：総務省「2019 年(令和元年)科学技術研究調査結果の概要」2019 年 12 月

未来技術の実用化予測

実用化年	主な内容
2029	人間を代替する農業ロボット
2030	老化に伴う運動能力低下の予防・治療 ウナギなどの大規模な陸上養殖
2031	無人で自律航行する商船
2032	交換不要，低コストな電気自動車用蓄電池 ロボット・AI による外科手術
2033	都市部で人を運べる空飛ぶ車 日本国内の全活火山の切迫度の評価
2034	3D プリンターによる再生医療 完全な自動運転(レベル 5) 発話できない人や動物と会話できる装置

実用化年	主な内容
2035	数百量子ビットのゲート型量子コンピューター 人の移植用臓器を動物体内で作る
2036	変換効率 50% を超える太陽電池
2039	化石燃料を使わない航空機
2040	月や火星で宇宙基地の建設
2044	海水中からウランなどの希少金属を回収
2048	宇宙太陽光発電 海洋都市の建設
2051以降	核融合発電

出所：日本経済新聞 2019 年 11 月 1 日(文部科学省科学技術・学術政策研究所「第 11 回科学技術予測調査」を基に作成された要約表)

ここでひとこと

モノ作り、モノ離れ　人間が他の動物と異なるところの一つは、道具や機械を使ってモノを作ることである。

もちろん、最初は個人あるいは家族の中でチマチマと始まったが、そのうち村落の中で協業で作るようになり、やがて資本主義的に工場内で道具、機械を使って作られ、使われるようになった。そして道具や機械が大型化、複雑化し、生産も重量物化し大量生産されるようになってくる。産業革命の担い手である機関車、車輛、それに工場の建設資材、交通網整備のための鉄鋼利用が増え、さらに造船、重機械、自動車が発展する。織物を中心にした繊維産業から重厚長大な産業にウエイトが移っていく。それは二〇世紀に入ってからの各国の軍事力強化にも奉仕した。第二次大戦終了後は民生需要(社会資本、家庭用電気機器など)でも大きな役割を果してきた。成長や豊かさの基本には物的に豊かになることが必要であったのであり、その根底にはモノ作りがあった。

道具や機械の生産が大量化し、大型化すると生産のための資本と労働力と経営の役割が明確化し、成長成果の配分で株主、雇用者、経営者の間でいろいろ問題が生まれてきた。そうした中で、工業生産物に対する社会的要求は大量生産より少量注文生産、大型機械・装置よりは軽小で、しかも移動が容易な生産物に変わってくる。さらに情報化社会は非物的サービスを要求するようになった。一見それはモノ離れではある。しかし、当分の間、労働力とそれが体化した道具・機械によって経済は発展するだろう。モノ作りの原点は変わっていない。

アメリカにおける中国企業規制等の動き

2018	8	アメリカで「2019年国防権限法」成立．政府機関によるファーウェイ，ZTEなど5社からの製品調達の禁止規定追加(1年後から発効)
2019	5	商務省がアメリカ製品のファーウェイと関連68社への輸出規制公表
	8	「2019年国防権限法」発効
	8	アメリカ製品等の輸出規制に，ファーウェイ関連企業46社を追加
	10	連邦通信委員会が国内の通信会社にファーウェイ，ZTEの製品を使わないよう要請
2020	3	「世界知的所有権機関(WIPO)」で中国が推す事務局長候補を米欧日が阻止
	5	ファーウェイに対する規制強化．米国製の製造装置を使えば外国製造の半導体でもファーウェイに輸出禁止．ファーウェイが設計に関与した外国製半導体が規制対象に
	8	中国企業5社の機器やサービスを利用する企業と米政府機関との契約を禁止

注：上の表の中国企業5社とは，ファーウェイとZTE(通信機器)，ハイクビジョンとダーファ・テクノロジー(監視カメラ)，ハイテラ(無線機)

資料：総務省「令和2年版 情報通信白書」等

主要国の研究論文数

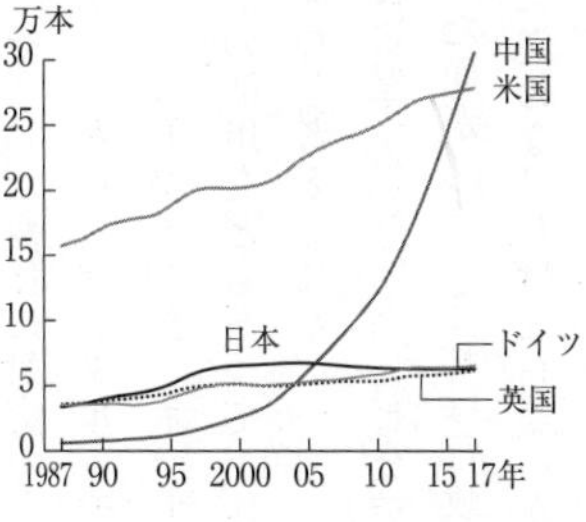

米中の分野別の論文数シェア

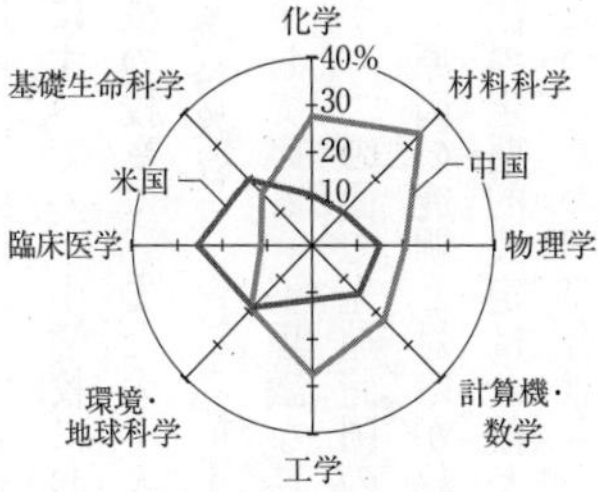

出所：日本経済新聞2020年8月8日

日米中の特許出願件数順位の変化

	2005年				2017年			
順　位	1	2	3	4	1	2	3	4
AI	米	日		中	中	米		日
量子コンピューター	日		米	中	米	中		日
再生医療	米	日	中		中	米		日
自動運転	日	米			中	米	日	
ブロックチェーン	米	日		中	中	米		日
サイバー・セキュリティ	米	日		中	中	米		日
VR(仮想現実)		日	米	中	中	米		日
ドローン	米	中	日		中	米		日
導電性高分子	日		米	中	中	日		米
リチウムイオン電池	日		中	米	中	日		米

出所：日本経済新聞2020年2月12日

世界経済フォーラムによるNRI調査項目

1. 技術：アクセス，コンテンツ，将来技術
2. 国民：個人，企業，政府レベルでの活用度など
3. ガバナンス：信頼性(セキュリティ，プライバシー等)，規制
4. インパクト：経済的影響，生活の質，SDGsへの貢献

資料：WEF(世界経済フォーラム)HP

V ⑩

情報化社会の課題

情報化社会が急速に進むにつれて、そうした変化に対応できる人びととできない人びとの間に格差が生まれ、一九九〇年代半ばあたりから〝デジタル・デバイド〟ということがいわれてきた。また、最近では、あらゆるモノやコトがインターネットにつながり、それがデータ化され、AIによって分析され、ロボットの活用などもあって、仕事や職場を奪われる人びとも現れてきたし、そうした動きはさらに進むと考えられる。

日本の場合、新型コロナウイルスに対する対応で、DX(デジタル・トランスフォーメーション)が遅れているがために後手に回った面がある。それは行政全般であり、教育もその一つである。遅れている行政のDXを早急に進めなければならないが、それは職を失う人を増やすことにもなる。教育によって、情報化が進んだ社会においても有用な労働力を増やす必要がある。計画を早めることで二〇二〇年度内にすべての小中学校において生徒一人に一台の情報端末を用意することになった。さらに、高校の授業に、また大学入試に「情報」が取り入れられることになっている。現状においては、義務教育でICT(情報通信技術)はほとんど活用されていないし、それを教えられる教員も不足している。不思議なことに、情報通信機器の製造面では先進的である日本、韓国、台湾などが、この面で先進諸国の中では最も対応が遅れている。硬直的な受験制度のせいなのだろうか。原因の究明と対応が急務である。

社会の変化に合わせた個人情報保護法の定期的改定は今後とも必要だし、グローバルなIT企業の活動に対するルール作りや課税についての国際合意も必要だろう。

中学校でのICTの導入率の国際比較

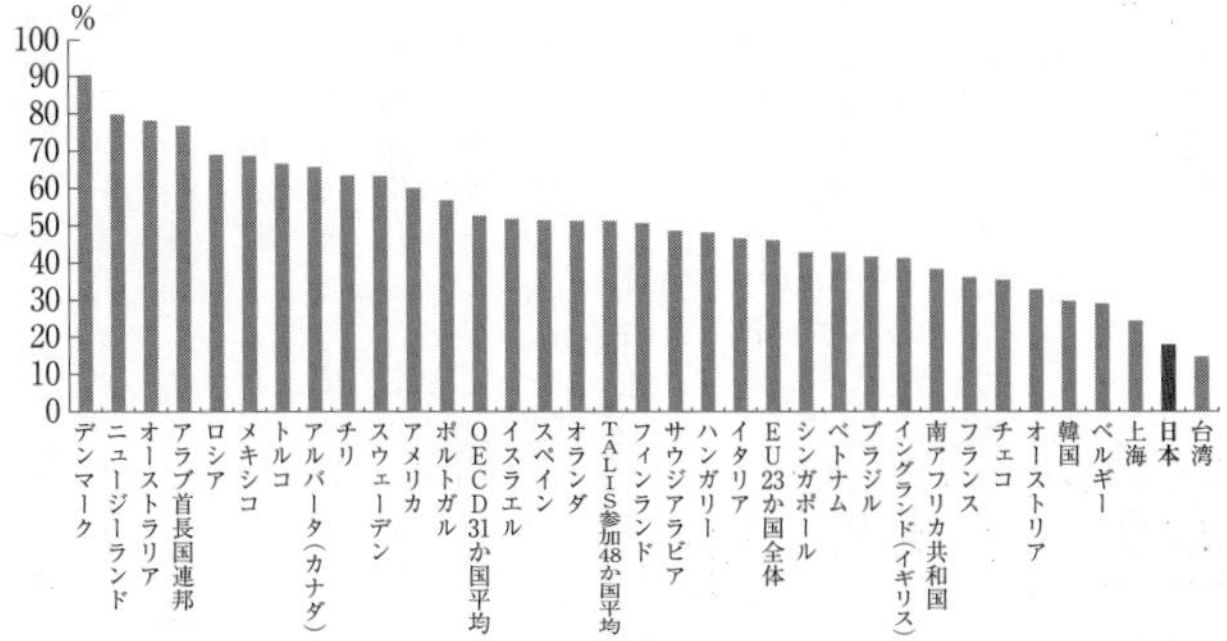

出所：文部科学省「令和元年度文部科学白書」，OECD・TALIS(国際教員指導環境調査)2018

人工知能やロボット等による代替可能性が高い労働人口の割合

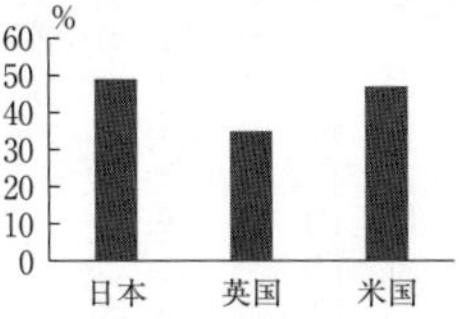

代替可能性が高い職業(特別の知識・スキルが求められない職業，データの分析や秩序的・体系的操作が求められる職業)の例：一般事務員，銀行窓口係，警備員，建設作業員，自動車組立工，スーパー店員，倉庫作業員，タクシー運転手，駐車場管理人，電車運転手，電子部品製造工，ビル清掃員，ホテル客室係，郵便外務員，路線バス運転手

代替可能性が低い職業の例：アナウンサー，エコノミスト，学芸員，ケアマネージャー，経営コンサルタント，医師，コピーライター，作曲家，雑誌編集者，社会教育主事，教員，助産師，人類学者，声楽家，ソムリエ，テレビタレント，俳優，美容師，評論家，プロデューサー，報道カメラマン，ミュージシャン

出所：野村総合研究所「日本の労働人口の49%が人工知能やロボット等で代替可能に～601種の職業ごとに，コンピューター技術による代替確率を試算」2015年12月

個人情報保護法*

- 個人情報の利用目的をできるだけ特定
- 個人データの安全管理義務
- 個人データの第三者への提供は本人の同意が必要
- 本人からの保有データの開示請求に応じる義務
- すべての事業者(法人，マンション管理組合，自治会，同窓会等)が対象
- 消費者に対するデータ取得に関する「同意」の透明性確保
- 消費者自身が自分の情報の利用停止，消去，第三者提供の停止を要求できる
- 罰則規定は厳格化傾向

*：2003年制定(2005年施行)，2015年以降3回改正(2020年6月時点)

ここでひとこと

〝距離〟が消えた　情報の伝達手段が多様になってくると、その間の競争が激しくなる。「わが新聞はニュースのキャッチが一番速い。それを記事にして印刷する。それを配達して読者に届けるのも一番速い。どうです、購読しませんか」と販売競争が激しくなる。

すると何が起こるか。第一線の記者が本社に記事を送るのが人手による転送から、電話で、ついでファクシミリで、電子メールで、というふうに変わり、転送時間が極端に短くなる。そのあとの経路も同じように競争の結果短くなる。最後の印刷をして配達することは省略されて、そのまま画像となって送られる。そうなると〝時間的距離〟は「消滅」してくる。

同じ論理で、転送や輸送の経路が短縮されて〝空間的距離〟も短くなり、ほとんど消えてしまう。その上、情報伝達の機器が大型のものから小型化、さらに、手軽に伝達機器を持ち歩くことができるようになると、連絡事務所は小さな面積ですむか、まったくいらなくなる。情報化は省土地産業の発展でもある。かつて重厚長大の産業が広い工場敷地を必要としたのとはまったく対照的である。日本の土地価格が下がり続けてきたのも〝空間的距離〟の短縮化にもよる。パンデミックの後にテレワークが定着すると、ますますこの傾向に拍車がかかる。

生産や販売の時間が短くなるとともに、企業経営の意思決定やその伝達もそれに合わせて速くなる。日本的な「いずれそのうちに」とか「よく相談して」などと言っていては、ますます商機を逸することになる。それはそうなのだが、「距離」が消えた社会生活がそれで楽しく、かつ豊かになるのだろうか。疑問が残る。

Ⅵ　雇用・労働

「いったい足りない労働力をどうするか。一つは産業の一部をそのまま輸出することであろうし、一つは労働力自体を輸入することであろうか」

（中山伊知郎）

VI―①

就業構造の変化

産業構造が変化すると同時に、労働力の産業別配分――就業構造も変化する。労働力が産業間で移動するだけではない。職種や年齢や地域別の構成も変化する。

長期的には第一次産業の就業者が減少し、二〇一八年度には三・九％となった。ただ、第二次大戦中や終戦直後には一時的に多くの国民が地方に疎開したりすることで第一次産業の就業者が増えたこともある。第二次産業（鉱工業）の就業者は高度成長期に重化学工業を中心に伸びたが、その後は低下傾向となり、二二・四％となっている。これに対して第三次産業は一貫して増え続け、七三・七％を占めるまでになっている。

国際的にみると、どの先進国でも第三次産業の比重が高まってきたが、日本の場合、第一次産業の占める比率は主要先進国の中では比較的高く、また第二次産業の割合やその最大の構成部分である製造業の割合も比較的高い。したがって、日本の第三次産業の比重は、主要先進諸国の中では比較的低いものにとどまっている。

就業構造の変化は、職種別構成でみると、保健衛生・社会事業や専門・科学技術・業務支援サービス業などの従事者が構成比を高めているのに対して、製造業や建設業の従事者は低下してきている。年齢別にみると、第一次産業（特に農業）では六〇歳以上の就業者の割合が六〇％を超えているが、第三次産業（特に、宿泊・飲食サービス業など）では比較的若年就業者が多い。就業構造の変化は社会的・経済的に様々な影響を持つだけに、今後とも十分に注目する必要がある。

産業別就業者数割合の推移

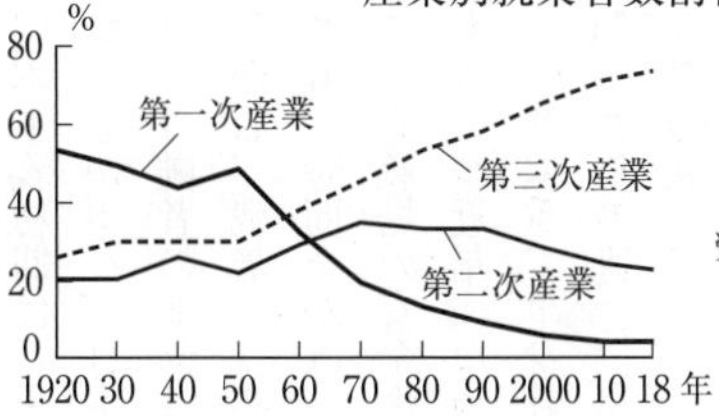

注：第二次産業は鉱業, 製造業, 建設の合計. 第二次産業比率のピークは1973年度の36.6%
資料：1960年度までは日本銀行「明治以降本邦主要経済統計」, それ以降は内閣府「国民所得統計」

経済活動別就業者割合の変化

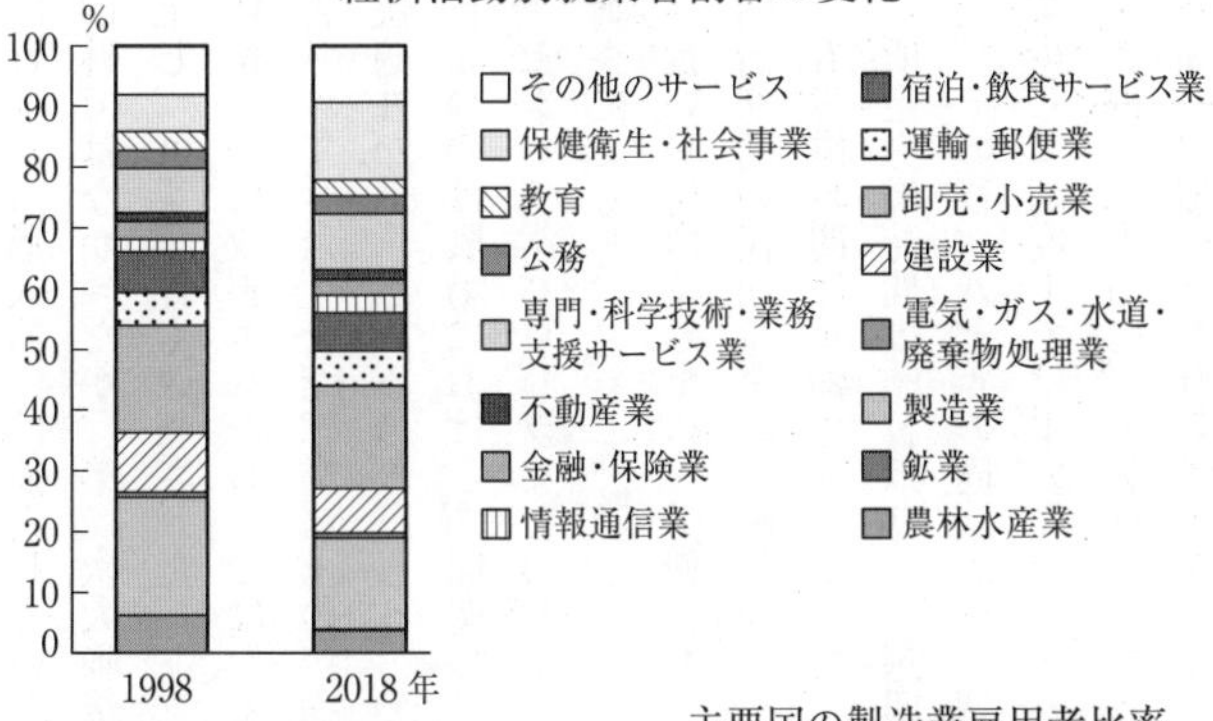

資料：内閣府「国民所得統計」

産業別就業者の年齢構成
(2018年)

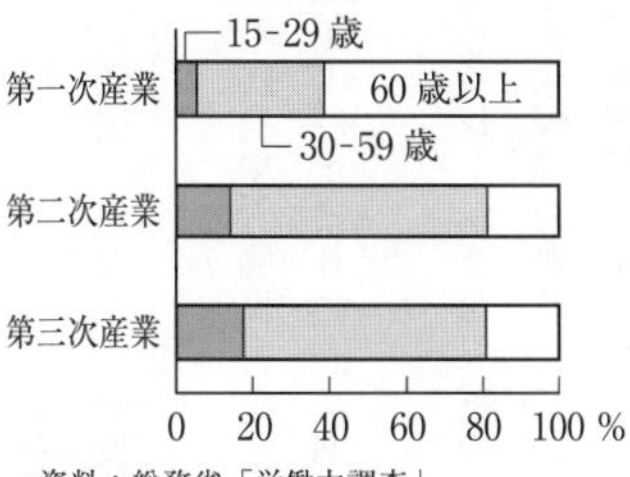

資料：総務省「労働力調査」

主要国の製造業雇用者比率
(2019年)

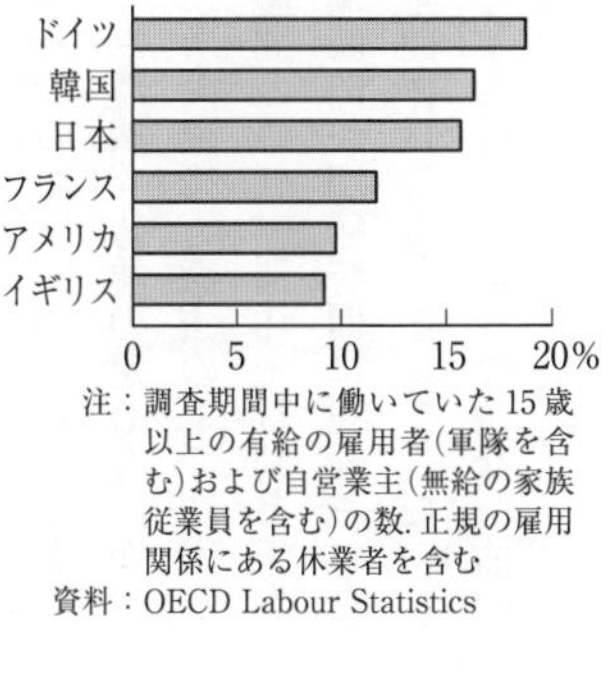

注：調査期間中に働いていた15歳以上の有給の雇用者(軍隊を含む)および自営業主(無給の家族従業員を含む)の数. 正規の雇用関係にある休業者を含む
資料：OECD Labour Statistics

就業条件と労働時間

資本主義初期は、労働は資本から形式的には独立していたが、実際には必ずしも自由でも対等でもなかった。日本も例外ではなかったが、第二次大戦後の新憲法と労働三法などの制度改革で、労働者の地位は向上し、就業条件も改善された。

しかし、戦後も就業条件が一挙に改善されたわけではなく、業務上の疾病や労働災害などをみても、時間をかけて改善されてきた。ただ、業務上の疾病などは近年下げ止まり傾向にあり、さらなる職場の安全性・快適性が追求されるべきだろう。

もう一つ近年になって目立つのは職場における人間関係である。ジェネレーション・ギャップ、学歴偏重、単身赴任、セクハラ、パワハラなどのハラスメントが職場環境を悪くしている。二〇一九年の連合による調査によると、三七・五%(セクハラは一〇%)の人が何らかのハラスメントを経験している。より良い職場構築のため、労使ともにもっとこの面に関心を払ってよい。

労働時間については、明治初期の民間産業の労働時間は一日一二時間、休憩の定めもなかった。その後工業化が進んでも労働時間は短縮されなかった。第二次大戦後、憲法の下で制定された労働基準法によって、所定労働時間は一日八時間、週四八時間とされ、週休一日制と年次有給休暇制度も導入された。その後、八七年の同法改正で週労働時間が四〇時間に短縮された。実際にも平均労働時間は減少し、制度上では主要先進国並みの年間休日日数となってきている。しかし、まだサービス残業の問題はあるし、有給休暇の取得率なども低い。より豊かな生活のためには、実質的な労働時間の短縮やその有効活用が望まれる。

業務上疾病発生件数の推移

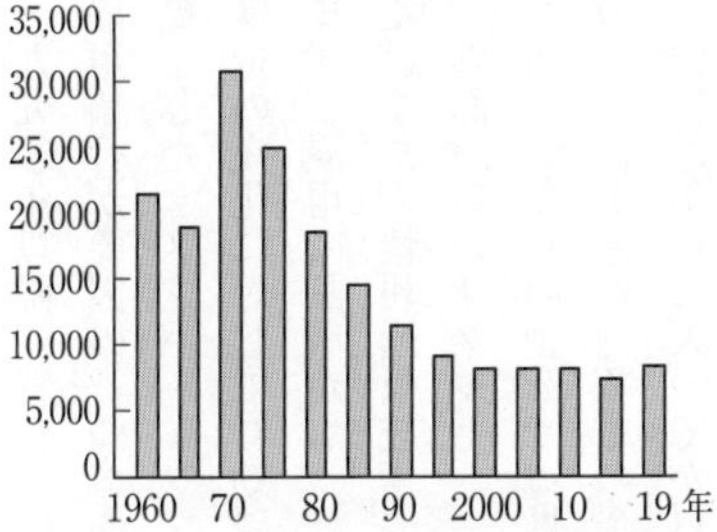

資料：厚生労働省「業務上疾病発生状況等調査（平成 31 年/令和元年）」

職場でハラスメントを受けたことがある人の割合
（2019 年）

資料：日本労働組合総連合会「仕事の世界におけるハラスメントに関する実態調査 2019」

主要国の就業者 1 人当たり年平均労働時間の推移

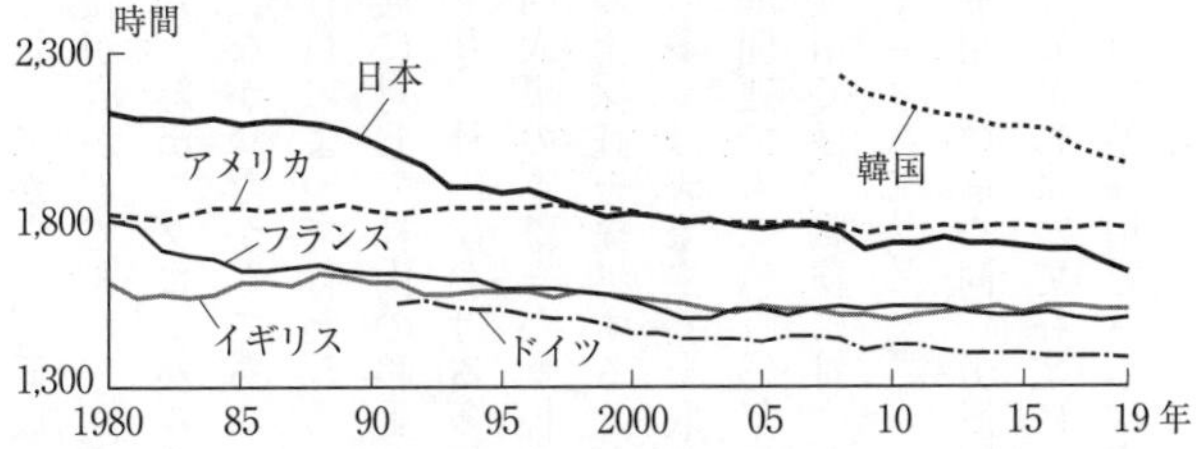

資料：OECD Labour Statistics

主要国の年間休日数（2016 年）

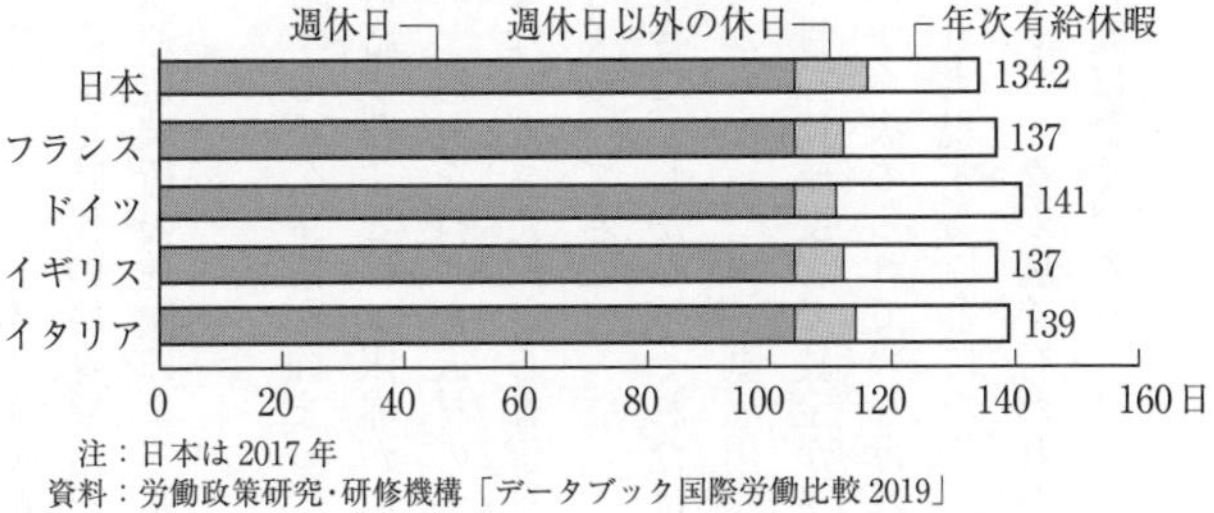

注：日本は 2017 年
資料：労働政策研究・研修機構「データブック国際労働比較 2019」

働き方改革

一九九〇年以降、特に二〇〇〇年代に入ってから、超低成長が続いてきたが、日本の硬直的な雇用慣行が要因の一つであるとの認識が広がってきた。高成長・人手不足時代の終身雇用を前提とした〝メンバーシップ型雇用〟が、経済のグローバル化や情報通信技術の進展による産業構造の変化に対して有効に対応してこなかったからである。

まず、雇用の調整がもっぱら非正規社員によって行われることに対する不公平感が強まってきた。また、情報通信技術の急速な進展に対して社内の移動だけで対応することには限界がある。外部からのリクルートにも限界があり、社内における多様な経験、感覚を持った人材の不足もある。多くの企業で海外人事と国内人事の不整合が無視できなくなってきた。さらに、社員の高齢化が進み、多くの企業で終身雇用保証を提供することが難しくなってきた。

二〇〇〇年代に入ってから日本企業の多くは成果主義を取り入れてきた。しかし、それだけでは不十分であることがはっきりし、経団連でも二〇二〇年に入ってからは〝ジョブ型雇用〟の拡大を提案してきている。ジョブ型雇用では、職務に対する成果や目標達成度合で賃金が決まる。そのためには仕事の内容(ジョブ・ディスクリプション)がきめ細かく決められていなければならない。またそうなれば、柔軟な雇用、解雇や同一労働同一賃金も実現することになる。

二〇二〇年に入って、新型コロナウイルスによって在宅におけるテレワークが広く行われたが、こうした半ば強制的な社会実験はジョブ型雇用をさらに広げる方向に働くだろう。

各国の勤続年数と賃金(勤続 1-5 年＝100)

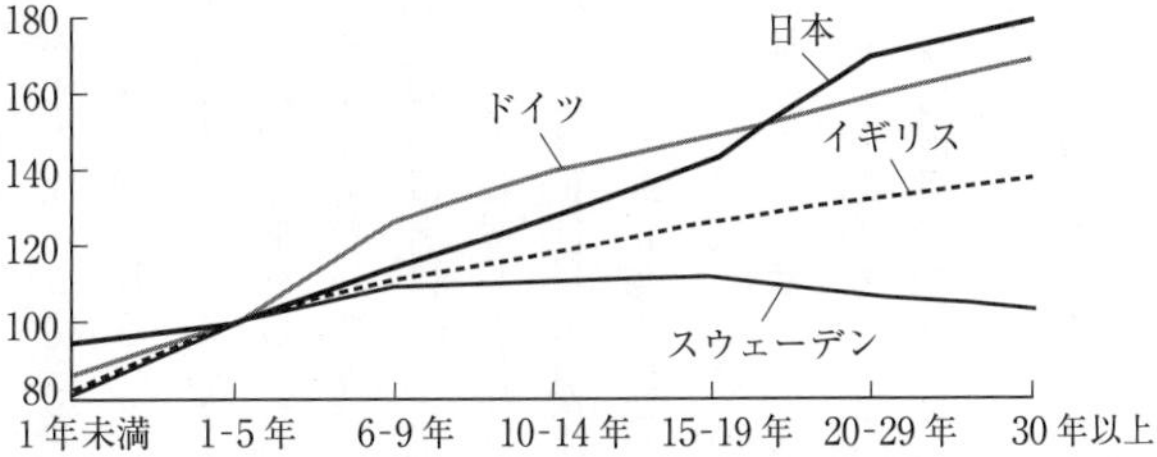

各国の労働生産性伸び率の推移

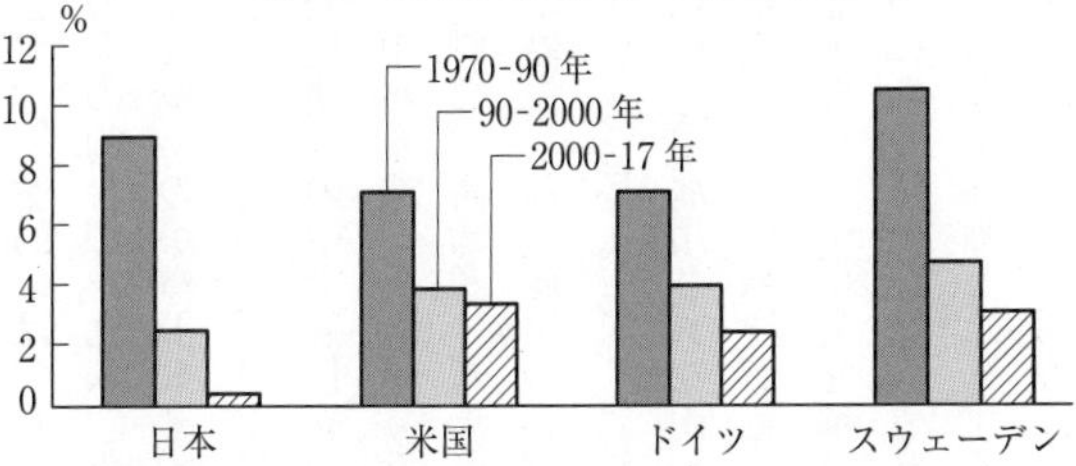

出所：原田亮介「昭和な職場と低成長」日本経済新聞 2019 年 7 月 8 日

働き方改革の主なポイント

1. 労働時間法制の見直し
- 残業時間の上限を規制
- 労働時間にとらわれない「高度プロフェッショナル制度」創設等

2. 雇用形態に関わらない公正な待遇
- 正規・非正規労働者の不合理な待遇の差をなくす(同一労働同一賃金)

資料：厚生労働省「働き方改革」

日本型とジョブ型の比較

	従来の日本型	ジョブ型
会社と社員	雇用を保護	対等
採用	新卒一括採用・定年雇用	事業計画に応じ職種別に採用
キャリア形成	会社に裁量	本人同意・公募中心
報酬	社内の公平性重視，年功で配分	外部競争力を重視，職種別に報酬
退職	定年退職・自己都合退職	退職勧奨もあり

出所：日本経済新聞 2020 年 8 月 27 日

非正規労働

非正規労働者が近年大幅に増えた。非正規労働者とは、法的には有期契約労働者、派遣労働者、パートタイム労働者のことで、一般的には、パート、アルバイト、契約社員、嘱託、派遣社員などと呼ばれる。これらの人の割合が一九八〇年代あたりから増え始め、二〇二〇年には三八％となった。このうち、最も多いのがパートタイマーであり、次いで多いのがアルバイト、契約社員、派遣社員、嘱託の順となっている。日本における二〇〇〇年代に入ってからのパートタイム雇用者の増加は主要先進諸国の中でも目立っている。

非正規労働者は、大企業より中小企業、男性より女性（二〇二〇年七月時点での非正規率は男性の二一・九％に対して女性は五三・四％）、高齢者・若年層で多い。これらの人びとの賃金は低く、不況時には正社員の雇用維持が優先され、雇用の調整弁となりやすい。

そもそも非正規労働者が増えたのは、いわゆる就職氷河期（一九九三〜二〇〇五年）とも重なるところがある。そうした時期に正規雇用されなかった人びとは、新卒一括採用が基本の終身雇用制度の下では、その後も正規雇用への転換が難しかった。しかも、近年日本企業を取り巻く環境が厳しくなり、企業として非正規労働者を雇う必要性が高まったこともある。しかし、非正規労働者の増加は社会の中にある格差を拡大させてきた。多くの非正規労働者を社会保険の対象にしたり、同一労働同一賃金を提唱したりするだけでは不十分だろう。一方で非正規労働者の待遇改善を考えるのであれば、それと同時に正規労働者の優遇度を見直すことも必要だろう。

主要国におけるパートタイム労働者割合

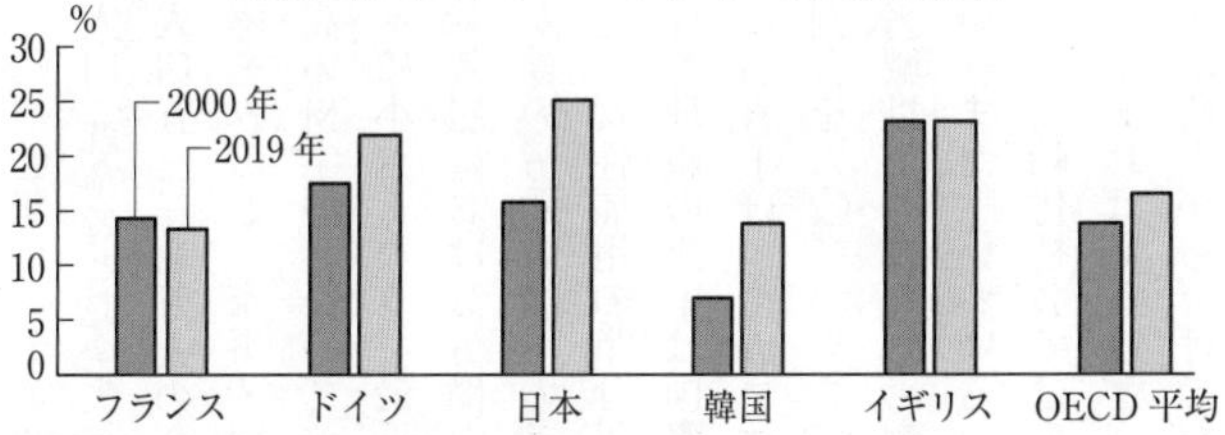

資料：OECD Labour Statistics

非正規職員・従業員比率の増加

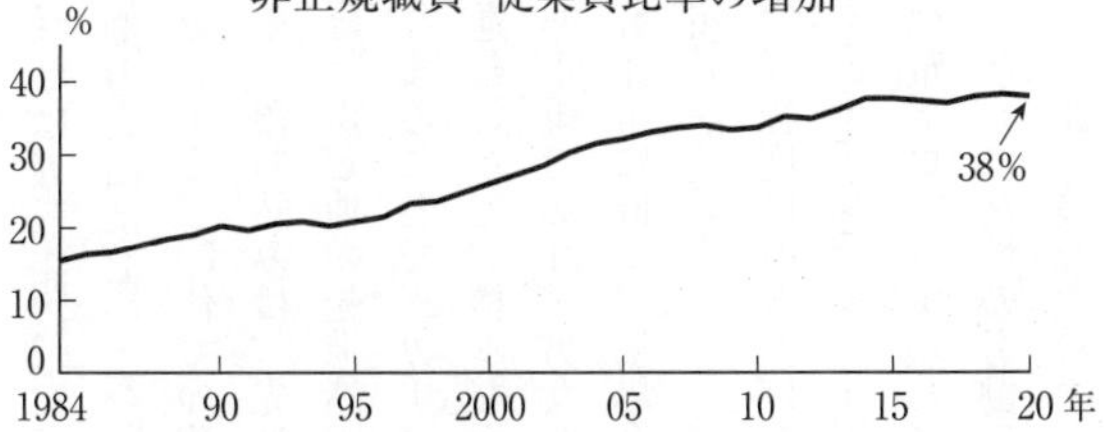

資料：総務省「労働力調査」

就業状態別 15 歳以上人口(2020 年 7 月)

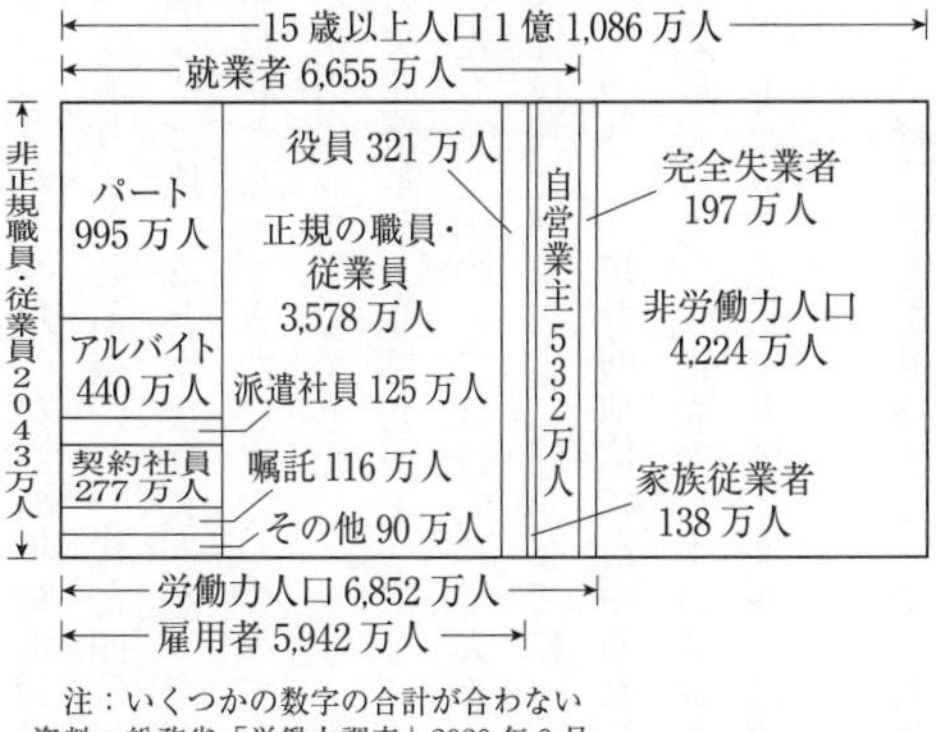

注：いくつかの数字の合計が合わない
資料：総務省「労働力調査」2020 年 9 月

女性労働と労働環境

二〇二〇年の一五歳以上人口一億一〇五七万人のうち女性は五七二〇万人で、このうち労働力人口（就業者と完全失業者の合計）は五三・四％の三〇五六万人だった。男性の場合、一五歳以上人口五三三七万人のうち労働力人口は七一・六％の三八二〇万人だった。女性の年齢別労働力率をみると、家事・育児に専念する三〇代での落ち込みがあり、その前後の二〇代と四〇代が高いM字型となっている。その落ち込みは、先進主要国などと比べるとかなり大きかったが、徐々に小さくなり、最近ではほとんど他の先進諸国並みの形状となってきた。また、すべての年齢階層における労働力率が高まることで、カーブ自体が上方にシフトしてきた。

女性の労働市場への参加が進むことで、様々な面での男女間格差がより目立つようになってきた。女性雇用の半分以上が非正規であり、男女間賃金格差も主要国の中では目立って大きい。女性管理職の比率は国際的にも非常に低く、上場企業の女性役員比率を二〇二〇年までに一〇％に引き上げる政府目標は実現していない（二〇一九年で五・二％）。「指導的地位に占める女性の割合を二〇二〇年までに三〇％程度に引き上げる」との政府目標も、民間企業における課長相当職以上の管理職の割合ととらえると、その比率は二〇一九年度で一一・九％と実現には程遠い。また、いわゆる〝待機児童ゼロ〟も実現していない。

少子高齢化社会では高齢者とともに女性の労働に頼ることで経済活力を維持する必要がある。そうであればあるほど、女性の労働環境を改善する必要がある。また、女性を労働力としてとらえる観点からだけでなく、人間としての観点からもそれは必要である。

女性の年齢階級別労働力率の推移

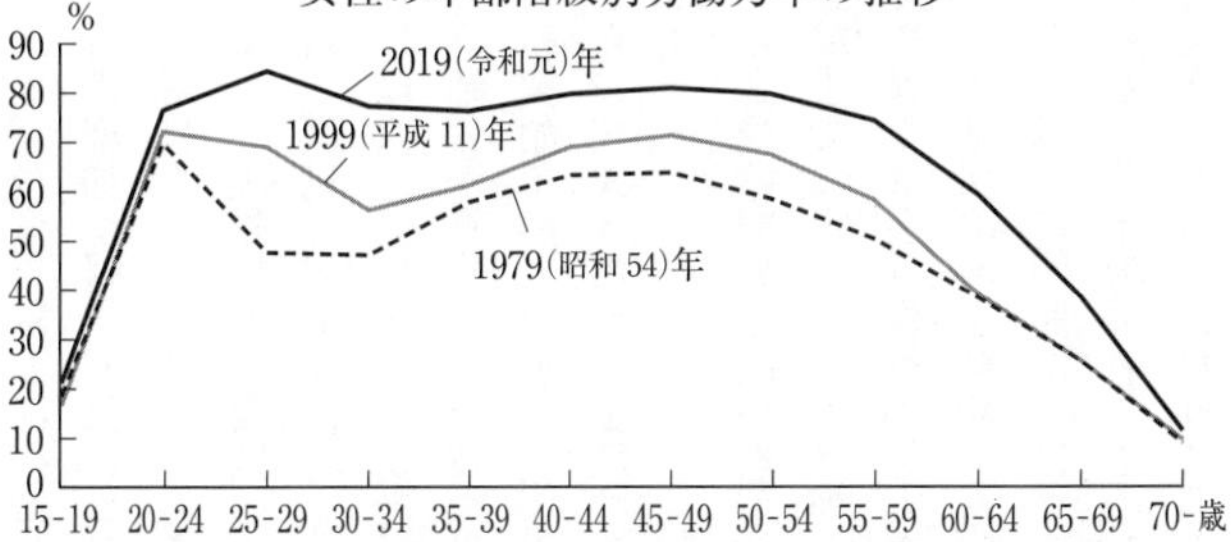

注：労働力率は，「労働力人口(就業者＋完全失業者)」／「15 歳以上人口」×100
出所：内閣府男女共同参画局「男女共同参画白書 平成 29 年版」

日本の上場企業における女性役員比率の推移

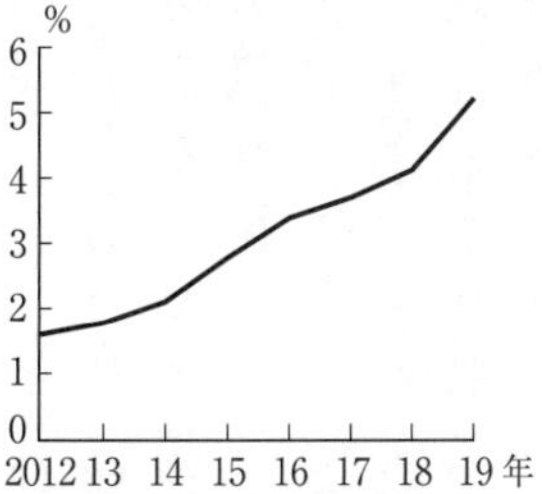

資料：内閣府男女共同参画局 HP

諸外国の女性役員の割合とその変化

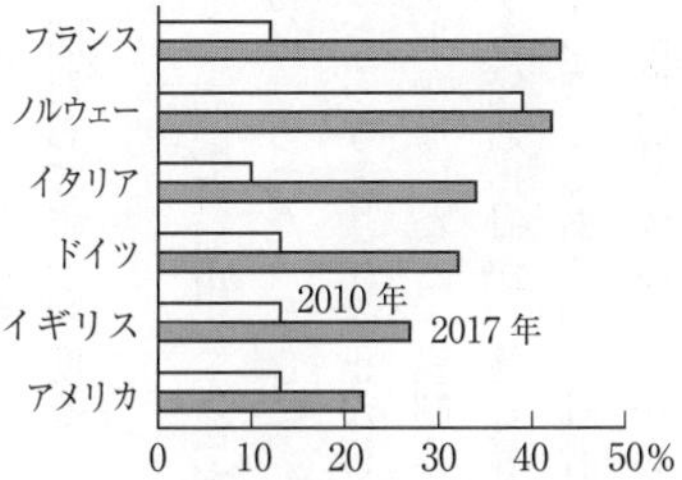

資料：内閣府経済財政諮問会議，2020 年 3 月，資料 8

女性一般労働者給与の男性給与に対する割合の変化

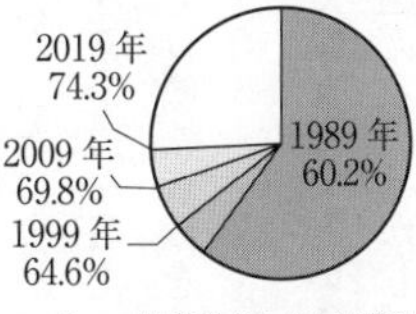

注：一般労働者とは短時間労働者以外の労働者
資料：厚生労働省「厚生労働白書」

待機児童数と「受け皿」数
(4 月 1 日時点)

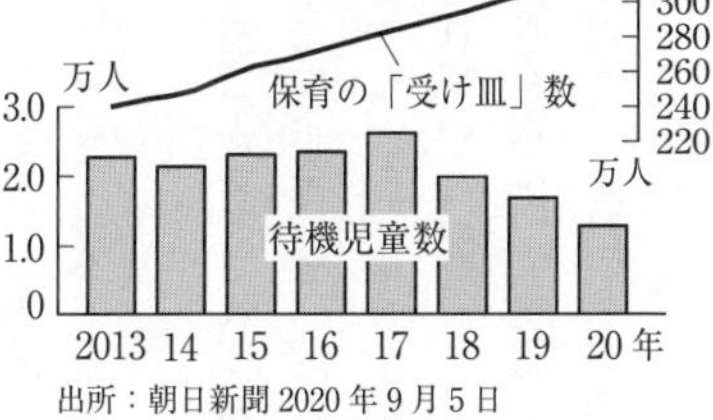

出所：朝日新聞 2020 年 9 月 5 日

高齢者雇用

近年、生産年齢人口の減少にもかかわらず、女性と高齢者の雇用が増えることによって、就業者の増加が経済成長に貢献してきた。より多くの人が社会保障制度の支え手になるためには高齢者にも働き続けてもらう必要がある。しかも、日本では高齢者の多くは働く意欲を持っているし、実際にも主要国の中では多くの高齢者が働いている。

六〇歳以上の男女に対する調査（二〇二〇年）によると、六五歳を超えて働きたいという回答がほぼ六〇％に達し、「働けるうちはいつまでも」との回答も二〇％を超える。しかし、多くの高齢者が働く意欲を持つ最も切実な理由は、退職後の収入が必要なことである。公的年金の受給開始年齢も六五歳に（男性は二〇二五年、女性は二〇三〇年までに）引き上げられつつある。さらに、大きな赤字を続ける国家財政と関連して年金制度そのものの健全性に対する不安もある。

年金受給開始年齢の引上げに合わせて、高齢者雇用安定法が改正（二〇一三年施行）され、六五歳までの定年の引上げ等が企業に義務付けられた。さらに、二〇二〇年には企業に七〇歳までの就業機会確保への努力義務を課す、さらなる法律改正が行われた。しかし、七〇歳まで働いて年金保険料を納めても応分のメリットがないなど、税制等の調整が遅れている。

それ以上に問題なのは、高齢者に対する優遇措置が、終身雇用制度が色濃く残る中で実施されると、若年労働者にそのしわ寄せがくることである。高齢者雇用は重要だが、それが若者の就業機会を過度に奪うことがないように制度設計する必要がある。

主要国・地域の65歳以上男性の労働力率(2018年)

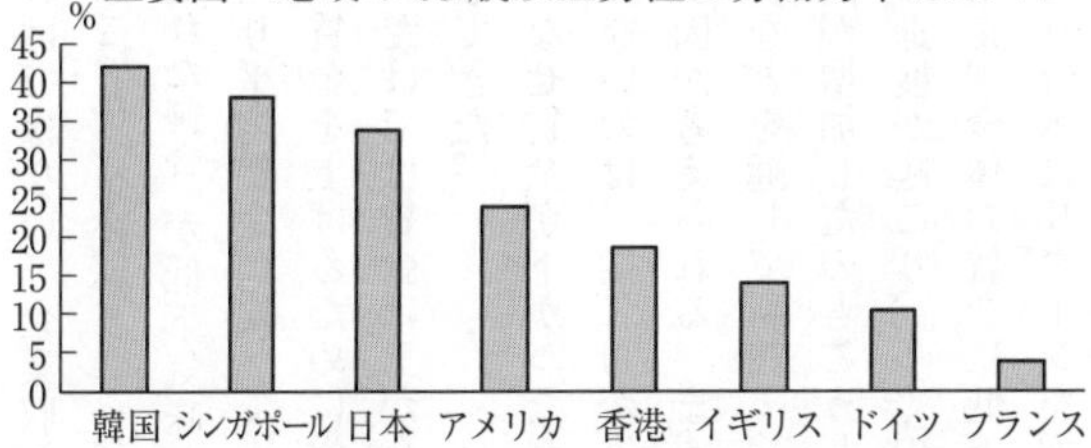

資料：労働政策研究・研修機構「データブック国際労働比較2019」

高齢者世帯*における公的年金・恩給の総所得に占める割合

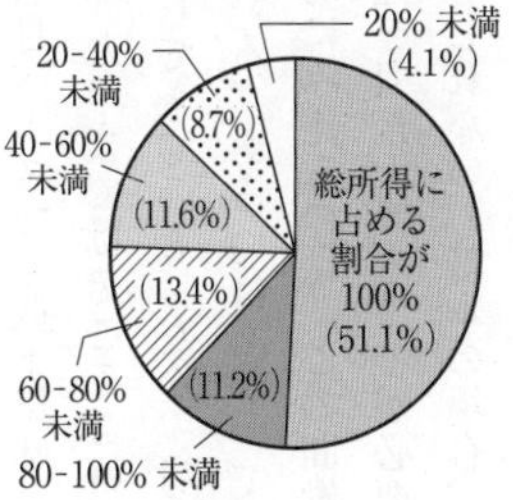

*：公的年金・恩給を受給している高齢者世帯
出所：内閣府「令和2年版 高齢社会白書」

シニアの就労制度

2020年 (65歳まで,実施義務)	改正後 (70歳まで,努力義務)
定年の廃止	定年の廃止
定年延長	定年延長
継続雇用制度	継続雇用制度
追加される項目	他企業への再就職実現
	フリーランス選択者への業務委託
	起業した人への業務委託
	社会貢献活動への参加

出所：日本経済新聞2020年1月4日

高齢者の就業意欲 いつまで働きたいか

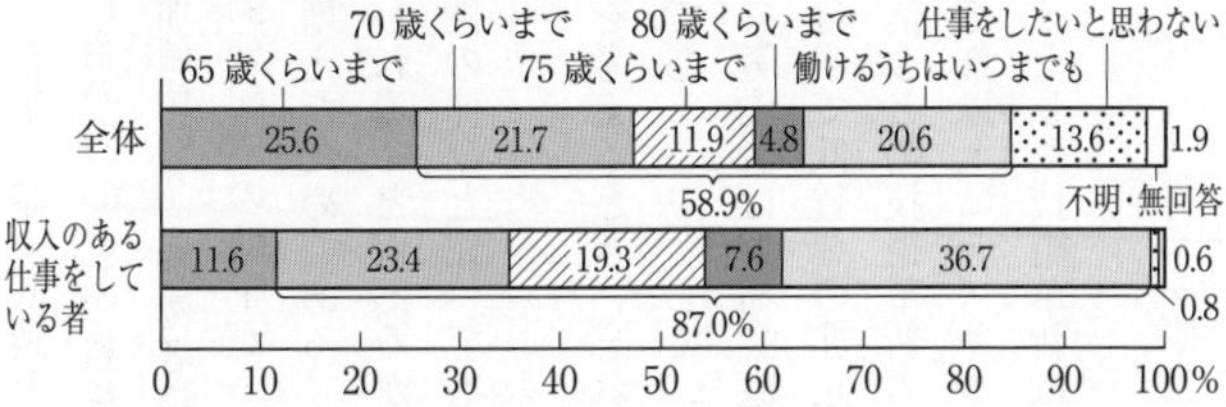

注：調査対象は,全国の60歳以上の男女
出所：内閣府「令和2年版 高齢社会白書」

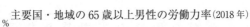

労働分配率の低下と賃金の低迷

近年、賃金が実質ベースでも名目ベースでも低下気味となってきた。企業収益が低調だったわけではない。企業収益は二〇一九年まではそこそこ好調であり、企業の内部留保（利益剰余金）は九〇年代から一貫して増加してきている。だが、労働分配率（付加価値のうち労働者に分配された割合）が低下気味となっている、あるいは上がってこない。労働分配率の低下が一人当たり平均賃金に比べてより限定的にみえるのは、この間働き手の数が増えたためである。賃金を上げるために労働生産性を引き上げることが必要であると言われることがあるが、それだけでは賃金は上がらないかもしれない。日本の場合、賃金は生産性の伸びと比べても低迷してきた。

なぜ賃金が下がったり、労働分配率も下がり気味になってきたのかを考えるとき、忘れてならないのは、これらが近年多くの先進諸国に共通の現象だということである。主として二つの要因が考えられる。まず、世界経済のグローバル化がある。先進諸国の労働者は貿易、直接投資などを通して新興・途上国の労働者とより競争することになった。日本で低賃金の非正規労働が増加したのもこうしたことと関係しているだろう。第二に情報通信などの技術革新の急速な進展が起こり、多くの中スキル職が失われ、高スキル職も増えたがそれ以上に低スキル職が増え、全体の賃金に低下プレッシャーとなったと考えられる。また、そうした技術革新は労働より資本にリターンを増やす傾向がある。

現金給与, 消費者物価, 企業収益の推移
(1990 年＝100)

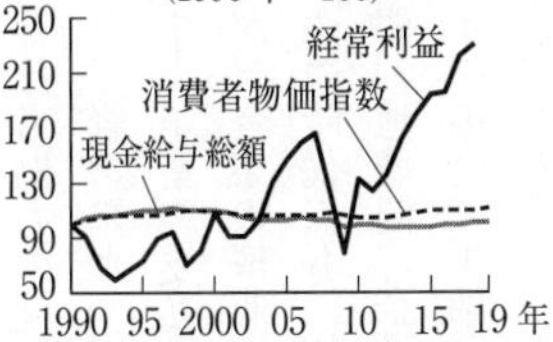

注：経常利益は財務省「法人企業統計季報」による全規模・全産業(除く金融, 保険)ベース

日本企業の内部留保と現預金残高の推移

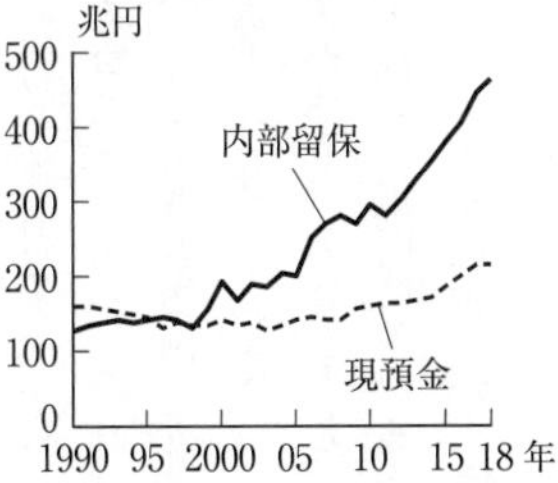

資料：財務省「法人企業統計調査」

労働力人口, 就業者数, 雇用者, 常用雇用者, 正規職員・従業員数の推移

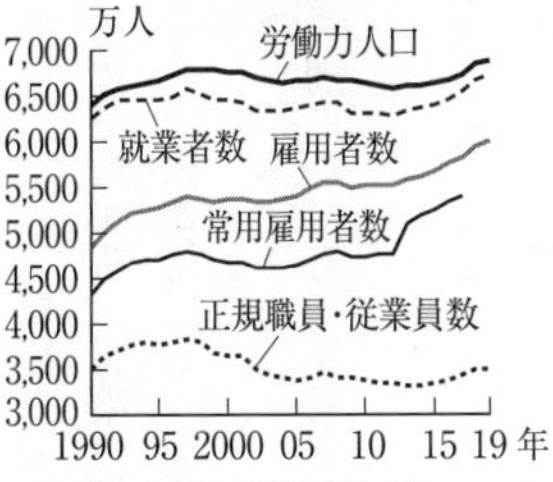

資料：総務省「労働力調査」

現金給与総額と消費者物価指数の推移
(1990 年＝100)

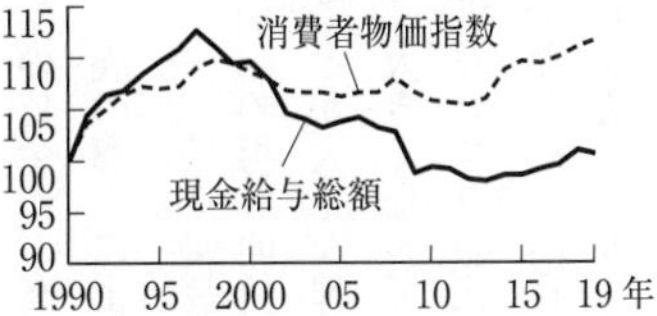

注：現金給与総額は事業所規模 5 人以上の値
資料：厚生労働省「毎月勤労統計」, 内閣府「消費動向調査」

労働分配率の推移

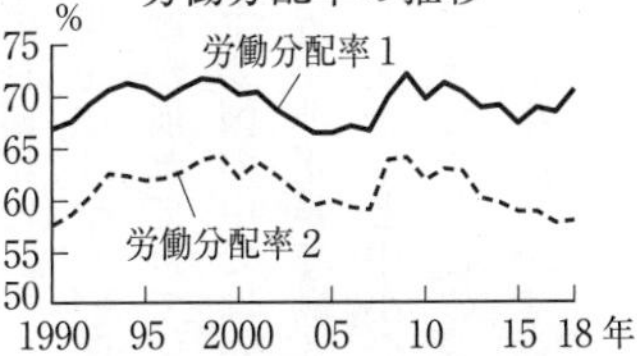

注：労働分配率 1 は雇用者報酬を国民所得で割ったもの. 労働分配率 2 は従業員給与(賞与, 福利厚生費を含む)を付加価値額で割ったもの. 雇用者報酬には役員報酬などが含まれる
資料：財務省「法人企業統計調査」, 内閣府「国民所得統計」

主要国の ULC(単位労働コスト)の推移
(1998 年＝100)

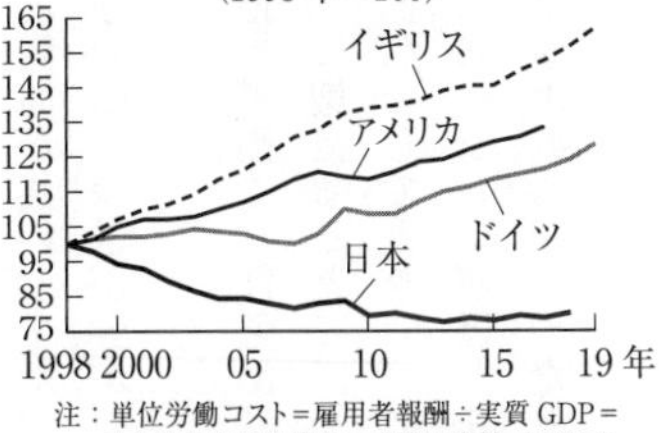

注：単位労働コスト＝雇用者報酬÷実質 GDP＝1 人当たり平均賃金÷労働生産性. なぜなら雇用者報酬＝1 人当たり平均賃金×雇用者数, 労働生産性＝実質 GDP÷雇用者数. 単位労働コストの低下は生産性の伸びに応じて賃金が上がらなかったことを意味する
資料：OECD Labour Statistics

Ⅵ－⑧

所得格差と賃金

賃金は労働力の価格である。それは労働者にとっては生活する（労働力の再生産）ための源泉であり、経営にとっては事業活動のコストである。それは原則として市場で決まる。日本の場合、(1)企業の支払い能力（収益）、(2)消費者物価（生計費）の動向、(3)労働需給によって決まるが、企業の横並び意識（世間相場）もひびいてくる。

いつの時代にも、様々な賃金格差があり、問題となる。職種間の差を別にしても、年齢間、男女間、地域間、企業規模別間、正規非正規間に差がある。

日本の場合、年齢とともに賃金が上昇する度合いが大きく、年功序列型賃金となっている。しかし、その賃金カーブが近年フラット化してきている。労働生産に比べて高い賃金となる中高年層の賃金が、高齢者雇用の長期化とともに低下してきている側面が強い。また、成果主義、能力主義の導入によって、成果を測りやすい四〇歳代以降の給与のばらつきが広がってきており、単純な年功序列型賃金制度が崩れてきている側面もある。

わが国の男女間賃金格差は主要国の中ではかなり大きい。非正規で働く女性労働者の割合が多いことが大きな理由だが、近年非正規で働く女性の割合がさらに増えることで、その傾向はさらに大きくなってきている。大企業と中小企業の賃金格差も依然として大きい。

近年のデフレ的状況が続いてきたこととの関連では、わが国における賃金がほとんど上昇しなかったため、消費者物価指数の半分以上を占めるサービス価格が上昇しなかったという点を強調する見方がある。

企業規模・働き方別年齢賃金カーブ
(男性, 年収)

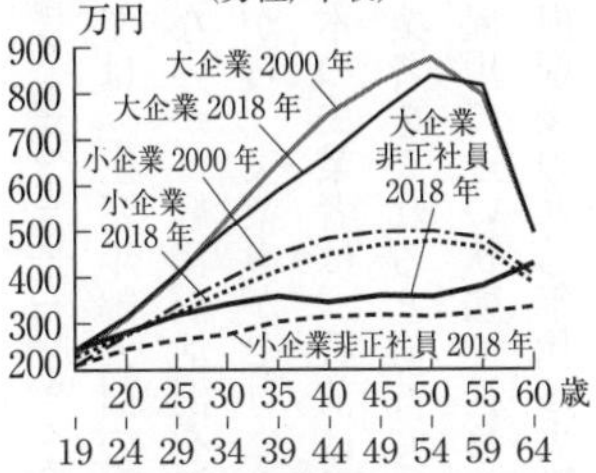

出所：八代尚宏「定年制・年功賃金, 矛盾広げる」日本経済新聞 2019 年 9 月 11 日

40 歳以降の給与格差
(賃金のバラツキを示す分散係数)

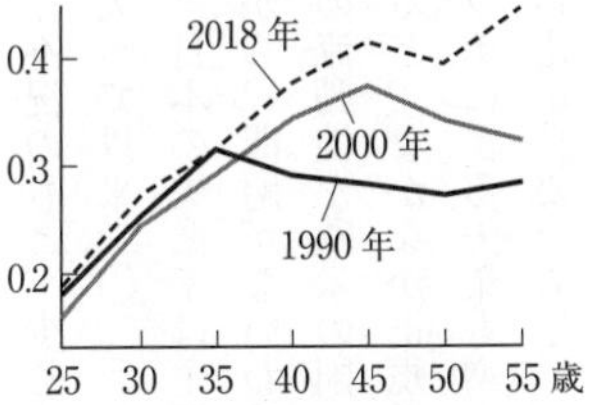

注：大卒男性, 厚労省資料より作成
出所：日本経済新聞 2020 年 3 月 1 日

男性労働者の年齢階層別平均賃金
(20-24歳労働者賃金＝1)

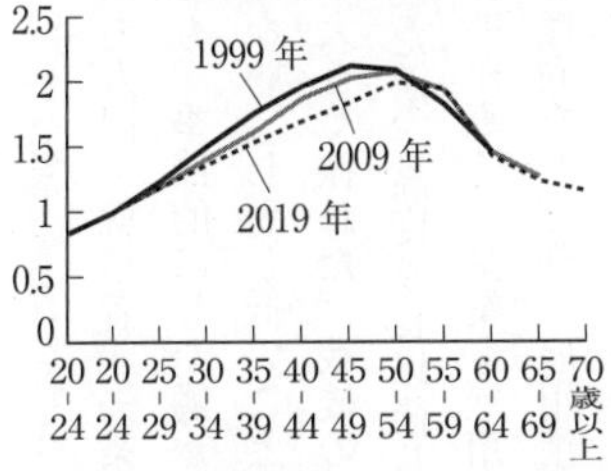

男女別年齢別平均賃金
(2019年)

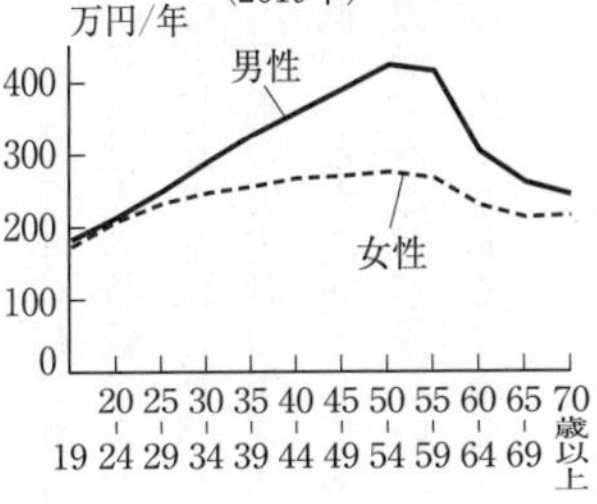

資料：厚生労働省「賃金構造基本統計調査」

年齢階層別正規・非正規職員・従業員数の増減(2002-2019 年)

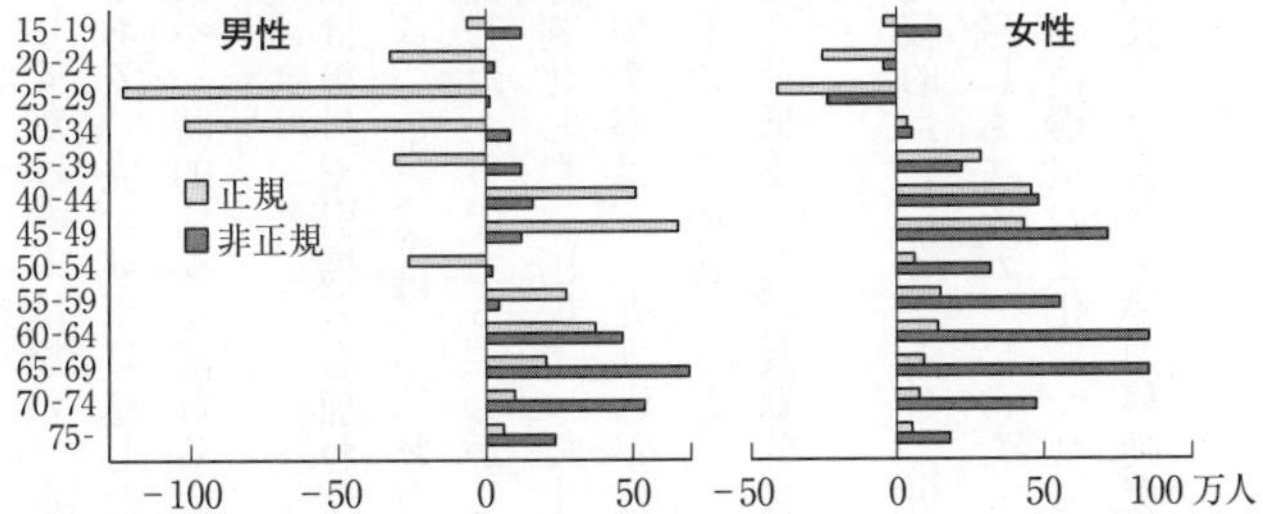

資料：総務省「労働力調査」

VI−⑨
失業率

「働く意志と能力はあるが、職がない」人を失業者という。けっして怠け者ではない。定義の上では「生産年齢人口のうちの労働力人口－就業者＝失業者」である。完全雇用に越したことはないが、経済が活況を呈していても、季節的にしか働かない人や一時的に職を離れる人もいるから、失業率がゼロになることはない。しかし低いことが望ましい。

日本の失業者は、戦前は景気変動で大きく振れた。戦後の一時期は復員や引揚者も加わり潜在失業者を入れると何百万人といわれたが、高度成長以後しばらくは、失業率は一、二％台の完全雇用に近い状態で推移した。成長率が高く、企業も雇用を重視したからである。しかしバブル崩壊後の九〇年代は失業率が上昇傾向をたどり、雇用情勢が深刻化した。国によって定義が異なるので正確な比較はできないが、世界で最も低かった日本の失業率は、一九九〇年代の長引く不況のもと、少しずつ上昇し、二〇〇〇年代にはかなり上昇した。その後、二〇一〇年代に入って以来二〇二〇年初めまで、景気拡大の持続によってふたたび低下した。長期的にみても、日本の失業率は主要欧米諸国などに比べて低く推移してきた。

しかし、問題がないわけではない。日本の失業者の失業期間が比較的長いことがある。労働市場の流動性が欧米の国々に比べて低いことが問題としてある。年齢にもよるが、いったん失業すると、なかなか正規労働の職に復帰することが難しい。また、経済構造の変化につれてミスマッチによる失業も増えてきているためでもある。適度な内需成長の維持と労働力移動促進策の強化が必要である。

主要国の失業率の推移

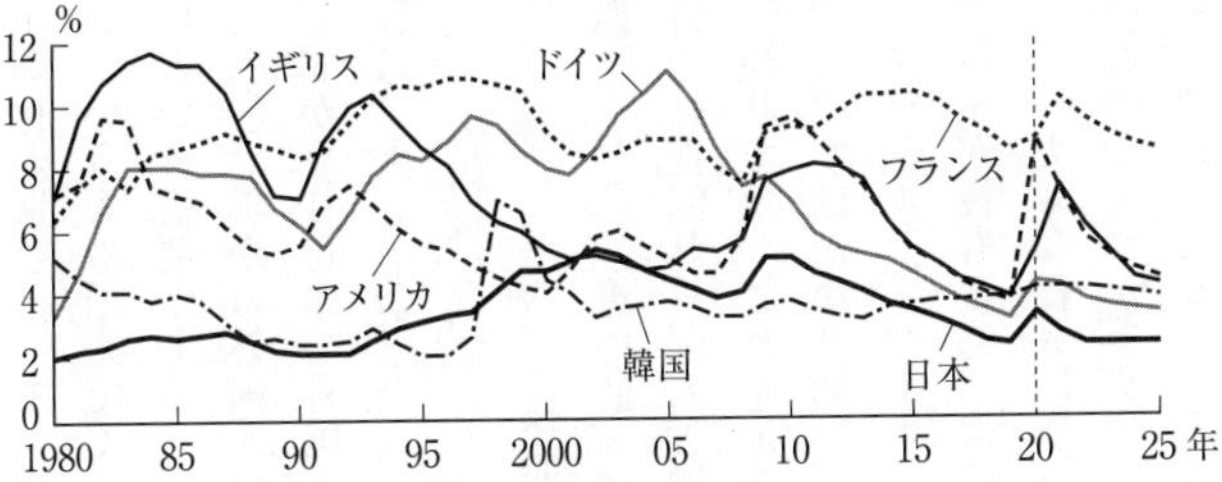

主要国の失業率トレンドの推移
(5年移動平均値の推移)

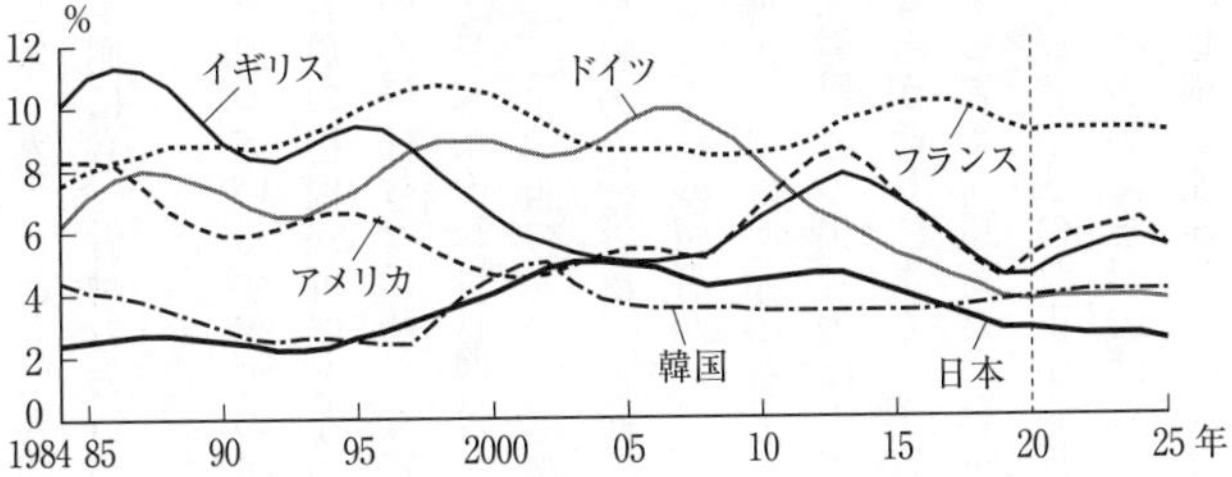

資料：World Economic Outlook Database, IMF, Oct. 2020

主要国における失業者中の長期失業者(1年以上)の割合の推移

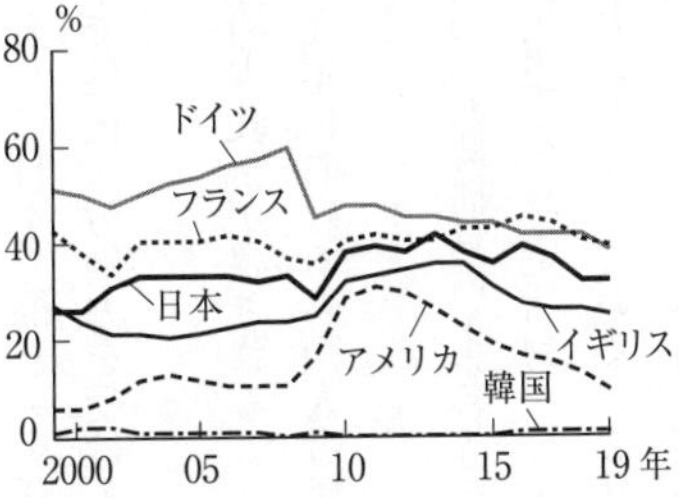

資料：OECD Labour Statistics 他

失業保険の最長受給期間

日本	1年(12か月)
アメリカ	26週(約6か月)
イギリス	26週(約6か月)
フランス	42か月
ドイツ	32か月
韓国	240日(約8か月)

資料：OECD Labour Statistics 他

VI－⑩

外国人労働者

国際化が進むと、モノ、サービス、カネとともに人間の交流も増大し、日本で働き、生活したいという人も増えてくる。日本側にも、労働力人口が減少する中で外国人労働力を受け入れたいという需要がある。

二〇〇七年から外国人労働者を雇っているすべての事業所にその報告義務が課されるようになり、かなり正確な外国人労働者数の把握が可能となった。二〇一九年における外国人労働者総数は一六五・九万人で、その内訳は「身分に基づく在留資格者（永住者、日系人等）」五三・二万人、「資格外活動」をしている者（本来の在留目的以外の就労―原則週二八時間以内―を行う留学生等）三七・三万人、「技能実習生」三八・四万人、「（法務大臣が特に指定する）特定活動」をする者四・一万人、「専門的・技術的分野の在留資格」を持つ者三二・九万人となっている。これら以外の把握漏れ外国人労働者として不法残留者が、二〇一九年時点で約八万人いると推定される。現状では、これを加えても外国人労働者が労働力人口に占める割合は二・五％であり、主要国の中ではかなり低い。外国人労働者の出身地は中国とベトナムで約五割に達し、フィリピン、ブラジル、ネパール、韓国などがそれに次ぐ。一方、外国人労働者が携わる分野については製造業が最も多く、次いでサービス業、卸売業、小売業などとなっている。

二〇一九年に出入国管理及び難民認定法の改正が施行され、新在留資格が導入され、外国人労働者の受入れが多くの業種で単純労働にまで広げられた。今後、外国人労働者の増加が加速すると考えられる。受入れ態勢の整備も加速しなければならない。

在留資格別外国人労働者数の推移

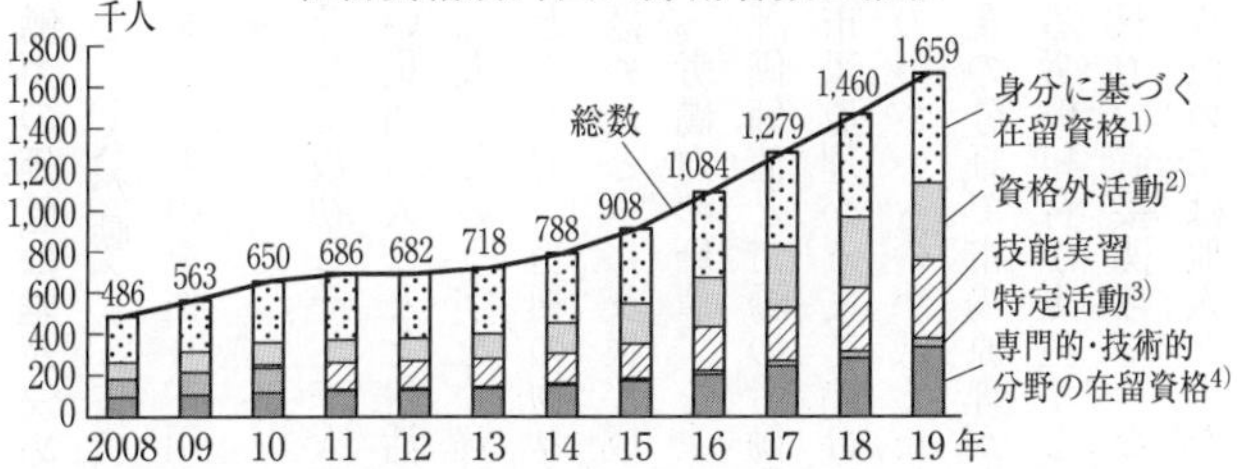

注：1)わが国において有する身分又は地位に基づくものであり，永住者，日系人等が該当する
2)本来の在留目的である活動以外に就労活動を行うもの(原則週28時間以内)であり，留学生のアルバイト等が該当する
3)法務大臣が個々の外国人について特に指定する活動を行うものである
4)就労目的で在留が認められるものであり，経営者，技術者，研究者，外国料理の調理師，特定技能等が該当する

国籍別外国人労働者の割合
(2019年)

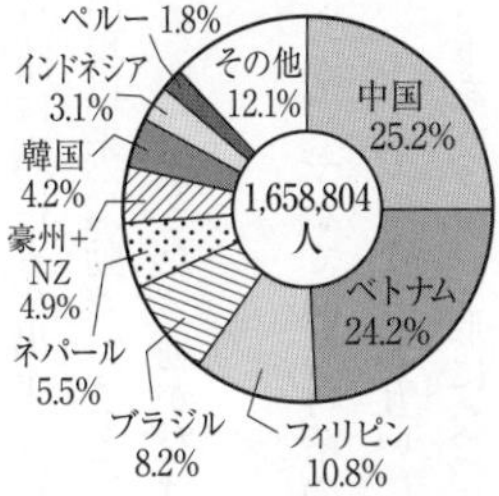

労働力人口に占める外国人労働者の割合

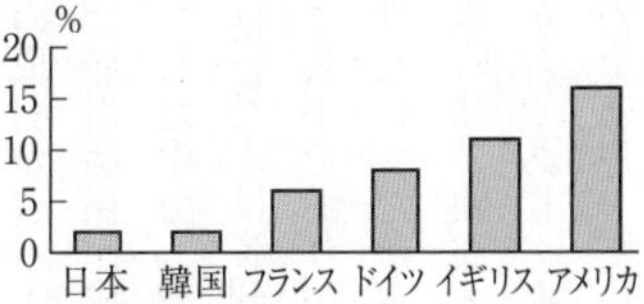

注：フランス，ドイツ，アメリカの数字は2009年のもの．日本，韓国，イギリスの数字は2017年のもの．アメリカの外国人労働者数は外国生まれの労働力人口
資料：労働政策・研修機構「データブック国際労働比較2019」，およびOECD Statistics

外国人労働者の産業別状況

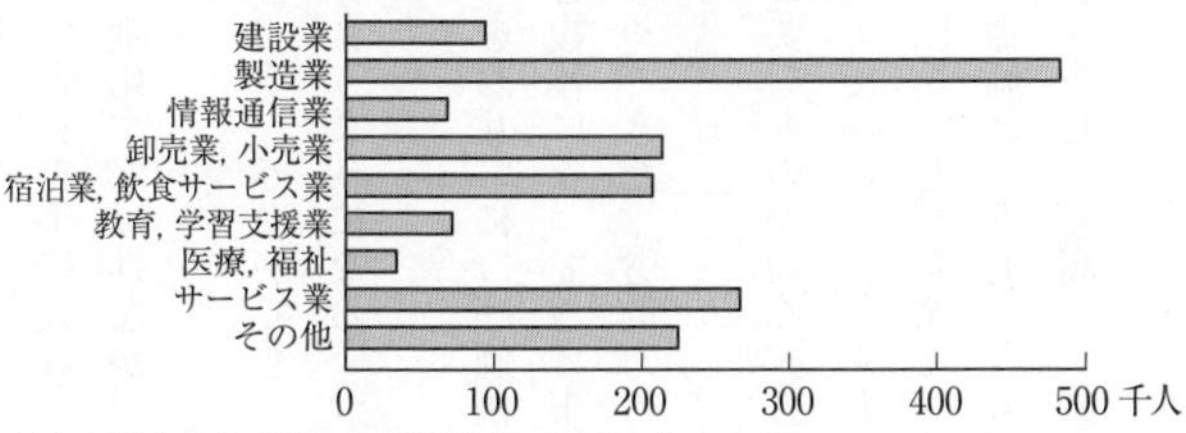

出所：厚生労働省「外国人雇用状況」2020年2月

ここでひとこと

労働力の価値は誰が決める　〝働く〟という語は実によく出来ている。働くという字を分解すると、〝人が動く〟になっている。人類の出現以来、〝動く〟ことによって食料を手に入れ、身にまとうものを作り、雨露をしのぐ住み家を作ってきた。動かなければ餓死する以外なかったであろう。

そして最初こそ、一人で働くこともできたが、やがて同じ村落の人と、そしてやがてもっと広い集団の人びとと生活するようになると、一人ではなくお互いに助け合うようになる。つまり〝人〟という字を分解すると、〝ヒトがヒトを支える〟形になっている。

ところで、当初の物々交換は、自分の〝労働力〟と相手の〝労働力〟をお互いに〝等価値〟と認めたときに交換が成立した。労働力の取引が資本主義社会になると複雑になってきて市場が〝労働力の価値〟を決め、それでいわば雇用関係が成り立つようになってきた。労働力の自己評価価値と市場の労働力価値が〝乖離〟した中で〝賃金〟が成立する。

市場原理がうまく働けば、労働力の価格(賃金)は客観的に社会的に必要なものが高く、必要度の小さいものが低くなり、それはそれで公平であり、効率的な決まり方であろう。しかし、賃金の分野で市場原理がうまく働く保証はない。だからこそ労働者が〝団結〟して企業と交渉する労働組合が誕生する。しかしそれでもうまく決まるわけではない。物価という厄介なものが双方の直接関与できないところで動くからであり、人間誰でも他人より少しでも高く、また食うためには他人と少なくとも同じく得たいと思っているからである。

Ⅶ　金融・資本市場

「中央銀行ハ利息昂低ノ権ヲ掌握スト謂フモ敢テ誇称ニ非サルナリ、是レ中央銀行ノ今日設立セサルヘカラサルナリ」

（松方正義）

日本の貯蓄

貯蓄は投資の源泉であり、投資があって成長がある。日本の高度成長の重要な一因は日本人の高貯蓄にあった。

第二次大戦後、一時マイナスにまで落ち込んだ貯蓄率が一九五五年頃からしだいに上昇し、五〇年代後半で一〇％、高度成長期以降は一五％を超えた。第一次石油危機直後は生活防衛的な意味もあって二五％近くになった。物価が安定したあと八〇年代後半以降、九〇年代は一〇〜一五％で推移した。この頃までは日本の貯蓄率は欧米諸国に比べて比較的高い状態を続けた。しかし、九〇年代末以降、日本の貯蓄率は低下を続け、日本は高貯蓄国であるとのイメージとは裏腹に先進諸国の中では低貯蓄を特徴とする国となった。

左上のグラフにある家計貯蓄率は国民所得ベースのもので、可処分所得から消費を引いて求めた貯蓄を可処分所得で割って求めたものである。貯蓄率は人口構成（特に、高齢化の程度）、社会保障の水準、消費性向、景気などによって変化する。特に、近年の日本の貯蓄率の低下は高齢化の進展と関係していると考えられる。

近年、家計の貯蓄と同様、あるいはそれを上回る貯蓄が企業部門によって供給されてきている。本来、企業部門は家計が供給する貯蓄を使って投資を行い、経済を成長させる部門のはずである。しかし、企業設備投資が活発化せず、賃金抑制傾向もあって、企業の内部留保が続き、企業部門自らが資金のネット供給部門となってきている。国内における唯一のネット資金需要部門が政府というのは長期的には健全な姿ではないだろう。

主要国の家計貯蓄率の推移

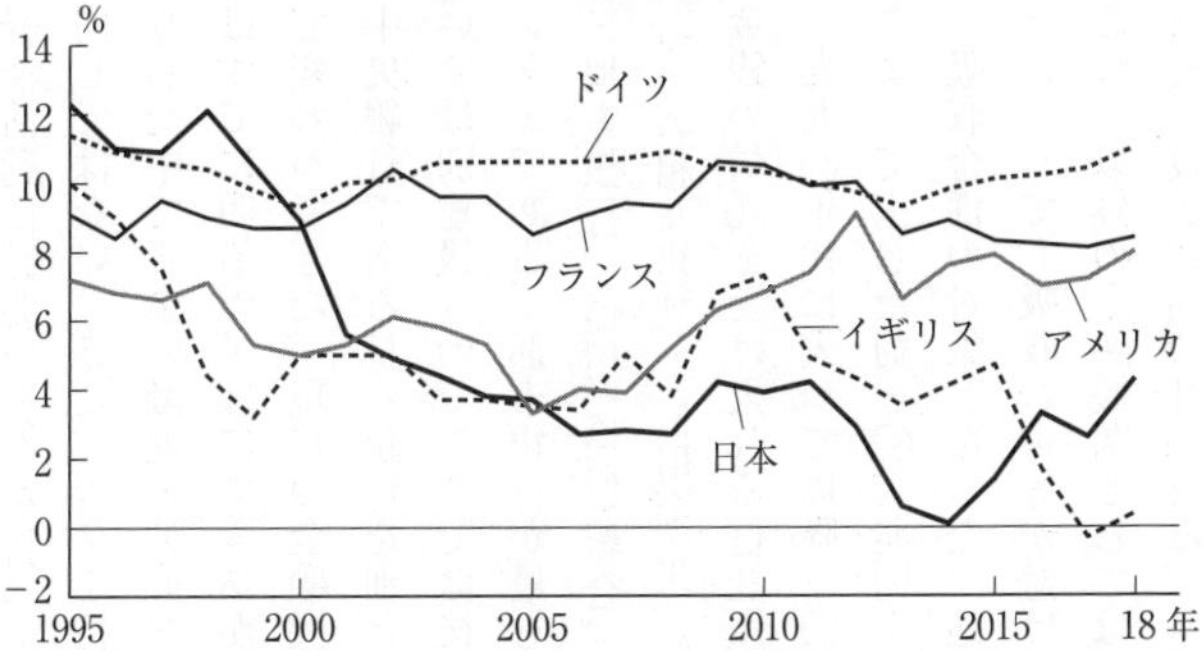

資料：OECD Economic Outlook, Sep. 2020

貯蓄投資バランス(季節調整済年率換算)

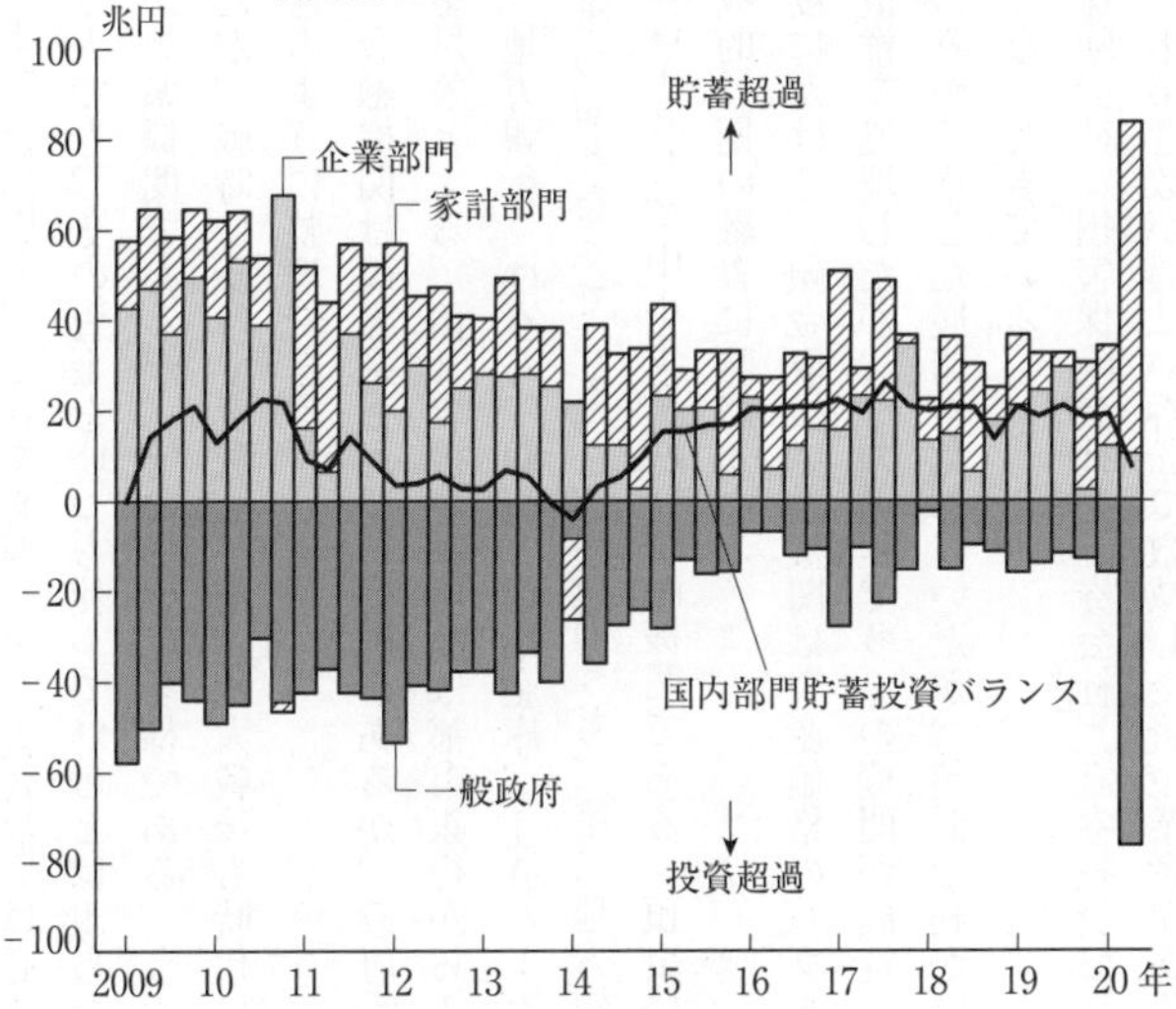

出所：日本銀行「経済・物価情勢の展望」2020年10月

金融機関

経済活動に必要な資金を持っている人(または機関)と、それを必要とする人(機関)は必ずしも同じではない。また、資金を持っている人でも、その資金をいつも使っているとは限らない。こうした中で資金の融通・仲介を行うのが金融機関であるが、その形態は多様である。今の原型はすでに明治の半ばにできあがっていたが、戦時にかけて変貌し、第二次大戦後も時代によって変わってきた。現在の金融機関はつぎのように整理できる。

中央銀行である日本銀行を別とすると、金融機関は政府系と民間のものがあるが、政府系については別途扱うのでここでは後者のみを対象とする。預金取扱金融機関は都市銀行からＪＡバンクまである。都市銀行が最も大きく、地方銀行、ゆうちょ銀行、信用金庫、ＪＡバンク、第二地方銀行、信用(協同)組合、労働金庫の順となっている。これらのうち、第二地方銀行(かつての相互銀行)、信用金庫、信用組合は主として中小企業向け金融機関である。預金に近い金銭の信託を受け入れる信託銀行は比較的長期の融資に特徴がある。

一九九〇年代に入って以降二〇〇四年度にかけて、預金取扱金融機関は資産価格のバブル崩壊によって生じた約一〇〇兆円もの不良債権を処理したが、その過程で多くの機関が破綻したり、吸収合併の対象となった。地方銀行のみがそうした展開を免れていたが、超低金利が続くことによって、吸収合併等が避けられなくなってきている。

これら以外の金融機関としては、生命保険会社、損害保険会社、証券会社、証券投資信託委託会社、投資顧問会社がある。さらに、近年業者数が過払い訴訟で激減した貸金業者がある。

日本の主な金融機関

	残高		機関数	
	時点	兆円	直近	1998年4月
都市銀行(預金)	2020.3	447	5	10
地方銀行(預金)	2020.3	278	62	64
地方銀行Ⅱ(預金)	2020.3	62	38	64
ゆうちょ銀行(貯金)	2020.3	183		
信託銀行(主な金銭の信託)	2020.3	243	13	33
信用金庫(預金)	2020.3	145	254	401
信用組合(預金積金)	2020.3	21	145	351
労働金庫(預金)	2020.3	7	13	47
JAバンク(貯金)	2019.3	103	687	1,999
生命保険(運用資産計)	2020.3	383	42	43
かんぽ生命(総資産)	2020.3	72		
損害保険会社(運用資産計)	2020.3	27	32	33
証券会社	2020.3		258	291
証券投資信託委託会社(残存元本)	2020.3	213	191	84*
投資顧問会社(投資一任勘定残高)	2020.3	337	313	137
貸金業者(貸付残高)	2020.3	25	1,647	30,400

*：2000年

注：1)都市銀行は4グループに集約された(みずほ，三菱UFJ，三井住友，りそな)，みずほ＝興銀＋富士＋第一勧銀，三菱UFJ＝東京三菱＋三和＋東海，三井住友＝さくら(三井＋太陽神戸)＋住友，りそな＝あさひ(協和＋埼玉)＋大和．ここで，5行はりそな銀行とともに埼玉りそな銀行をカウントしている．

2)かんぽ生命は20,037の郵便局と539の簡易郵便局，かんぽ生命支社82店を使っている．ゆうちょ銀行は全国の郵便局，簡易郵便局と233の直営店を使っている．

3)主な金銭の信託とは，投資信託を除く金銭の信託のことで，金銭信託，年金信託，財産形成給付信託，金銭信託以外の金銭の信託を含む．

4)都市銀行から信託銀行まで以外に，「その他銀行」として16行ある(あおぞら銀行，住信SBIネット銀行，新生銀行，セブン銀行等)．また外国銀行支店として55行もある．

5)証券会社の2020年3月末の預かり資産額は野村證券が104兆円，大和証券が60兆円．

6)ここに含めた投資顧問業者は日本投資顧問業協会会員のうち投資運用会員のみで，その他に投資助言・代理会員(470社)がいる．

7)貸金業者による2020年3月末時点での貸出残高の内訳は，消費者向貸付が7.3兆円，事業者向け貸付が19.5兆円．貸金業者数は1986年の47,504社をピークにその後激減してきている．

資料：全国銀行協会HP，信託協会HP，ゆうちょ銀行HP，全国信用金庫協会HP，全国信用組合中央協会HP，労働金庫連合会HP，JAバンクHP，生命保険協会HP，かんぽ生命HP，日本損害保険協会HP，投資信託協会HP，日本証券業協会HP，日本投資顧問業協会HP，金融庁HP

間接金融

企業は内部蓄積が低いと外部から資金調達をする。資金の供給者である個人の貯蓄が少額で分散し、かつ証券市場が十分に発達していなかった時代は、郵便局や銀行などの預金取扱金融機関が家計部門から預貯金を集め、それを企業部門に貸し付けた。企業が直接外部から資金を調達する直接金融方式に対して、これを間接金融方式という。この場合、預金者が貸付先を指定するのではなくて、金融機関が独自に融資先を決定する。

間接金融方式は、石油危機の頃まで活発に続き、特に高度成長を可能ならしめた独特の金融方式であった。日本の各家庭の貯蓄額は零細ではあったが、貯蓄率は高かった。この預貯金を郵便局と銀行等が集め、前者は資金運用部資金に繰り入れられて政策金融の財源となり、後者は特に財閥系の銀行資金として系列化を強めつつ、高度成長期の重化学工業化に貢献した。系列融資といわれる融資が特徴であって、銀行支配の時期を形成したともいわれている。

これらの都市銀行を中心にした金融機関も、復興・成長の時代にはなお日銀借入が大きかった。日本銀行の側からみると、銀行貸出が大きかったから、金融政策のカジ取りは公定歩合操作、日銀貸出規制、窓口規制を中心に有効性が高かった。

次頁に二〇二〇年六月末の部門別金融資産・負債残高が金融機関をはさんで表されている。家計、非金融法人の預金や家計の保険金を金融機関が預かり、それらの資金を貸出に回したり、証券の購入に充てたりする。間接金融による借入が一九九〇年代半ばから減少したが、それは主として非金融法人企業の内部蓄積の増加による資金需要の低下を反映している。

部門別の金融資産・負債残高(2020 年 6 月末，兆円)

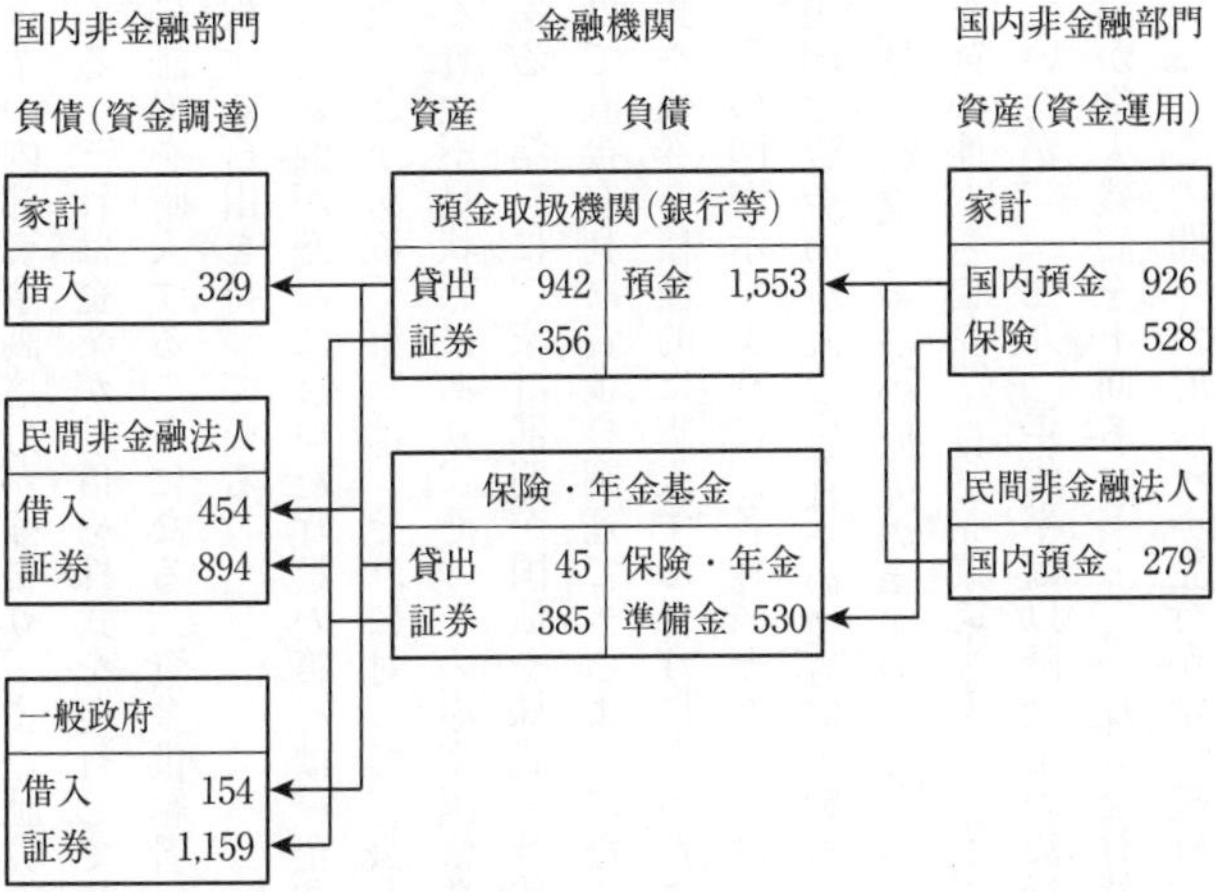

注：各部門の間接金融に関連した主な勘定のみを対象としている．また，単純化のため海外部門と中央銀行を捨象している．矢印は資金の流れを表す
資料：日本銀行「資金循環統計」

民間非金融法人の外部資金調達残高の推移

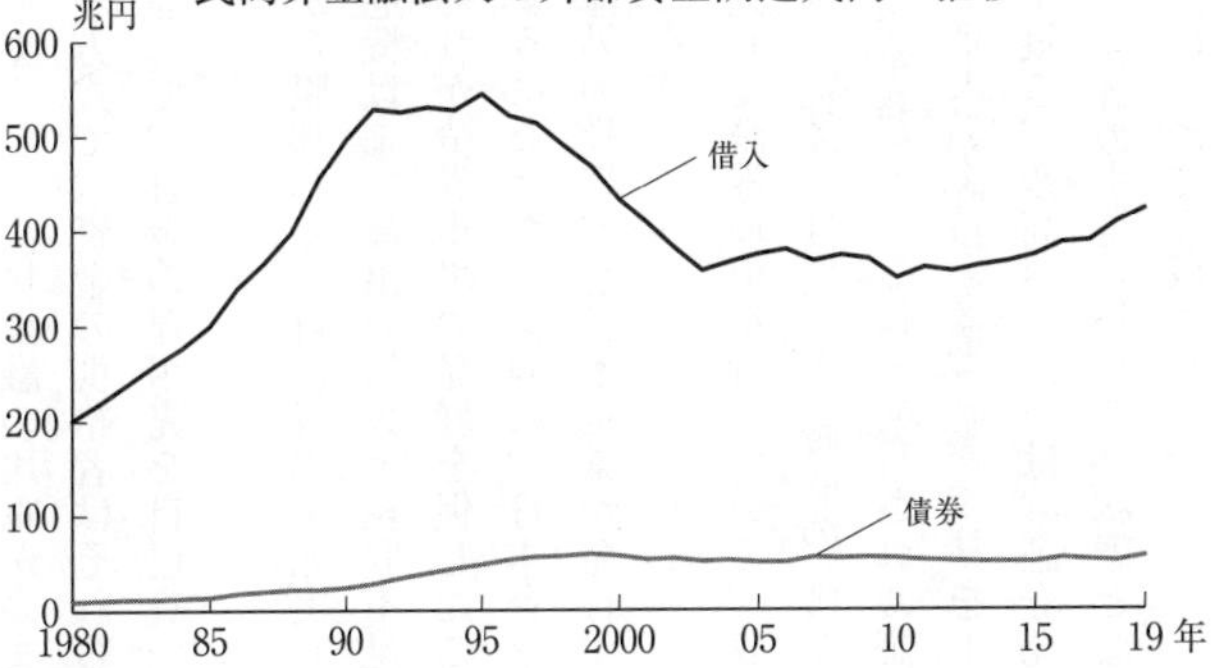

資料：日本銀行「資金循環統計」

直接金融

企業の内部資金調達力が強まり、また証券市場が発達してくると、直接金融の比重が高まってくる。それは企業が社債や株式を発行して資金を調達する方式で、資金の供給者はそれらの有価証券を購入することになる。資金供給者は証券業者を通じて、資金の運用先を自己責任で選択する自由を持っている。

直接金融が盛んになった背景の第一は、企業が資金不足から脱却して、自己資本を充実してきたことがある。第二は、それに対して、公共部門は石油危機以来の歳出の拡大と税収不足で長く資金不足状態にあり、そのため赤字国債発行が続き、それが債券市場の発展を促したことがある。第三に、家計部門が国債や株式・社債も購入するようになった。第四に、日本企業が海外で直接有利な資金を調達できるようになるとともに、海外の投資家も日本企業が発行する株式や債券を積極的に購入するようになったことがあげられる。

左上の図が示すように、各経済セクターは証券会社等を通して証券取引を行っている。表中の矢印は資金の流れ(証券はその逆方向の動き)を示している。証券会社は企業、政府の証券(債券や株式)の発行やその販売のエージェントになる(引受・分売業務)とともに、発行された証券の売買の仲立ち(委託・自己売買)をする。かっては間接金融(借入)が直接金融(証券発行)を上回っていたが、一九九〇年代半ば以降企業の銀行借入の返済が続き、残高ベースでは、証券発行残高が借入残高を上回る(もっとも、株式発行残高はその時々の株価の水準に依存する)状態となっている。この間、政府の証券発行が増え続け、主に金融機関によって吸収された。

部門別の金融資産・負債残高(2020年6月末，兆円)

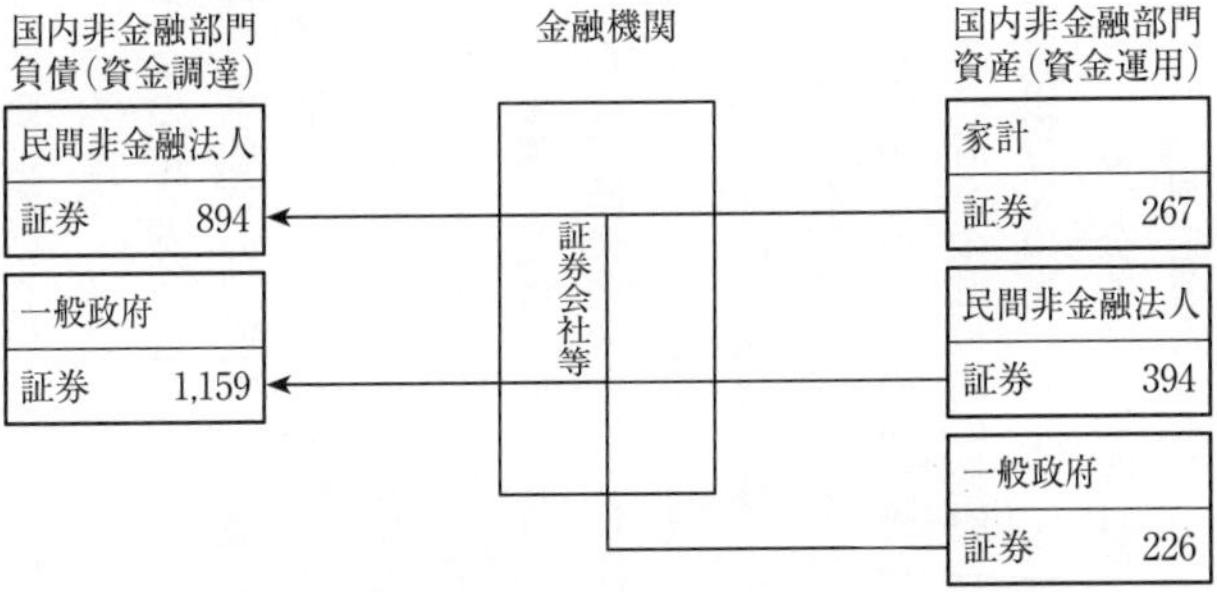

注：単純化のため海外部門と中央銀行を捨象している．また，各部門の直接金融に関連した主な勘定のみを対象にしている．矢印は資金の流れを表す
資料：日本銀行「資金循環統計」

資本市場からの資金調達の推移

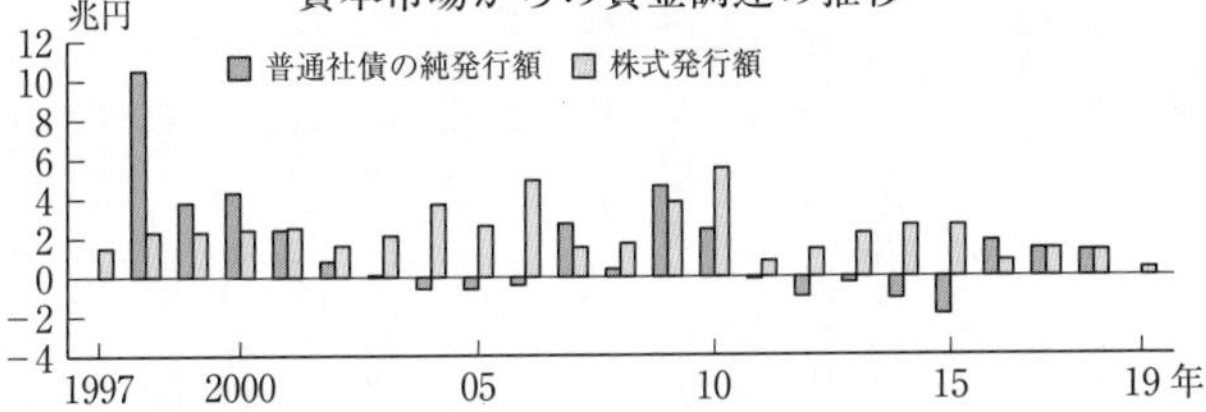

注：普通社債の純発行額とは，発行額から償還額を引いたもの．株式発行額は，全国上場企業の株式等の発行による(海外を含む)資金調達額で，自社株買い等による減額は考慮していない
資料：日本証券業協会HP

民間非金融法人の主な負債残高の推移

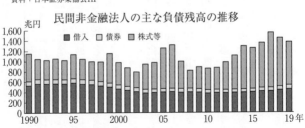

資料：日本銀行「資金循環統計」

公的金融制度の改革

国が政策的に必要とする部門に資金を融通するために特殊な金融機関を設立し、特殊な金融システムをつくることがある。その最大のものは郵便局が集めた貯金や保険金、国民年金・厚生年金の積立金を財政投融資財源とし、公的な金融機関に配分するシステムだった。財政投融資は日本独特の制度で、一般会計と一体となって国家目標の遂行のために資金が使われたことから「第二の予算」とも呼ばれた。財政投融資は公共的なものであるが、同時に中期的には採算ベースに乗せるものが対象となる。具体的には高速道路建設、住宅建設、宅地整備、工業団地の形成、中小企業などへの融資である。適用される金利は一般よりも低く、公共目的ということで優遇を受け、それなりの役割を果たした。

しかし、時代が変わって民間部門もそれなりの力をつけ、公共部門の合理化が要請されるようになり、二〇〇〇年代に入り、制度全体の見直しが行われた。第一に、財政投融資制度は存続するが、その財源は金融市場から(財投債と呼ばれる国債と政府保証の付かない財投機関債によって)調達されることになった。第二に、郵政公社が民営化され、郵便貯金、簡易保険資金の財務省資金運用部への預託義務がなくなり、自主運用されるようになった。第三に、財投機関である政府系金融機関の統廃合が行われた。ただ、ゆうちょ銀行、かんぽ生命とともに日本政策投資銀行等の当初の完全民営化方針は後退してきている。

もっとも、公的金融機関貸出残高の民間金融機関貸出残高に対する比率は、二〇〇〇年代初めまでの二割を超える水準から二〇一八年以降は一割程度に下がってきている。

公的金融制度改革

1. 財政投融資制度の改革

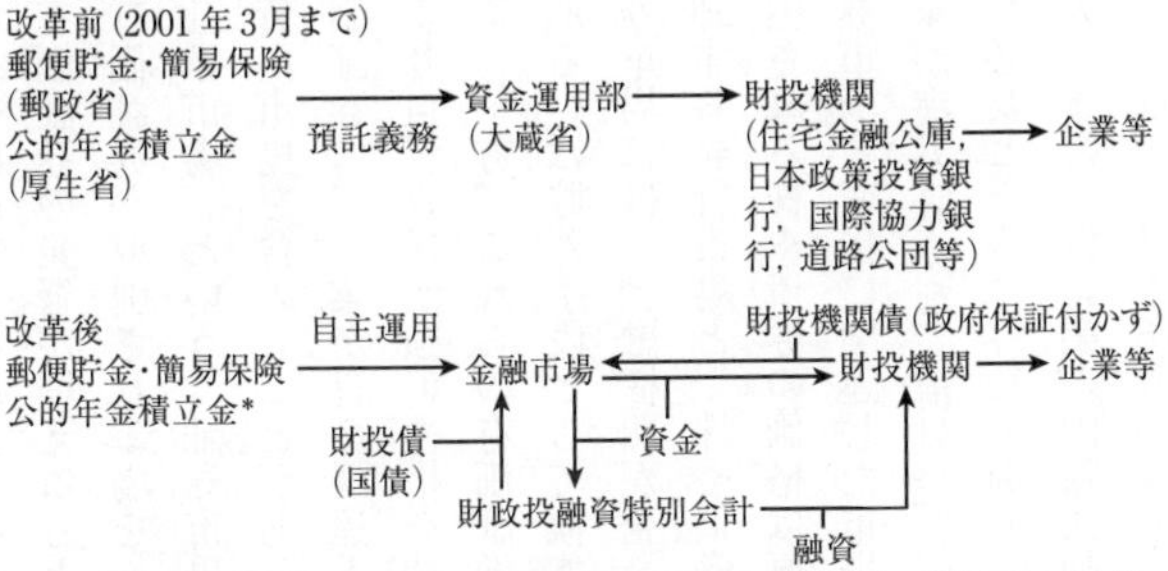

＊：厚生労働省内の公的年金資金は「年金積立金管理運用独立行政法人」に移管(2006年4月)

2. 郵政民営化(2020年時点)

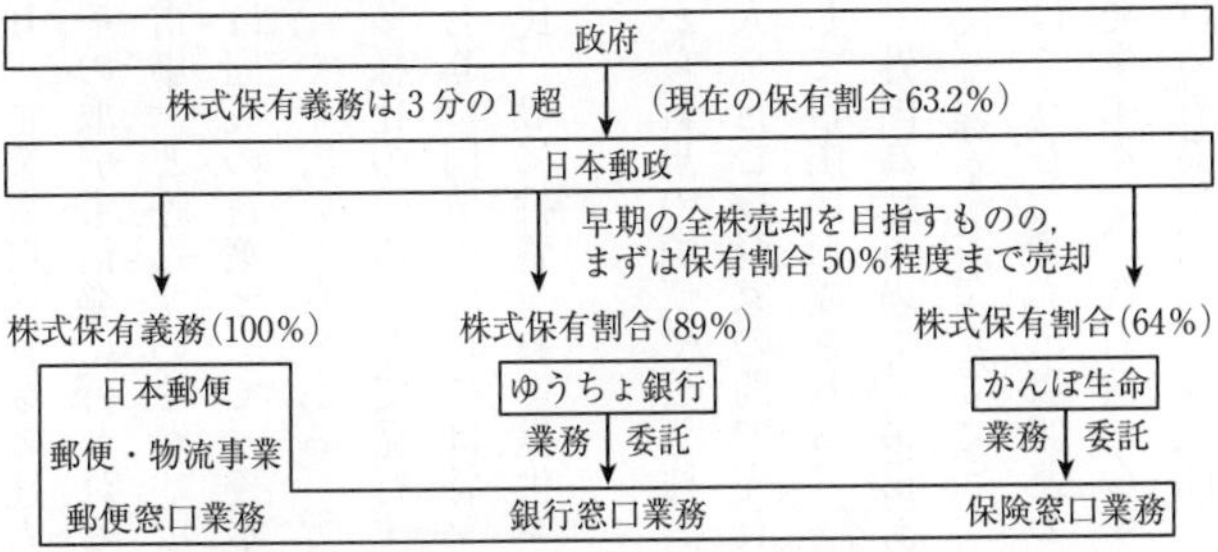

3. 政府系金融機関の統廃合

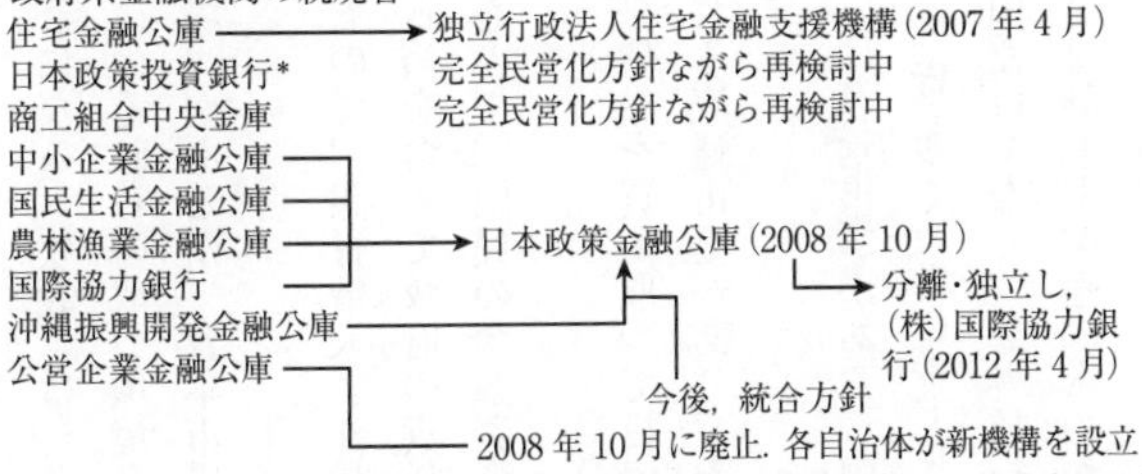

＊：1999年10月, 日本開発銀行と北海道東北開発公庫の業務を統合し, 特殊法人日本政策投資銀行設立. その後, 2008年10月特殊会社日本政策投資銀行に改組

証券市場・為替市場

国はその財政需要に応える必要があり、企業も自己資金調達力が強まり、国債・社債・株式など有価証券の発行が増えるとともにその取引も活発に行われるようになる。狭義には、それらの有価証券が取引される場を「証券市場」と呼んでいるが、広義にはそれらの取引環境全体を「証券市場」という。証券市場とほぼ同義の言葉として「資本市場」があるが、資本市場は長期貸出市場を含めることがあるので、やや広い概念である。

有価証券は、企業が資金調達手段の多様化の一環として発行するもので、銀行借入より長期的でより自己責任が強い性格を持っており、国債の場合には将来の返済を含めて政府の責任も強まる。一方、これらの有価証券は国民一般に投資対象を提供するもので、国民の金融資産の運用あるいは貯蓄手段として機能する。

証券市場には、金融機関が企業や国から新規の国債や公募株・公募債券を買い取って投資家に売却する発行市場と、株や債券が個人を含む投資家の間で売買される流通市場があり、そこで取引される株や債券の価格は原則として自由に形成される。

証券市場と密接に関連した市場として外国為替市場(外為市場あるいは為替市場)がある。国内投資家が海外証券を、海外投資家が国内証券を取引するとき、円と外貨(多くの場合米ドル)の交換が必要となる。外為市場での取引はこうした証券市場関連の取引だけでなく、海外旅行や輸出入、また内外企業の国際活動から発生するが、取引量からすると証券取引関連のものが最も多い。近年、日本あるいは東京における外為取引は停滞気味となっている。

日本の主な債務証券と株式等の残高(2020年6月末)

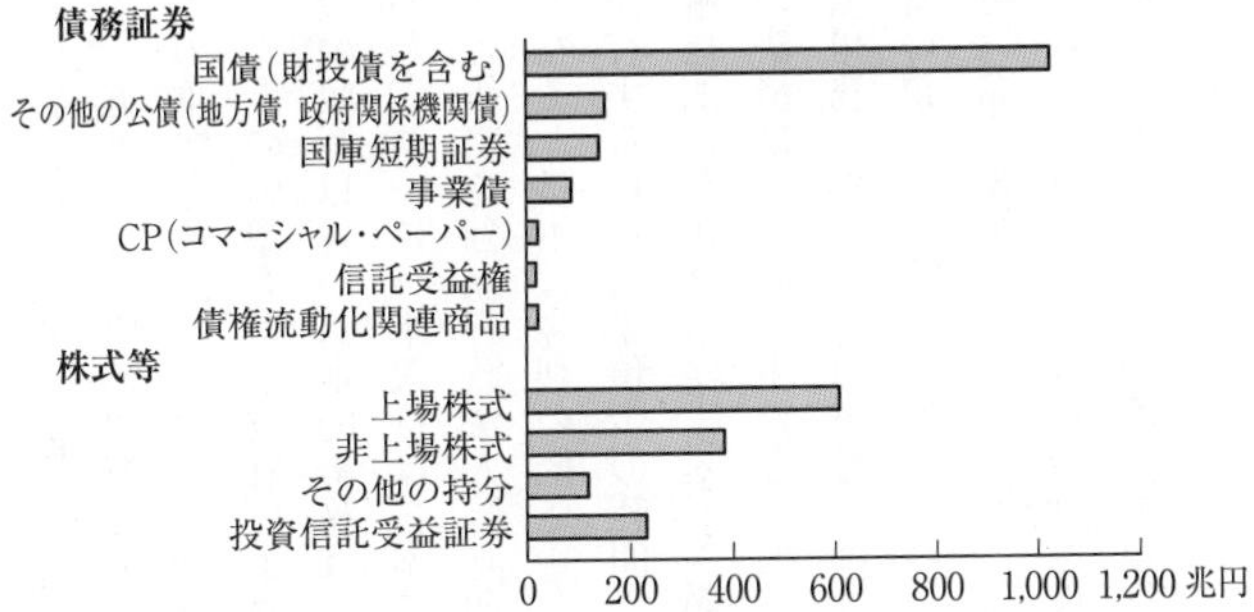

国債・財投債の保有者割合
(2020年6月末)

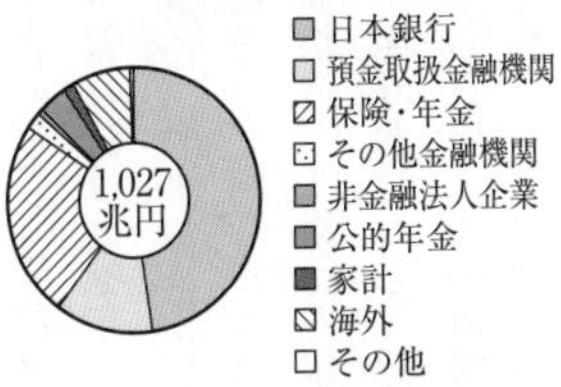

上場株式の保有者割合
(2020年6月末)

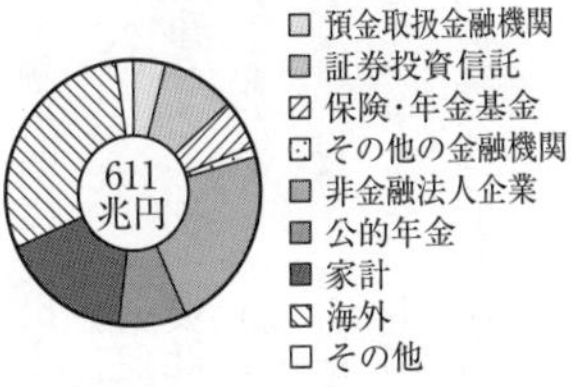

注：日本銀行は投資信託受益証券の形で上場株式を 37.7 兆円(6.2%)保有
資料：日本銀行「資金循環統計」

主要国における1日当たり外国為替取引額の推移

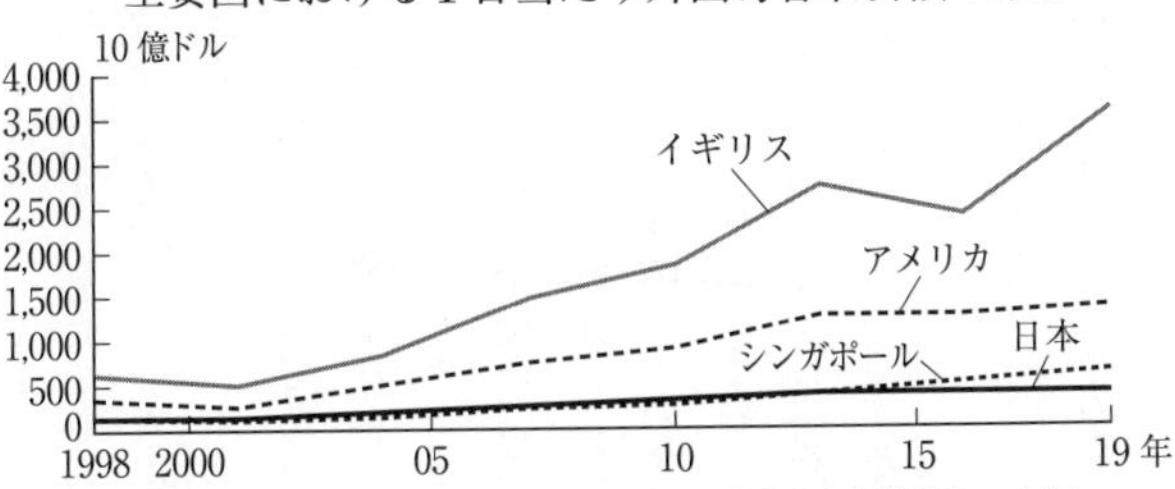

資料：日本銀行「外国為替およびデリバティブに関する中央銀行サーベイ」
2001年9月, 2010年9月, 2016年9月, 2019年9月

日本銀行

日本銀行は一八八二(明治一五)年に中央銀行として設立され、現在は資本金一億円の認可法人で、五五%は政府の出資である。日本銀行法は九七年に改正され、九八年に施行された。すべての重要な意思決定は政策委員会によって行われるが、その構成員である総裁、二人の副総裁、六人の審議委員は政府によって任命され、国会による承認が必要となる。

金融政策以外の基本的業務は、①発券銀行、②銀行の銀行、③政府の銀行の三つである。すなわち、第一に日本銀行は日本で唯一の発券銀行として銀行券(日本銀行券、紙幣)を発行する。日銀は紙幣を独立行政法人国立印刷局から買い、その紙幣が日銀の窓口から出たとき日本銀行券となる。日本は金利の低さもあって世界でもダントツの現金選好国である。金融機関は自らが保有する日銀当座預金の範囲で日銀券を引き出すことができる。第二に、日本銀行は民間の金融機関から預金(当座預金)を預かり、金融機関に貸出を行っている。金融機関同士の金融取引の決済は、日銀当座預金の振替によって行われる。第三に、日本銀行は各種国庫事務のほか、国債事務、外国為替事務など国(政府)の事務の一部を委託されている。この意味で日本銀行は政府の銀行とも呼ばれるが、高インフレをもたらしかねない日本銀行による政府に対する信用供与(貸出や国債の市場を通さない直接の引受け)は禁止されている。

これら以外にも、各種統計を作成したり、アンケート調査を行うことで、経済・金融の実態把握に努めたり、外国の中央銀行や国際機関などとも協力して、国際的な経済・金融の安定に向けた取り組みを行っている。

種類別通貨流通高
(2020年9月末)

	金額	枚数
紙幣	(兆円)	(億枚)
1万円	105.7	105.7
5千円	3.3	6.6
2千円	0.2	1.0
千円	4.2	42.3
計	113.5	155.6
貨幣(硬貨)	(100億円)	(億枚)
500円	246.3	49.3
100円	110.4	110.4
50円	22.3	44.7
10円	19.4	193.6
5円	5.3	105.8
1円	3.7	374.0
計	407.5	877.8

資料：日本銀行 HP

主要国の現金流通残高の対GDP比率の推移

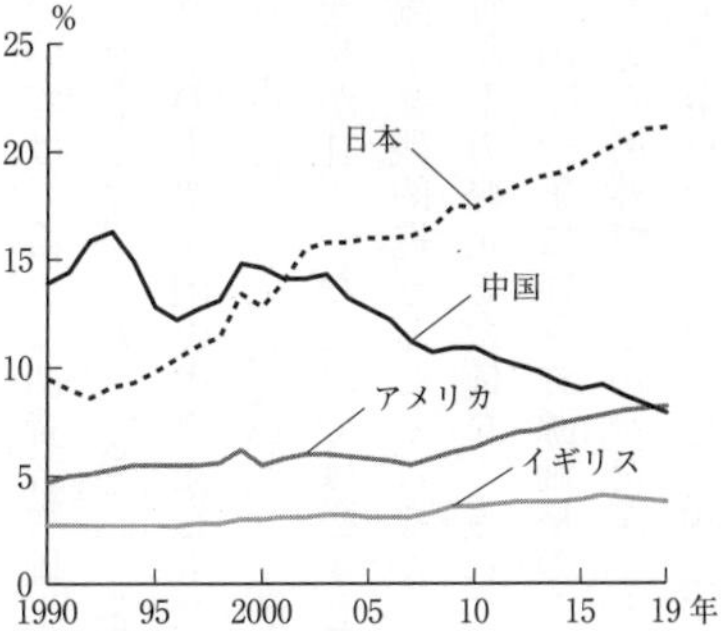

資料：各国中央銀行 HP 他

全国銀行内国為替制度

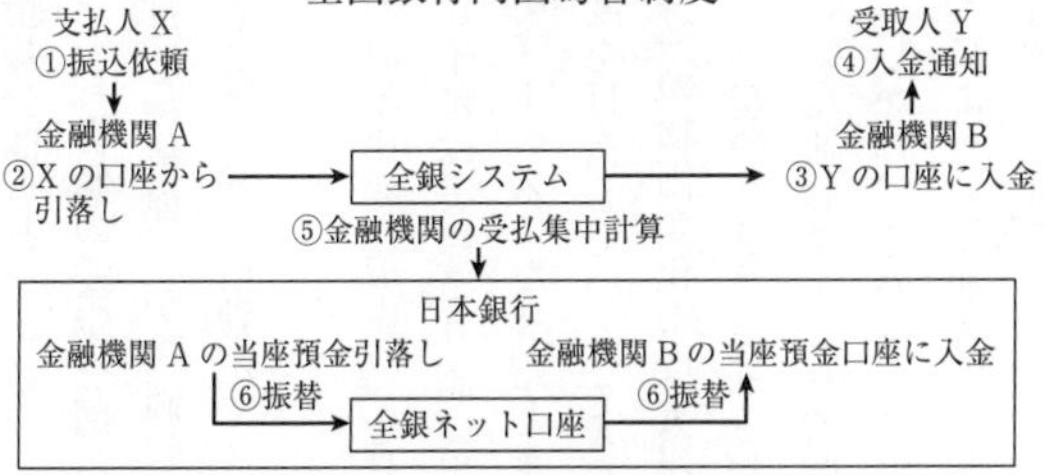

国庫金に関する業務の流れ

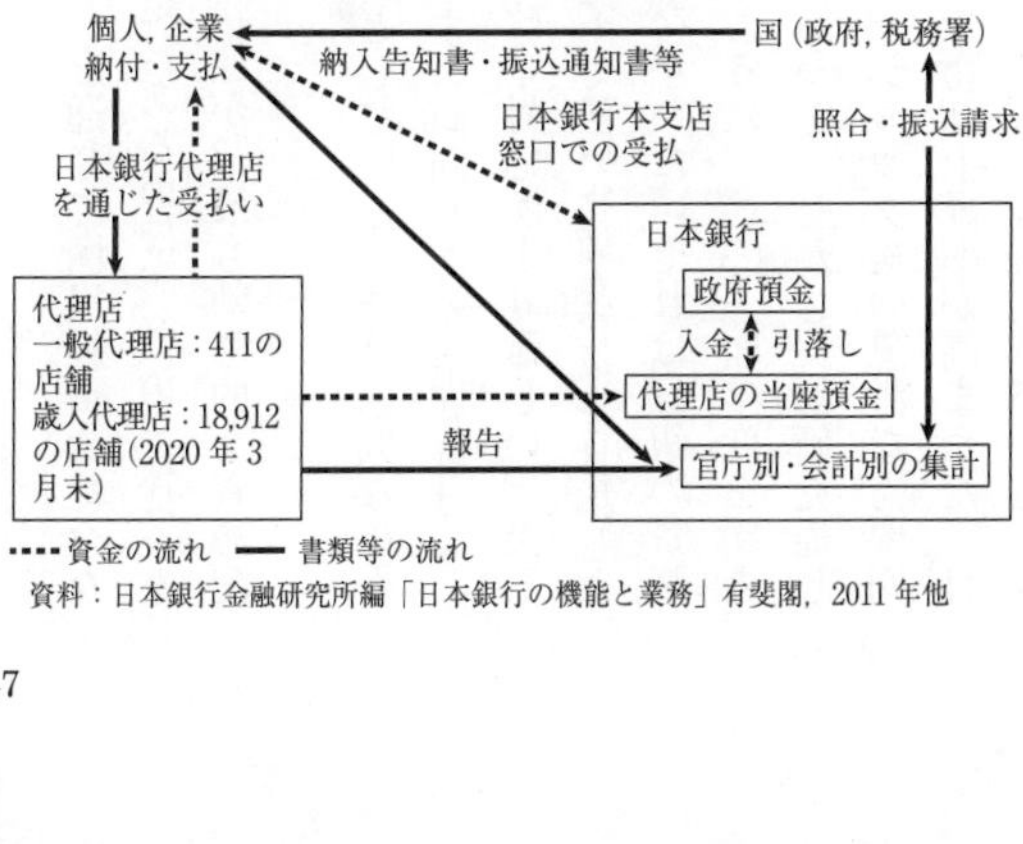

資料：日本銀行金融研究所編「日本銀行の機能と業務」有斐閣，2011年他

金融政策・政策目標

金融政策は政策委員会で議論され決定される。政策の決定は自主的に行われるが、その決定過程は明らかにされなければならず、情報公開されている。

日本銀行法は、金融政策の理念として、「物価の安定を図ることを通じて国民経済の健全な発展に資すること」と定めている。主たる政策理念が物価の安定にあるのは、経済主体（企業や個人）が物価水準の動きを気にすることなく経済活動ができる状態が、最も効率的な資源配分をもたらすと考えられるためである。

二〇一三年以来、日銀は消費者物価の前年比変化率二％を目標としている。なぜ二％なのかについては、第一に消費者物価指数変化率には実際より高く出やすい傾向がある（消費者はより安い時とところで買う）、第二に変化率がマイナスになったときの政策対応がより難しい、第三に欧米の主要諸国の中央銀行も二％程度を目指している（そうした中で低い物価変化率を目指した場合、円高になりかねない）。しかし、二％の物価変化率は実現しなかった。それは日銀の景気見通しが甘かったためでは必ずしもない。左のグラフにみられるように、二〇一四年度を除き、日銀が楽観的過ぎることはなかった。景気見通しはかなり的確であった。しかし、物価見通しは毎年下方修正を余儀なくされてきた。しかし、その後、コロナ・ショック後の急激な需要回復や国際紛争に伴う資源価格の上昇などによって先進各国において物価上昇率が高まった。日本もその例外ではなかったが、十分な賃金の上昇を伴った持続的な二％の物価上昇が見込めるまでに至らなかった。超金融緩和の正常化には物価目標の柔軟化が必要かもしれない。

日米ユーロ圏の消費者物価変化率の推移(5 年移動平均)

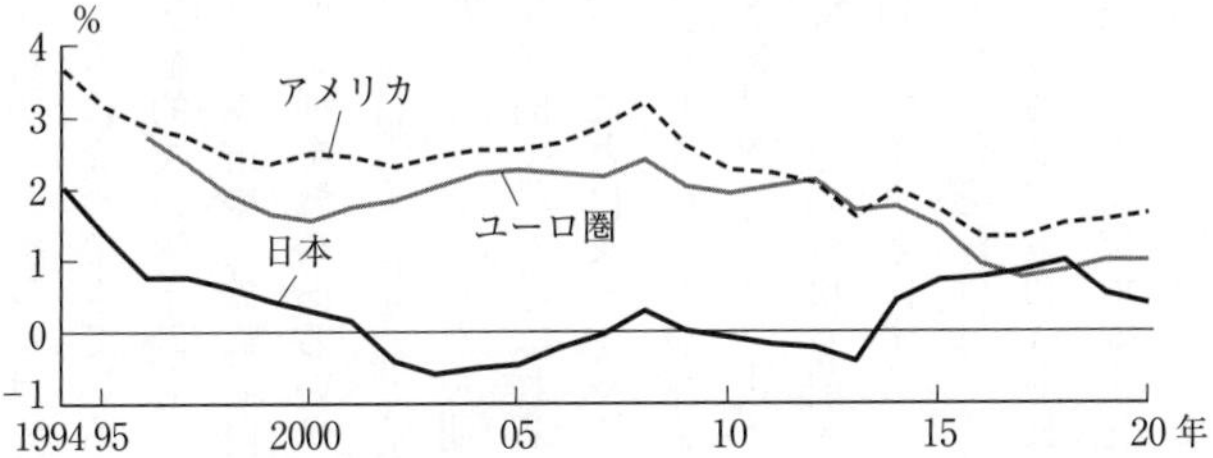

資料：IMF World Economic Outlook, Apr. 2020

日銀政策委員会による年度実質経済成長率予想値の推移

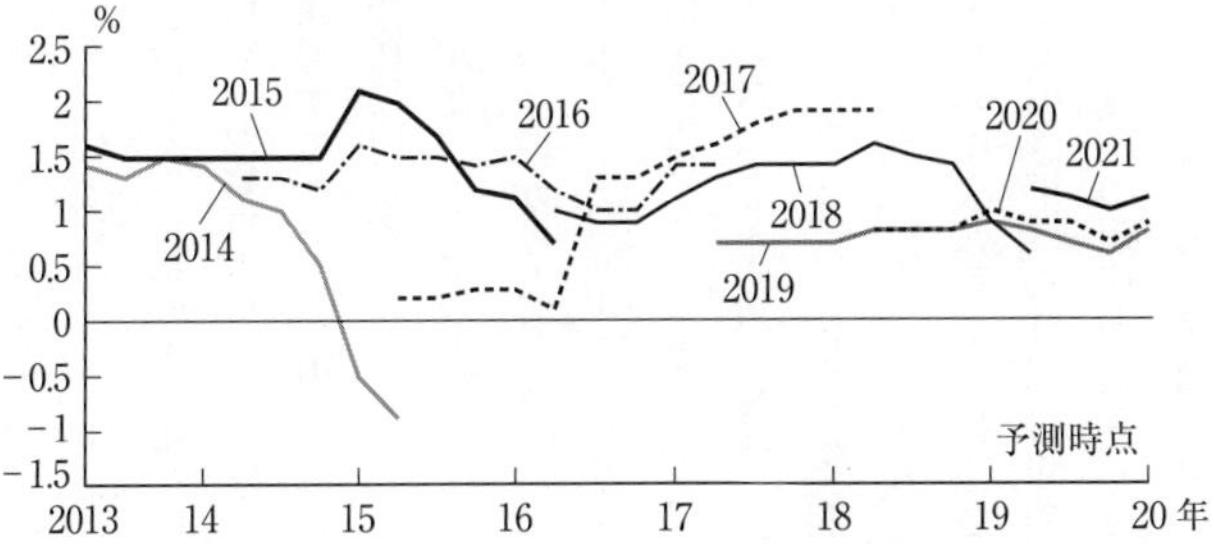

日銀政策委員会による年度コア CPI 変化率予想値の推移

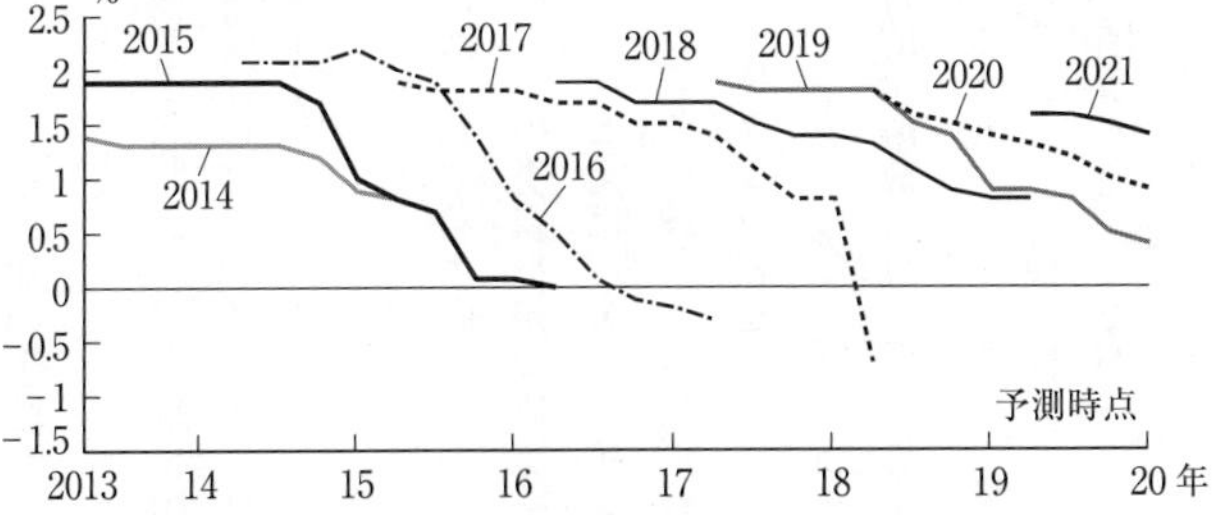

注：消費税引上げ効果を除くコア(生鮮食品を除く)消費者物価変化率
資料：日本銀行 HP

金融政策・政策手段

伝統的な金融政策は短期金利を動かすことによって行われたが、近年その他の手段が使われるようになってきている。

伝統的な政策手段も、当初の公定歩合(日銀の民間銀行に対する貸出金利)から、金融自由化後はコール市場(金融機関同士の短期資金の貸借市場)における金利に移行した。そこでは、日銀が短期金利を低めあるいは高めに誘導することで、中長期金利、外国為替レート、さらには資産価格(株価など)に影響を与え、実体経済に働きかけていた。

しかし、そうした短期金利も一九九〇年代後半からほぼゼロに低下してしまい、その後は、非伝統的手段と呼ばれる一連の政策手段が使われるようになった。①中央銀行が国債等を大量に買うことによってマネーを増やす「量的緩和」、②ある条件――たとえば、X％のインフレが実現しない限り将来も金利を引き上げないことを約束する(そのことによって、将来の政策効果を借りる)「フォワード・ガイダンス」、③国債、社債、株式など様々な資産を買うことによってそれらの価格を引き上げたり(債券の場合、中長期金利を下げることになる)、④一部の短期金利をマイナスにする「マイナス金利政策」などがある。非伝統的金融政策は、問題の多い株式の買入れを除けば、米欧など多くの中央銀行でも採用されてきている。

その結果、金利は中長期を含めて引き下げられ、日銀のバランスシート規模が拡大してきた。国債金利が低位で安定化することで財政の規律が緩み、さらなる国債増発につながり、それが金利の低位安定を目指す日銀によるさらなる国債買入れにつながってきた。

公定歩合と無担保コール・レート(翌日物)

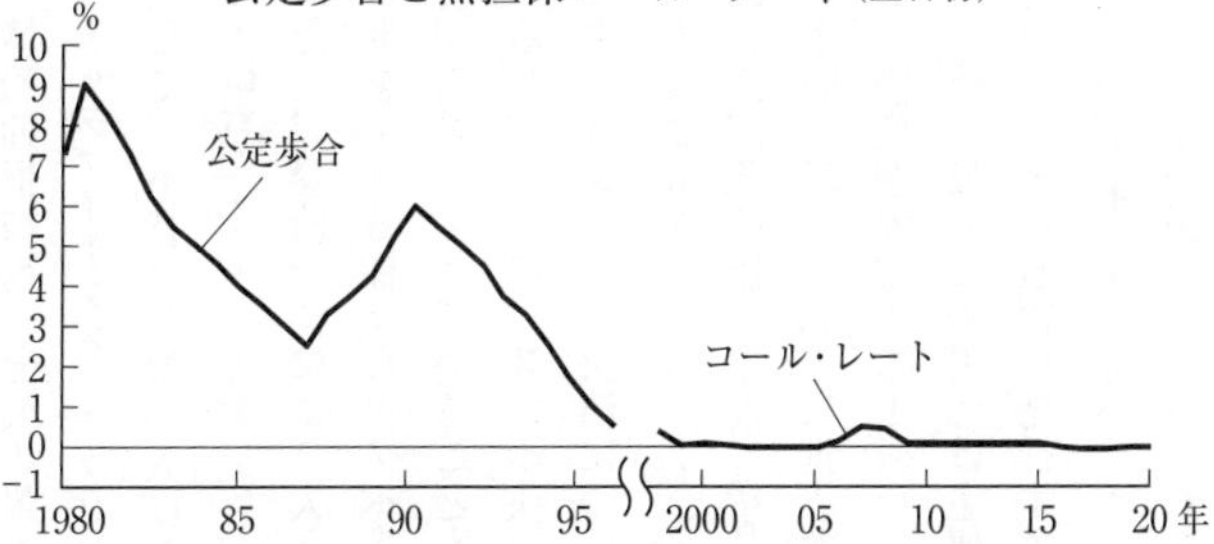

国債金利の期間構造(イールドカーブ)の推移

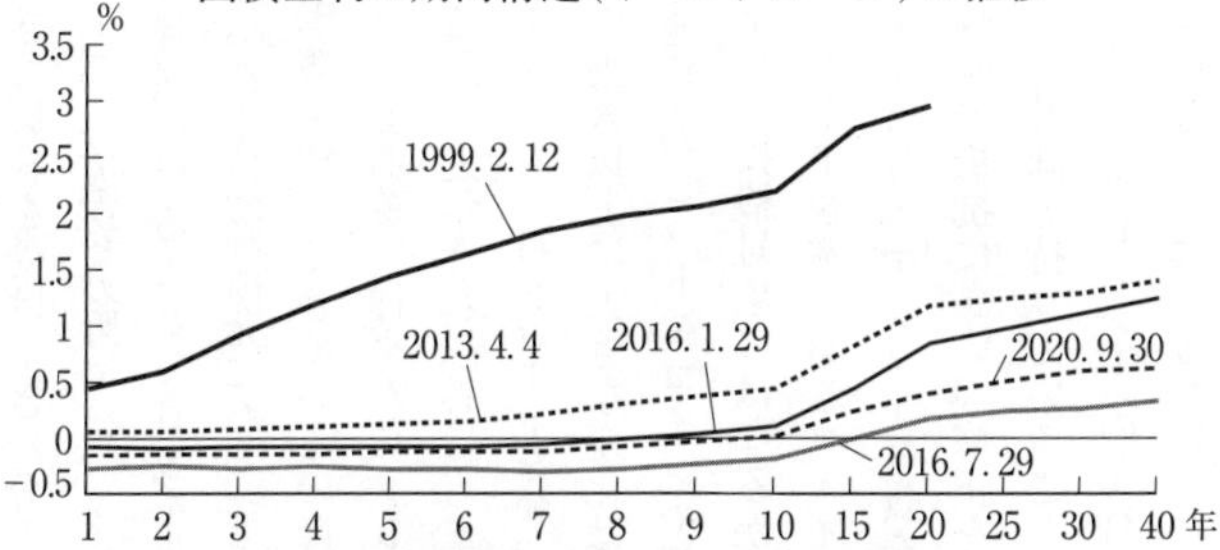

注：1999. 2. 12 はゼロ金利政策採用, 2013.4.4 は量的質的金融緩和開始, 2016.1.29 はマイナス金利付き量的質的金融緩和, 2016.7.29 は長短金利操作(イールド・カーブ・コントロール)付き量的質的金融緩和, 2020. 9. 30 は最近時点

資料：日本銀行 HP

主要中央銀行 B/S 規模の対 GDP 比率の推移

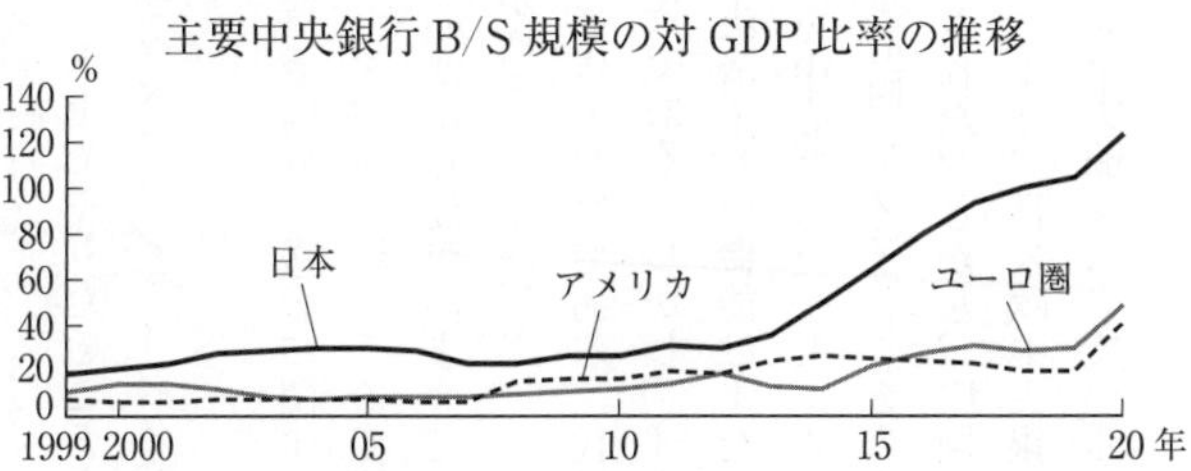

注：2020 年のデータは 2020 年 10 月時点の直近値

資料：各中央銀行 HP 他

フィンテックとデジタル通貨

情報通信技術の発展の最も大きな影響を受けてきた分野の一つが金融である(フィンテック、つまりファイナンス+テクノロジー)。投融資分野では、インターネット上でやりたいことを発表して、不特定多数の人びとの賛同を得ることで資金を集めるクラウドファンディング(寄付型・融資型・投資型など)が二〇一〇年代以降活発になってきている。

ただ、経済全体により大きな影響を持ってきているのは、現金決済や内外の送金に関するコストを下げる様々なイノベーションである。従来からクレジットカードが使われ、その使用頻度が高まってきていることもあるが、近年それ以外にも電子マネーの使用頻度が高まってきているし、さらに、スマホ決済(その中でも、QRコードを使ったもの)が増えてきている。

キャッシュレス決済についての動き以上に大きな変化はデジタル通貨の登場である。代表的なデジタル通貨(あるいは、仮想通貨)のビット・コインや類似の通貨である。しかし、通貨とはいえ、その価値(価格)が乱高下し、投機対象にはなるが、交換・決済手段の機能は果たしていない。二〇一九年に世界的な巨大IT企業であるフェイスブックを中心とした企業グループが、価値が安定するようにデザインされたデジタル通貨を発行する計画(リブラ構想)を公表した。その後、この構想は主要国政府の抵抗にあい、修正を余儀なくされた。しかし、中国が公的なデジタル通貨を発行する具体的計画を持っていることが明らかになり、日米欧中央銀行もCBDC(セントラルバンク・デジタル・カレンシー)の発行に関する実証実験に入っている。今後、多くの国でCBDCが発行されることになるだろう。

キャッシュレス決済の種類

	クレジットカード決済	電子マネー決済	スマホ決済
支払手段	クレジットカード	電子マネー・カード，スマホ	スマホ（タブレット端末）
決済時点	ポストペイ（後払い）	プリペイド（前払い） ポストペイ（クレジットカードによる）	プリペイド，ポストペイ（クレジットカード紐付け），同時引き落とし（銀行口座紐付け）
主な例	銀行系カード 国際ブランド系クレジットカード（VISA, MasterCard, JCB 等）	交通系（Suica, PASMO 等） 流通系（WAON, nanaco 等） デビットカード，おサイフケータイ iD, QUICPay 等	PayPay, LINE Pay, 楽天ペイ等

注：スマホ決済はＱＲコードによるものとコンタクトレスによるものがある．デビットカードは預金口座に紐付けられている

キャッシュレス決済金額

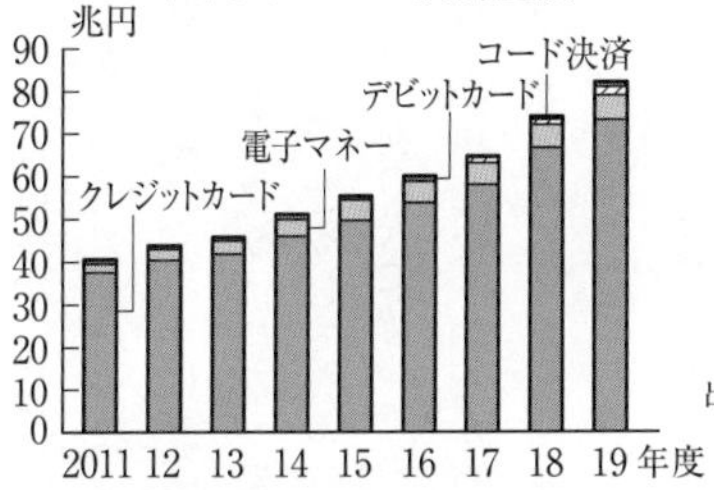

注：1）クレジットカードは暦年値
2）13 年度までのデビットカードの決済金額は，デビットカード発行金融機関へのサーベイおよび J-Debit の公表計数から作成．2014 年度以降のデビットカード決済金額は「決済動向」の公表値
3）コード決済は暦年値（18 年分より計上）

出所：日本銀行「中央銀行デジタル通貨に関する日本銀行の取り組み方針」2020 年 10 月

各中銀はデジタル通貨の発行・検討を急ぐ

日本	2021 年度に実証実験を開始，民間や消費者が参加する実験も検討
中国	実証実験を実施中，22 年の冬季北京五輪までの発行めざす
韓国	21 年に実証実験を開始
カンボジア	19 年に試験運用開始
欧州	21 年の実証実験を検討
スウェーデン	21 年まで実証実験，早期発行めざす
米国	日欧などの共同研究に途中参加

出所：日本経済新聞 2020 年 10 月 10 日

日銀の中銀デジタル通貨研究の今後の流れ

2020 年 7 月	デジタル通貨グループを日銀内に設立	
2021 年 4 月以降の早期	概念実証フェーズ 1 発行や流通などデジタル通貨の基本機能の検証 概念実証フェーズ 2 電源がない場合のオフライン利用など周辺機能も追加して検証	実証実験
数年以内？	パイロット実験 民間事業者や消費者らが参加する形式も含め，実験を検討	実証実験
将来的に	導入の是非を最終判断，法改正も	

出所：朝日新聞 2020 年 10 月 10 日

ここでひとこと

金(カネ)は天下の回りもの　私たちは毎日何らかの形で経済行為をしている。しかし、その行為をしているからといって理屈がわかっているわけではない。たとえば金(カネ)のことである。

先日ある小学生から「ボクがきれいな紙に、上手に一〇〇〇円と書いて持っていっても、店で一〇〇円の物も売ってくれない。クシャクシャになった一〇〇〇円札を持っていったら一〇〇円の一〇倍の物を黙って売ってくれた。どうしてなの」と聞かれた。説明するのは容易でない。「キミの紙をもらった人がその紙を別の人に持っていっても何も買えない。しかし、一〇〇〇円札の方は、これは「日本銀行」が出したものだから、どこでも一〇〇〇円のものを売ってくれる」と答えても、なぜ、なぜと追及されると音を上げる。

「金は天下の回りもの」というけれど、ほとんど回ってこない人もいるし、今売るモノが手元になくても、いずれモノができたら(たとえば、コーヒーや豆などの農産物のように)売る約束をすることで、お金が今すぐ回ってくる人もいる。

金融機関に一万円預けて、若干でも利子がついて戻ってきたのに、物価が上がっていて以前買えたものが買えない、という話になるともっとややこしくなる。ドルに換えておいたらいいとか悪いとかの話になると、普通の人には理屈がわからない。いや、金融論などというのは経済学の中でも最もややこしい分野である。その証拠(?)に「日本経済論」を講義する先生は多いが、「金融論」の先生は少ないし、講義でいわれることがマチマチである。「金は天下の回りものである」、なんていっても金融のことは何もわからない。

Ⅷ　財　政

「第一次大戦のときは日本はなるほど儲けた。しかしその金が現在残っているか、無くなっているのではないか。悪銭身につかず」

（高橋是清）

政府の役割

資本主義の初期には、政府はせいぜい国防や治安に責任を持つ「夜警国家」が望ましいとされた。自由主義経済というのは民間企業と個人の自由な創意と活動を基礎としたものであるから、政府の経済活動に対する干渉や介入は基本的に望ましくないであろう。ミクロ段階の自由競争は制限しないほうがよい。

そうはいっても、「合成の誤謬」(個々の政策は正しくとも、全体として間違う)があったり「市場の失敗」があるから、近代国家では公共財・サービスの確保に関する責任は政府が持たねばならない。国防や治安の問題、基礎的教育の問題、国民の健康と福祉に関する問題、さらには国際交渉の役割などは、全面的ないし部分的に政府の責任に関わる。ただ、これらの活動も民間や個人の正当な活動を阻害しないことが望ましく、また責務遂行の費用は国民が負担するものであるから、効率的であるべきなのはいうまでもない。

現実の政府活動は財政を通じて行われるが、財政の経済的機能は基本的に次の五つである。(1)適正な経済成長の維持(完全雇用の確保)、(2)経済安定の維持(物価の安定)、(3)資源の適正な配分(社会資本の整備)、(4)社会的公平の維持(所得の公正な分配)、それに、(5)国際協調のための諸施策(政府開発援助、国際機関に対する支援など)である。

問題は、政府と民間の役割と責任分担を明確にすることであって、明治初期以来の〝上からの指導〟的な政府の時代ではないし、だからといって放任の、非効率な政府であっても困る。財政も、小さいだけが能ではないが、公平で効率的でなければならない。

政府の範囲と分類

- 公共部門
  - 一般政府（政府および政府の代行的性格の強いもの）
    - 中央政府
      - 一般会計（公務員住宅の建設を除く）
      - 非企業会計（13特会）（交付税及び譲与税配布金，地震再保険，国債整理基金，外国為替資金，財政投融資，エネルギー対策，労働保険，年金，食料安定供給，国有林野事業債務管理，特許，自動車安全，東日本大震災復興）
      - 事業団（日本私立学校振興・共済）
    - 地方政府
      - 普通会計
      - 非企業会計（病院，公共下水道，付属病院）
      - その他の地方公共団体（財産区）
    - 社会保障基金
      - 特別会計 《中央》（厚生，船員，国民年金，労働） 《地方》（医療・介護事業等）
      - 共済組合等
        - 共済組合（国家公務員，地方公務員，私学，地方団体，地方議会，農村漁業団体）
        - 基金（厚生年金，国民年金，石炭鉱業，農業者年金，消防団災害補償など，地方公務員災害補償）
        - 組合（組合健保，国民健保）
  - 公的企業（独立の運営主体となっているもの）
    - 中央
      - 一般会計（公務員住宅の建設のみ）
      - 特別会計（一般政府以外の特別会計）
      - 政府関係機関（全部）
      - 事業団（畜産，蚕糸，砂糖類のほか住宅建設関係）
      - 公団，営団（全部）
      - その他（国際協力機構，日本銀行，電源開発株式会社，日本原子力研究開発機構）
    - 地方
      - 公営事業会計（病院，下水道を除く）
      - その他事業会計（収益事業，農業共済，交通災害共済）
      - 特別法人（土地開発，住宅供給，地方道路会社）

注：財産区とは市区町村の一部の山林を市区町村の財産として持っているもの

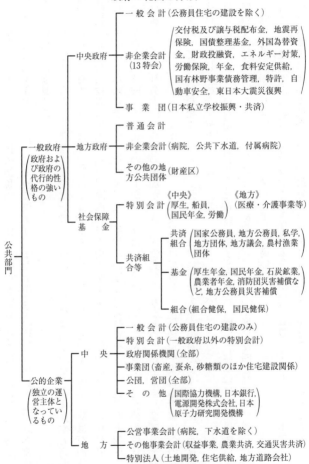

財政の規模と構造

財政規模は一方における国民の担税力、国債発行の可能性と、他方における外交・防衛・教育・社会資本充実などの度合いによって決まり、またその時々の景気・物価状況、対外要請によって短期的に変動する。

一九五〇年代から六〇年代後半までは一般会計歳出の伸び率は高かったが、成長率も高かったのでGDPに対する割合は一〇％台半ばで推移した。しかし、七〇年代前半以降は石油危機を契機として公共投資の拡大や社会保障関係費の増加が始まり、一般会計歳出の対GDP比率は八一年には一八％に達した。その後、九〇年代にかけて公共投資を含めて歳出が抑制的になったことから一時的にその比率の低下がみられた。二〇〇〇年代に入って以降も公共投資の抑制は続いたが、社会保障関係費の増加が続き、国債費の上昇もあって比率は概ね横ばいを続けた。しかし、二〇〇九年度から二〇一二年度にかけて厳しい景気後退や東日本大震災への対応などもあって二〇％を超え、さらに二〇二〇年度にはコロナ禍への対応による歳出の急拡大で比率は一時的に大幅な上昇となった。

歳入面について国民負担率（租税＋社会保障負担）をみると、高度成長期には対国民所得比二〇％台を維持していたが、七九年に三〇％を超え、二〇二〇年度には四五％近くに達した。これは欧州先進諸国よりは低いが、アメリカよりは高い。

日本の一般政府（中央政府＋地方政府＋社会保障基金）支出の対GDP比率も、九〇年代半ばまでは欧米諸国に比べて低かったが、最近ではアメリカを抜きイギリス並みになってきている。

一般会計歳出(当初予算ベース)の主な項目のシェア推移

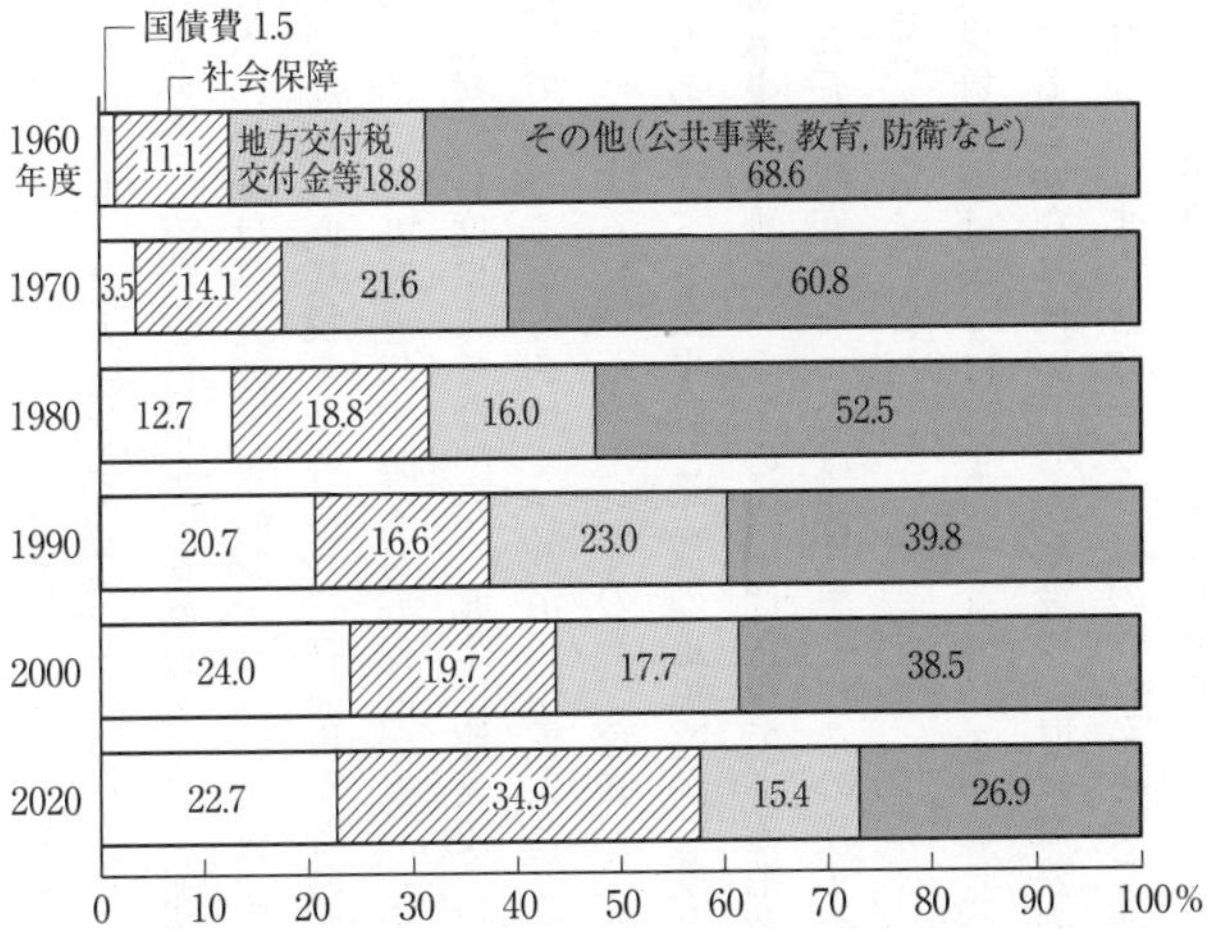

出所：財務省「これからの日本のために財政を考える」2020 年

2020 年度一般会計予算

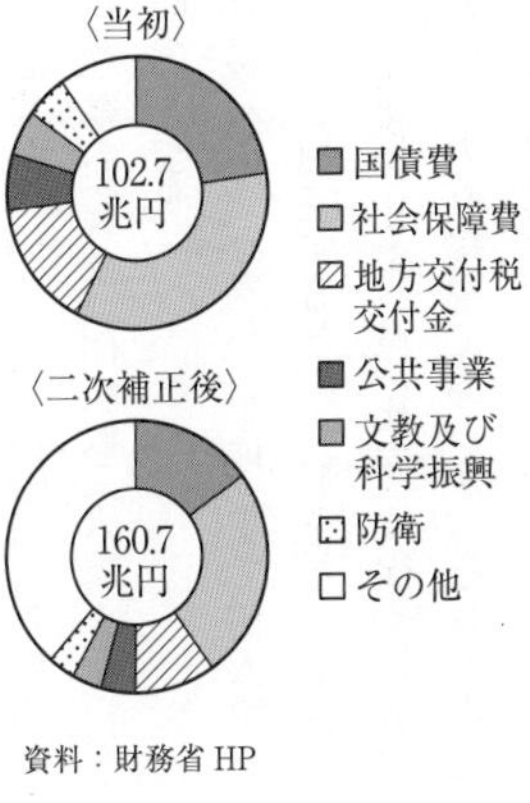

資料：財務省 HP

主要国の一般政府支出の構成
(対 GDP 比%, 2013-17 年平均)

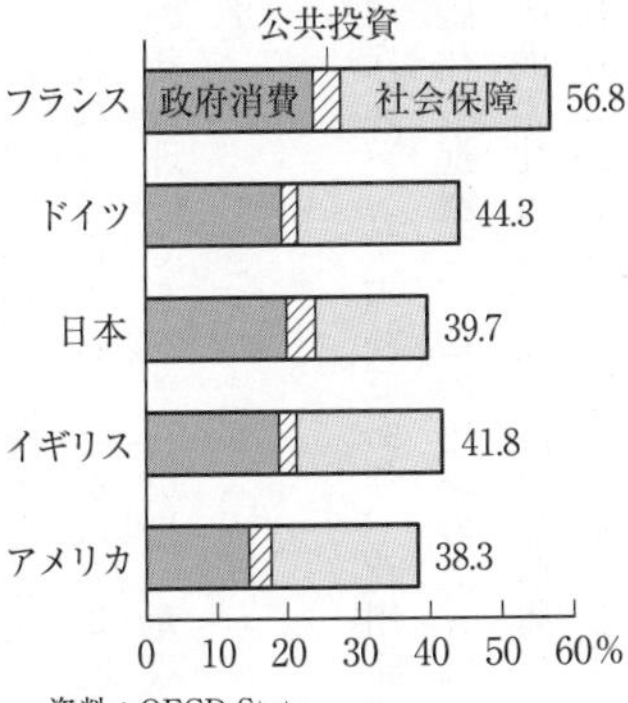

資料：OECD Stats

税制

予算(歳入)の中心は税金である。近年、財政バランスが悪化しているが、二〇二〇年度当初予算でみても、歳入総額一〇二・七兆円のうち、税金等の総額(租税及び印紙収入六三・五兆円＋その他収入六・六兆円)は借金(公債金収入三二・六兆円)を上回っている。

日本の税制は一九四九年のシャウプ勧告以来、昭和の最終年度(一九八八年度)まで個人税・法人税などの直接税を基幹とし、物品税などの間接税でこれを補完するという形をとってきた。そのため、一九五五年当時五対五程度であった直接税と間接税の比率(直間比率)は徐々に変わり、七対三程度にまでなった。元来は簡素で公平であったはずの直接税であるが、それが累進課税制であることもあって、経済規模拡大とともに勤労者と非勤労者間をはじめ各種の不公平感を大きくするにいたった。その上、育成・保護のための各種の租税特別措置などが相次いだこともあって、不公平感と一部の重税感が一段と高まった。これを是正することが八九年度から導入された課税ベースの広い間接税である消費税の本来の新設理由である。しかし、九八年度に五五対四五になった直間比率も、その後またほぼ元の姿に戻ってきている(二〇二〇年度当初予算ベースで六七対三三)。

租税負担率は徐々に高まってきているが、二〇一七年度で依然二五・六％であり、欧州諸国と比べるとかなり低い。しかし今後、財政需要の増大と高齢化の進展で、この比率の上昇は避けられない。また財政バランスの改善も必要である。税制の簡素化と公平化、的確な所得の捕捉と徴税、予算執行の合理化などを通じて、この負担を最小限にとどめることが望まれる。

個人所得税，法人所得税，消費税の推移

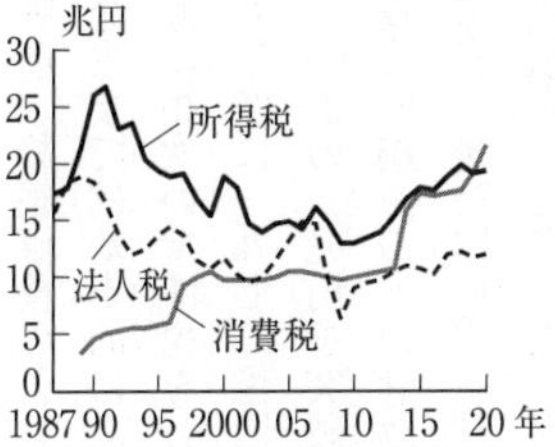

注：2018 年度以前は決算額，2019 年度は補正後予算額，2020 年度は当初予算額

2020 年度一般会計当初予算の歳入見込み

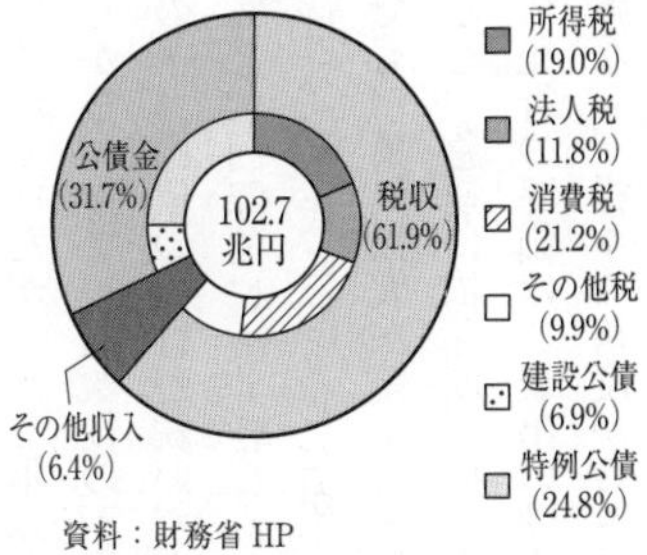

資料：財務省 HP

主要国における租税負担率の内訳
（対国民所得比，国税＋地方税，2017 年）

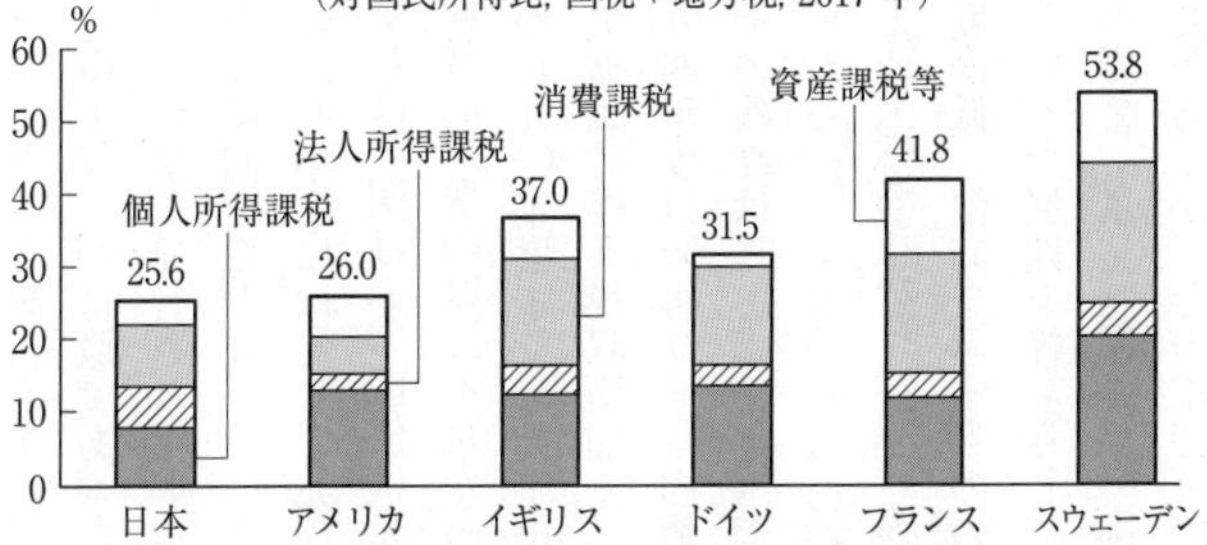

直間比率（国税＋地方税）の国際比較

	日本	アメリカ	イギリス	ドイツ	フランス
直間比率	67：33	79：21	57：43	55：45	55：45

注：1）日本は平成 29 年度（2017 年度）実績額，なお，令和 2 年度（2020 年度）当初予算における直間比率（国税＋地方税）も，67：33 となっている
2）諸外国は OECD "Revenue Statistics 1965-2018" による 2017 年の計数. OECD "Revenue Statistics" の分類に従って作成しており，所得課税，給与労働力課税及び資産課税のうち流通課税を除いたものを直接税，それ以外の消費課税等を間接税等とし，両者の比率を直間比率として計算している
資料：財務省「わが国税制・財政の現状全般に関する資料」2020 年 10 月

国債

戦前・終戦直後の苦い経験もあり、そしてドッジ勧告もあって、戦後の国家予算は石油危機の発生までは基本的に歳入・歳出の「均衡予算」が特徴であった。高度成長期には自然増収を財源に相次いで減税を行った。しかし、それまで発行されていなかった国債の発行額は、一九六五年度に一九七二億円となったあと増加傾向をたどり、第一次石油危機後の七四年度にはその一〇倍の二兆円を突破し、一〇年後の八四年度には約一三兆円となった。

戦後の憲法の下の財政法(第四条)によれば、国は赤字国債は発行できないことになっている(ただし、建設国債の発行はできる)が、経常的経費の財源不足から特例国債として、いわゆる赤字国債が発行された。財政再建の見地から九〇年度までに赤字国債の発行をゼロにすることが目標にされていたが、八七年以来の景気拡大に伴う税収増加で、この目標は九〇年度に達成した。しかし、バブル崩壊後の不況で、九四年度以降再び赤字国債を発行することになった。

その後、国債の発行が続いたため、その残高は二〇二〇年度で九六四兆円、対GDP比で一六九%と、国際的にも非常に高い比率になった。一方、日本の公債依存度(歳入中の国債収入の割合)は八〇年代に低下したが、九〇年代半ば過ぎからは四〇%前後にもなってきている。その間でも、景気拡大が続くと公債依存度が低下傾向を示すものの、いったん景気後退局面に直面すると、急速に依存度が再び高まるといった展開を繰り返してきている。

国債発行の評価は、歳出の硬直性への影響、景気刺激効果、国民貯蓄との関係、対外協調への配慮など、様々な角度からされる必要があるが、その維持可能性が最も重要だろう。

公債発行額と公債依存度の推移

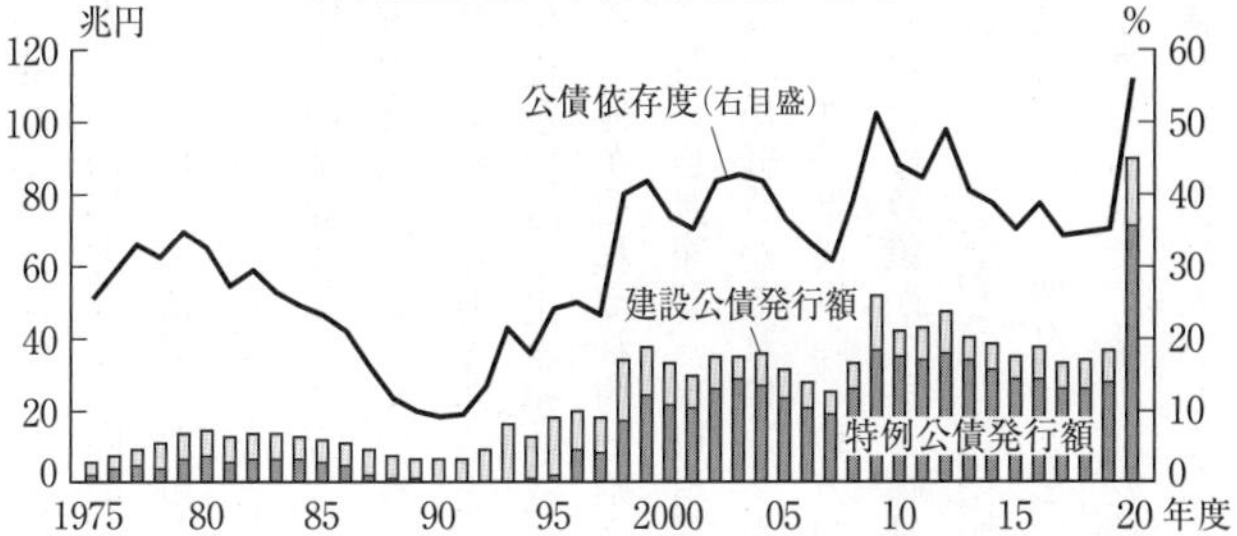

普通国債残高の推移

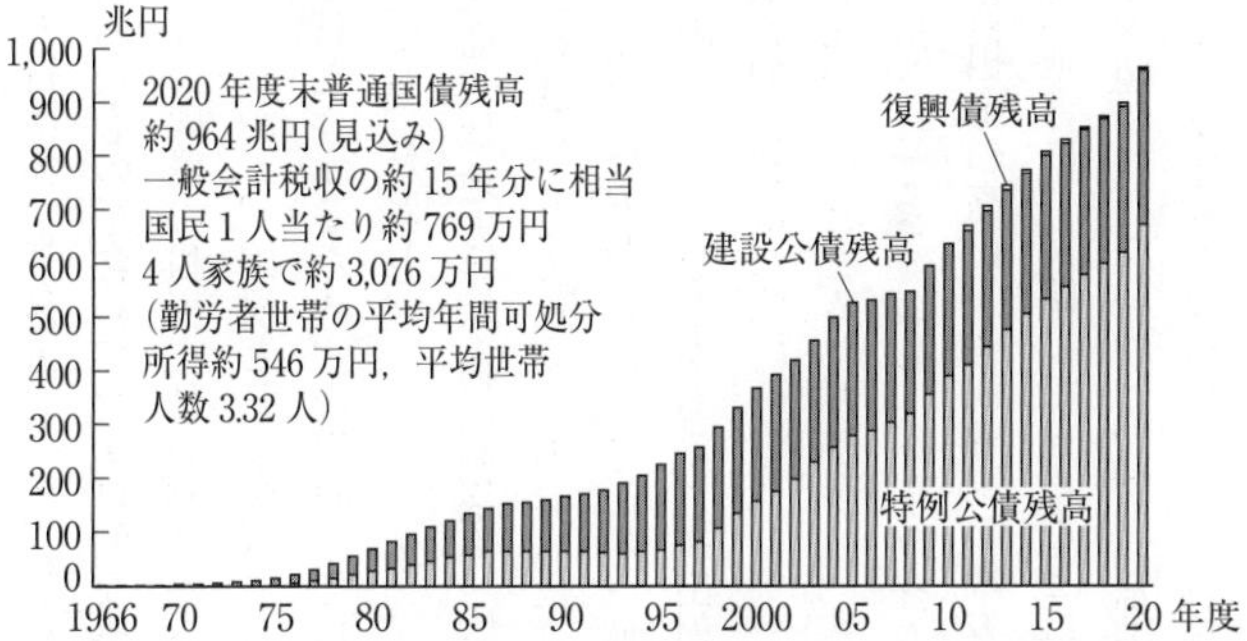

国及び地方の長期債務残高

(年度末，兆円)

	1990	2020
国　長期債務残高	199	993
内普通国債残高	166	964
(対 GDP 比，%)	37	169
地方　長期債務残高	67	189
(対 GDP 比，%)	15	33
国・地方合計	266	1,182
(対 GDP 比，%)	59	207

注：1)国はこれ以外に，財投債(134 兆円)，政府短期証券(198 兆円)の債務がある
2)このページの政府債務のデータは，2018 年度までは各年度末値，2019 年度は補正後予算，2020 年度は第 2 次補正後予算に基づく見込み

資料：財務省「日本の財政関係資料」2020 年 7 月

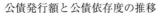

地方財政と地方の活性化

公的な事業は国(中央政府)と地方自治体(地方政府)とが一体となって行われる。国は外交・防衛・経済協力など国際的・政治的なものを含めてマクロ的な事業を受け持ち、地方は福祉・生活など地域に密着した事業を行う。国民の租税支払い割合からみると、国税の方が地方税より多い(二〇一八年度で六二対三八)。しかし、国税として徴収された税金の一部は地方交付税・国庫支出金等として地方に移転されたりするため、歳出段階では国と地方の歳出割合は逆転し、地方の歳出の方が多くなる(同年度で四三対五七)。

地方財政の中身をみると、歳入面では地方税が約四割強(二〇二〇年度では四四・七%)、地方交付税と国庫支出金がそれぞれ二割弱(一八・五%、一七・一%)、それに地方債発行による歳入とその他がそれぞれ約一割(一〇・一%、九・五%)となっている。地方税としては都道府県民税、事業税、自動車税、市町村民税、固定資産税などがある。歳出面では一般行政費が最も大きく、給与関係経費がそれに次ぐが、投資的経費は二〇〇〇年代に入って以降減少した。

一九九〇年代以降、地方の活性化が話題となることが多い。地方がそれぞれ実情に合った、より柔軟な政策ができる体制が目指されてきている。小泉政権(二〇〇一年度)以来、「三位一体の改革」、すなわち、①国庫補助負担金の廃止、②税財源の地方への移譲、③地方交付税の縮減によって、「地方でできることは地方に、民間にできることは民間に」の一環として地方分権が進められた。第二次安倍改造内閣(二〇一四年度)以降も、地方の活性化を図る「地方創生」が謳われ、担当大臣も任命され、様々な施策が行われてきている。

国・地方間の税財源配分(平成 30 年度)

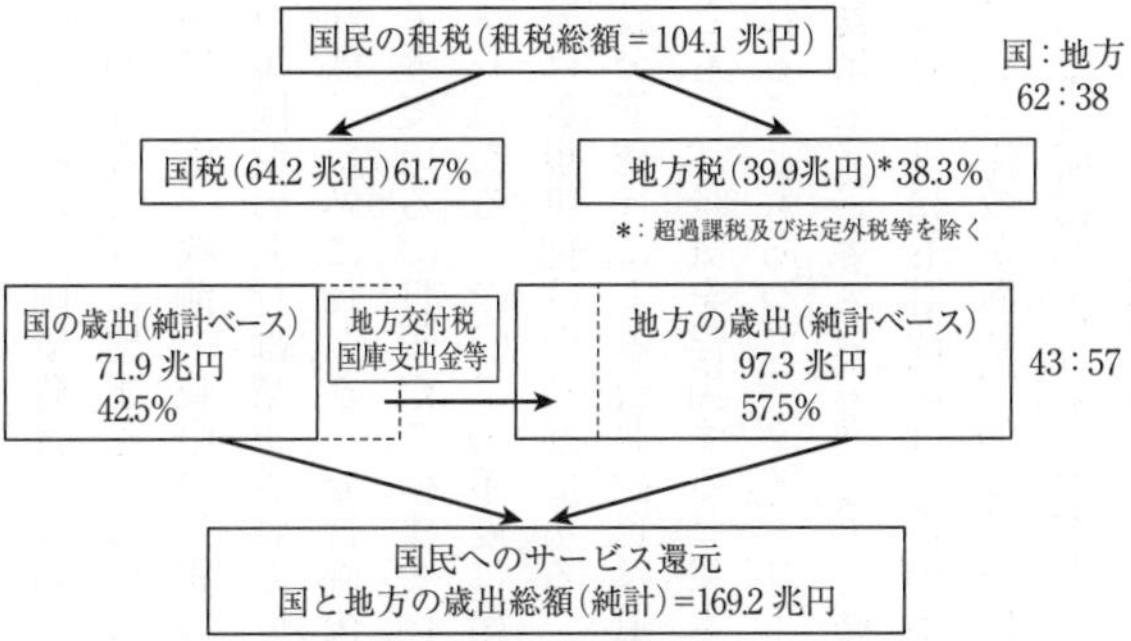

地方財政計画
(91.7 兆円，2020 年度)

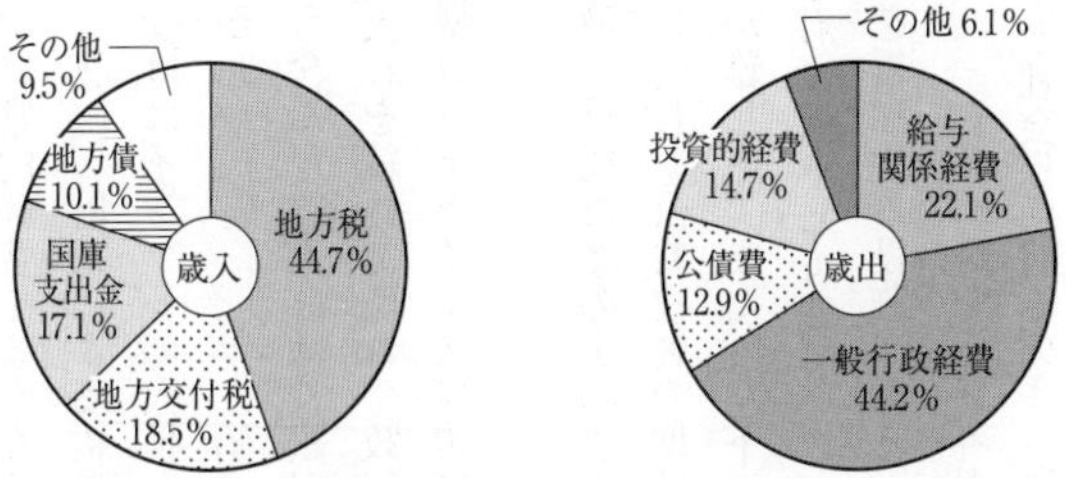

資料：総務省「地方財政関係資料」2020 年 10 月

主な国税・地方税の主な税目・内訳

所得課税		消費課税		資産課税	
国税	地方税	国税	地方税	国税	地方税
所得税 法人税 地方法人税	住民税 事業税	消費税 酒税 たばこ税 自動車重量税 関税	地方消費税 地方たばこ税 自動車税 軽自動車税	相続税・贈与税 登録免許税 印紙税	不動産取得税 固定資産税 都市計画税 国民健康保険税

資料：財務省「税の種類に関する資料」

財政政策

財政には景気調整機能があるが、その発動と関連してまず問題となるのは財源、特に国債発行の問題である。国債発行のうち、その年の経常的経費をまかなうための赤字国債は、特例国債といわれるように望ましくないとされる。また、財政による需要喚起が行きすぎるとインフレ要因になる。戦前・戦中の日銀の国債引受けはインフレの火種となったので、日銀引受けによる新規国債の発行は禁止されている。しかし、二〇一三年に始まった日銀による国債の大量買入れは予想外に長引き、発行直後の国債も含んだ買入れは日銀引受けに限りなく近いものになってきている。日銀がこのまま国債の買入れを続けた場合、政府の需要喚起が行きすぎればインフレになる。二〇二〇年度に始まる新型コロナウイルス対策による財政支出拡大も、長期化を避ける規律付けが必要である。

建設公債発行による公共投資は道路・港湾・橋梁などの実物資産が残り、子孫に便益を与えるとともに、景気を浮揚する効果もある。しかし、公共投資の増減は政治プロセスを通して決定されることもあって、タイムリーな実施が難しい。また、左下の表が示すように、その景気浮揚効果(公共投資の乗数効果)も、時代とともに低下してきている。

これら以外にも財政には所得の不平等度を緩和する役割がある。所得の不平等度を測る指標としてジニ係数があり、〇に近いほど平等、一に近づくほど不平等を表す。左上の図からも、財政による所得の再分配(当初所得から税金と社会保険料を引き、医療費と社会保障給付金を加える)によってジニ係数が低下してきていることが確認できる。

名目公共投資/GDP比率の推移

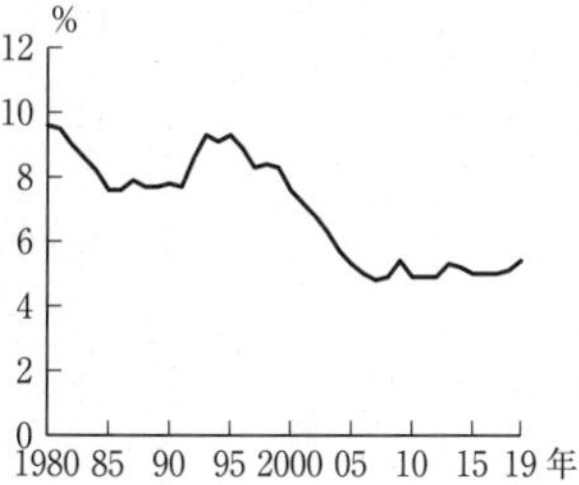

当初所得と再分配後所得のジニ係数の推移

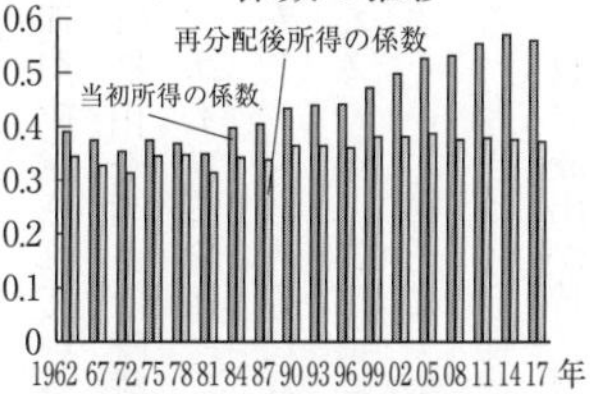

資料：厚生労働省「所得再分配調査報告書」1981, 90, 99, 2011, 18 年

経済成長率と実質公共投資の変化率

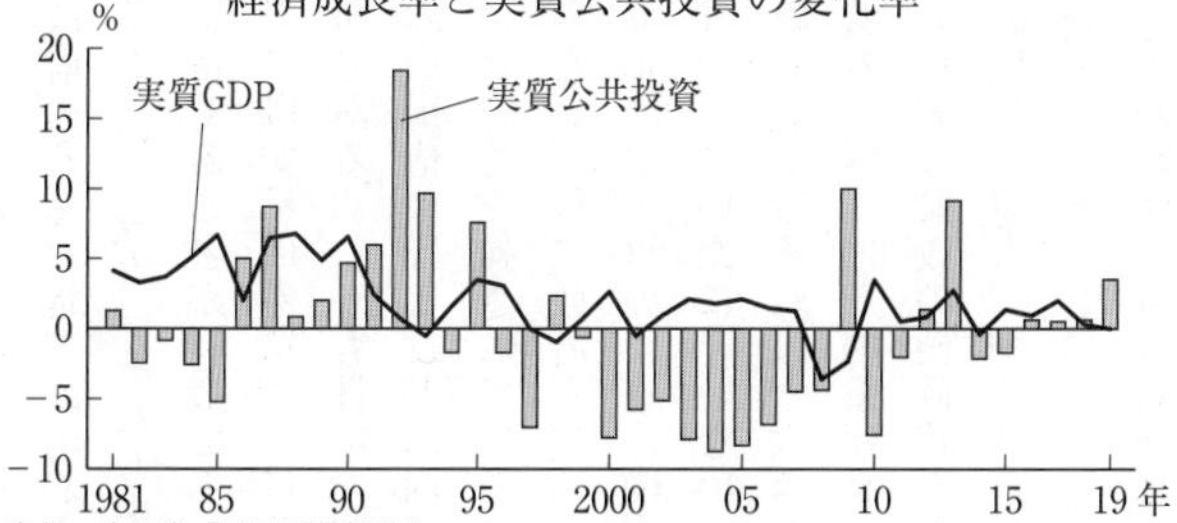

資料：内閣府「国民所得統計」

実質公共投資を実質 GDP 1% 相当額増やした時の効果
（公共投資の乗数分析）

	実質 GDP への効果（乗数）			実質 GDP 成長率への効果		
推計期間	1 年目	2 年目	3 年目	1 年目	2 年目	3 年目
1975-1984	1.16	1.56	1.65	1.65	0.40	0.09
1979-1988	1.33	1.57	1.63	1.33	0.24	0.06
1983-1992	1.24	1.40	1.40	1.24	0.16	0.00
注：旧経済企画庁経済研究所「世界経済モデル第 3, 4, 5 版」による						
1985-1996	1.21	1.31	1.24	1.21	0.10	−0.07
1985-2003	1.12	1.00	0.77	1.12	−0.12	−0.23
1990-2005	1.00	1.10	0.94	1.00	0.10	−0.16
1990-2015	1.12	1.09	1.02	1.12	−0.03	−0.07

注：内閣府（旧経済企画庁経済研究所）「短期日本経済マクロ計量モデル」による
資料：内閣府「短期日本経済マクロ計量モデルの構造と乗数分析」2007, 2018 年

財政再建の必要性

政府の債務問題といったとき、ほとんどの場合は中央政府の債務を問題にしている。近年における日本においては、一般政府のうち、地方政府および社会保障基金の収支尻は中央政府収支のアンバランスに比べると小さい。政府、それも中央政府は、個人や企業に比べると国際的・歴史的にみて大きな債務を持てることが特徴であり、問題でもある。

ただ、政府の債務証券（国債）は確かに国の債務ではあるが、それを保有する人びとにとっては取りはぐれのない優良な資産である。しかも日本の国際収支の経常収支は黒字であり、日本は資本の純輸出国であり、日本の国債はほとんど国内で保有されている。また、国債の利回りは、日本銀行の買入れ・保有によって支援されているとはいえ、低位で安定している。これまでの国債の増発は問題化していない。仮に政府が債務を増やすことをせずに、国内の民間需要の低迷が放置されていたら、近年のドイツのように内需の不足から経常収支の黒字が大きくなり、貿易相手国との摩擦を大きくしていたに違いない。現在のドイツはユーロ通貨圏の一員であり、ユーロ圏全体としての経常収支はそれほど大きな黒字は計上していない。

しかし、財政再建は必要である。第一に、国債残高の増加は将来世代に対する負担の付け回しになる。第二に、財政赤字の拡大は財政の硬直化をもたらす。いざというとき財政支出を拡大しにくい。第三に、国債費の低位安定も、国債残高の増加もあってほぼ終わり、増加し始めている。今後は社会保障関係費の拡大とともにその他の政策経費をますます圧迫する。日本の場合、政府歳出が特に過大とも思われず、財政再建は増税を伴うことになるだろう。

中央政府，地方政府，社会保障基金の収支の推移

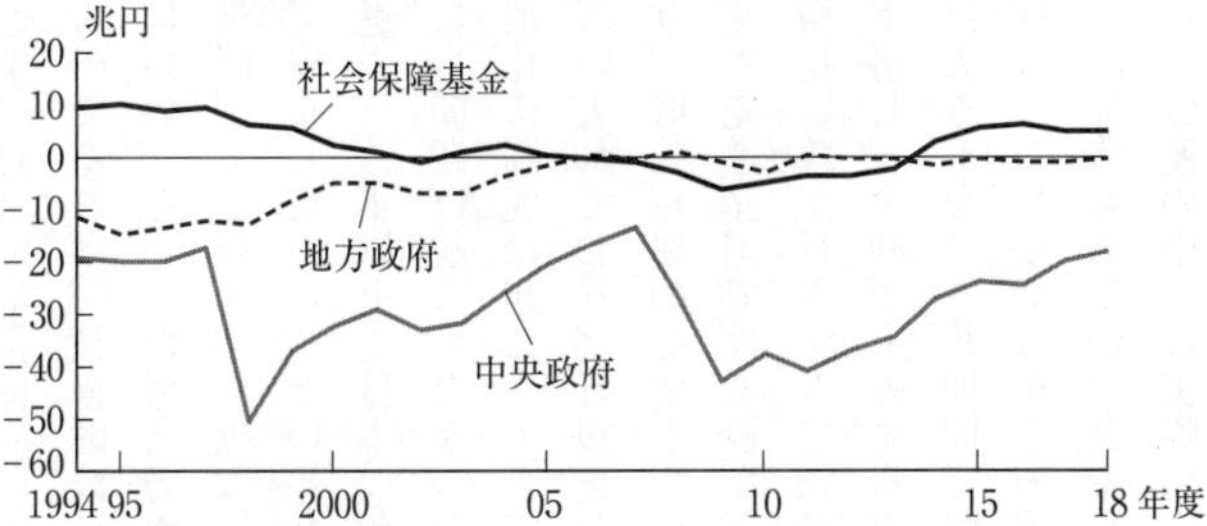

資料：内閣府「国民所得統計」

日米独一般政府収支の対 GDP 比率推移

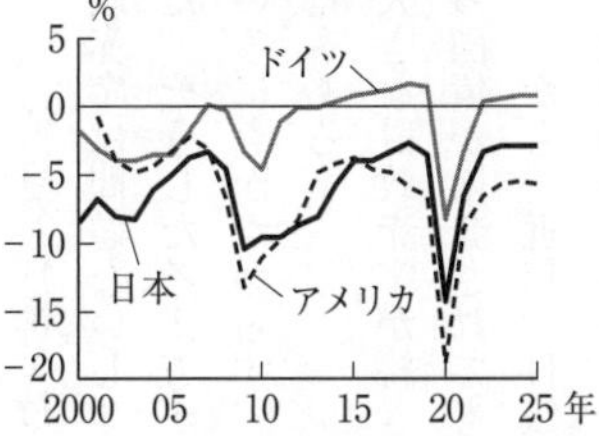

日米独経常収支の対 GDP 比率推移

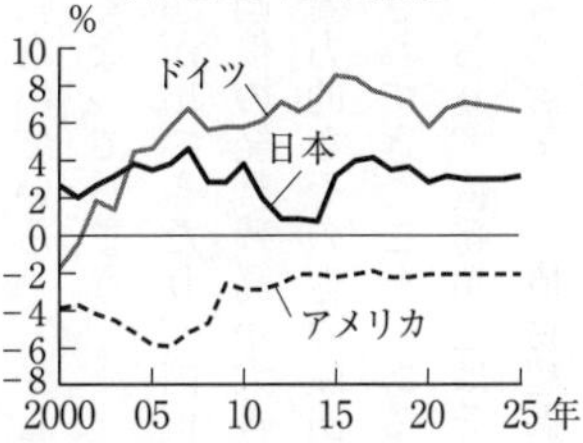

資料：IMF World Economic Outlook, Oct. 2020

日本の経済各部門の貯蓄投資バランスの推移

制度部門別の純貸出（＋）/純借入（−）（対名目 GDP 比）

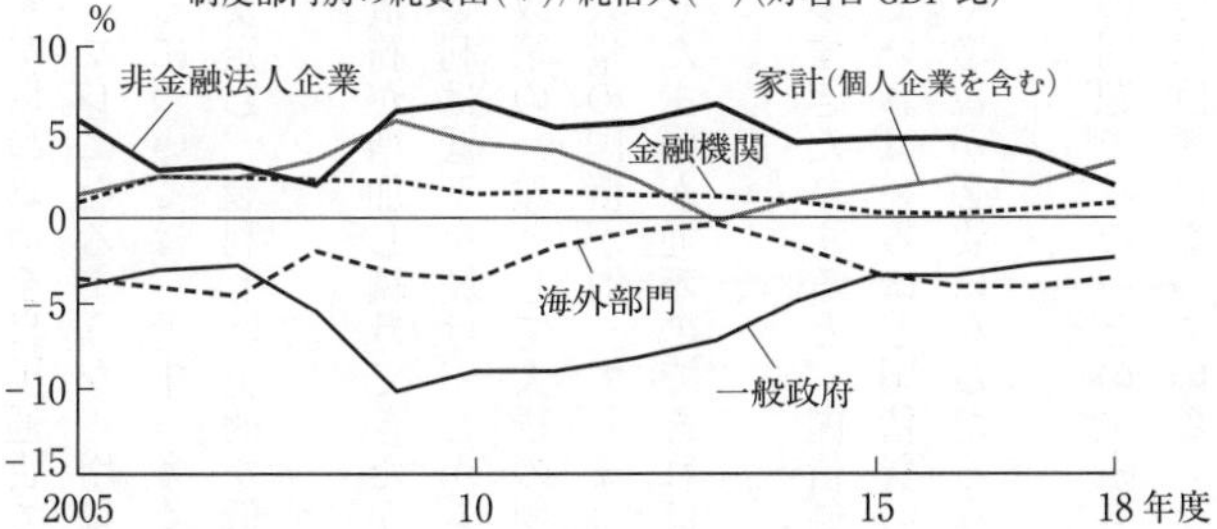

出所：内閣府「国民所得統計」

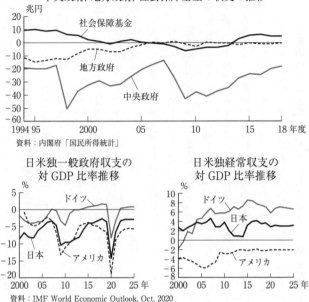

MMT（現代貨幣理論）

近年、MMT（現代貨幣理論）と称して、通貨発行権を持った国家が債務返済を自国通貨で行えるのであれば、積極財政による財政赤字は問題ないし、仮にインフレになるようなら増税すればいい、といった考え方が出てきた。そうした考え方が出てくるについては、近年、多くの先進諸国で財政赤字が拡大してきているにもかかわらず、物価が安定し、金利も歴史的な低水準で安定している、といった時代背景もある。

過去三〇年以上、日本においては大きな財政赤字が続き、政府債務が増加し続けてきたが、なにも問題は起こらなかった。いくら国債が増発されても、その金利は低下を続け、しかもその消化に問題は起こってきていない。しかも、近年、日銀が金融政策の一環として大量の国債を買い入れており、日銀を含めた統合政府のバランスシートから大量の国債が消えてしまっており、財政再建の必要もないとの主張も出ている。しかし、こうした主張が通るのであれば、多くの先進諸国では増税など必要なくなってしまう。

積極財政が行きすぎて物価上昇予想が出てきたり、国債発行が多すぎたりすると、国債価格が下落し、金利が上昇するだろう。国債の発行残高が大きくなっていればいるほど国債費の上昇は大きくなり、短期間で強制的、暴力的なその他の歳出の削減や増税が必要になるだろう。これは、これまでも多くの国で経験されてきたことである。

国は債務もあるが、資産も保有しており、債務超過はそれほどの問題ではないとの主張もあるが、資産の中には実際に売れないものも多く、債務超過額はすでに巨額になっている。

普通国債残高と利払費，金利の推移

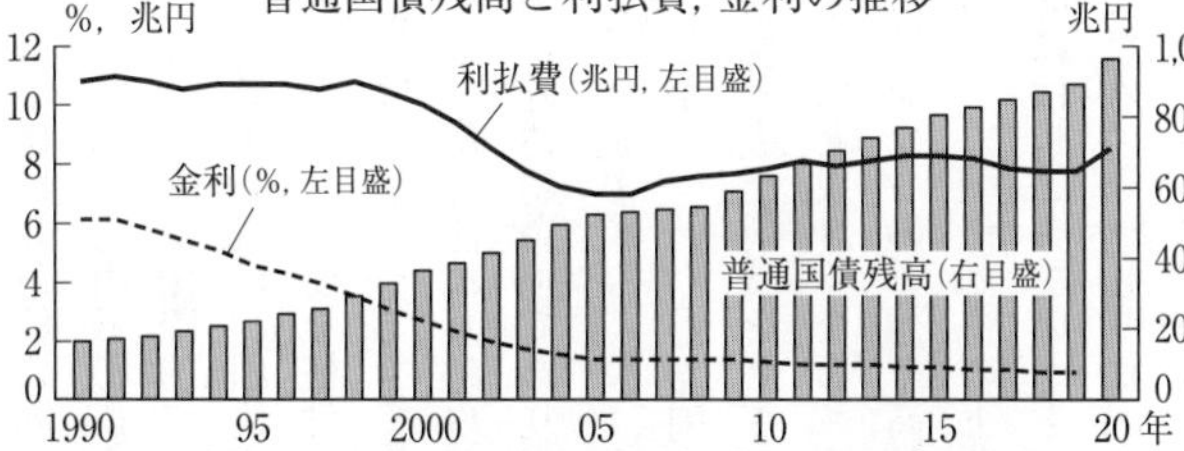

注：2018 年度までは決算，2019 年度は補正後予算，2020 年度は第 2 次補正後予算．普通国債は 2011 年度以降復興債を含む．金利は加重平均金利
資料：財務省「日本の財政関係資料」2020 年 7 月

主な保有者別国債等の保有残高推移

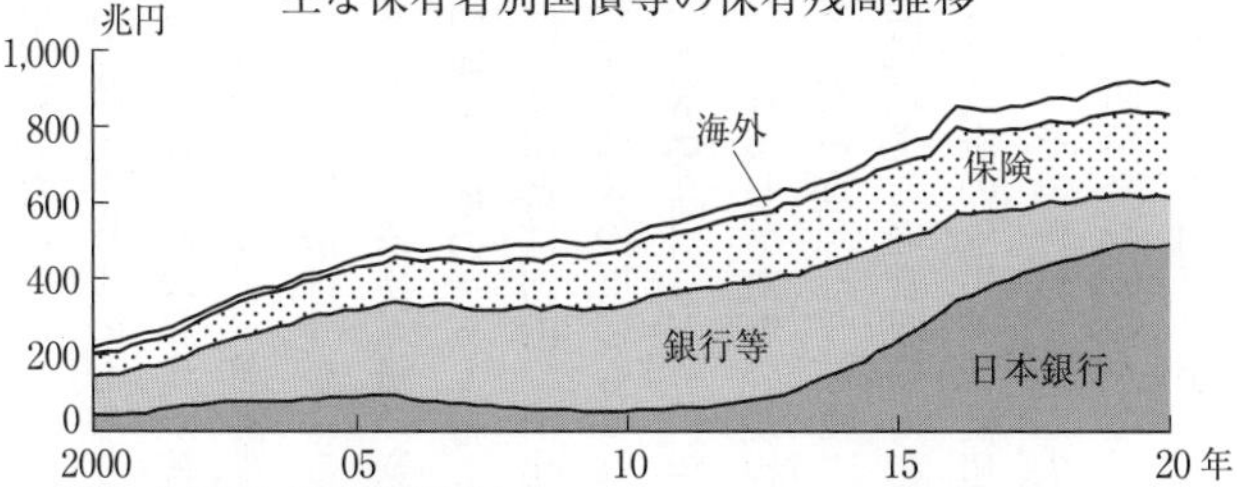

資料：日本銀行「資金循環統計」

国の資産負債残高(2019 年度末，兆円)

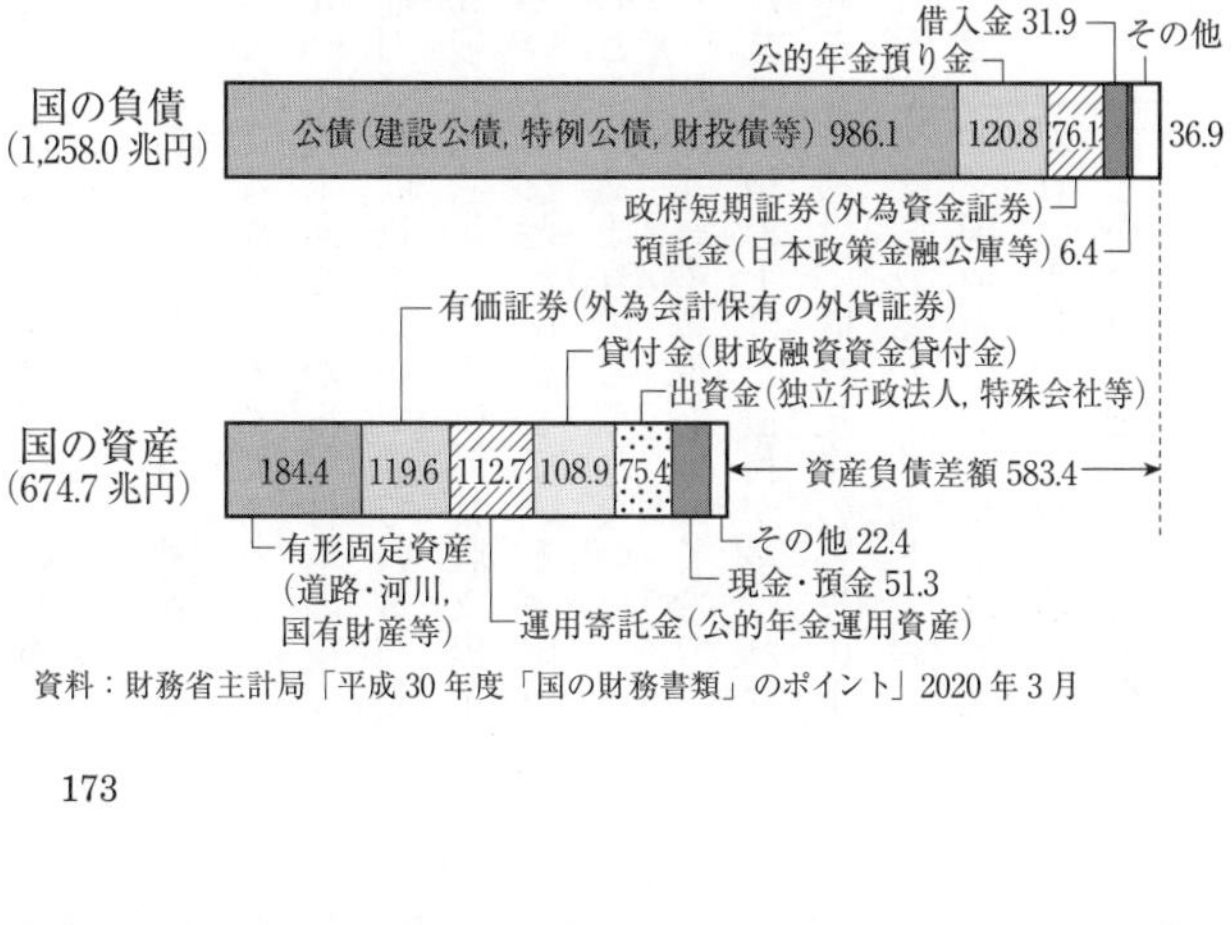

資料：財務省主計局「平成 30 年度「国の財務書類」のポイント」2020 年 3 月

財政破綻について

日本は財政破綻に陥ることはないのだろうか。なるとしたらどんなきっかけでなるのだろうか。そもそも財政破綻とはどんな状況を指すのだろうか。

なぜ日本は国際的にみてもこれほどの財政悪化が続いてきてしまったのだろうか。国債の金利が低下し続け、国債の増発にもかかわらず、国債費が大きく増えなかったためだろう。しかし、主要な格付け会社による国債格付けをみると、九〇年代末あたりから、日本国債の格付けが下がってきており、日本政府の債務返済の意思と能力に疑問符がついてきている。そうした際、日本の財務省は「円建て国債のデフォルトは考えられない」「日本は経常収支黒字国、貯蓄超過国であり、国債のほとんどは国内で消化されている」などと反論している。確かにその通りだし、マーケットのマイナスの反応もこれまでのところあまり感じられない。

しかし、いったん国債価格の下落(金利の上昇)が起これば、国家予算の編成が難しくなり、増税と歳出削減をせざるを得なくなるし、対応の規模はそれまでに積み上げた債務が多ければ多いほど大きくならざるを得ないだろう。そうしたことが起こる契機は、財政規律の喪失によるインフレの予想や高齢化の進展による経常収支の赤字化などが考えられるが、共通して起こることは国債価格の下落、つまり政府の借用証書価値の喪失である。国債のデフォルトは形式的には起こらないかもしれないが、その価格下落が大幅なものであれば実質的には起こることになる。そうした状況下では、定期預金や債券から、株式や不動産といった実物資産や海外金融資産への逃避が起こり、経済の混乱に拍車がかかるだろう。

主要国の一般政府総債務残高の
対 GDP 比率の推移

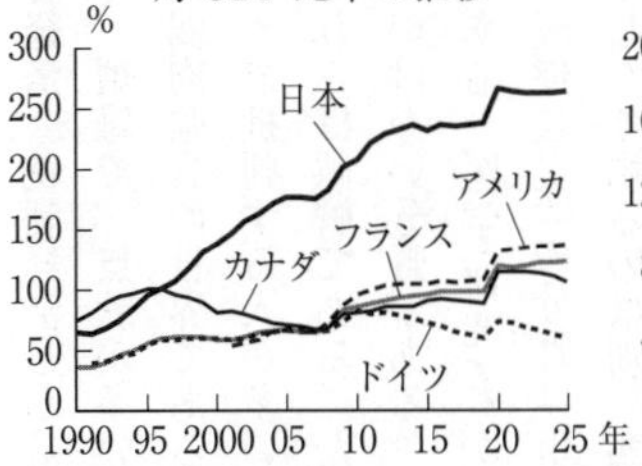

主要国の一般政府純債務残高
対 GDP 比率の推移

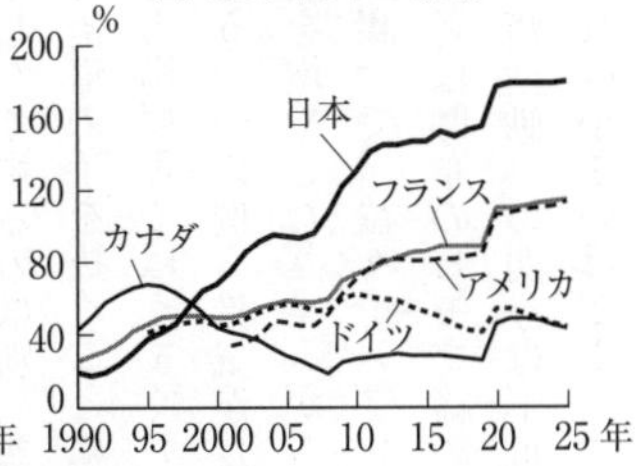

資料：IMF World Economic Outlook, Oct. 2020

政府債務残高対 GDP 比の推移のイメージ

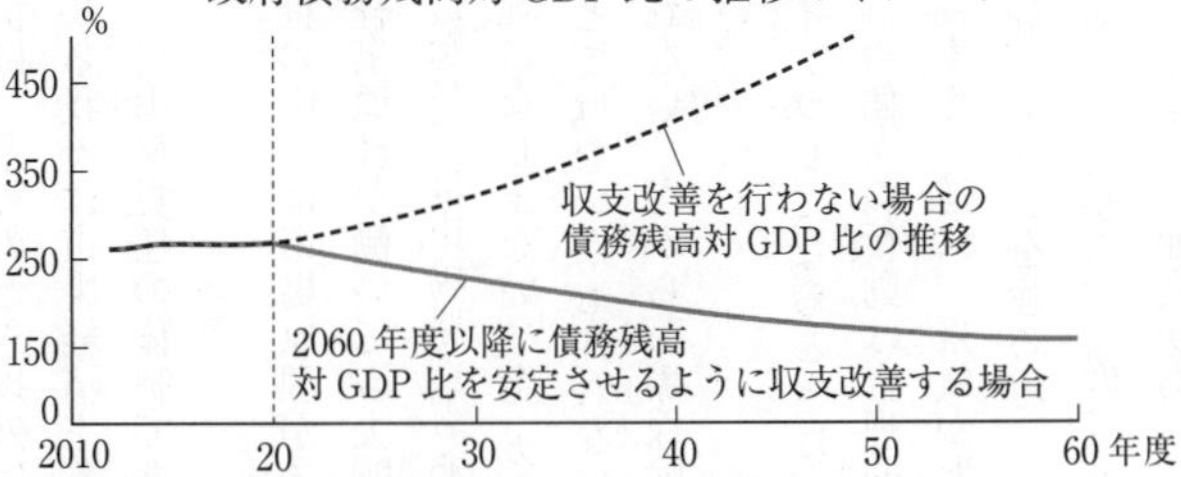

資料：財務省「我が国財政の変遷と長期展望」参考資料(2016 年 6 月), 他

主要経済の国債格付け(2019 年)

外国通貨・自国通貨建て長期債務		
	ムーディーズ	S&P
オーストラリア	Aaa	AAA
カナダ	Aaa	AAA
ドイツ	Aaa	AAA
アメリカ	Aaa	AA+
フランス	Aa2	AA+
イギリス	Aa2	AA
韓国	Aa2	AA
台湾	Aa3	AA-
中国	A1	A+
日本	A1	A+
イタリア	Baa3	BBB

格付け会社の格付け対比

ムーディーズ	S&P
Aaa	AAA
Aa1, Aa2, Aa3	AA+, AA, AA-
A1, A2, A3	A+, A, A-
Baa1, Baa2, Baa3	BBB+, BBB, BBB-
Ba1, Ba2, Ba3	BB+, BB, BB-
B1, B2, B3	B+, B, B-

注：国債格付けとは，政府が民間の債権者に対して債務を遅滞なく全額返済する意思と能力の評価を表す
資料：S&P Global Ratings「ソブリンの格付け手法」2018 年 7 月，ムーディーズ・ジャパン HP

ここでひとこと

混合経済　統制経済とか計画経済は、余程のとき以外は感心した経済システムではない。息苦しく、煩雑で、無駄が多い。だから我々は市場経済主義者である。しかし世の中には、市場経済は弱肉強食の世界であるとか、自由無責任の体制であるとか、アメリカ従属経済であるとかといって批判する人が多い。

それらは誤解である。ただ、世の中には市場原理がまったく働かない、また働くのを期待してはいけない分野がある。市場経済原理が働いても失敗する分野もある。前者の例は医療の分野である。医学（研究）とか医業（経営）では市場原理もある程度結構であるが、手術とか投薬という医療（治療）の分野は市場原理になじまない。金（カネ）がある人に高価な治療を施したり手術をしたりするのは別に悪いことではないかも知れないが、金（カネ）を持っていないからといって治療の手を抜くことは許されない。だから医療保険制度が設けられているのだが、そうなると市場原理ではうまくいかない。

もう一つの例。景気が良くてインフレになるときは、個々の企業や個人は在庫（買いおき）や生産を増やしたりするが、それらの個々の行動は合理的であっても、全体としてみると「合成の誤謬」で、益々インフレを助長する。逆に、景気が悪いと、企業は生産も在庫も減らすし、消費者は財布のヒモを締める。益々デフレを強める。したがってこんなときは政府（公共部門）の経済活動への関与は不可欠である。だから、「混合経済」だというわけである。政府は「小さければ小さいほどよい」わけではない。節度があり、効率的でなければならないのである。

Ⅸ 国際収支

「国際国家日本を指向していくためには、内需主導型の経済成長を図るとともに、輸出入・産業構造の抜本的な転換を推進していく……」

（「前川リポート」）

国際収支の発展段階説

国と国の勘定尻が国際収支である。当初はモノとモノの取引である商品貿易が中心であったが、しだいに運賃、保険料、旅行(観光)収支、サービス手数料、投資収益(利払いを含む)などの貿易以外の取引がふえ、さらに近年では金融(カネ)の取引が巨大になって金融収支も重要視されるようになってきた(国際収支統計については⑦を参照)。

国際収支は経済発展段階と密接な関係がある。典型的な国際収支発展段階説は以下の通り。(1)未成熟な債務国(貿易・サービス収支が赤字で、それをまかなうため海外から資金を取り入れるため所得収支も赤字、両者の合計である経常収支も赤字)、(2)成熟した債務国(貿易・サービス収支は黒字になるが、過去の債務の返済があるため所得収支が赤字で、経常収支も赤字)、(3)債務返済国(貿易・サービス収支の黒字が所得収支の赤字を上回り、経常収支が黒字化し、経常収支の黒字だけ毎期対外債務を返済)、(4)未成熟な債権国(貿易・サービス収支、所得収支、経常収支すべてが黒字になり、経常収支の黒字だけ毎期対外純債権を積み増す)、(5)成熟した債権国(貿易・サービス収支は赤字化するが、所得収支の黒字が上回るため経常収支は黒字を維持)、(6)債権取崩し国(貿易・サービス収支の赤字が所得収支の黒字を上回り、経常収支が赤字化、したがってその分だけ毎期対外純資産を取り崩す)。二〇一一年の東日本大震災の影響もあって一時的に日本の貿易・サービス収支は赤字化したが、赤字が定着するまでには至っていない。現在のところ、日本は「未成熟な債権国」の段階にあるが、貿易・サービス収支の赤字が定着する場合、「成熟した債権国」の段階に移行することになる。

国際収支の発展段階

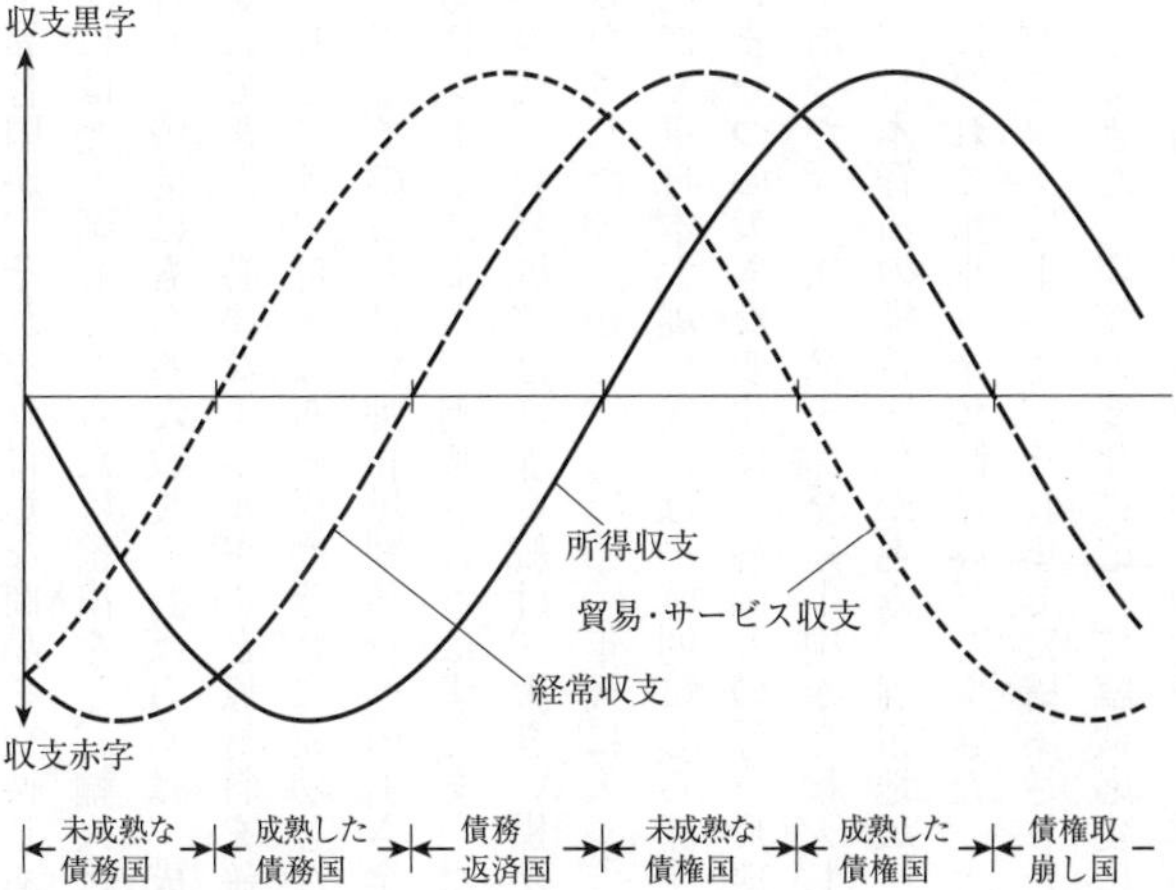

	貿易・サービス収支	所得収支	経常収支
未成熟な債務国	赤字	赤字	赤字
成熟した債務国	黒字	赤字	赤字
債務返済国	黒字	赤字	黒字
未成熟な債権国	黒字	黒字	黒字
成熟した債権国	赤字	黒字	黒字
債権取崩し国	赤字	黒字	赤字

日本の経常収支等の推移

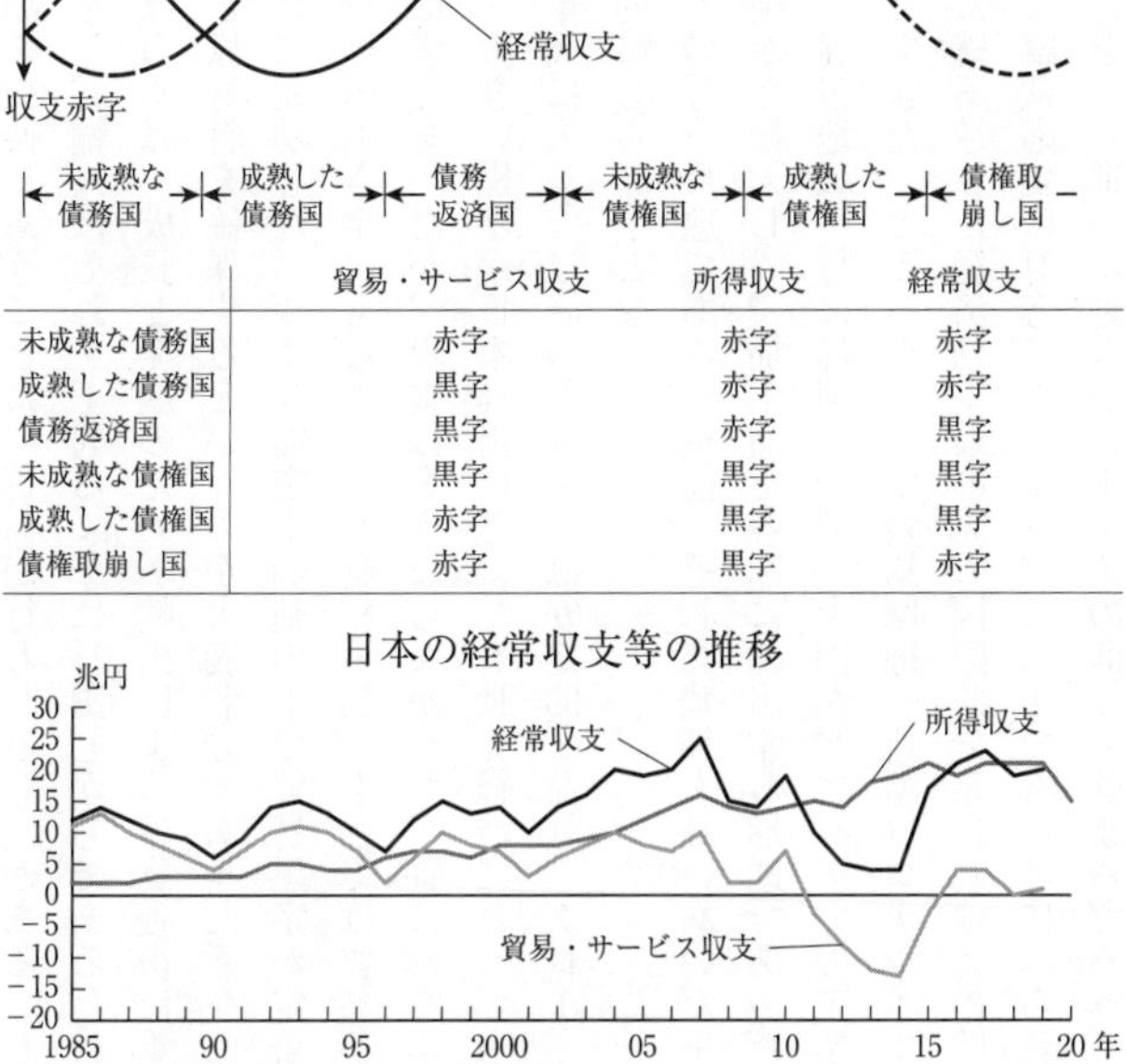

注：所得収支は 1996 年以降，第一次所得収支
資料：日本銀行 HP

貿易と経済発展

世界各国が、それぞれ得意な商品を交換しあうことに、貿易が行われる意義がある。しかし、実際にはどの国もできるだけ輸出をし、輸入はそれを下回るように行動しがちである。日本の場合も、戦前はもちろん戦後もしばらくは、成長と発展のため、輸出による外貨獲得に重点がおかれてきた。必要なエネルギーと原材料を確保するというのが大義名分であった。一九七〇年代初めには、日本はある程度それに成功した。つまり固定平価制の下で貿易黒字が定着した。そして、そのことは変動相場制移行への引き金にもなった。変動相場制のもとでは貿易不均衡は為替レートによって調整されるはずであったが、現実はそうならなかった。特に八〇年代・九〇年代と貿易黒字は増加を続け、大きい黒字が日本経済にとっても世界経済にとっても障害とみなされた。しかし、二〇〇〇年代に入って以降の貿易黒字は安定的となり、グローバル金融危機や東日本大震災後には一時的にしろ赤字となった。

いま一つの大きな変化は、各国との分業形態である。戦前、そして戦後も長いあいだ垂直分業であった。一次産品を開発途上国から輸入して、加工品を各国に輸出する形態であった。しかし、日本経済の構造変化が進み、周辺地域、特に韓国、台湾、中国などアジアでの工業化が進むにつれて水平分業体制に移行してきた。ところが、米中貿易摩擦や新型コロナウイルスのパンデミックによって、それまでに構築された経済効率最優先の国際的分業体制ゆえの問題も発生してきた。環境の変化に応じて臨機応変に対応できるよう、これまでも一部にみられた在庫の積み増しや、生産拠点の分散化をより進める動きが日本企業の間でも強まるだろう。

日本の輸出，輸入，貿易収支と
円/ドルの推移（1950-73 年）

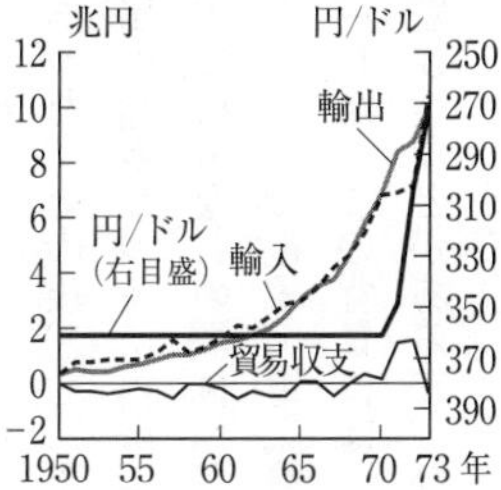

日本の輸出，輸入，貿易収支と
円/ドルの推移（1974-2019 年）

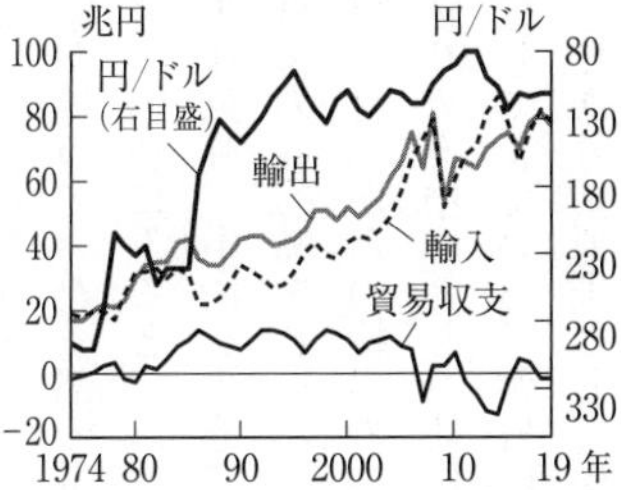

日本の貿易収支と
円/ドルの推移

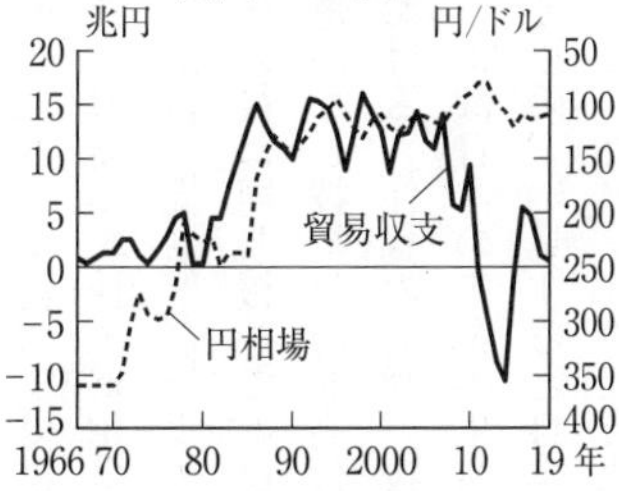

資料：財務省 HP，日本銀行 HP

主要国の輸入に占める
中国からの割合

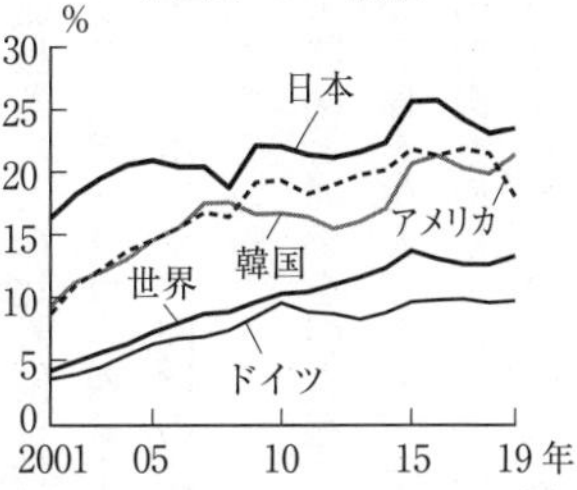

資料：International Trade Centre から作成

日本の製造業在庫率指数
（2000 年＝100）

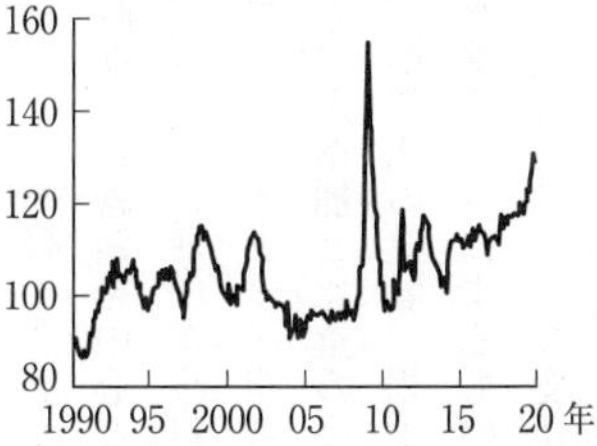

海外子会社・関連会社を保有する日本
企業数，海外子会社・関連会社数

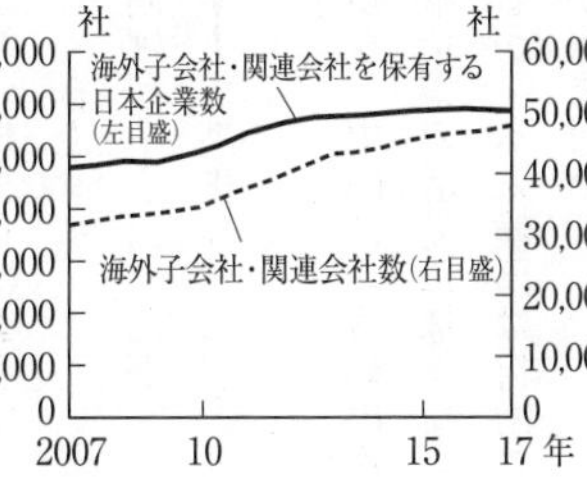

出所：経済産業省「通商白書 2020」

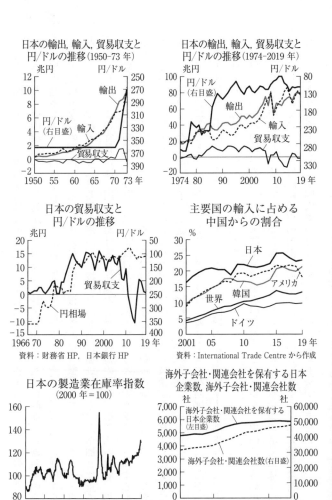

輸出

日本の輸出構造は、戦前から戦後の一九五〇年代末までは繊維・雑貨といった軽工業品が主体であった。その後、七〇年代初頭までの高度成長・重化学工業化の時期には鉄鋼を中心とする金属製品やラジオ・白黒テレビなどの軽電機器の比重が高まった。七〇年代前半から自動車・工作機械などの機械類が増え、その後は同じ機械でもＯＡ機器・コンピューター・半導体などが、次いで電子・電気機器類の部品など技術集約的高付加価値のものが増加と比重の高まりを示した。この背景には、国内における人件費の高騰、技術の進歩、情報化の進展、相手国での需要増などがあるが、ひと口にいえば日本の工業の生産性と技術水準の高さによるものだった。しかし、二〇〇〇年代に入って以降、一見すると日本からの輸出品構成に大きな変化はみえないが、中国・韓国・台湾を筆頭としたアジアの工業化と技術水準の高まりによって、日本企業が持っていた一部の電子・電気機器などの比較優位性が失われてきた。

地域・国別にみると、以前からアジア、アメリカ、西ヨーロッパ向けが中心だったが、一九九〇年代以降、中国を中心に東アジア・東南アジア向けの比重がますます高まり、二〇〇九年以降全体の五〇％を超えるようになってきている。

近年、日本からの輸出の増加は欧米諸国と摩擦を引き起こした。現在、中国による輸出攻勢がアメリカを中心とした諸国で同様な軋轢を生んでおり、それが日本企業の活動に様々な影響を及ぼしてきている。例外的に輸出の自粛もやむを得ない場合もあるが、本来輸出は自由であるべきであり、原則として中国内需の拡大と輸入の増加による解決が望ましい。

主要輸出相手国・地域

順位	1990	2000	2010	2019
1	アメリカ	アメリカ	中国	アメリカ
2	ドイツ	台湾	アメリカ	中国
3	韓国	韓国	韓国	韓国
4	台湾	中国	台湾	台湾
5	香港	香港	香港	香港
6	イギリス	シンガポール	タイ	タイ
7	シンガポール	ドイツ	シンガポール	ドイツ
8	タイ	イギリス	ドイツ	シンガポール
9	オーストラリア	マレーシア	マレーシア	ベトナム
10	カナダ	タイ	オランダ	オーストラリア

主要輸出品目

順位	1990	2000	2010	2019
1	自動車	自動車	自動車	自動車
2	半導体等電子部品	半導体等電子部品	半導体等電子部品	半導体等電子部品
3	映像機器	科学光学機器	鉄鋼	自動車部品
4	鉄鋼	自動車部品	自動車部品	鉄鋼
5	電算機類	原動機	プラスチック	原動機
6	科学光学機器	電算機類	原動機	半導体等製造装置
7	自動車部品	鉄鋼	船舶	プラスチック
8	原動機	電気回路等機器	科学光学機器	科学光学機器
9	音響機器	映像機器	有機化合物	有機化合物
10	電算機類部品	電算機類部品	電気回路等機器	電気回路等機器

注：原動機は自動車用・その他のエンジン，船用ディーゼル機関，船外機等

品目別輸出額
(2019年)

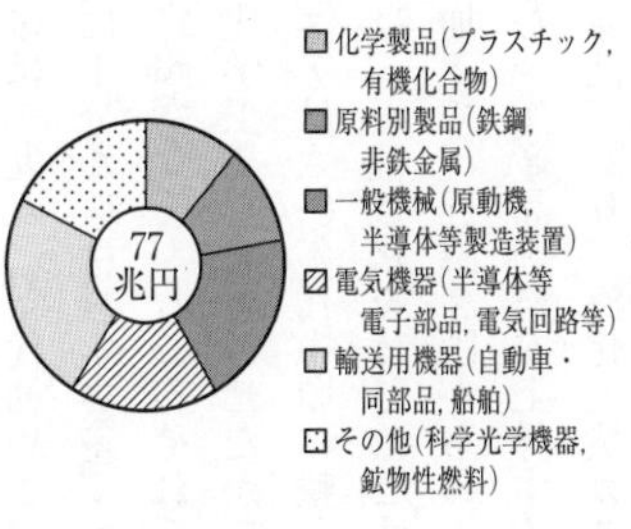

地域別輸出額
(2019年)

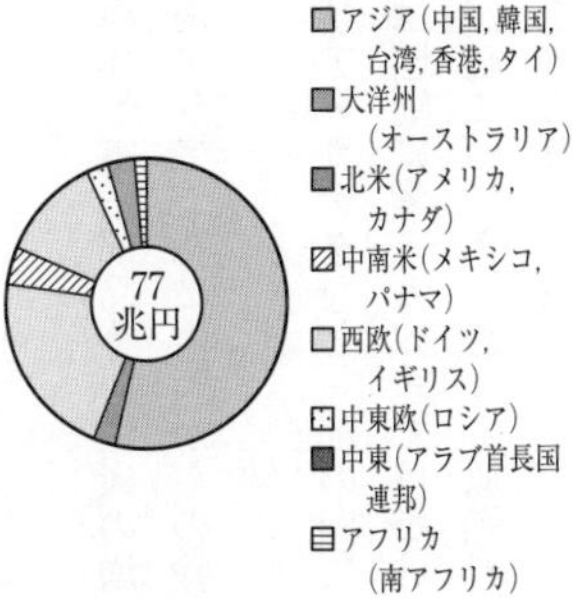

資料：財務省貿易統計

IX－④
輸　入

日本の輸入は明治の初期こそ製品・半製品も多かったが、その後は一九八〇年代初めまで一貫して原材料・エネルギーが全体の六～七割を占めてきた。国内に十分な原材料(工業塩・鉄鉱石・非鉄鉱石・羊毛・綿花)、エネルギー(石油・石炭・天然ガス)の供給がなく、むしろそれらを有利な海岸立地と低輸送コストの運搬を活用して原料消費型の重化学工業を発展させたからである。そこで、垂直分業型の輸入構造となった。鉱物性燃料のシェアは六〇年代中頃に輸入の二〇%を超え、八一年には五〇%に達した。しかし、八五年以降は、石油価格をはじめとする原材料の価格低下と国内における省資源・省エネルギーの促進に加えて、近隣諸国からの工業製品の急増で、原材料の比重は急速に低下した。ただ、石油を含む一次産品価格が上昇する局面ではその比重も上昇するし、現在でも金額的に最大の輸入品が原油であり、液化天然ガスや石炭が主要輸入品である構造は変わっていない。

他方、近年における顕著な変化は、通信機器、電算機類、半導体等電子部品等の輸入の増加である。それが地域別にみた最近の特徴である、東アジア、東南アジア、特に中国からの輸入の増加となって表れている。

輸入における一つの問題は、原燃料輸入が中東・オーストラリア・カナダなど一部の国に偏り、それらの国との貿易収支は常に赤字である。貿易バランスは国別に考えるべきではないが、偏りすぎるのも問題である。近年、国際貿易環境の突発的変化が起こってきており、原燃料だけでなく工業部品などの供給源の分散化をさらに進めることが求められている。

主要輸入国・地域

順位	1990	2000	2010	2019
1	アメリカ	アメリカ	中国	中国
2	インドネシア	中国	アメリカ	アメリカ
3	オーストラリア	韓国	オーストラリア	オーストラリア
4	中国	台湾	サウジアラビア	韓国
5	韓国	インドネシア	アラブ首長国連邦	サウジアラビア
6	ドイツ	アラブ首長国連邦	韓国	台湾
7	サウジアラビア	オーストラリア	インドネシア	アラブ首長国連邦
8	アラブ首長国連邦	マレーシア	タイ	タイ
9	台湾	サウジアラビア	マレーシア	ドイツ
10	カナダ	ドイツ	カタール	ベトナム

主要輸入品目

順位	1990	2000	2010	2019
1	原粗油	原粗油	原粗油	原粗油
2	電気機器	半導体等電子部品	液化天然ガス	液化天然ガス
3	石油製品	衣類・同付属品	衣類・同付属品	衣類・同付属品
4	魚介類	電算機類	半導体等電子部品	医薬品
5	非鉄金属	魚介類	石炭	通信機
6	衣類・同付属品	液化天然ガス	音響映像機器	半導体等電子部品
7	木材	非鉄金属	非鉄金属	石炭
8	液化天然ガス	電算機類部品	石油製品	電算機類
9	自動車	科学光学機器	電算機類	科学光学機器
10	肉類	石油製品	医薬品	非鉄金属

品目別輸入額
(2019年)

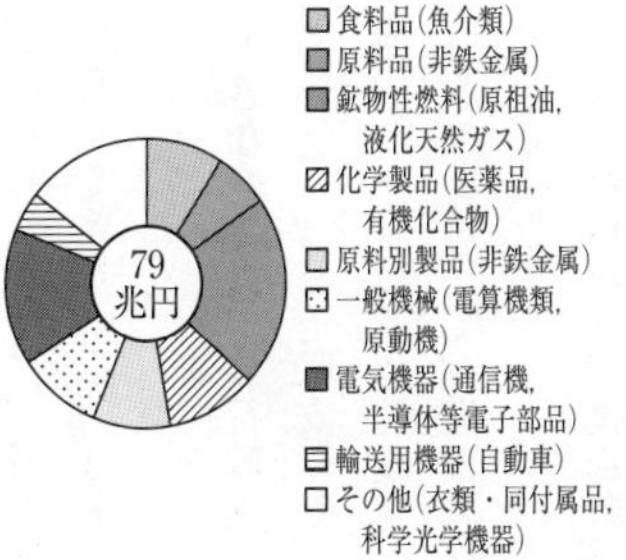

地域別輸入額
(2019年)

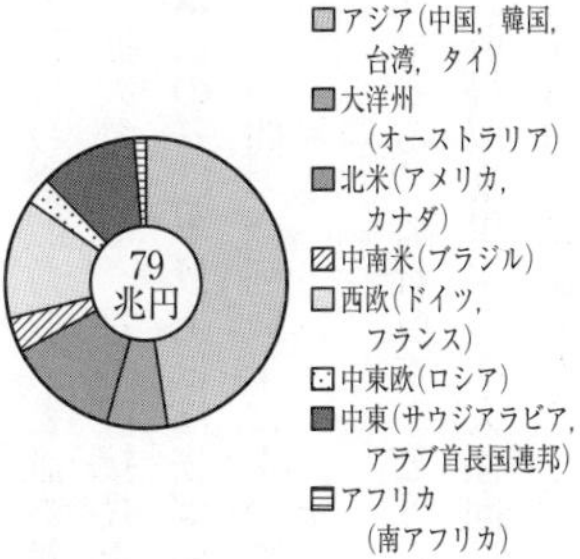

資料：財務省貿易統計

サービス収支と所得収支

国内経済でも「経済のサービス化」「モノ離れ」といった言葉が使われるように、対外取引でも貿易関連サービス(運賃、保険)や旅行、投資に伴う受け払いが増えてきている。日本の現状では貿易取引の規模がいぜん大きいが、その差は縮小してきている。

サービス勘定は輸送、旅行、その他サービスからなるが、最も大きな変化は、旅行収支が大幅な赤字から黒字に転換したことである(新型コロナのパンデミック前だが)。輸送収支やその他サービス収支は表面上大きな変化はない。ただ、その他サービス収支の中身は大きく変化している。産業財産権等使用料が赤字から大きな黒字に転換してきているのに対して、逆に著作権使用料、通信・コンピューター・情報サービスの支払いが拡大してきている。

第一次所得収支は雇用者報酬、投資収益収支、その他第一次所得収支からなり、投資収益収支以外の項目は金額的にかなり小さい。投資収益収支は主として直接投資収益収支と証券投資収益収支からなる。第一の特徴は近年の直接投資収益収支の黒字拡大である。対外直接投資の累積がもたらした結果である。一方、証券投資収益収支の黒字はこの一〇年以上ほぼ横ばいである。これは日本からの対外証券投資が中長期債券中心であり、この間の金利低下によって、投資が増えたにもかかわらず、収益が伸びなかったことがある。

経常収支は貿易収支＋サービス収支＋第一次・第二次所得収支である。旅行収支がどうなるかにもよるが、サービス収支の改善傾向が続くとすると、第一次所得収支黒字の拡大傾向は、貿易収支いかんにかかわらず、しばらくは経常収支の黒字を維持する方向に働くだろう。

経常収支構成勘定の
相対的規模

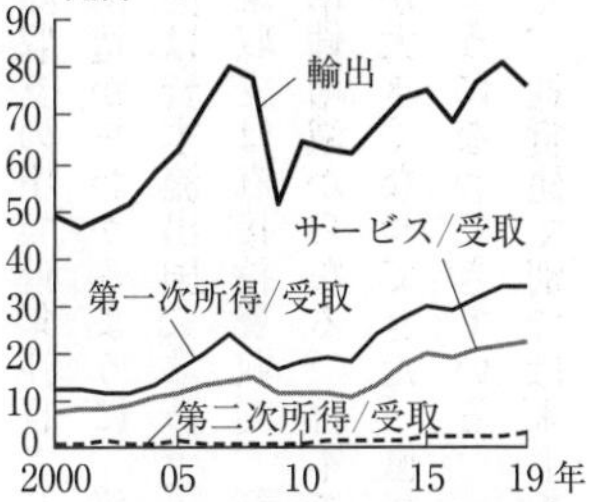

サービス収支と第一次・
第二次所得収支

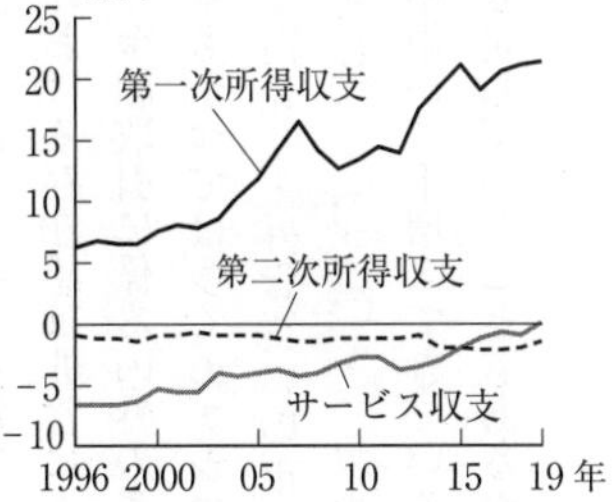

注：第二次所得収支は，対価を伴わない
資金収支で，旧統計の「経常移転収支」

サービス収支の内訳

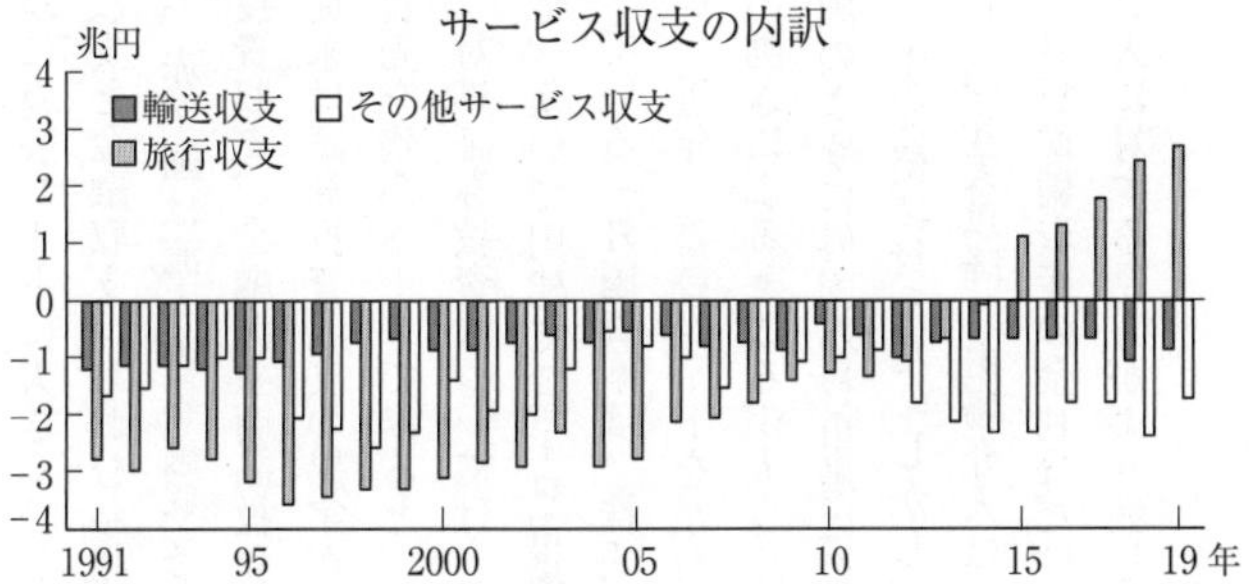

第一次所得収支の内訳

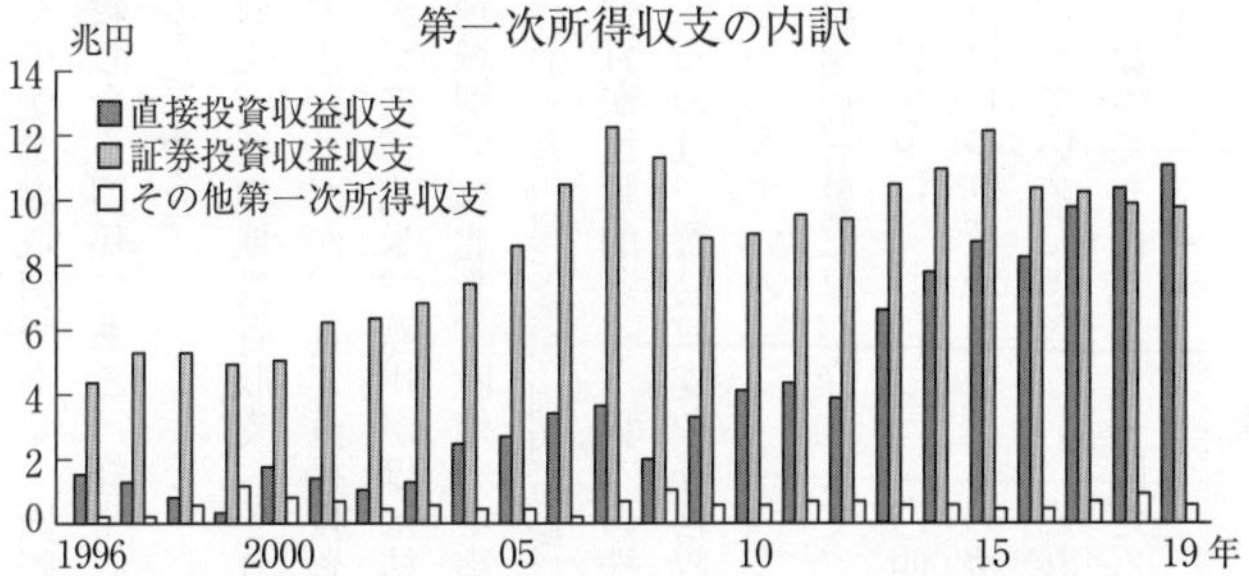

資料：日本銀行 HP

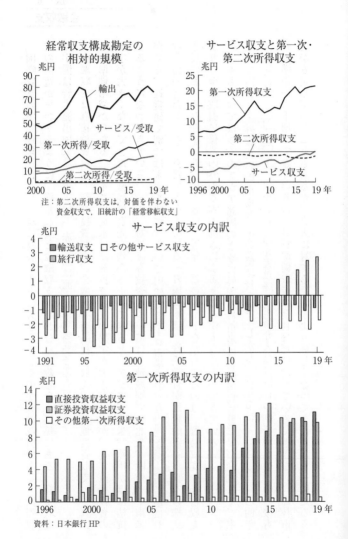

金融収支

国際収支の中で近年注目され、現に為替レートに大きくひびくのが金融取引である。国際収支の構造からわかるように、経常収支と金融収支はおおむね相殺し合う関係にある。経常収支黒字国は資本流出国（金融収支黒字）、赤字国は流入国（金融収支赤字）である。

金融収支は直接投資収支、証券投資収支、金融派生商品投資収支、その他投資収支、それに外貨準備増減からなる。日本では従来は証券投資収支の黒字が大きかったが、近年直接投資の黒字が大きくなってきた。直接投資先を残高ベースでみると、アジア、北米、欧州がほぼ拮抗するようになってきている。一方、対外証券投資については、地域別では北米、欧州、中南米が多く、通貨建て別では米ドル建て、次いで円建て（ユーロ市場における円建て債や国内市場における円建て外債）、ユーロ建てとなっている。外国資本は、株式投資が比較的多く、日本の株式市場における存在感は非常に大きい。近年、為替レートを左右するのは、貿易収支や経常収支より、金融取引に係る内外の資本の動きによるところが大きくなってきている。

日本もかつては多くのアジア諸国のように外国為替市場に金融当局（財務省）が介入して、主として円売り・外貨買いの市場介入を頻繁に行った。しかし、近年では、二〇〇三～〇四年（一三八日）、二〇一〇～一一年（九日）の介入以降、市場介入はほぼ行われていない。その後も外貨準備が若干増えてきているが、外貨準備資産の金利分だけ増えているに過ぎない。為替市場が安定していたこともあるが、介入に対する見方がより厳しくなってきたことも一因だろう。

金融収支とその内訳

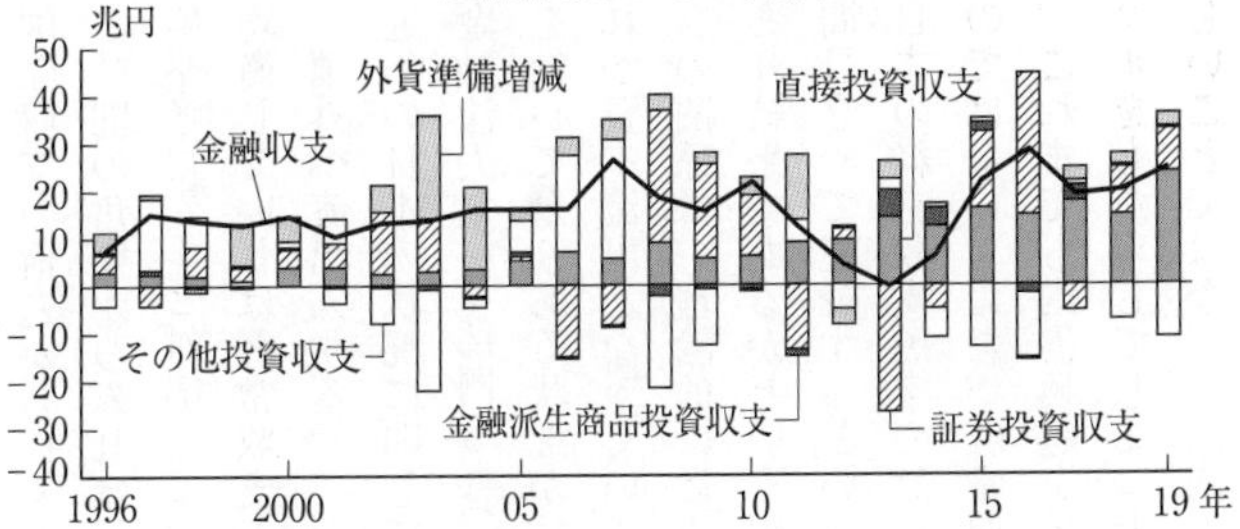

通貨建て別対外証券投資残高
(2019 年末)

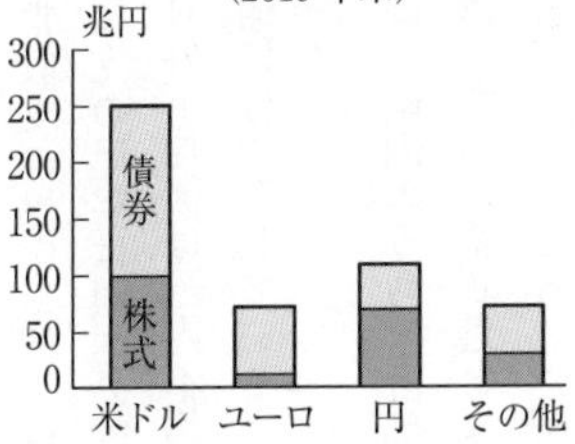

地域別証券投資残高
(2019 年末)

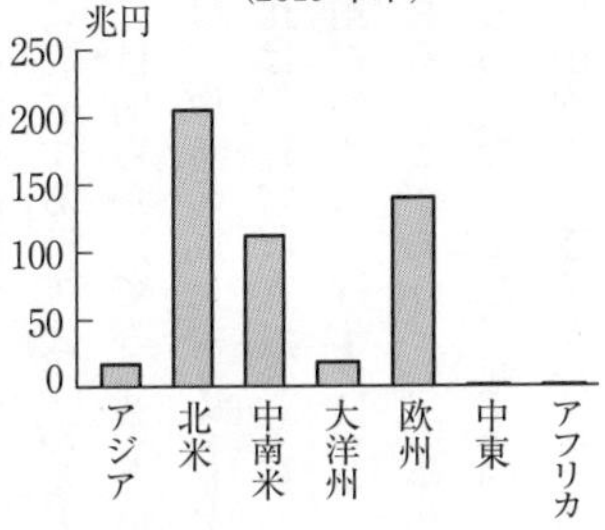

地域別対外直接投資残高
(2019 年末)

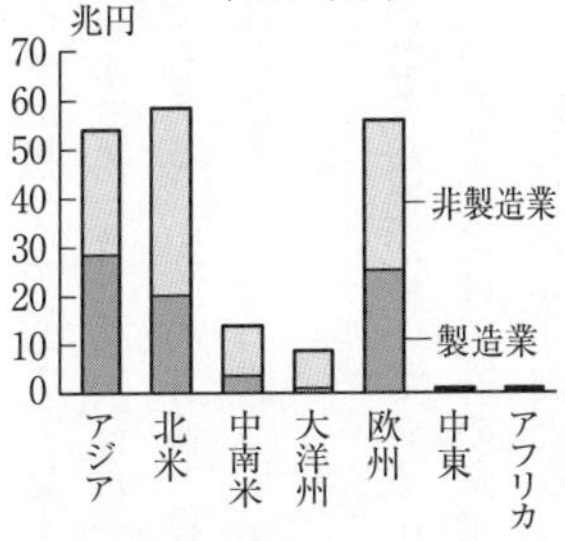

外貨準備増減の推移

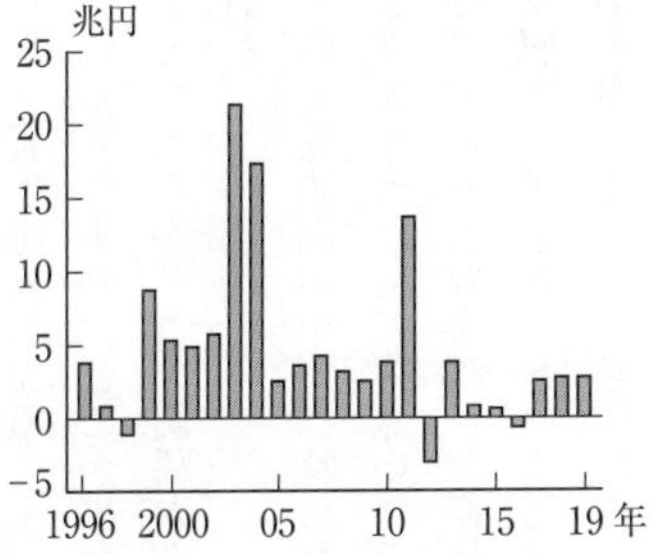

資料：日本銀行 HP

貯蓄投資バランスと経常収支

国際収支の構造からいうと、経常収支の黒字（赤字）はほぼ金融収支の黒字（赤字）と対応している。別の角度からみれば、経常収支の黒字は国内の貯蓄超過＝資本流出（海外資産の取得で、金融収支の黒字）と対応している。対外不均衡は国内不均衡の反映でもある。国内の貯蓄と投資が均衡していれば経常収支も基本的には均衡している。それが崩れたとき、資本の過不足が生じ、国外へ流出入する。

近年の日本の状況に即していえば、国内のうち家計部門は若干の貯蓄超過が続いている中で、非金融法人（企業）部門も九〇年代後半から貯蓄超過となり、両部門の貯蓄超過は政府の資金不足を補って余りある状況が続いてきている。こうした国内部門全体の貯蓄超過が基調となり、それが資本流出となっている。これを海外部門から見ると資金不足＝資本流入となる。

右の関係は、理論的には事後的に成立する恒等式であるといわれる。つまり、どこが出発点であり結果であるかという因果関係は明らかにできないということであるが、この関係がある期間目立って継続するということは、政策発動に対する信号である。

日本の経常収支黒字の対ＧＤＰ比は、経常収支黒字を持つ多くの先進諸国の中では特に高いものではない。ただ、経常収支の絶対額では、近年にいたってもドイツとともに大きい。そこで、これまでも内需喚起を求められることがあり、八〇年代半ばにおける需要喚起が資産価格バブルをもたらしてしまったこともあった。ただ、基本的に経常収支の黒字が大きいことは望ましいことではなく、国内の貯蓄は国内でできるだけ使える環境を整えることが必要だろう。

経済各部門の資金過不足(対 GDP 比)の推移

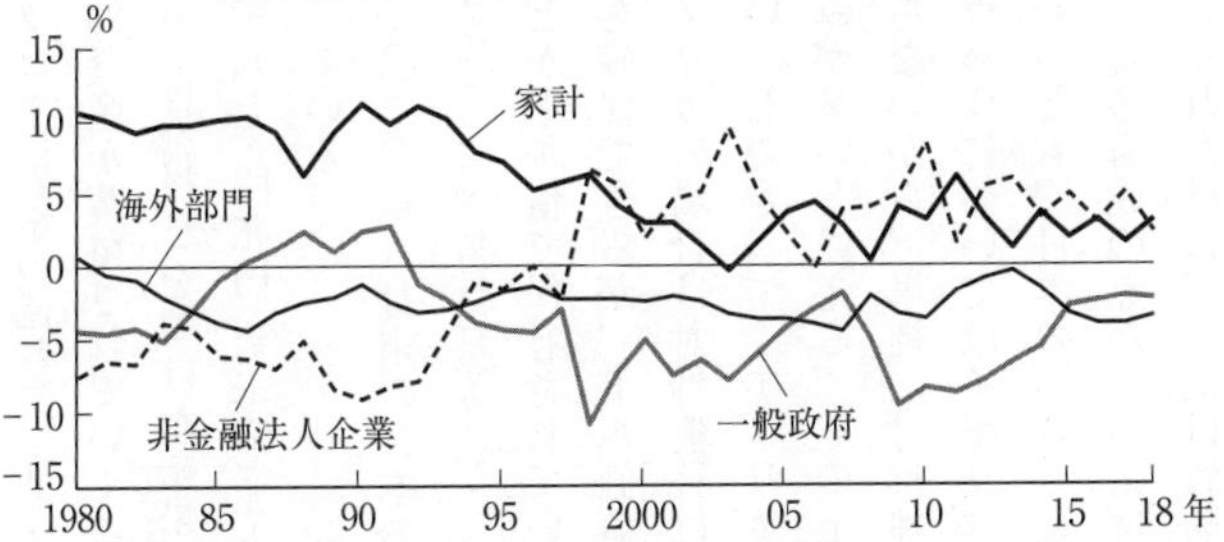

注：金融機関と対家計民間非営利団体は除いている
資料：内閣府「国民経済計算」

経常収支の黒字と海外部門の資金不足(対 GDP 比)

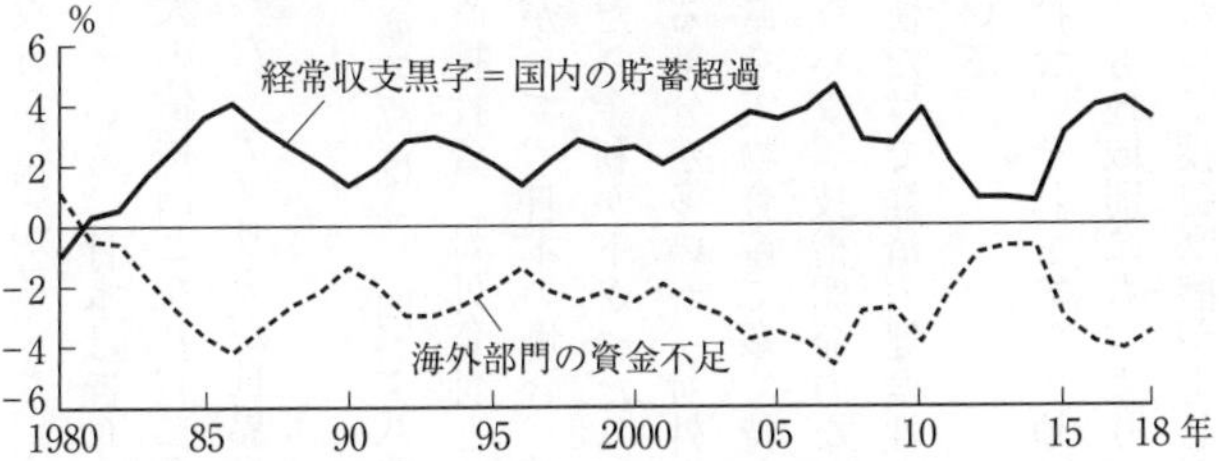

資料：内閣府「国民経済計算」

国際収支統計：IMF の「国際収支マニュアル第 6 版」(2008 年)

経常収支	
貿易・サービス収支	貿易収支(輸出 − 輸入) + サービス収支
第一次所得収支	従来の所得収支で，利子・配当の受け払い
第二次所得収支	従来の経常移転収支で，実物・金融資産の贈与等
資本移転等収支	外国政府等に対する債務免除や無償援助(金額は小さい)
金融収支	従来の資本収支 + 外貨準備増減 直接投資，証券投資，金融派生商品，その他投資，外貨準備
誤差脱漏	経常収支 + 資本移転収支 − 金融収支 + 誤差脱漏 = 0

対外資産

フロー（資金の流れ）の面で年々対外投資（流出）が続くということは、ストックの面でいえば対外資産が蓄積されていくことを意味している。日本は近年の経常収支の黒字を背景に資本の流出（海外投資）を続けた結果、世界最大の債権国となり、二〇二〇年六月末の対外純資産残高は三八七・四兆円（約三・七兆ドル）となった。アメリカが世界最大の債務国となったのと対照となっている。

二〇二〇年六月末の日本の対外総資産残高は一一四七・八兆円で、その約四五％は証券投資（なかでも米国債投資が多い）で、ついで直接投資、対外貸付となっている。また外貨準備のほとんどがドル債で保有されている。したがって、日本の場合、アメリカの金利が高い間は利子収入を確保できるが、ドル価値が下がったり金利が下がったりするとリターンが確保しにくい。アメリカの場合は対外債務は債券による部分が多いが、対外資産は民間企業の海外直接投資が多い。したがって、アメリカは対外資産を実物資産で多く持ち、それも簿価で評価されていて、含みが多いといえる。その上、金融ノウハウ、技術開発力などの無形の資産も考慮しなければならないから、単純に対外純資産・負債だけで経済の健全性をいうわけにはいかない。金融のノウハウについてはイギリスも優れている。

もっとも、日本の場合、近年は直接投資、それもアジア地域に対するものが増加してきたので、資産構成の点からいえば、形態的にも地域別にも、よりバランスのとれたものになってきた。それだけに、今後は貿易摩擦に代わって投資摩擦が生じないよう準備と措置が必要である。

日本の対外資産・負債残高と対外純資産残高の推移

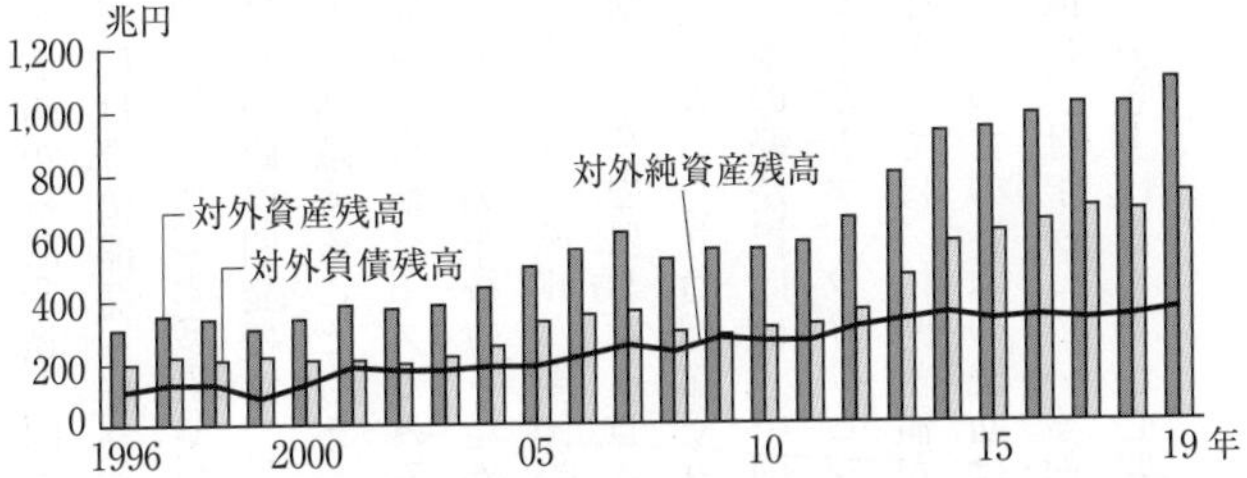

アメリカの対外資産・負債残高と対外純負債残高の推移

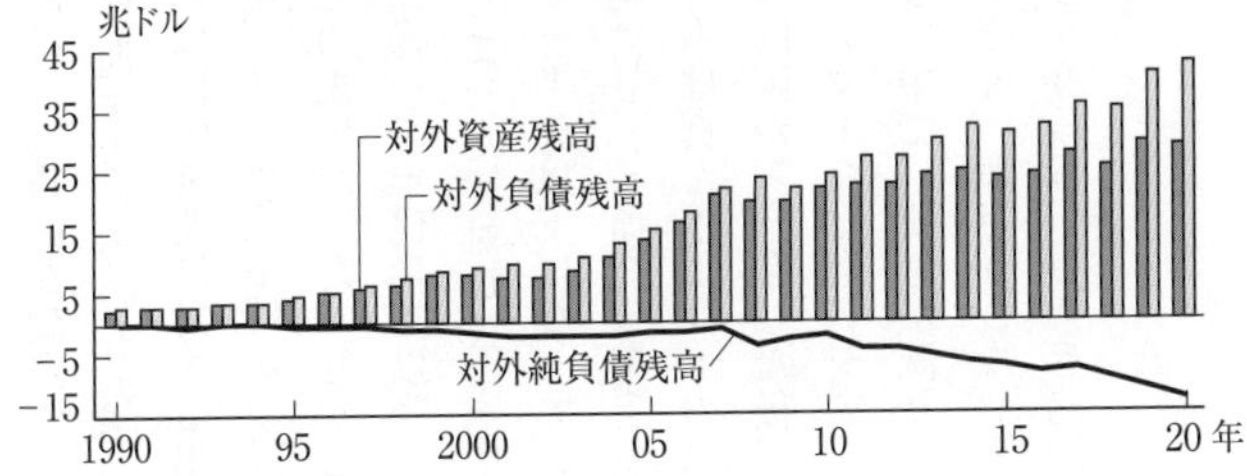

注：年末値，2020年は6月末値
資料：US Bureau of Economic Analysis

日本の対外資産・負債残高の内訳（2020年6月末，兆円）

資産		負債	
対外直接投資	210.0	対内直接投資	39.2
対外証券投資	512.8	対内証券投資	373.3
株式・投資ファンド持分	205.8	株式・投資ファンド持分	183.3
債券	307.0	債券	190.0
対外金融派生商品投資	50.5	対内金融派生商品投資	48.9
対外その他投資	225.6	対内その他投資	299.1
外貨準備	148.9	対内負債残高	760.4
対外資産残高	1,147.8		

資料：財務省HP，日本銀行HP

政府開発援助

先進国から開発途上国への援助は、人道的な観点から始まったが、自助努力の支援をはじめ現実には経済開発・社会開発を促進するためのもので、援助の内訳は二国間の贈与（無償資金協力と技術協力）と政府貸付、それに国際機関に対する出資・拠出など様々な形態をとっている。

日本の政府開発援助（ODA）は、九〇年代半ばから二〇〇〇年代初めまで金額でみて、アメリカに匹敵することもあったほどの規模だった。しかし、その後は国内経済の停滞もあって伸び悩み、金額ベースでみると、二〇一〇年代半ば以降、日本の援助額はアメリカの三分の一以下、ドイツの半分以下になってしまった。対GNI（国民総所得）比率でみても、アメリカより若干高いが、欧州主要国に比べると半分以下になっている。最近では、OECD（経済協力開発機構三七か国）におけるDAC諸国（OECD開発援助委員会に入っている二九か国＋EU）の中で、国民一人当たり負担額でみて、日本は真ん中より下のほうに位置するようになってしまった。

日本の経済援助は、中国が被援助国から卒業した後、インド、バングラデシュ、ベトナム、インドネシア、フィリピン、ミャンマーなど南アジア・東南アジアを中心としている。近年の変化としては、援助総額が増えない中で、貸付が減り、贈与金額がそこそこ維持されてきている。かつての日本の援助は貸付が多く、贈与が少ないとの批判があったが、その点からみれば援助の質は上がっている面はある。今後は、DAC諸国の中で低くなってしまっている量の面でも引き上げる努力が必要だろう。

DAC 諸国の ODA（政府開発援助）
国民 1 人当たり負担額（2018 年, ドル）

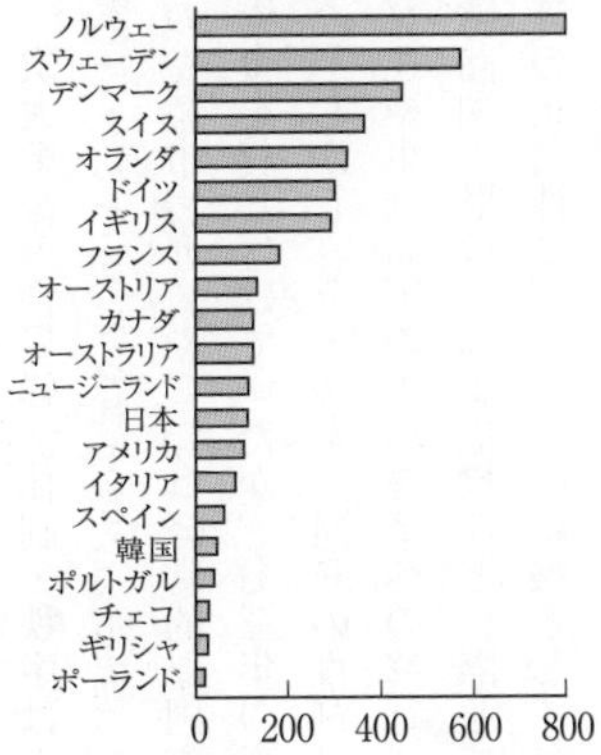

日本から開発途上国への資金の流れ
（支出純額ベース, 単位：百万ドル）

項目			暦年	2000 年	2018 年
政府開発援助	二国間	贈与		5,813	5,291
			無償資金協力	2,109	2,640
			技術協力	3,704	2,652
		政府貸付等		3,827	769
	計			9,640	6,061
	国際機関に対する出資・拠出等			3,779	3,965
（政府開発援助）計 （対 GNI 比（%））				13,419 （0.28）	10,026 （0.19）

資料：外務省「2019 年版開発協力白書」

主要国の ODA 金額の推移

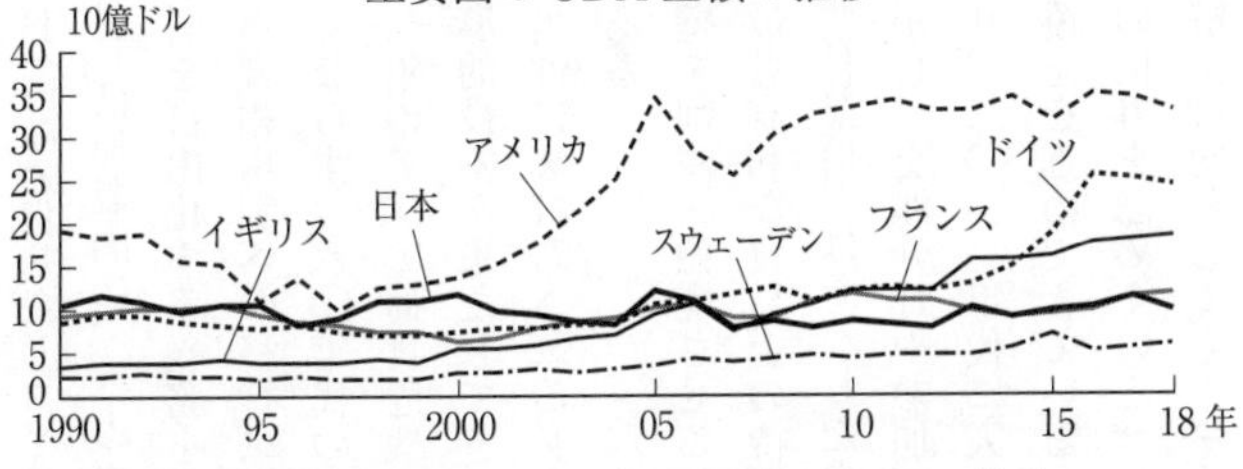

主要国 ODA の対 GNI（国民総所得）比率の推移

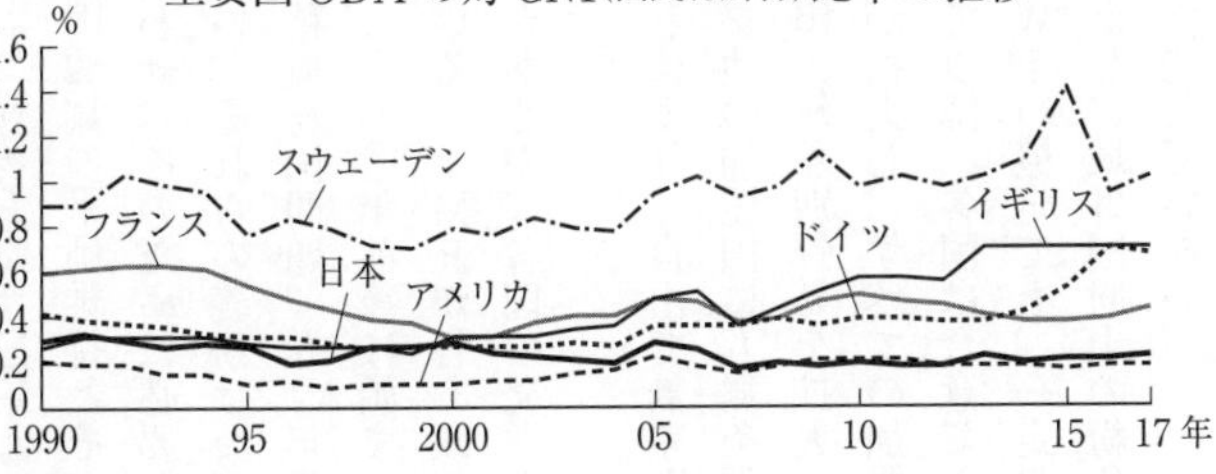

資料：OECD Statistics

WTOとIMF

第二次大戦後の世界経済体制・秩序はＩＭＦ（国際通貨基金）とＧＡＴＴ（貿易と関税に関する一般協定）によって支えられてきた。当初、ＩＭＦは加盟国に、（1）自国通貨の平価維持とそのための為替市場介入や、（2）経常的な国際取引を自由化する義務を負わせ、そのために必要となる資金を貸し付けていたが、七三年の変動為替相場制への移行に伴い、それらの義務はなくなった。しかし、その後もＩＭＦの役割はなくならず、八〇年代の累積債務国問題、九〇年代の旧ソ連や東欧諸国の市場経済への移行、九七年のアジア通貨危機、二〇一〇年前後に始まった南欧諸国の財政・通貨危機などに際して主導的役割を果たしてきている。ＩＭＦが行う政策提言等の正当性は、ＩＭＦの組織としての正当性に裏打ちされる必要があるが、各国の発言力の調整が経済力の相対的シフトに遅れがちである。

一方、ＧＡＴＴは加盟国に関税・非関税障壁を削減・撤廃させることにより、自由で無差別な貿易を推進した。ここにいう無差別とは、最も有利な貿易上の待遇を他の加盟国にも無条件で与える最恵国待遇を意味する。ＷＴＯ（世界貿易機関）はそうした自由・無差別貿易を拡大・発展させるために一九九五年に発足した。しかし、交渉分野や参加国が拡大し、すべての加盟国を網羅したＷＴＯとしての合意が困難となり、二〇〇〇年代に入って以降、各国は合意できる二国間・複数国間での貿易協定や経済連携協定を進めてきている。ＷＴＯ協定でも、一定の要件を満たすことを条件に、最恵国待遇原則の例外を認めている。しかし、域外国同士の紛争が頻発し、提訴が絶えないが、ＷＴＯは紛争解決機関としてもうまく機能していない。

主要IMF加盟国のクォータ(割当額)と議決権のシェア

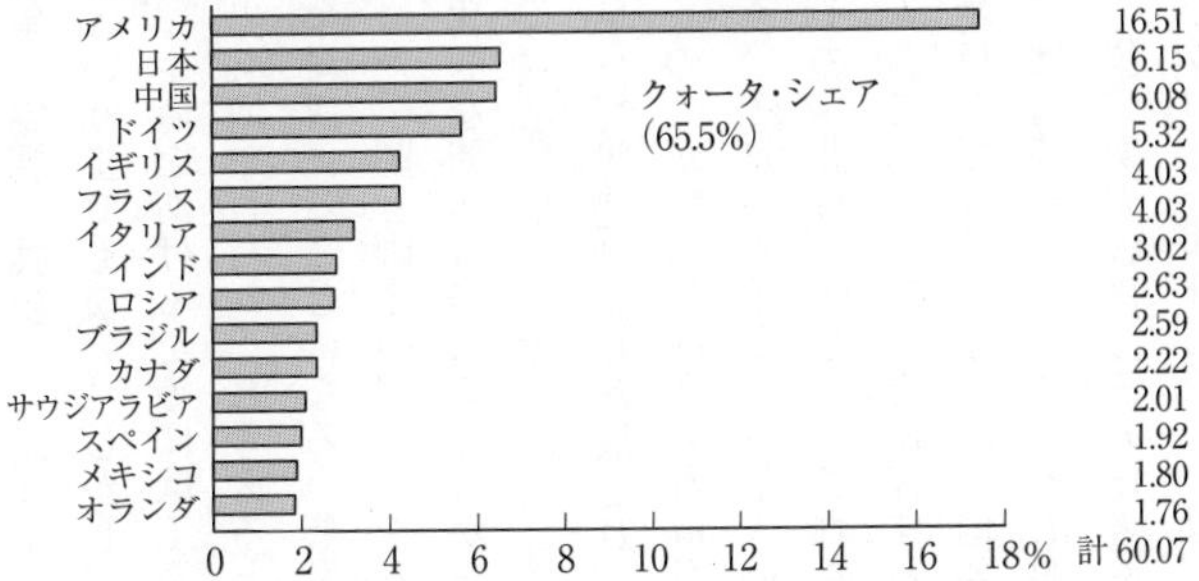

注：2020年末時点の加盟国数は190か国
資料：IMF HP

WTOの組織

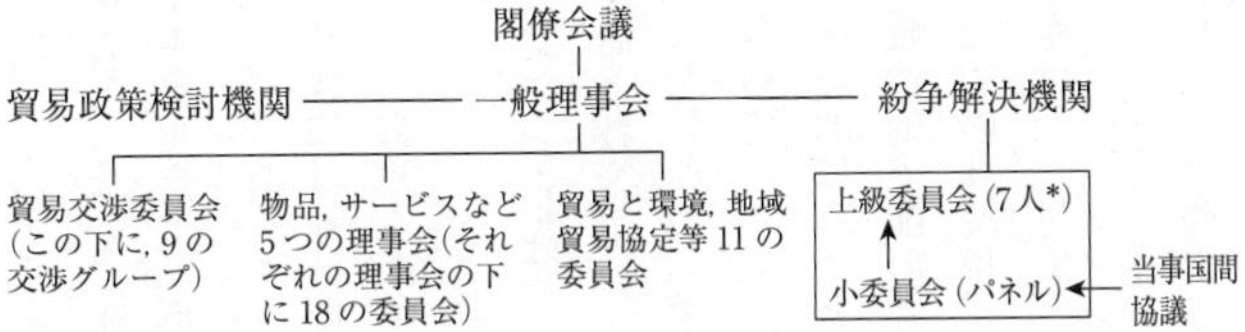

*：2020年時点で7人中6人欠員

日本の経済連携の状況(2021年)

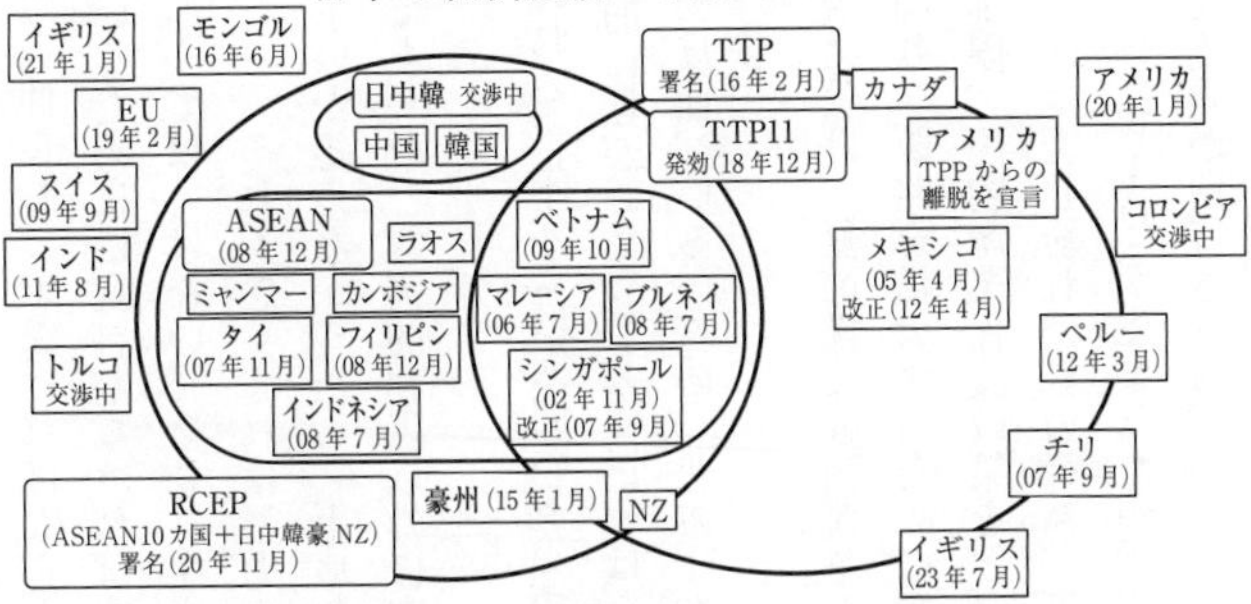

注：TPPは環太平洋パートナーシップ協定, RCEPは東アジア地域包括的経済連携
資料：経済産業省「通商白書2020」他

ここでひとこと

競争・協調・共生　共同体と共同体が生きていくためには、〝仲良し〟でなければならないことはいうまでもない。しかし、それは容易でない。生きていくためには食料がなければならない、生産をあげるためには工業原料やエネルギーに不安があってはいけない、そして生産物の輸出も増やしたい、と考えるとどうしても〝争い〟が多くなる。それも悪くすれば暴力行為や戦争に訴えることになる。農業中心の時代には地域間で水争いが絶えなかったし、土地争いもあった。国と国との関係となると、もっと厳しくかつ深刻であった。経済的利害以外に宗教的文化的な問題も絡んでくるからである。

「二〇世紀は栄光と悲惨の世紀であった」としばしばいわれる。栄光とは人間の多くが（全部ではない）封建制から解放され、産業革命と技術革新が世界的に拡がり（これも全部にではない）、多くの人が物的貧困から解放された。しかしこの「栄光」の反面、いろいろの「悲惨」を経験した。それも戦争という最大の不幸を含めて。

その「悲惨」がもたらされたのは、国際的にみると、協調に欠け、無節操な経済競争が続いたからである。原料を確保するために政治的支配の強化を図り、販路を拡大するために軍事力も動員して権益を守った。輸入防止のための高関税、輸入制限、国内産業保護政策をとり、輸出では為替ダンピングや政治的圧力をかけた。対象となった国は苦し紛れに暴力行為で抵抗した。第二次大戦後はその反省を生かしてIMF、GATT（現・WTO）が生まれたが、市場経済がグローバル化した二一世紀には、共生のためより緊密な協調が期待される。

X　国民生活

「もっとも重要なことは、国民生活を尊重する
原則を確立し、経済に奉仕する生活ではなく
〝生活に奉仕する経済〟であるべき……」
（一九六五年度「国民生活白書」）

経済力と生活の質

日本経済は戦後の高い成長によって八〇年代までにマクロの経済指標を欧米先進諸国に匹敵する水準に引き上げることに成功した。しかし、その後、国内総生産などのマクロ経済指標の伸びが非常に緩やかになり、経済停滞期に入ったようにみえる。その間、人びとの生活の質の面では一定の改善がみられたものの、最近気になる動きも出てきている。

戦後四〇～五〇年かけて日本経済は発展・拡大した。国民生活の多くの面でも向上と改善がみられた。すなわち、所得水準の上昇、所得分配の公平性、二重構造の解消、国民の中流意識、耐久財の高度普及、食生活の向上と医療の発達による健康向上と寿命延長、凶悪犯罪の減少など社会生活の安全性などもあげることができる。また、公害、環境破壊、消費者軽視といった〝ひずみ〟にも多少の改善があった。

だが、その後の急激な円高や国際化の進展の中で、人びとがそれぞれの生活がそれほど急速に改善していないと感じるようになった。住宅事情の悪さ、労働時間の長さ、第一次産業やサービス産業の低生産性、食料品などの内外価格差、地価上昇による資産格差の拡大であった。

九〇年代以降、特に二〇〇〇年代に入って、これらの問題はある程度小さくなってきた。住宅事情は地価の安定化とともに多少改善してきたし、労働時間はかなり短くなってきたし、一般的な内外価格差も小さくなってきた。しかし、近年になっていくつかの点で気になる動きが出てきている。所得格差が再拡大してきているし、犯罪や医療の面で圧倒的に安全な社会としてのイメージに疑問符がついてきている。また、人びとの生活満足度が高くない点も気になる。

1人当たり名目GDPの推移

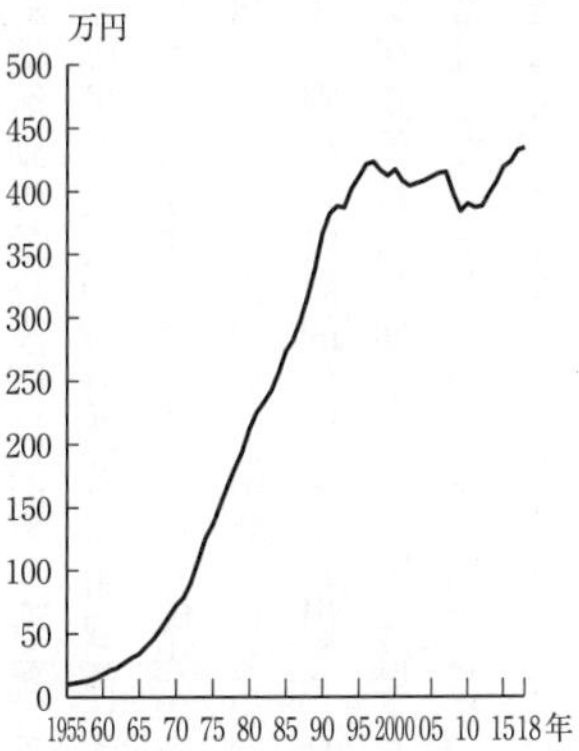

資料：内閣府「国民所得統計」

主要国の1人当たり名目(ドル建て)GDPの推移

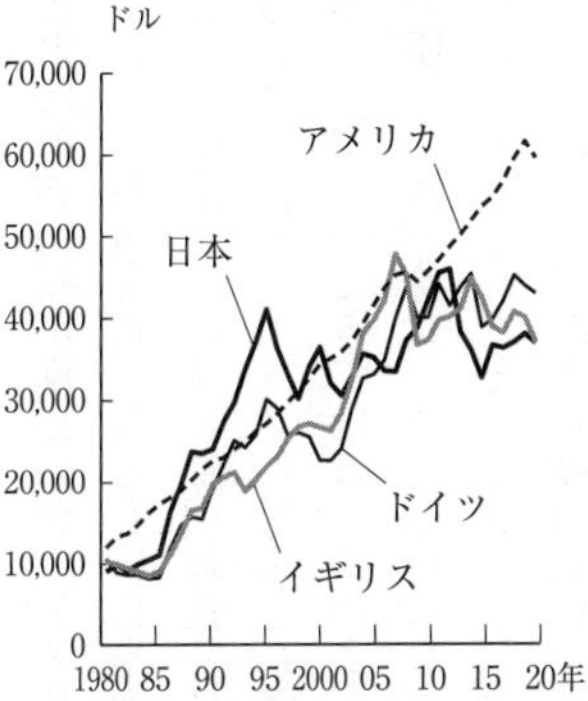

資料：IMF World Economic Outlook, Oct. 2020

生活の質に関連した指標

	日本	フランス	ドイツ	イギリス	アメリカ	韓国
1 家計の純可処分所得(ドル)	29,798	31,304	34,294	28,715	45,284	21,882
2 個人収入(ドル)	40,863	43,755	47,585	43,732	60,558	35,191
3 ジニ係数(100倍，2017，18年)[1)]	30.1	28.9	33.9	34.5	36.6	39.0
4 1人当たり部屋数	1.9	1.8	1.8	1.9	2.4	1.5
5 年間労働時間(1人当たり時間，2018年)	1,644	1,505	1,386	1,538	1,779	1,967
6 教育の平均年数	16.4	16.5	18.1	17.5	17.2	17.3
7 個人のインターネット利用割合(16-74歳，%)[2)]	95.7	90.7	94.0	95.9	-	96.2
8 食事(1日1人当たりキロ・カロリー，2017年)	2,752	3,436	3,552	3,359	3,778	3,312
9 平均寿命(年)	84.1	82.4	81.1	81.2	78.6	82.4
10 医師の数(人口1,000人当たり，2018年)	2.5	3.2	4.3	2.8	2.6	2.4
11 病院のベッド数(人口1,000人当たり，2018-19年)	13.0	5.9	8.0	2.5	2.8	12.4
12 殺人(10万人当たり人数，2018年)	0.3	1.2	0.9	1.2	5.0	0.6
13 自殺(10万人当たり人数，2016年)	18.5	17.7	13.6	8.9	15.3	26.9
14 空気汚染[3)]	14	13	14	11	10	28
15 夜道を1人で歩く時の安心度(%)	72.5	70.5	72.5	77.7	73.9	66.6
16 生活満足度(10点満点)	5.9	6.5	7.0	6.8	6.9	5.9

注：1)日本は2015年．2)2019年．ただし日本は2018年で独自の方法による計測
3)1立方メートル当たりマイクログラム(百分の1グラム)
1, 2, 4, 6, 9, 14, 15, 16はOECDのBetter Life Indexの構成項目で2018年または直近値．3, 5, 7はOECD Statistics, 8はFAO Statistics, 10, 11, 13はWHO HP, 12はUNODC HP

消費水準と構造

経済活動の最終段階は消費である。貯蓄も、繰り延べられた消費である。戦前の日本は高成長の成果も投資や政府消費(軍事費)に大きく回されて、個人消費は相対的に低く抑えられた。戦後も、近年までは貯蓄・投資優先のため、消費は成長率ほどには伸びなかった。しかし、成長自体が速かったため、消費水準も急速に上昇した。

まず戦後の飢餓的状況から脱出し、食生活は改善され、国民の体位・健康は著しく向上した。エンゲル係数は長期トレンド的に低下したが、それと対照的に高度成長以来、耐久消費財が広く普及した。それも最初は白黒テレビ、電気冷蔵庫、電気洗濯機、次いでカラーテレビ、乗用車となり、電子レンジ、VTR、さらにパソコン、デジカメ、薄型テレビ、携帯電話など情報関連が高い普及率を示した。最近ではスマートフォンが急速に普及してきている。耐久消費財の普及率は国際比較が難しいが、アメリカよりやや低いものの、ヨーロッパ各国より高いと言われている。被服も質・量ともに日本の水準は高くなり、輸入品も急増している。食料・飲料を含む必需的消費財に対して、最近では随意的選択的支出が増え、外食・宿泊関連などが増えている(だからパンデミックのマイナス影響も大きい)。また、情報通信関連支出も一定の割合を占めるようになってきている。このように消費水準は向上し、内容も多様化・個性化している。

その限りでは、飽食、消費飽和になったというのは言い過ぎだとしても、多くの人が物的な貧困からは解放されたといえよう。しかし、ほんとうに豊かになったかといえば、疑問も多い。異常時における一部消費行動の反社会性など、健全な消費への課題は依然残っている。

国内家計最終消費支出構成の推移

（%）

	1980	1990
食料・非アルコール飲料	21.9	16.8
アルコール飲料・たばこ	4.2	3.3
被服・履物	8.7	7.7
住居・電気・ガス・水道	19.7	20.7
家具・家庭用機器・家事サービス	5.2	5.3
保健・医療	3.9	3.1
交通	9.7	11.2
通信	1.1	1.3
娯楽・レジャー・文化	7.5	11.7
教育	2.3	2.3
外食・宿泊	6.9	6.3
その他	8.9	10.2
国内家計最終消費支出	100.0	100.0

	2000	2010	2019
食料・非アルコール飲料	14.2	14.4	15.6
アルコール飲料・たばこ	3.3	2.7	2.6
被服・履物	4.7	3.4	3.4
住宅・電気・ガス・水道	23.1	26.5	24.7
家具・家庭用機器・家事サービス	4.6	3.9	3.9
保健・医療	2.9	3.3	3.7
交通	10.1	10.1	10.4
情報・通信	5.3	5.7	5.2
娯楽・スポーツ・文化	8.3	6.5	6.2
教育サービス	2.0	2.0	1.9
外食・宿泊サービス	8.4	7.9	7.6
保険・金融サービス	6.3	6.7	6.1
個別ケア・社会保護・その他	6.9	7.9	8.9
国内家計最終消費支出	100.0	100.0	100.0

注：2000年以前と以降の産業分類が異なる
資料：内閣府「国民所得統計」

主要耐久消費財の世帯普及率の推移（1957-2020年）

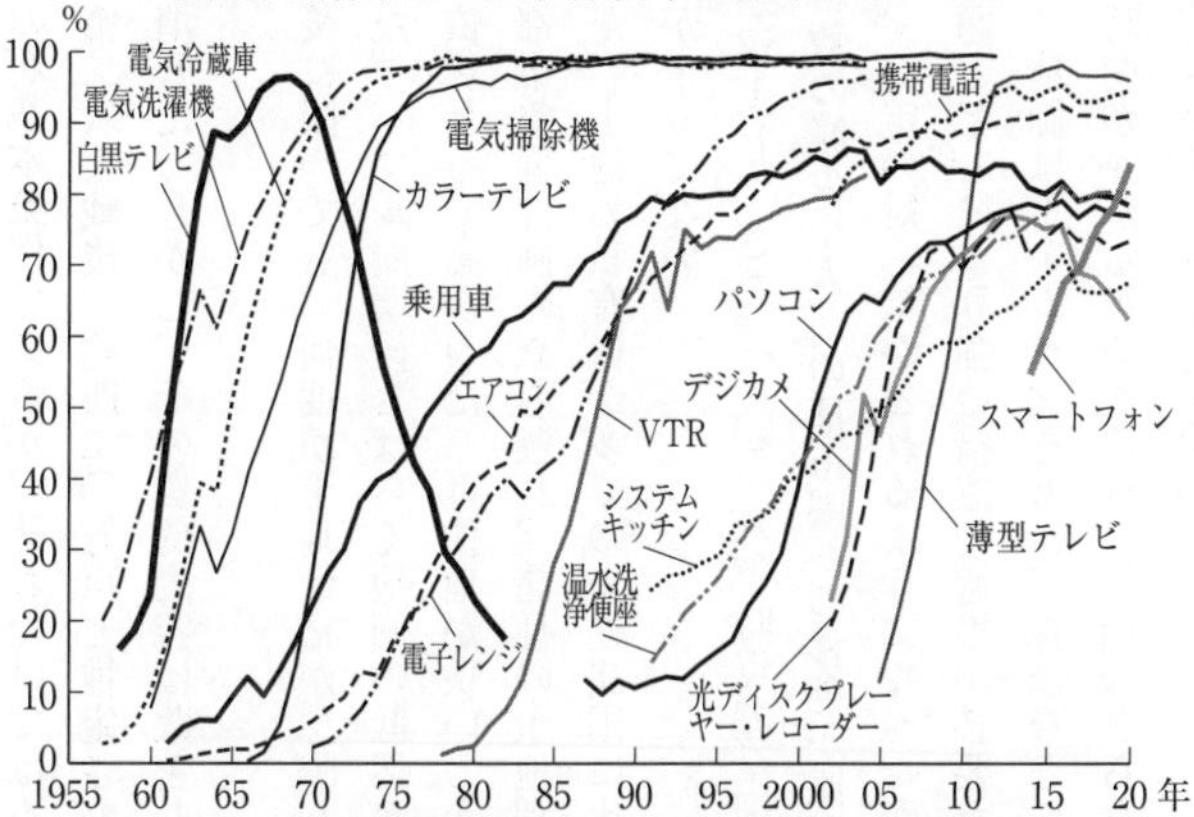

注：二人以上の世帯が対象．1963年までは人口5万人以上の都市世帯のみ．05年より調査品目変更．多くの品目の15年の低下は調査票変更の影響もある．デジカメは05年よりカメラ付き携帯を含まず．薄型テレビはカラーテレビの一部．光ディスクプレーヤー・レコーダーはDVD用，ブルーレイ用を含む．カラーテレビは2014年から対象外
資料：内閣府「消費動向調査」

地価と住宅事情

家（住居）は生活の城である。雨露をしのぐのが基本条件であるが、それだけでは不十分で、経済力にふさわしいものである必要がある。第二次大戦後、約四二〇万戸と推定された住宅の絶対的不足は、その後の住宅政策もあって解消した。しかし、その質的内容は改善してきたとはいえ不十分である。

住宅問題の背後には地価の問題がある。戦後に限っても、何度か土地価格が急騰した。特に八〇年代末から九〇年代初めにかけて急騰した。バブル崩壊後しばらく地価の低迷が続いたが、その間でも日本の地価水準は国際的にみれば依然として高かった。可住地が狭いとか、社会資本の立ち遅れの問題もあるが、そのほかにも都市整備計画の立ち遅れ、諸種の土地利用に関する規制、土地税制の不十分さなどがある。また、土地の私有権が多くの先進諸国に比べてあまりにも強調され、公共的福祉を考慮した利用が十分でない。

また、近年社会問題として空き家の増加が浮上してきた。二〇一八年時点で全国住宅の一三・六％（八四八・九万戸）にのぼる。人口・世帯数の減少や人口の都市圏への移動が原因である。二〇一五年に「空家対策特措法」が施行され、一定の対応策がとれるようになったが、問題はさらに悪化しそうである。土地所有者不明問題とともにより強い措置の適用が必要だろう。

近年地価がふたたび上昇し始めてきている。地価はタイムラグをもって株価などに連動する傾向がある。タイムラグは不動産の取引には時間がかかるためだろう。地価のさらなる上昇が住宅事情を悪化（狭い敷地に建つ高価な狭い家屋）させることが懸念される。

戸当たり住宅床面積の国際比較

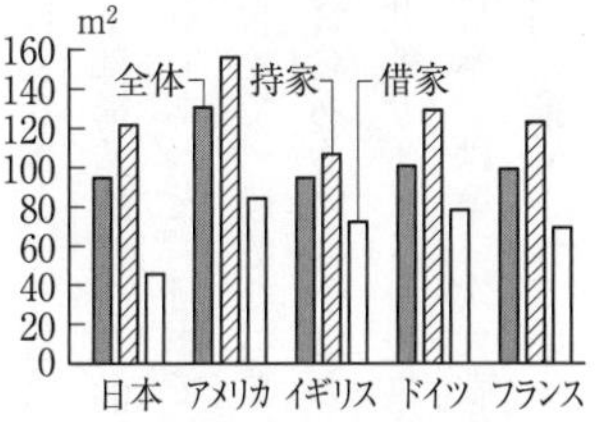

注：各国のデータ時点は，ドイツ 2011 年，日本 2013 年，フランス 2013 年，アメリカとイギリスは 2015 年
資料：国土交通省「平成 30 年度 住宅経済関連データ」

空き家(種類別)数の推移

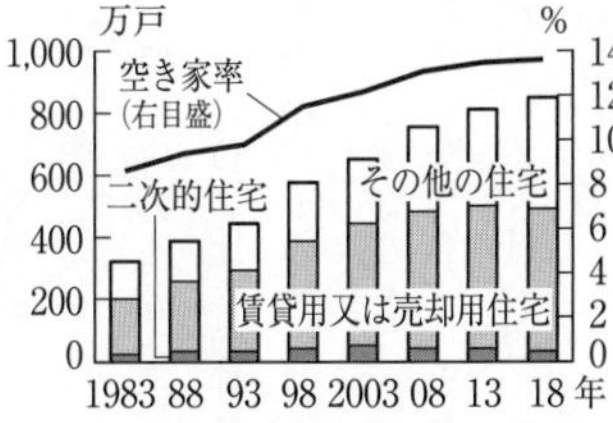

注：二次的住宅とは別荘およびその他(たまに寝泊まりする人がいる住宅)
資料：総務省「住宅・土地統計調査」

公示地価の推移(1 平方メートル)

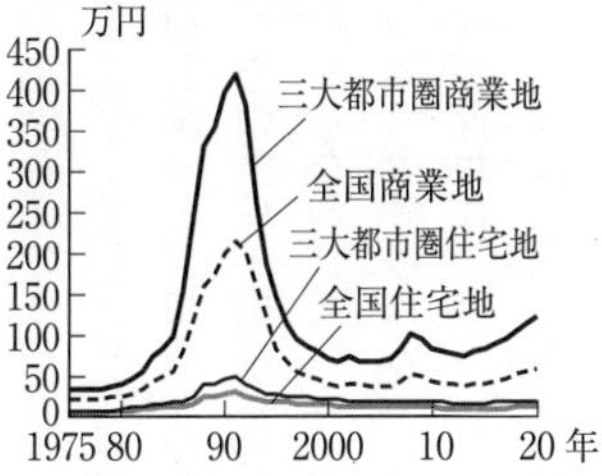

資料：国土交通省 HP

地価と株価

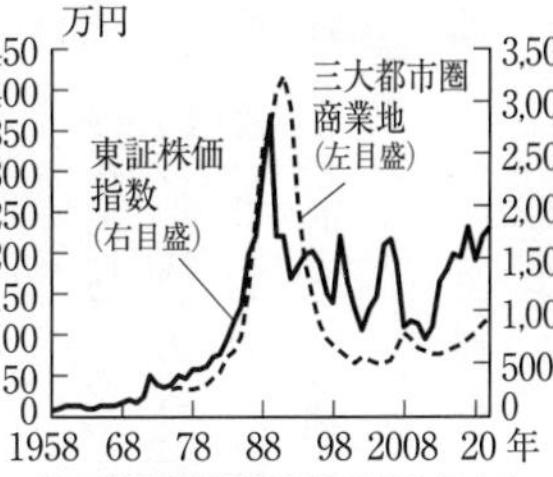

注：東証株価指数は 1968 年 1 月 4 日を 100 とした指数
資料：東京証券取引所

さまざまな地価統計とその用途

地価の種類	調査主体	評価時点	公表時期	使用目的等
公示地価	国土交通省	1 月 1 日	3 月下旬	一般の土地取得指標，不動産鑑定評価，公共用地取得価格の基準
基準地価	都道府県	7 月 1 日	9 月下旬	公示地価に同じ(林地含む)
路線価	国税庁	1 月 1 日	7 月上旬	相続税，贈与税の評価，公示地価の 8 割程度
固定資産評価額 (3年ごとに評価替え)	市町村	1 月 1 日	4 月下旬	固定資産税，都市計画税，不動産取得税 登録免許税，公示地価の 7 割程度
市街地価格指数	(財)日本不動産研究所	3・9 月末	5・11 月末	政府機関以外で公表される代表的地価統計

社会資本

社会資本という言葉は語源的には、個別企業の生産資本と区別して、間接的に生産に関与する下部構造的な公共的資本（社会的間接資本）を意味した言葉で、発電所や港湾・道路などがその例であった。日本では国民所得倍増計画のとき初めて使われ、やや広く生活関連の施設などを含めて一般的な言葉になってきた。その整備・維持資金も必ずしも公的資金だけでなく、民間資金あるいはそれとの組み合わせでまかなわれている。運営・管理が民間主体であっても、公共的サービスを提供すれば「社会資本」と呼ばれる。

日本では第二次大戦後かなりの投資が行われ、二〇一四年度の純社会資本ストックは六三八兆円と推計されている。戦後初期から高度成長期にかけては交通・通信など産業関連の伸びが高く、七〇年代初頭より生活関連資本（下水道・廃棄物処理・水道・都市公園・文教施設）が伸びている。

一般政府の総固定資本形成（国と地方自治体の投資）の多くは社会資本整備に係るものだが、その対GDP比率の推移をみると、二〇〇〇年代初めあたりまで欧米主要国にくらべて相当高かったが、その後は若干高い程度に落ち着いてきた。しかし、主要国に匹敵した水準に達してきた分野がある一方、そうでない分野もまだある（治水施設の整備水準、電柱の地中化、大都市での踏切の撤廃など）。また、主要港の大型船舶用岸壁の整備状況などは中国や韓国にくらべても遅れている。社会資本の投資懐妊期間は長く、また採算に乗りにくいもの、乗っても時間がかかるものが多いから、長期計画による整備が必要である。

社会資本ストックの推計値の推移

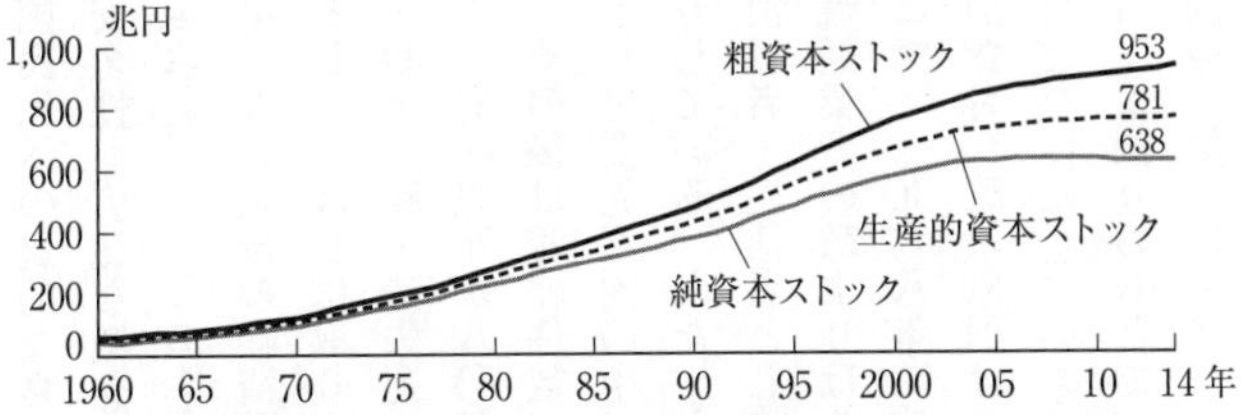

注：粗資本ストックは，現存する固定資産について評価時点で新品として調達する価格で評価した値. 純資本ストックは，粗資本ストックから供用年数の経過に応じた減価を控除した値. 生産的資本ストックは，粗資本ストックから供用年数の経過に応じた効率性の低下を控除した値

社会資本ストックの内訳

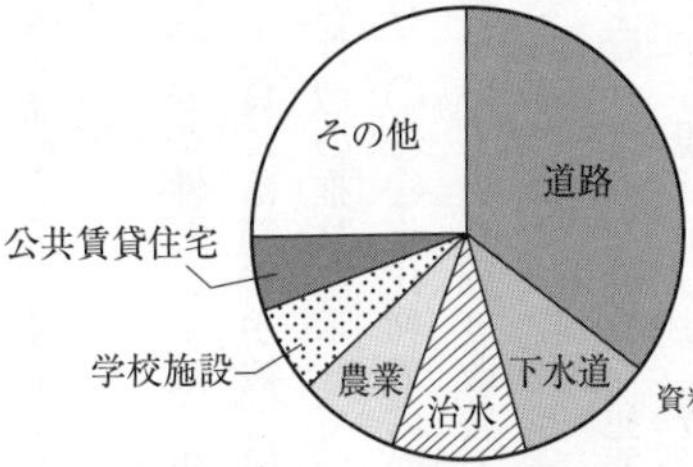

資料：内閣府「社会資本ストック推計」2018年3月

社会資本整備水準の国際比較

	指標	日本 (2018年度末，又は直近)	諸外国の現状(直近値) イギリス	ドイツ	フランス	アメリカ
下水道	下水道処理人口普及率(%)	79.3	100.0	97.1	81.0	75.5
都市公園	都市計画対象人口1人当たり面積(m^2)	4.3 東京都区部	26.9 ロンドン	27.9 ベルリン	11.6 パリ	52.3 ワシントンDC
道路	高規格幹線道路延長(km)	11,882	3,723	13,141	12,395	107,896
	1万台当たり高規格幹線道路延長(km)	1.47	0.93	2.65	2.97	3.97
	全道路延長(幅員5.5m以上)(km)	345,828	421,127	643,147	1,071,176	6,702,178
治水	治水安全度の目標(洪水の年超過確率)	1/200	1/1,000	—	1/100	約1/500
	堤防等整備率(%)	荒川，約71	テムズ川，完成	—	セーヌ川，完成	ミシシッピ川下流域，約93
航空	主要都市圏の空港整備状況(滑走路数)	東京6，大阪5	ロンドン7	ベルリン3	パリ7	ニューヨーク9

資料：国土交通省「国土交通白書2020資料編」

生活の安全性と消費者行政

国民生活の質的な良否を示す尺度は多岐にわたるが、「安全性」もその一つである。もっとも安全性も広範な概念で、食品や医薬品などの日常生活物資の安全性から、社会の安全性(治安)まであげることができる。

第二次大戦後の経済発展との関連で安全性といえば、犯罪、交通事故、公害が国際比較の対象としてしばしば取り上げられる。次頁には警察が被害届等により犯罪の発生を認知した一般刑法犯と危険・過失運転致死傷等の件数の推移を示している。併せて刑法犯検挙率が示されている。刑法犯罪が八〇年代半ばから二〇〇〇年代初めにかけて増え、刑法犯検挙率が低下したが、その後は犯罪件数が低下し、検挙率もある程度改善してきている。そうした時代を通して、日本が主要先進国の中で安全な国であることは、殺人といった凶悪犯罪の発生率をみてもはっきりしている。ただ、ときどき耳を疑うような特異な犯罪が発生する国でもある。

消費者・生活者としての人びとを守る観点からは消費者行政がある。消費者の数は、生産者や流通業者の数よりはるかに多い。しかし、その対抗力は弱く、おおむね不利な立場にある。そこで、一九六八年に消費者保護基本法(現・消費者基本法)ができた。

消費者行政の原則は安全性、選択の自由、消費者取引の適正化、政府による消費者支援の強化などを柱にしている。九五年にはPL法(製造物責任法)、さらに二〇〇九年には、それまで各省庁縦割りのもとで、産業振興に付随する形で推進されてきた消費者行政が転換し、消費者の利益を第一に考えて行動する消費者庁が設置された。

主要国の殺人発生率の推移(人口10万人当たり発生件数)

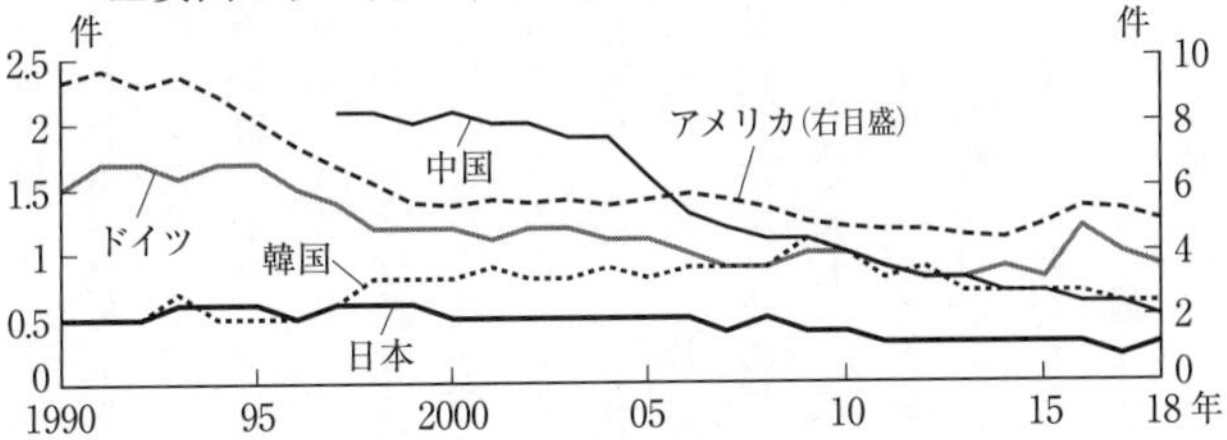

資料：DATAUNODC, United Naions Office on Drugs and Crime

刑法犯，危険・過失運転致死傷等認知件数と刑法犯検挙率の推移

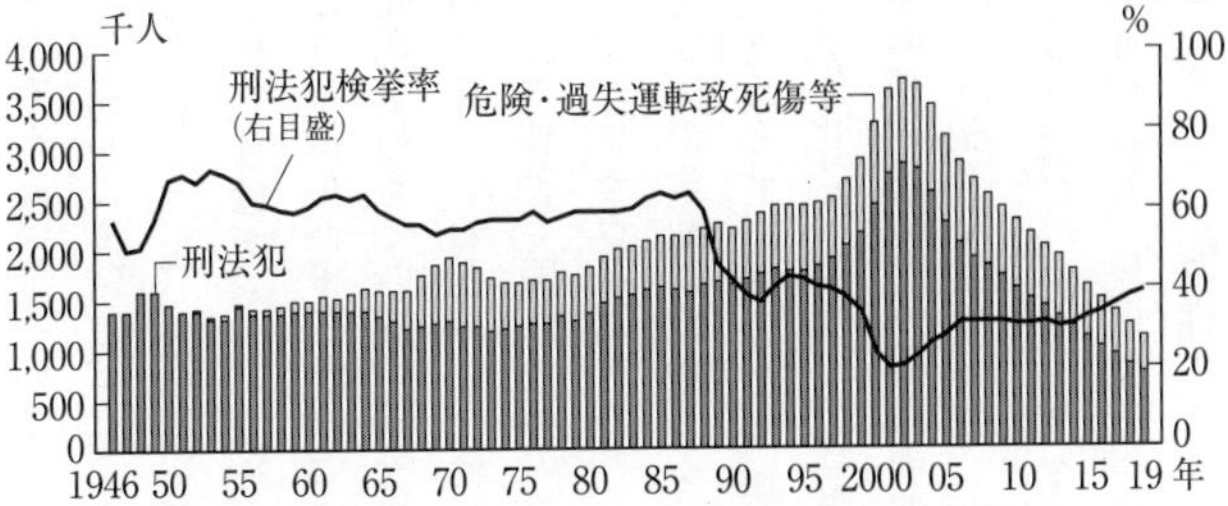

資料：法務省「犯罪白書」

消費者行政・食品安全の体制

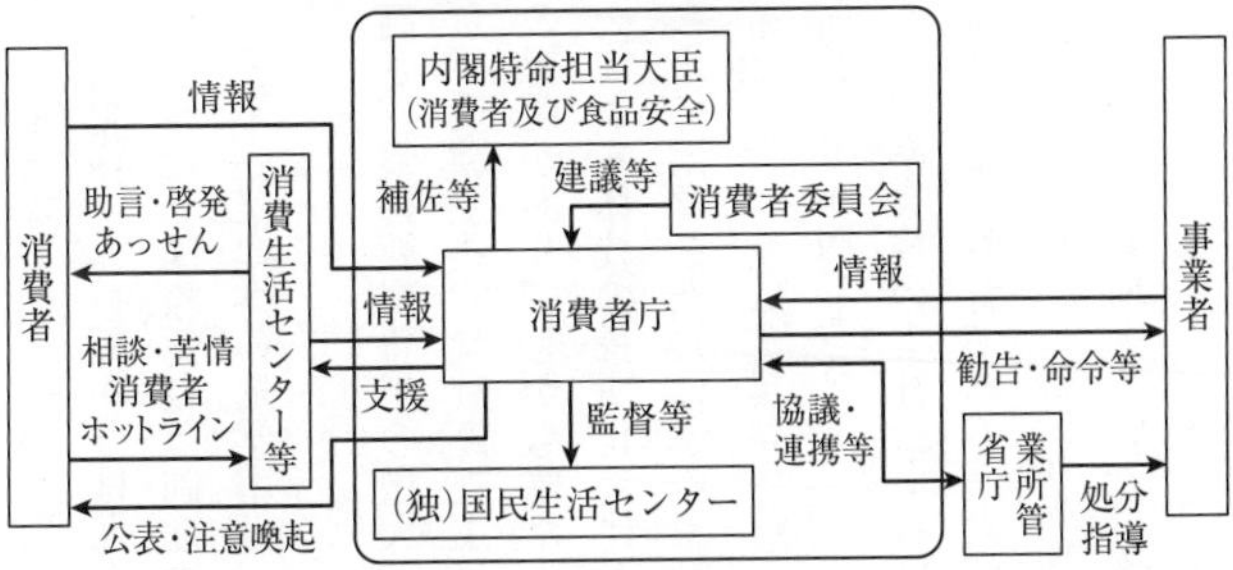

資料：消費者庁 HP

学校教育と生涯教育

日本の教育普及率は高く、進学率も高い。そのことが経済成長の重要な要因の一つであったといわれる。高校進学率は一九七四年に九〇%を超え、二〇〇〇年代に入ってからは九九%(通信制を含め)に近い。大学進学率も二〇二〇年には五四・四%になった。国際比較は制度の違いや統計の取り方の違いなどで難しさはあるが、高等教育機関(大学・短大)への進学率は、概ね韓国、イギリス、アメリカよりは低いがドイツなどより高い。

しかし、学校教育は様々な問題を抱えている。学校教育費の高さ、親の教育負担の増大、財政支出による支援が難しくなってきているといった経済問題から、受験主義、就職優先主義、カリキュラムのあり方、学歴主義の弊害、国際化への対応などの課題があり、しかも確たる展望がない。二〇二〇年には、新型コロナウイルスのパンデミックによる休校の長期化に伴う学習の遅れを少なくし、多くの主要国の学期に合わせる好機ととらえて入学を九月にする議論が活発化したが、その後立ち消えとなってしまった(国連統計によると、二〇二〇年時点で、二二七の国・地域のうち一一八か国・地域が九月スタートで、日本のような四月は五か国である)。

経済成長、技術進歩、自由時間の増加、平均寿命の伸びによって、卒業後の実社会あるいは定年後の教育の重要性が高まっている。人生八〇年、一〇〇年時代の生涯教育である。大学などによる通信教育などを受ける学生は二一万人、大学公開講座は一六二万人(二〇一九年度)が受講している。認定済みの社会通信教育、民間教育事業による講座・教室も増えている。また最近は全世代向けの情報通信関連教育の重要性が増している。

高等学校以降の学習人口の現状

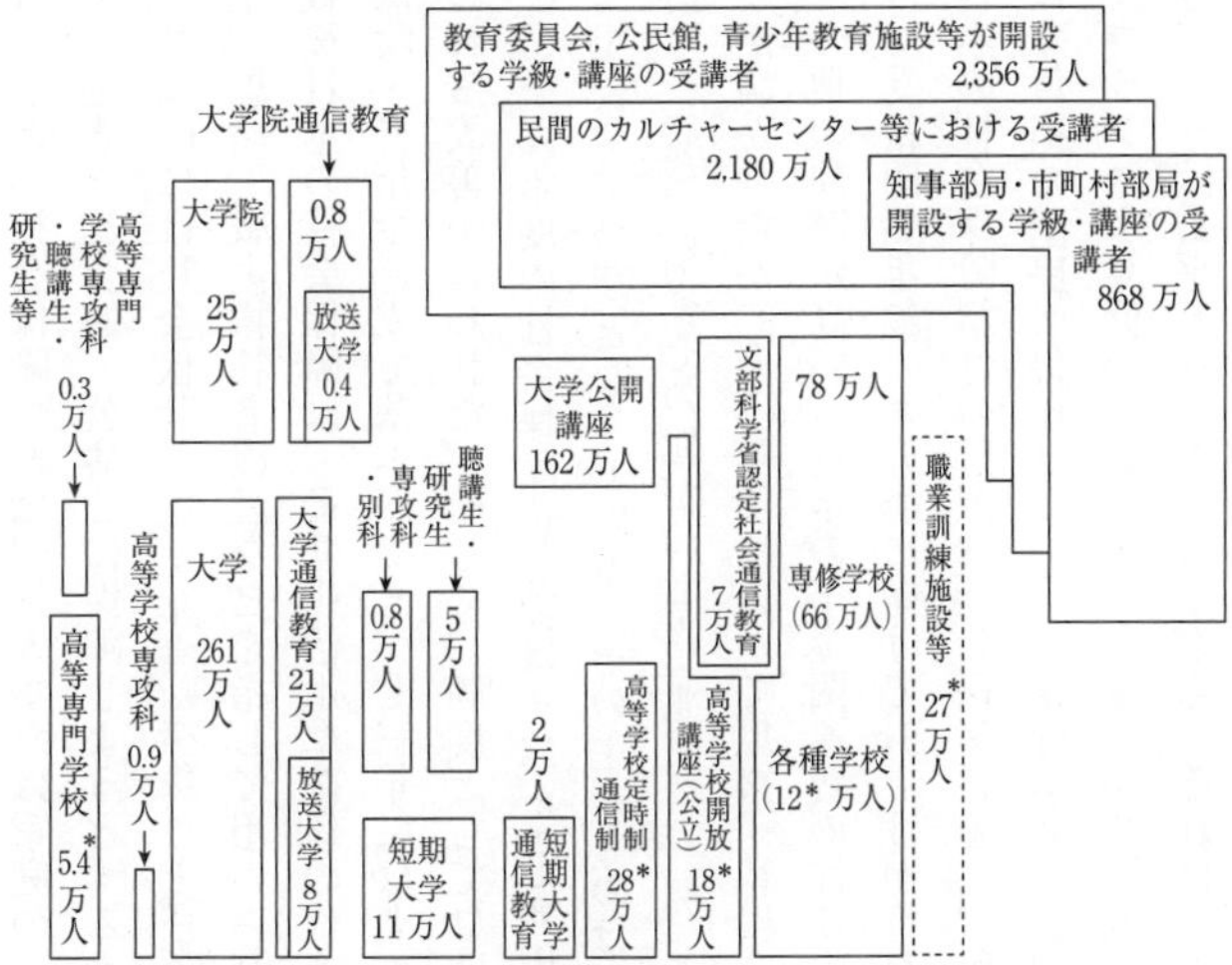

＊：高等学校レベルで卒業した人数を含む
資料：文部科学省「令和元年度版 文部科学白書」

各学校在校生数の推移と大学進学率の推移

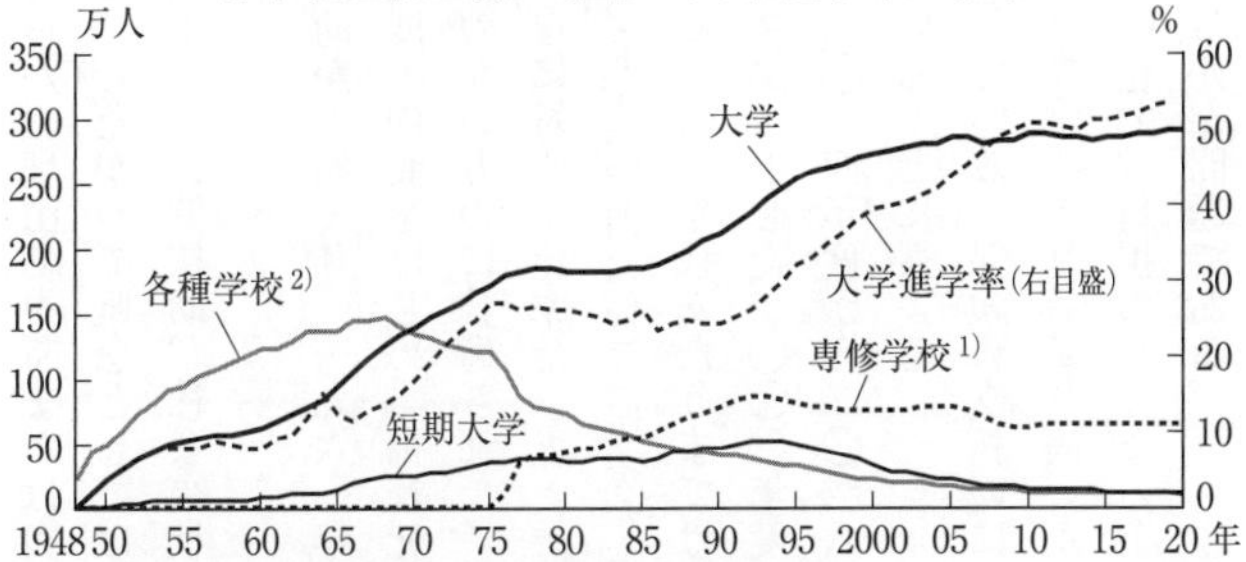

注：1)実践的な職業教育や技術教育を行う教育機関
2)和洋裁, 簿記, 自動車整備, 調理, 看護, 理美容などの教育機関
資料：文部科学省 HP

社会保障

もともと「社会保障」とは、個人または家庭の所得がなんらかの理由で中断または喪失したとき、生活を社会的・公共的に保障しようとするものである。したがって概念としては幅広いが、具体的には社会保険（医療・年金・労災・介護など）、児童手当、公的扶助、社会福祉、公衆衛生、恩給、戦災犠牲者援護などを指して用いられる。

戦後日本の社会保障は、最低生活水準確保のための公的扶助から始まり、一九六一年に国民皆保険・皆年金達成で基本ができ、七三年には老人医療費制度の創設をはじめ「福祉元年」といわれる改善が行われた。そして、制度としては欧米と遜色のないものに整備された。

二〇一九年度の社会保障給付額は一二三・七兆円、国民所得に対する比率は二九・二％（一九七〇年度は五・八％）となっている。その主なものは年金が五六・九兆円（四六％）、医療が三九・六兆円（三二％）、福祉その他が二七・二兆円（二二％）となっている。八〇年代あたりまでは年金の伸びが高かったが、九〇年代に入って以来、特に介護保険がスタートした二〇〇〇年度以来福祉その他の伸びが高い。近年の年金関連費の伸びの抑制は、二〇一四年度から二〇二六年度にかけて受給開始年齢の六五歳に向けて引上げが行われてきていることにもよる。

日本の社会保障給付の財源は社会保険料を主、租税を従としている。保険料支払いによる社会保障負担の国民所得比は二〇二〇年度一八・一％で、アメリカやイギリスより高いが、ドイツやフランスより低い。しかし、今後は年金制度の成熟、高齢化で、負担のさらなる上昇は不可避だろう。公平と効率を期しながら、それにいかに対処するかが問題である。

社会保障制度

社会保険	公的年金，公的医療保険，雇用保険，労災保険，公的介護保険
社会福祉	保育・児童福祉，母子・寡婦福祉，高齢者福祉，障害者福祉
公的扶助	生活保護，社会手当，生活福祉資金貸付
保健医療・公衆衛生	予防接種，伝染病対策，健康診断，公害対策，ペットの保護

社会保障給付額の推移

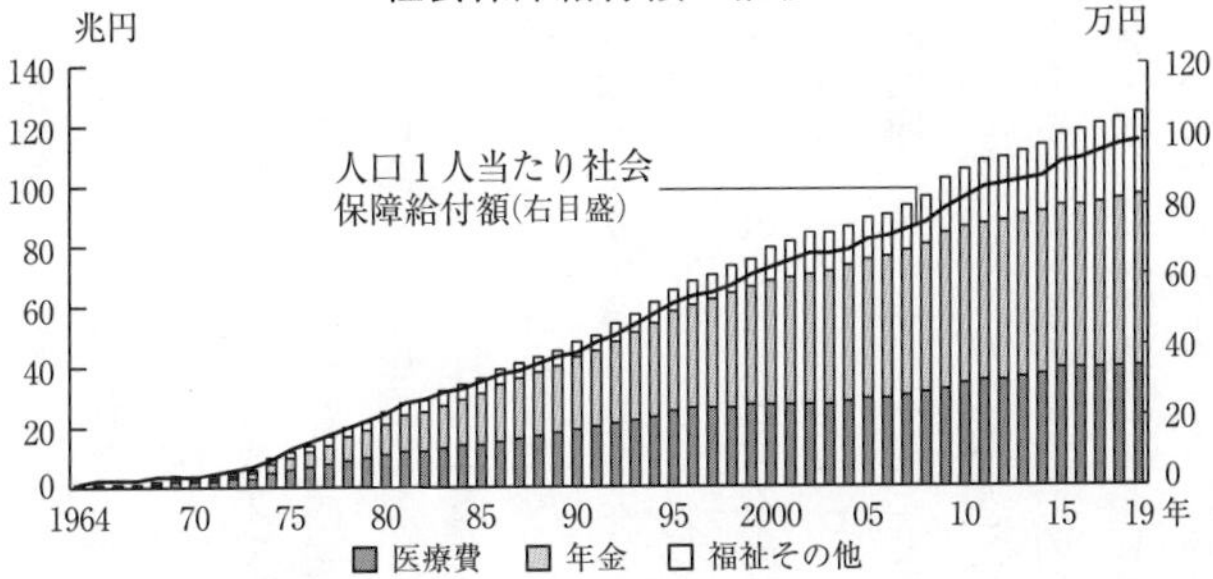

資料：厚生労働省「令和2年版 厚生労働白書」

社会保障負担率，社会保障支出等の国際比較

(%)

	日本	アメリカ	イギリス	ドイツ	フランス	スウェーデン
1. 社会保障負担率	18.1	8.5	10.7	22.6	26.5	5.2
2. 租税負担率	26.5	26.1	36.9	31.5	41.7	53.8
3. 国民負担率	44.6	34.5	47.7	54.1	68.2	58.9
4. 財政赤字対国民所得比	−5.3	−3.3	−3.4	0	−3.9	0
5. 潜在的な国民負担率	49.9	37.9	51.0	54.1	72.1	58.9
6. 社会保障支出の対 GDP 比	22.7	24.9	21.1	27.8	32.1	26.5
高齢・遺族	11.6	7.1	6.6	10.2	14.4	9.4
保健・障害・傷病等	8.7	15.9	9.4	12.8	10.6	10.7
その他(家族，失業等)	2.4	1.9	5.0	4.8	7.1	6.4
7. 高齢化率	28.0	16.2	18.5	21.6	20.4	20.2

注：国民負担率＝租税負担率＋社会保障負担率，潜在的な国民負担率＝国民負担率＋財政赤字の対国民所得比
財政赤字の対国民所得比は，日本とアメリカについては一般政府から社会保障基金を除いたベース，その他の国は一般政府ベース
1-5 は対国民所得比%，日本は 2020 年度予算ベース，その他の国は 2017 年
6 とその内訳は 2017 年度，フランスのみ 2015 年度
高齢化率は 2019 年における 65 歳以上人口の割合

資料：厚生労働省「令和2年版 厚生労働白書」，財務省 HP，国立社会保障・人口問題研究所 HP

X−⑧

健康と医療と介護

日本人の体位はいちじるしく向上し、平均寿命の長さ、乳児死亡率の低さ、悪性伝染病の少なさなど、健康状況は大きく改善された。所得水準の向上、食糧事情の改善、医療・医術の進歩、医療体制の整備、社会資本(下水道など)の整備、国民皆保険の達成など、様々な要因があった。これらは戦後経済発展の一つの成果である。

二〇一九年度の医療保険適用医療費は四三・六兆円で、傾向として増加してきている。これは医療の高度化とともに高齢化が影響している。一人当たり医療費は高齢化とともに増えるし、人口の高齢化も進んできている。日本は先進諸国の中で最も高齢化が進んできている国の一つであり、それが一般政府支出に占める医療支出の高さにも現れている。二〇二〇年のパンデミックに直面して柔軟な対応ができなかったことから、日本の医療体制の硬直性が問題となり、医療に関わる新たな課題として浮上した。どうしたらいいかは今後の議論を待つことになる。

高齢化の進行に伴い、介護を必要とする高齢者が増える事態に対応して、二〇〇〇年度から介護保険制度が導入された。〝介護離職ゼロ〟が唱えられたこともあったが、実現しなかった。介護、医療に関する問題は担い手の不足とともに、より大きな問題は財源不足である。給付が保険料でまかなえない。「高齢者就労促進」や「応能負担」が進められてきているが、前者には短期的には限界がある一方、後者は政治的に遅れる傾向がある。それでも、高齢者も健康状態に応じて制度の担い手になる努力がさらに必要だろうし、後期高齢者の医療保険料と介護保険料の年収や資産に応じた負担増をさらに進める必要があるだろう。

医療保険適用医療費の動向

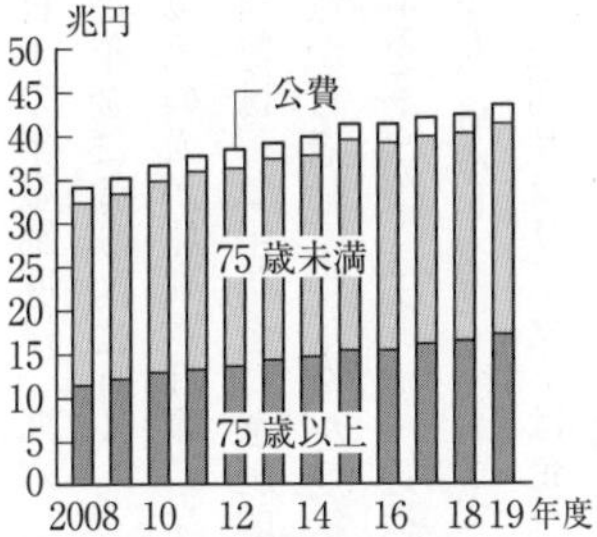

資料：厚生労働省「医療費の動向」

年齢階級別 1 人当たり医療費
(2019 年度)

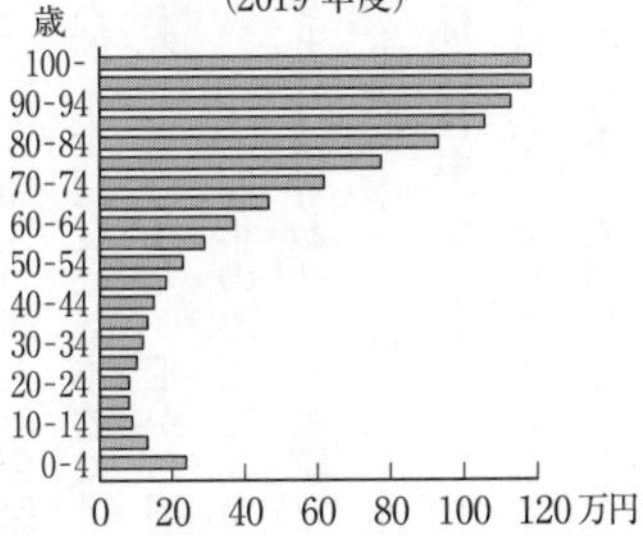

資料：内閣府「令和 2 年版 高齢社会白書」

介護サービス利用者数と介護費用の推移

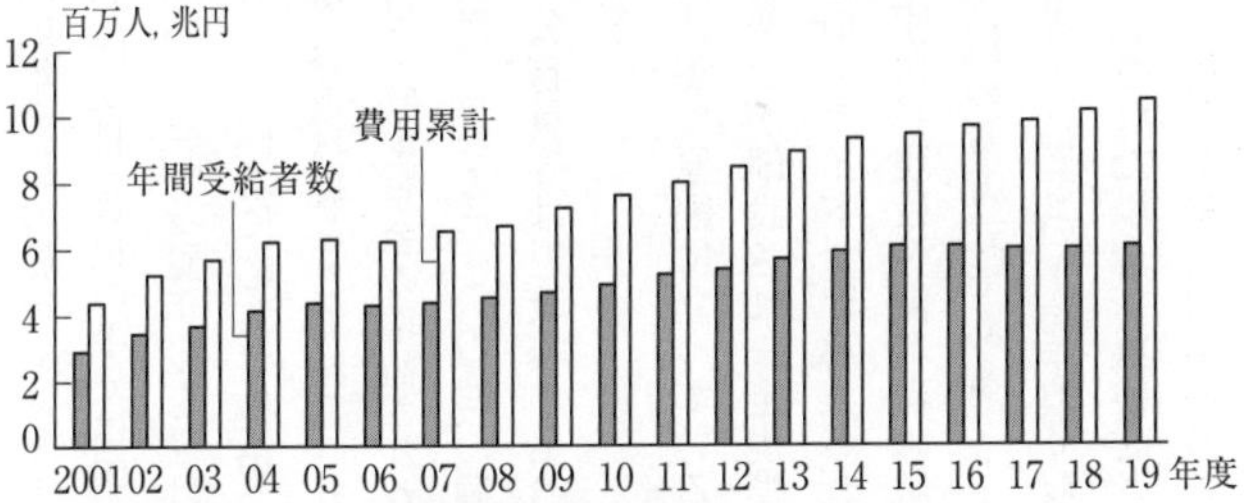

資料：厚生労働省「介護給付費等実態統計の概況」

主要国の健康, 医療関係指標

	平均寿命 (男女平均, 歳, 2016 年)	平均健康寿命 (男女平均, 歳, 2016 年)	医師の数 (10 万人当たり人, 2010-18 年)	看護師の数* (10 万人当たり人, 2010-18 年)	一般政府支出に占める医療支出(%, 2017 年)
日本	84.2	74.8	24.1	121.5	23.6
フランス	82.9	73.4	32.7	114.7	15.5
ドイツ	80.9	71.6	42.5	132.4	19.9
イギリス	81.4	71.9	28.1	81.7	18.7
アメリカ	78.6	68.5	26.1	145.5	22.5
韓国	82.7	73.0	23.6	73.0	13.4
中国	69.3	68.7	19.8	26.6	9.1

*：助産師を含む
資料：WHO World Health Statistics 2020

年金問題

日本の年金制度は一九六一年に国民年金法の施行でスタートし、現在二〇～六〇歳の国民は国民年金に強制的に加入し、定額の保険料(負担の半分は国庫負担)を支払い、資格期間が一〇年以上の人が原則六五歳になって以降、老齢基礎年金を受け取れる。民間のサラリーマンと公務員等は、厚生年金に強制的に加入し、収入に応じて拠出(労使折半)し、原則六五歳になった時点から老齢厚生年金を受給できる(経過措置として減額された国民・厚生年金を六五歳以前に受け取ることができる一方、選択的に国民・厚生年金の増額された年金の受給開始を七〇歳まで延期できるし、厚生年金は七〇歳まで拠出を続けられる)。この他、個人は国民年金基金や確定拠出年金に、民間サラリーマンは企業年金、公務員等は退職等年金給付(公務員版企業年金)に加入でき、さらに任意加入の個人年金保険がある。

公的年金制度は基本的には世代間扶養の原則に立っている。少子高齢化のもとでも制度が持続するよう一九九一年から国民年金基金が創設され一定規模の基金が積み立てられている。また、二〇〇四年の改正で「マクロ経済スライド」が導入された。それは現役労働者の賃金や物価の上昇に合わせて年金額を増やさずに、現役労働者数の減少と平均余命の伸びに応じた「スライド調整率」だけ引いて年金額を決める方式である。こうした年金額の決め方は、年金の「所得代替率」(モデル世帯年金の現役男子労働者の平均手取り収入に対する比率)が五〇%を上回る限り続くが、それを下回ることが予想された場合、再検討されることになっている。諸外国の事例や日本の人口動態を勘案すると、年金受給開始年齢のさらなる引上げが必要になろう。

年金制度の仕組み(数値は2019年3月末時点)

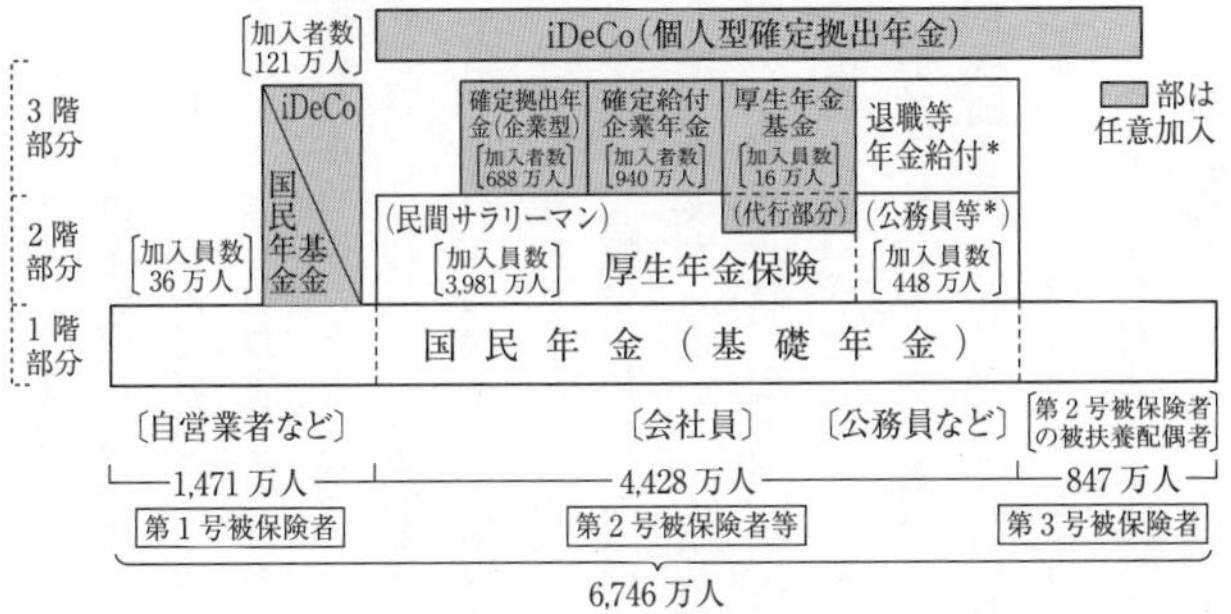

＊：被用者年金制度の一元化に伴い, 2015年10月1日から公務員および私学教職員も厚生年金に加入. また, 共済年金の職域加算部分は廃止され, 新たに退職等年金給付が創設

公的年金の規模と役割

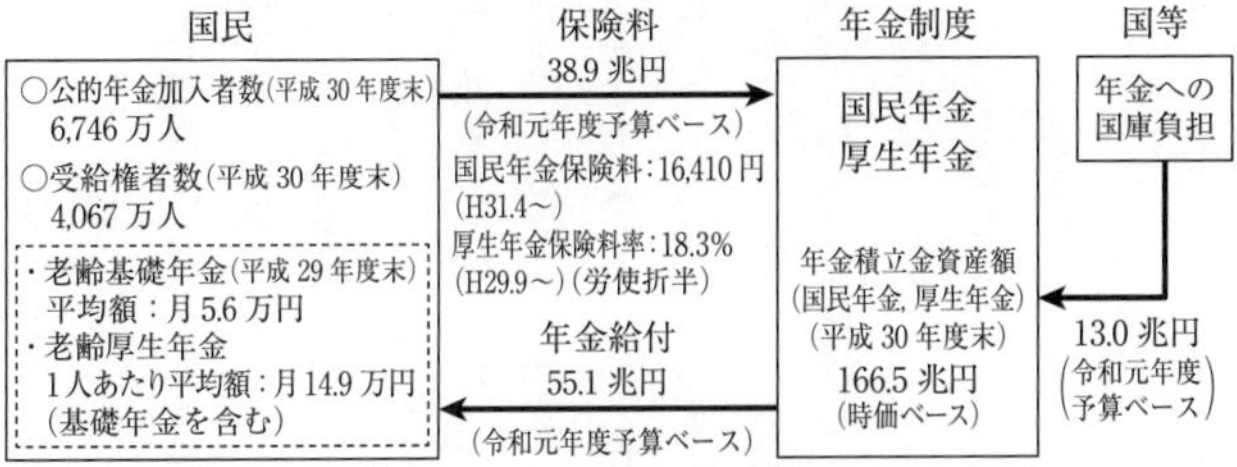

主要国の年金制度の概要

	年金制度の加入対象者			老齢年金の受給要件	
	被用者	自営業者	無業の人	受給開始年齢	最低加入期間
日本	○	○	○	国民年金65歳 厚生年金(男62歳*, 女60歳*)	10年
フランス	○	○	なし	62歳	なし
ドイツ	○	○	なし	67歳(1964年誕生者以降)	5年
イギリス	○	○	なし	65歳	10年
アメリカ	○	○	なし	67歳(2027年から)	10年
韓国	○	○	○	65歳(2033年から)	20年

＊：男性の場合2026年度から, 女性の場合2031年度からの65歳に向け調整中
資料：日本年金機構「主要各国の年金制度の概要」2020年3月

個人金融資産

高齢化とともに貯蓄率が下がり始めた七〇年代半ば以降も家計貯蓄率はマイナスに陥ることもなく、家計金融資産は増え続けてきている。一方、日本のGDPは一九九〇年代に入って以降ほぼ横ばい圏内で推移してきている。企業部門もこの間貯蓄超過部門であったので、企業とともに家計は一般政府と海外の債務の増加を引き受けてきたことになる。つまり、企業とともに家計は所得がほとんど増えない中で、主として金融機関などを通して、政府債務や海外金融資産(主として外国政府債務)を積み上げてきたことになる。

家計が保有する金融資産構成をみると、欧米主要国に比べて圧倒的に現金・預金の保有が多く、(元本の維持が約束されない)リスク資産である債券、株式、投資信託、まして外貨資産はかなり少ない。現金・預金と同様に安全資産と考えられている保険・年金の保有割合は欧米主要国とあまり変わらない。小泉政権の時に、それ以前から言われていたことだが、〝貯蓄から投資へ〟が唱えられ、現金・預金に過度に偏った家計の金融資産構成を変えようとした。しかし、その後の株価の低迷もあって家計の金融資産運用に変化は起こらなかった。

一般的に社会の多数の人びとが行う行動には正しいことが多い。デフレ的状況下における現金や流動性預金(普通預金)の保有は正しい。しかし、一〇年物の金利までがほぼゼロになった状況下では、投資対象としては以下の三つが望ましい。より長期のリスクが限定的な社債や保険、リスク資産の代表である株式、投資信託、そして為替リスクをともなう外貨資産である。ただ、高齢化とともにやり直しがきかなくなるのでリスク・テイクは慎重にすべきでもある。

家計の金融資産残高，一般政府の総債務残高，
対外純資産残高，名目 GDP の推移

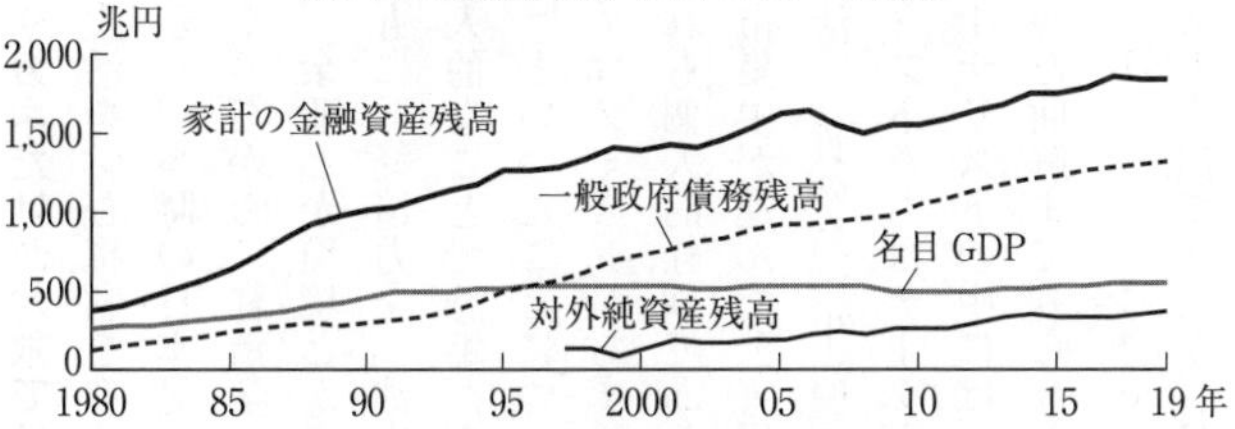

家計の金融資産構成(2020 年 3 月末)

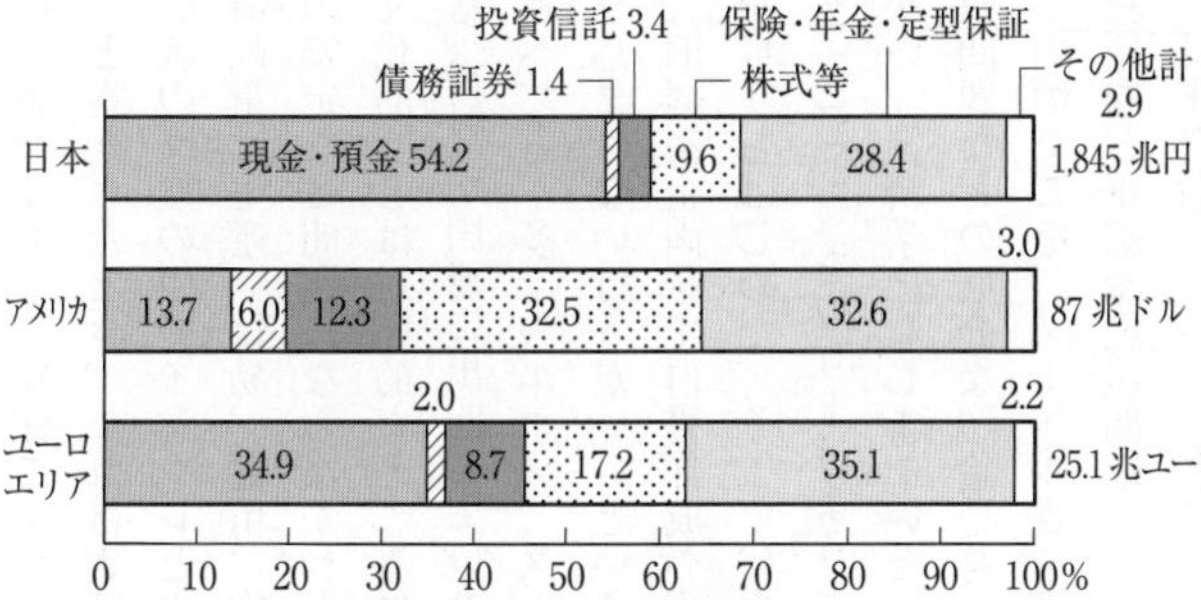

出所：日本銀行調査統計局「資金循環の日米欧比較」2020 年 8 月

家計の主な金融資産の推移

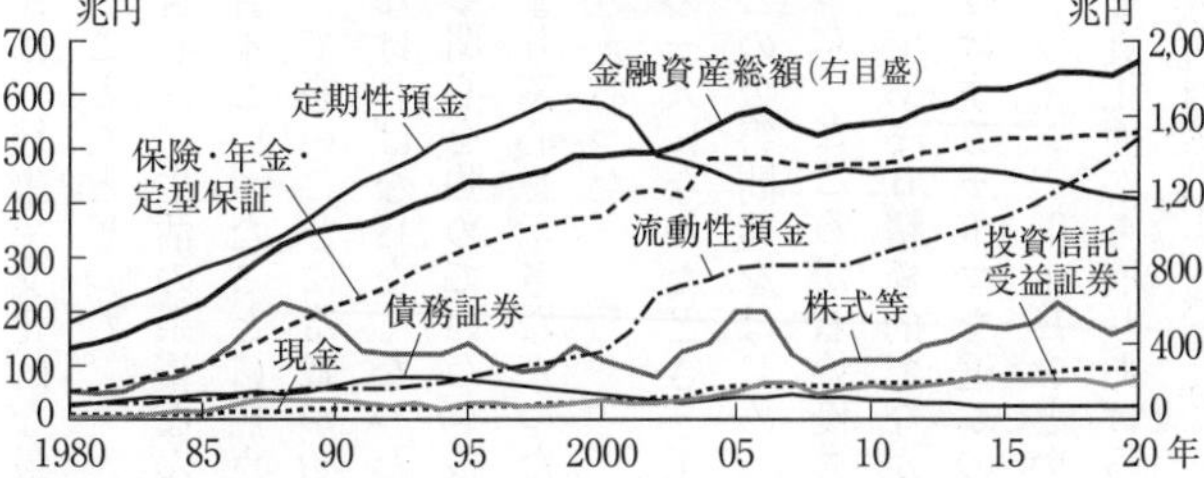

注：2020 年は 9 月末
資料：日本銀行「資金循環統計」

ここでひとこと

モノやカネだけが対象ではない　戦後まもなく憲法で「すべて国民は、健康で文化的な最低限度の生活を営む権利を有する」と書かれたとき、これは素晴らしいことだと思った。

しかし、当時の日本経済は敗戦の廃墟の中でインフレと失業に苦しみ、生活の余裕なんぞなかった。だから、経済学や経済政策は生産、貿易、雇用、物価、資本といったことに焦点がおかれ、余暇とか環境とか老後の安定など問題にならなかった。そして悪いことに冷戦が始まるとともに、経済力を「健康で文化的」とは対照的なところにあてなければならなくなった。

個人的なことで恐縮だが、私(宮崎)が国連に出向していた頃から関心を強めていた「核廃絶、軍縮」といったことについて述べても、多くのエコノミストはあまり関心を示さなかった。むしろエコノミストがあまり巻き込まれないほうがいいという空気さえあった。

これも個人的経験であるが、旧経済企画庁で白書作成の責任者の一人になったとき、工業化と都市集中が進んで公害現象が目立ちはじめた。そこで、白書でこの公害問題をはじめ〝豊かな生活〟〝質の高い生活(Quality of Life)〟を取り上げようと提案した。ところが若い優秀なエコノミストたちはデータが少ない、経済学になじまないということであまり積極的でなかった。ジャーナリストの中には、財政問題などの厄介な議論を避け、俗受けするテーマを選ぶのか、といった曲解までみられた。この頃でこそ、ノーベル賞を受けたクライン、トービンといったケインジアンやインドのセン教授など軍縮や環境問題、福祉問題を真正面から取りあげるエコノミストも出てきたが、日本ではまだ数からいうとさびしい(最近状況は変化してきたが)。

XI 日本経済の展望

「われらは、平和を維持し、専制と隷従、圧迫と偏狭を地上から永遠に除去しようと努めてゐる国際社会において、名誉ある地位を占めたい……」

（日本国憲法・前文）

コロナ・ショックと日本経済

新型コロナウイルスによるパンデミックの日本経済に対するインパクトは、戦後最大だったと言われるリーマン・ショックに匹敵する。その後の回復の難しさを考えれば、〝戦後最大のショック〟となるだろう。戦後の日本経済は、GATT・IMF体制のもとでの貿易財・相手国の拡大と産業構造の多様化、特に(海外需要にあまり依存しない)サービス化もあって景気変動が小さくなってきていたが、今回のショックはサービス業を直撃するものだった。当初は、国際的なサプライ・チェーンの機能不全を含む企業活動の困難さからもたらされる「供給ショック」の側面を持っていたが、時間とともに対面型サービス消費(観光・宿泊・飲食)を中心とした需要を抑制する「需要ショック」の側面がより大きくなった。したがって、物価も下がり気味となった。一方、ネット通販やそれにともなう配送の活発化などが起こった。多くの経済・社会活動がネットに移行することなどもあって景気回復してきたが、リーマン・ショック後がそうであったように、今回も二〇一九年までの成長経路の延長線上には戻りそうにない。

リーマン・ショック後、アメリカで「長期停滞論」が一時話題となったが、今回も同じような議論が出てくるかもしれない。①経済のデジタル化は高所得者層の賃金を高めて所得格差を拡大させるが、高所得者の消費性向は低い、②経済緩和政策も資産価格を上昇させて高所得者の所得をさらに増加させる、③財政がコロナ・ショック対応もあって各国で悪化しており、公的年金保険制度に対する信認が低下するため家計の貯蓄性向が高まる、④財務体質強化のためにも企業の設備投資が慎重化する、といった点である。

日本の長期実質 GDP 成長率の推移

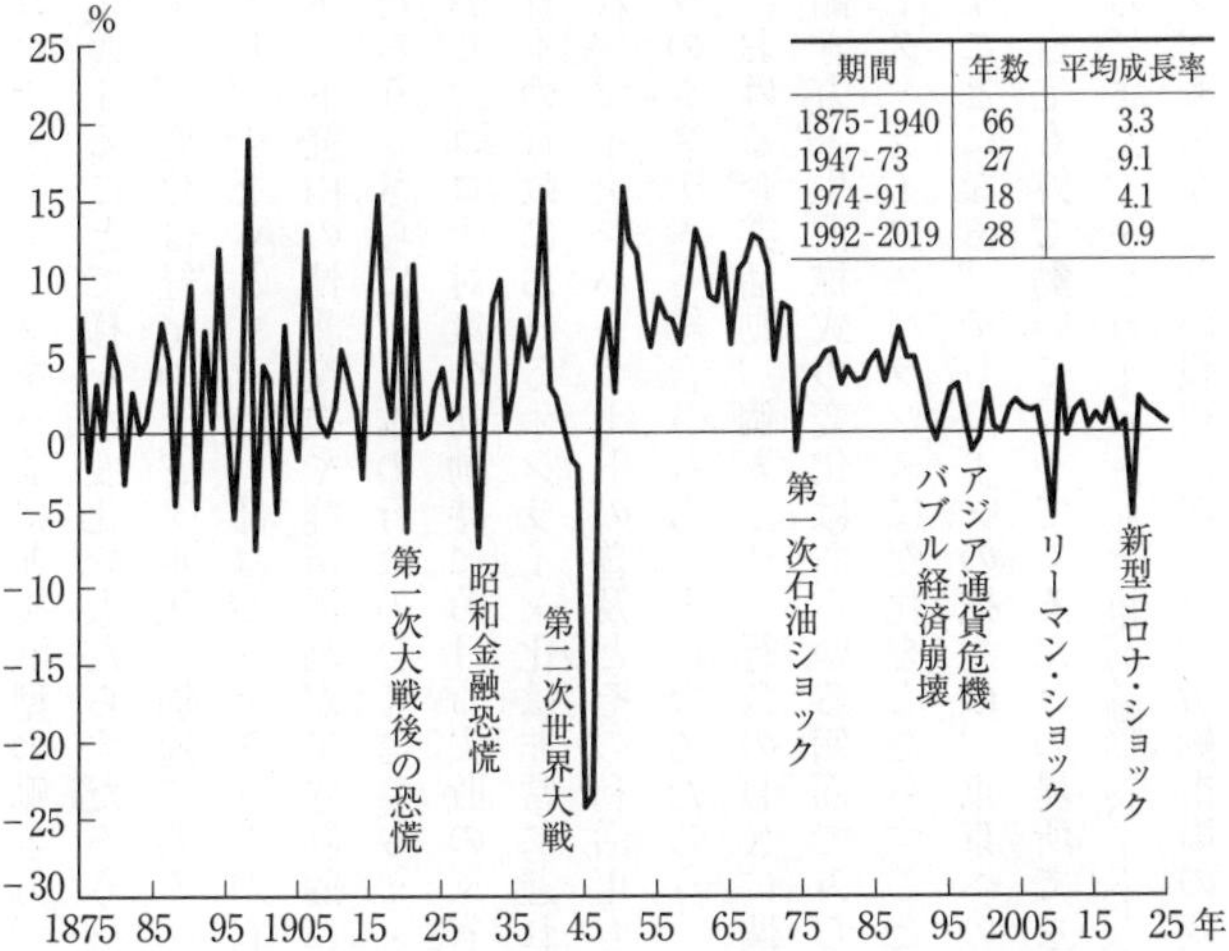

期間	年数	平均成長率
1875-1940	66	3.3
1947-73	27	9.1
1974-91	18	4.1
1992-2019	28	0.9

資料：1875-1979 年のデータはアンガス・マディソン「経済統計で見る世界経済 2000 年史」柏書房，1980-2025 年は IMF Economic Outlook, Oct. 2020

世界経済見通し：世界 GDP（2019 年第 4 四半期＝100）

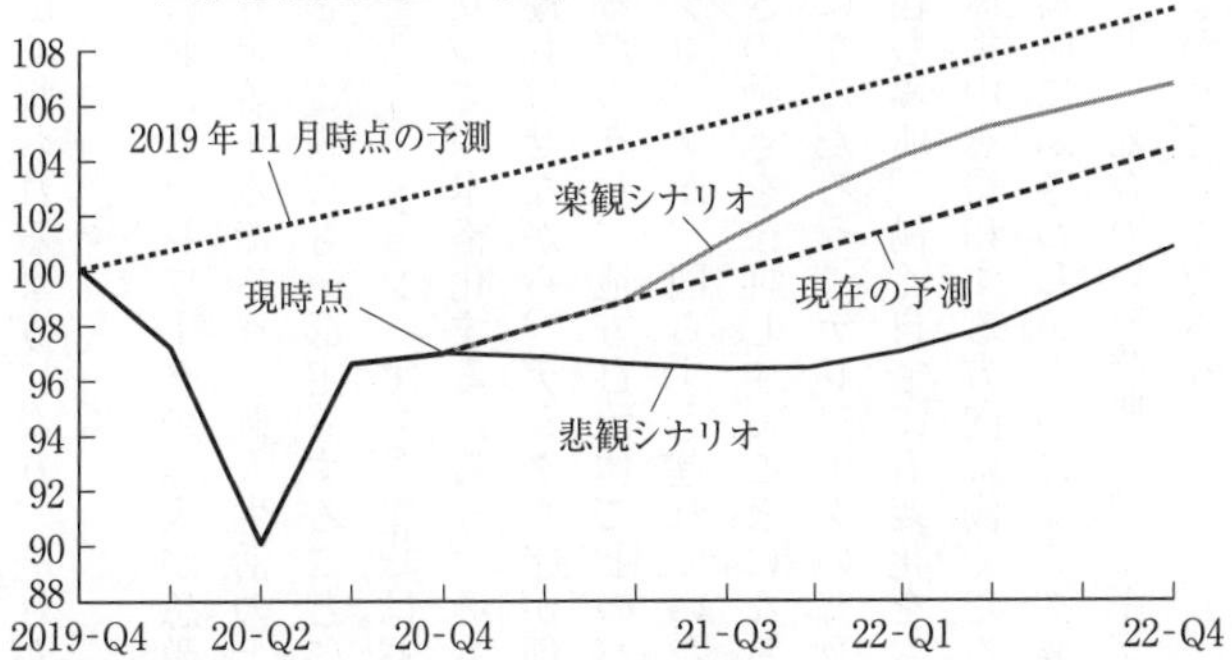

資料：OECD Economic Outlook, December 2020

コロナ・ショック後の日本経済

コロナ・ショックを契機に非接触型の働き方、生き方が広く行われるようになり、それが一部定着することで様々な変化をもたらすだろう。

第一の変化は経済のデジタル化の加速である。企業活動におけるテレワークの導入が急激に拡大し、少なくともその一部はパンデミックが収束した後も定着するだろう。個人生活の上でもネット経由の情報交換や経済活動が半強制的に拡大したし、これらも一部定着することになるだろう。さらに、日本の行政のＤＸ（デジタル・トランスフォーメーション、デジタル化）は遅れており、コロナ対策の初動時における失敗の反省の上にも立って、本格化するだろう。そもそも日本の行政におけるオンライン化は非常に遅れていた。遅ればせながら、デジタル庁が創設され、マイナンバーカードの普及とその利活用も本格化するだろうし、地方自治体ごとのバラバラのシステムも統合されることになるだろう。コロナ・ショックが、図らずも遅れていた日本における企業活動、個人生活、行政のＤＸに関する前向きの動きを後押しすることになる。

働き方・生活様式の変化はあらゆる側面でみられることになるだろう。テレワークの普及はワーク・ライフ・バランスに変化をもたらすことになる。住む場所、働く自宅にも変化をもたらすことになる。テレワークの拡大は、東京への人口の一極集中を緩和する方向に働くだろうし、自宅も外で働いて帰ってくるだけの場所でなく、働く場所にふさわしいものになる必要もある。また、テレワークは非正規労働、パート・アルバイト、（都合のいい時間に働く）ギグワーク、兼業などとの親和性が高く、労働市場の変化にもつながっていくだろう。

デジタル競争力順位

国・地域	スコア
1 アメリカ	100.0
2 シンガポール	98.1
3 デンマーク	96.0
4 スウェーデン	95.1
5 香港	94.5
6 スイス	93.7
7 オランダ	92.6
8 韓国	92.3
9 ノルウェー	92.2
10 フィンランド	91.1
11 台湾	90.8
12 カナダ	90.5
13 イギリス	86.3
16 中国	84.1
18 ドイツ	81.1
27 日本	75.1

資料：IMD World Digital Competitiveness Ranking 2020

行政のＤＸ(デジタル・トランスフォーメーション)関連政策

21 年度
デジタル庁設置

22 年度
番号付き公金受け取り口座の開始
スマホへのマイナカード機能搭載

24 年度
相続時や災害時に番号を使って預貯金口座を照会できるサービスの運用開始
運転免許証とマイナカードの一体化
マイナカードの海外利用開始

25 年度
主要業務に使う自治体システムの統一

出所：日本経済新聞 2020 年 12 月 12 日

行政手続きのオンライン化(2018 年)

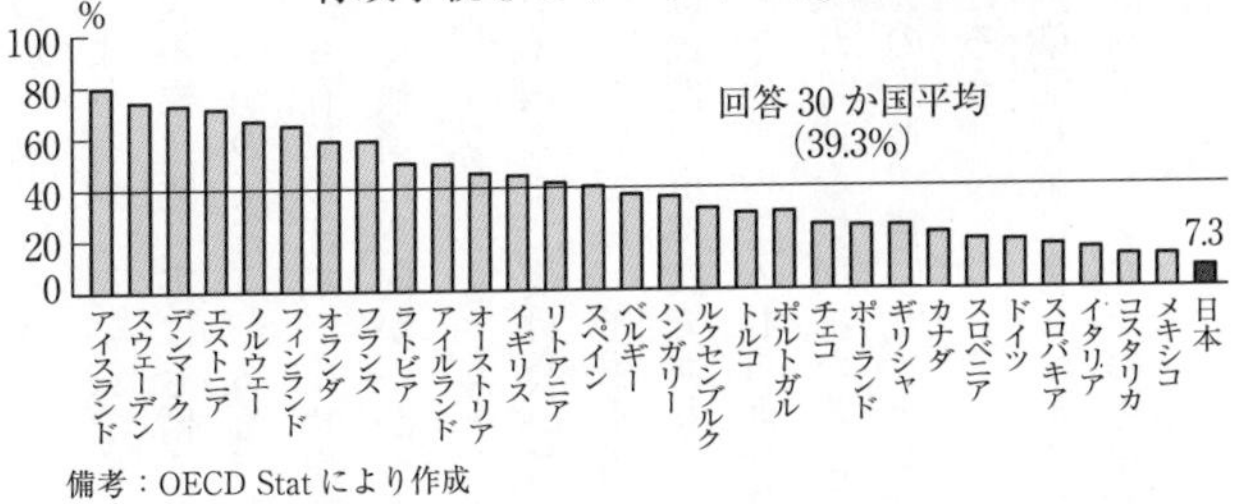

備考：OECD Stat により作成

テレワーク導入割合の推移(企業調査)

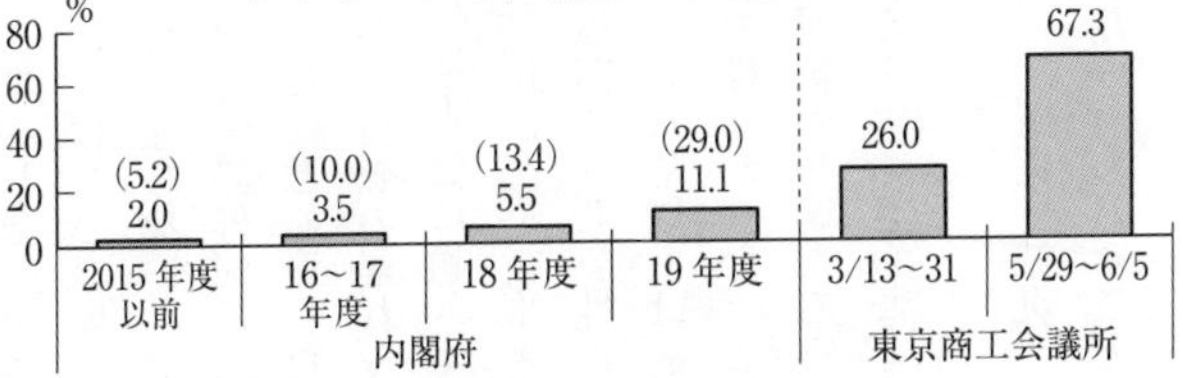

注：() 内は東京に限定した割合
出所：上の２図とも内閣府「令和２年度年次経済財政報告」2020 年 11 月

新型コロナウイルスのパンデミックもいつか収束に向かうだろう。その間の反省に立って、人類にとって避けられない感染症に対する、より有効な対応策を立てなければならない。それと同時に、ほぼ確実に襲ってくるであろう大規模自然災害にも備えなければならない。

まず、コロナ・ショックに直面して、いくつかの反省点がある。なぜ検査が諸外国に比べてこれほど遅れたのか、病床の数では世界的にも有数の日本でなぜ病床がこれほど逼迫したのか、また、なぜ経済活動自粛の被害者特定が難しく救済に時間がかかったのか。検査の遅れや患者受入れ機関の選定については、保健所(全国四六九か所ながら、三〇年でほぼ半減)に頼りすぎた面がある。保健所は陽性者の濃厚接触者の追跡調査まで受け持っていた。民間医療従事者を含む協力体制が必要だろう。また、病床の逼迫については、そもそも医療機関のうち急性期病棟を持つ四二九七医療機関のうち、七割近くは民間医療機関であり、そのうち八割以上は病床二〇〇以下の機関で、その多く(約八割)はコロナ患者の受入れ可能な機関ではなかった。ここでも民間医療機関が緊急時にウイルス患者受入れ可能な機関になるような対策が必要だろう。経済活動自粛の被害者への対応は、行政のDXの推進、特にマイナンバーカードのさらなる普及と銀行口座への紐付けを含めた対応が必要だろう。

自然災害、特に大規模地震や豪雨対策は感染症対策に劣らず重要である。防災・減災、国土強靭化に向けて、二〇二一年度から五か年計画で、インフラの点検・修繕が行われることになっている。こうした対策が間に合うことを祈りたい。

新型コロナ患者の入院や
宿泊療養までの流れ

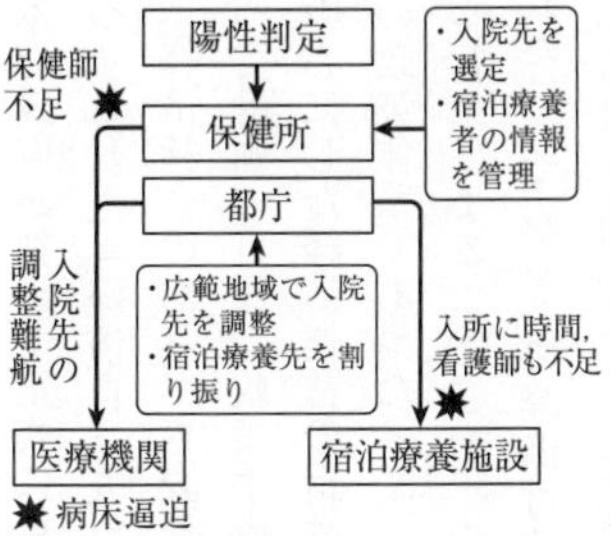

出所：朝日新聞 2021 年 1 月 10 日

新型コロナ患者の受入可能
医療機関の状況

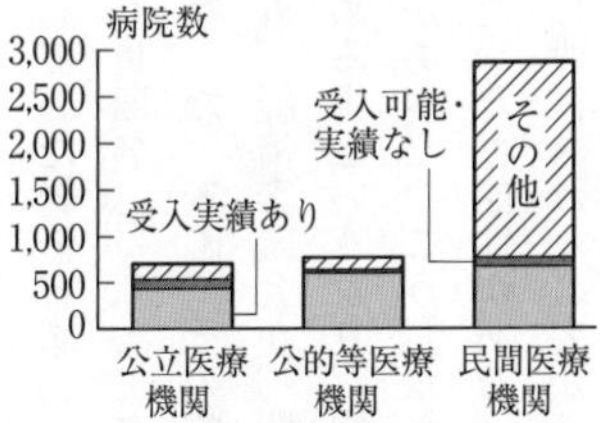

注：対象は急性期病棟を有する 4,297 医療機関．ここでの情報は 2021 年 1 月 10 日までに報告されたもの
資料：厚生労働省 HP

想定される大規模地震と発生確率

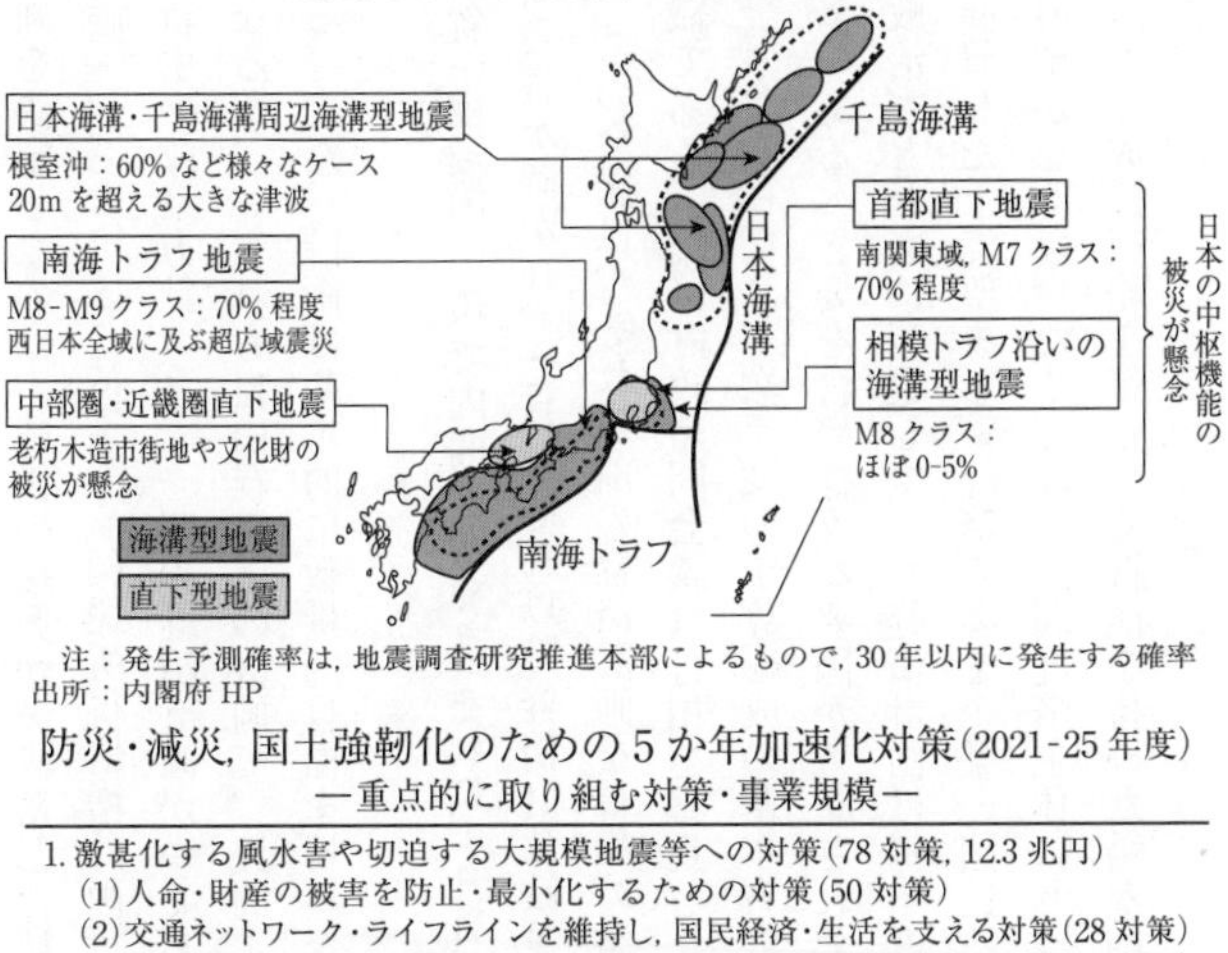

注：発生予測確率は，地震調査研究推進本部によるもので，30 年以内に発生する確率
出所：内閣府 HP

防災・減災，国土強靭化のための 5 か年加速化対策（2021-25 年度）
―重点的に取り組む対策・事業規模―

1. 激甚化する風水害や切迫する大規模地震等への対策（78 対策，12.3 兆円）
  (1) 人命・財産の被害を防止・最小化するための対策（50 対策）
  (2) 交通ネットワーク・ライフラインを維持し，国民経済・生活を支える対策（28 対策）
2. 予防保全型インフラ・メンテナンスへの転換に向けた老朽化対策（21 対策，2.7 兆円）
3. 国土強靭化に関する施策を効率的に進めるためのデジタル化対策（24 対策，0.2 兆円）
  (1) 国土強靭化に関する施策のデジタル化（12 対策）
  (2) 災害関連情報の予測，収集・集積・伝達の高度化（12 対策）

注：事業規模は概算額
資料：内閣官房「防災・減災，国土強靭化のための 5 か年加速化対策」

経済計画と経済政策の指針

日本で政府が初めて正式に経済計画を決定したのは、戦後の復興が一段落した鳩山内閣のときにつくられた「経済自立五カ年計画」だった。それ以来、「国民所得倍増計画」を含めて最後の「経済社会のあるべき姿と経済新生の政策方針」まで一四の経済計画がつくられた。時代によって計画の目標、政策手段は異なるが、いずれも自由経済下の計画で、民間主体の市場原理を中心にした経済運営の指針である。また、計画は基本的に数量的目標を持った混合経済体制での政策体系であった。

橋本行革による二〇〇一年の中央省庁再編の一環で内閣府ができ（それにより首相の権限が強化された）、そのもとに経済財政諮問会議が置かれ、これがそれ以降経済財政政策の基本方針（骨太の方針）を決めることとなった。この会議は、それ以前の経済計画を首相の諮問によって策定していた経済審議会に代わる組織である。経済財政諮問会議は首相を議長とし、関係閣僚、民間委員四名（財界から二名、学界から二名）からなり、次年度の予算編成の基本方針を決めることになった。無論、その際、日本経済のあるべき姿を含め様々な要因が考慮されてきた。

一方、経済審議会が、関係官僚、政治家とともに策定していた経済計画は毎年度の財政方針を決める場というより、内外環境を展望した上で望ましい経済の姿を企業と国民に示すことに主眼があった。こうした長期の経済展望がなくなったことは、民間経済主体にとっても大きな痛手だった可能性がある。長期的観点から成長戦略を策定する機能を持った場が内閣官房に継続的に設置される必要があるだろう。

日本の経済計画と実質経済成長率

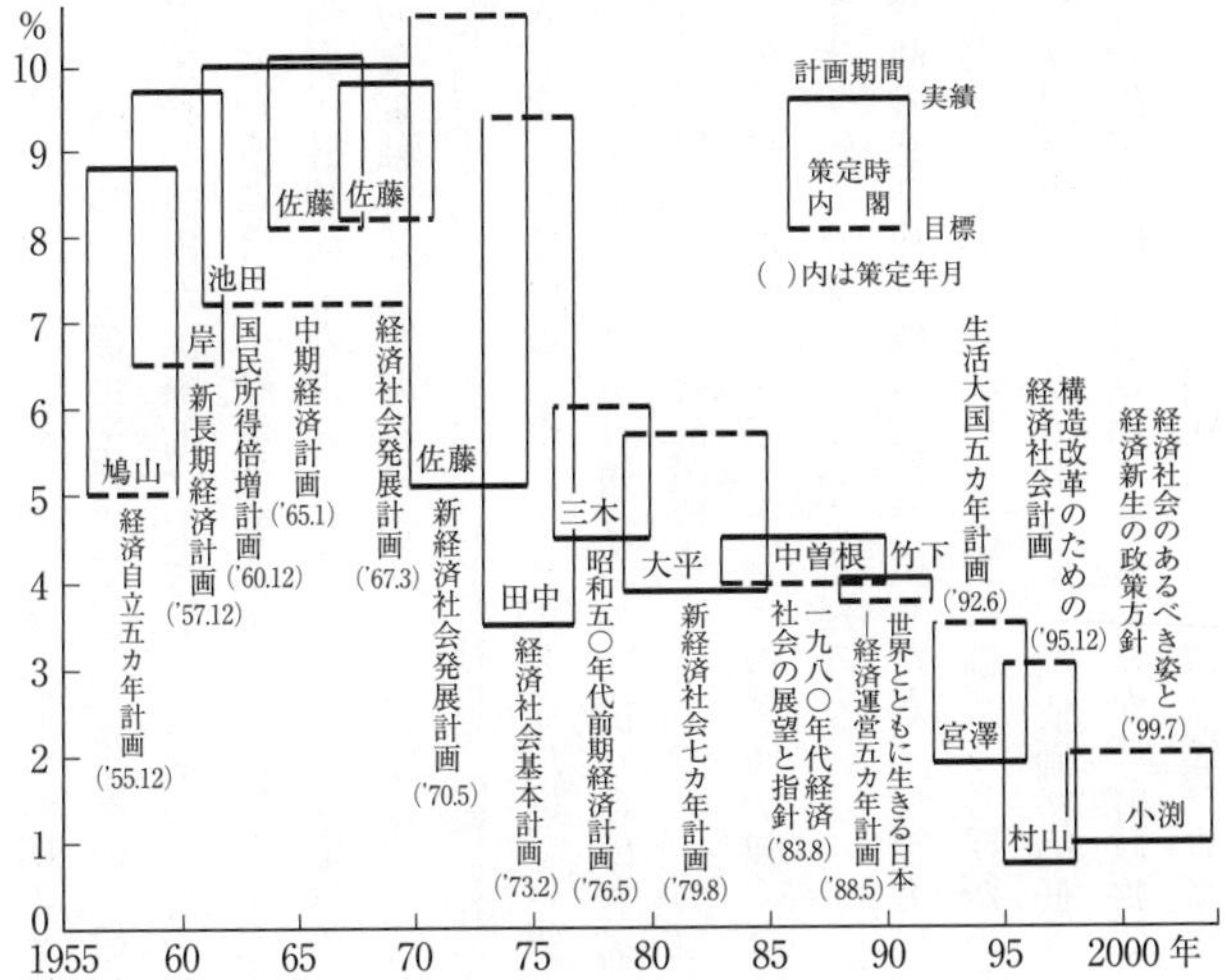

「経済財政の運営と改革の基本方針」(骨太の方針)

年	副題ないし代表的ポイント
2001	**予算編成過程改革, 不良債権処理の抜本的解決**
2002	経済活性化戦略, 税制改革, 歳出の構造改革
2003	デフレの克服, 規制改革・構造改革特区
2004	地方へ税源移譲(三位一体の改革), **社会保障制度改革**
2005	**郵政民営化, 政策金融再編**, 公務員総人件費削減・定員削減
2006	2011 年度国・地方のプライマリー・バランス黒字化目標
2007	「美しい国」へのシナリオ
2008	開かれた国, 全員参加の成長, 環境との共生
	(民主党政権下では「国家戦略室」で税財政の骨格や経済運営の基本方針策定)
2013	三本の矢(**大胆な金融政策, 機動的な財政政策, 民間投資を喚起する成長戦略**)でデフレから早期脱却
2014	デフレから好循環拡大へ
2015	名目 GDP 600 兆円, 希望出生率 1.8, 介護離職ゼロ
2016	600 兆円経済への道筋
2017	人材への投資を通じた生産性向上
2018	少子高齢化の克服による持続的な成長経路の実現
2019	「令和」新時代:「Society5.0」への挑戦
2020	危機の克服, そして新しい未来へ

財政・金融政策の展望

コロナ・ショックに対する日本の財政対応の規模は先進諸国の中でもかなり大きいほうである。三次にわたる補正を経て二〇二〇年度の一般会計歳出は一七五兆円を超えるまでになった。政府債務の規模が国際的に大きい中にあっても、思い切った対応をとった。〃経済あっての財政〃ということで、経済活動水準の維持に力を尽くしたということだろう。

当面、財政赤字の拡大に対する市場の反応は落ち着いている。一つの背景は、日銀による積極的な金融支援・金融緩和がある。日銀は、資金繰り支援特別プログラム(新型コロナ対応金融支援特別オペ約一二〇兆円、CP・社債等の買入れ増額)に加え、ETF、J－REITの積極的買入れを行っている。それより重要な点は、日銀が国債の買入れペースを上げたことだろう。二〇二〇年末における日銀保有の国債残高は普通国債残高の六割に達した(国債には、普通国債以外に財政投融資特別会計国債約一〇〇兆円とその他が若干額ある)。ますます日銀の国債買入れによる量的緩和は財政ファイナンスの側面が強くなってきた。財政政策から独立した金融政策はますます難しくなったといえるだろう。

今回の感染症危機は突然発生したが、今後もいつ何時何が起こるかわからない。特に日本では地震をはじめとした自然災害に備える必要がある。そのためにも財政に対応余力が欲しい。国債格付けの低下にかかわらず、国債価格の低下(高金利)が避けられてきたのも、日本の経常収支が黒字を続けてきたこともあるが、財政再建に対する取り組みが評価されてきたこともある。これまで以上に信頼に足る財政再建プログラムの構築が必要である。

コロナ・ショックへの裁量的財政対応（対 GDP, %）

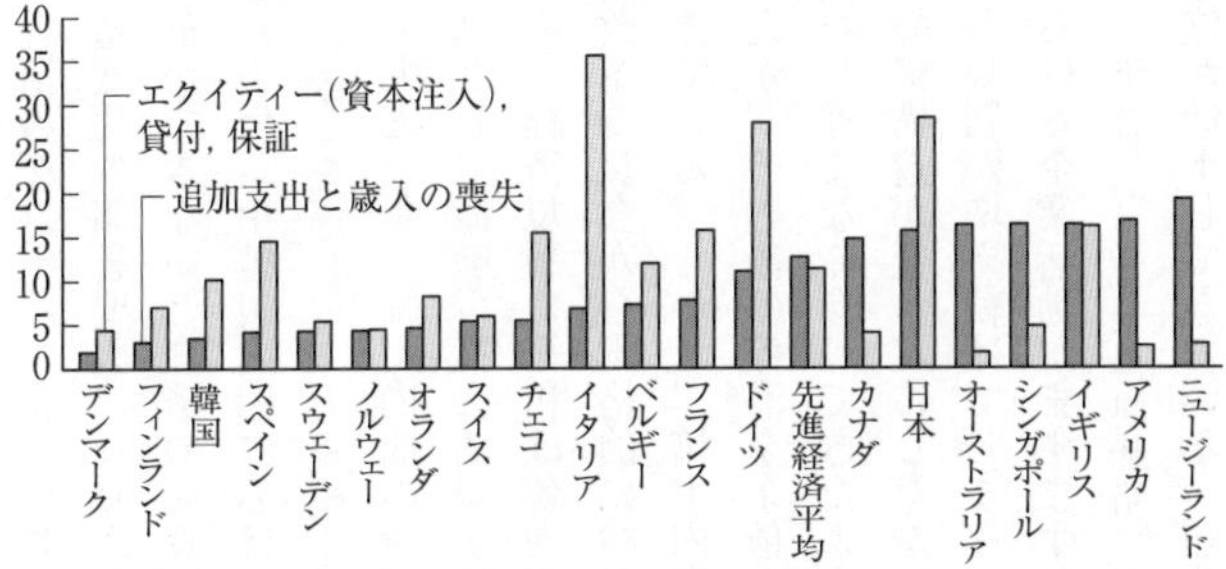

出所：Fiscal Monitor Database of Country Fiscal Measures in Response to the COVID-19 Pandemic, IMF Fiscal Affairs Dept., Jan. 2021

一般会計の税収・歳出の動き

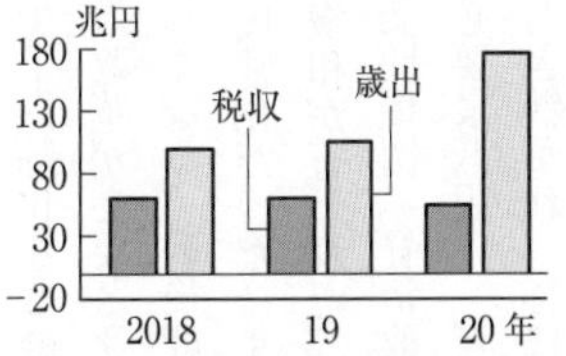

注：2020 年 12 月末時点の見通し
資料：財務省 HP 他

日本銀行の国債買入れ増額以外の新型コロナ対応

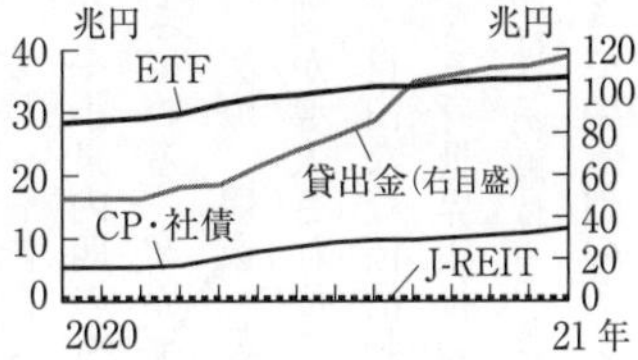

資料：日本銀行 HP

普通国債残高と日銀の国債保有額の推移

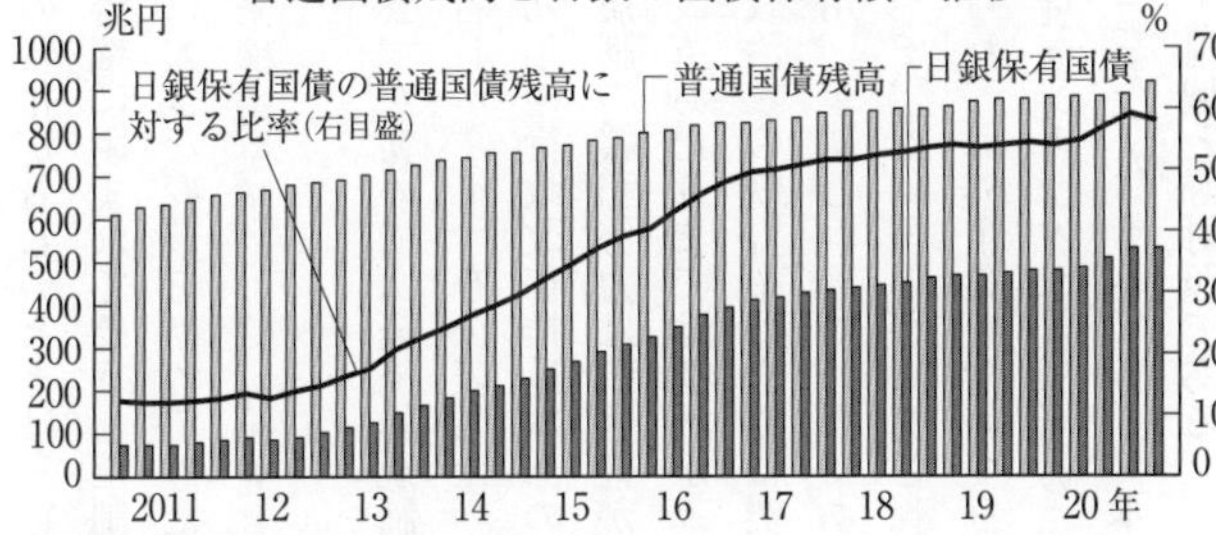

資料：財務省 HP 及び日本銀行 HP

経済運営と規制改革

経済のグローバル化、情報化、社会の少子高齢化など経済環境の変化が著しいときは、経済構造変化の阻害要因になりかねない制度の改革が必要となる。既得権に阻まれてそうした制度改革ができないと経済の成長・発展が難しくなる。戦後経済体制に大きな変革を初めてもたらしたのは、中曽根内閣における三公社の民営化だった。また、日米構造協議（一九八九年九月から一年弱）を通して、大規模小売店舗法の緩和が行われた。

一九九三年、細川内閣の時、その私的諮問機関「経済改革研究会」が初めて〝経済的規制は原則として撤廃、社会的規制については必要最低限に〟との「平岩レポート」を公表した。その後、経済規制の緩和は各内閣によって引き継がれ、特に一九九九年の行政改革推進本部の規制改革委員会から本格的に検討され始め、安倍・菅内閣まで経済規制の緩和努力は引き継がれてきている。しかし、橋本内閣の六大改革や小泉内閣のもとでの改革あたりまでは進展がみられたが、その後は停滞を余儀なくされてきている。業界・行政・政治家の既得権の岩盤に突き当たり進まなくなってきたようにみえる。医療、農業、教育、雇用、金融といった分野である。

経済構造が変わるにしたがい新しい規制が導入されることもあって、古い規制が撤廃されないと規制が増え続けてしまう。その結果、自由な経済活動が妨げられ、海外企業を含めて日本における企業活動がますますやりにくくなる。世界銀行の事業環境ランキング（安倍内閣の二〇一三年六月の「日本再興戦略」の目標の一つはこの順位を引き上げることだった）をみても、日本の順位が低下してきている。順位を上げてきている他のアジア諸国・地域と好対照である。

近年における主な規制緩和の動き

年	内閣	主な規制緩和
1985-87	中曽根	3 公社(日本電信電話公社, 専売公社, 日本国有鉄道)民営化
1991	海部	大規模小売店舗法規制緩和(2000 年廃止)
1996-98	橋本	6 大改革(金融システム・行政・財政構造・社会保障・経済構造・教育) 小渕(1998-2000), 森(2000-01)も同改革を継承
2001-06	小泉	「官から民へ」(郵政民営化, 財政投融資改革), 「中央から地方へ」(三位一体の改革：税源移譲等), その他(不良債権処理促進, 労働者派遣法緩和, FTA・EPA 推進) 安倍(2006-07), 福田(2007-08), 麻生(2008-09)も同路線を踏襲
2012-20	安倍	国家戦略特区による岩盤規制緩和に挑戦, 農協改革, 電力自由化 菅(2021-)は基本的に安倍路線踏襲：医療・介護・保育, 農業, デジタル化・シェアリング関連等の規制緩和が課題

許認可等の根拠条項等数の推移

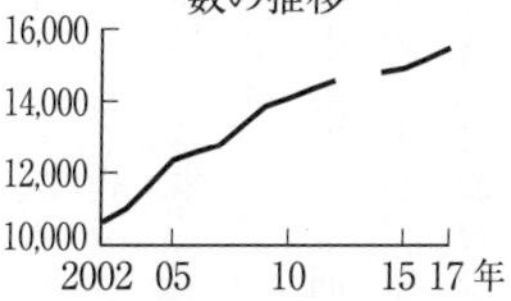

注：国の許認可等の根拠となる法令(告示を含む)の条, 項数の総数. 2012 年までと 2014 年以降は統計の取り方が若干異なるためつながらない

中央省庁等再編後の府省等別許認可数の推移

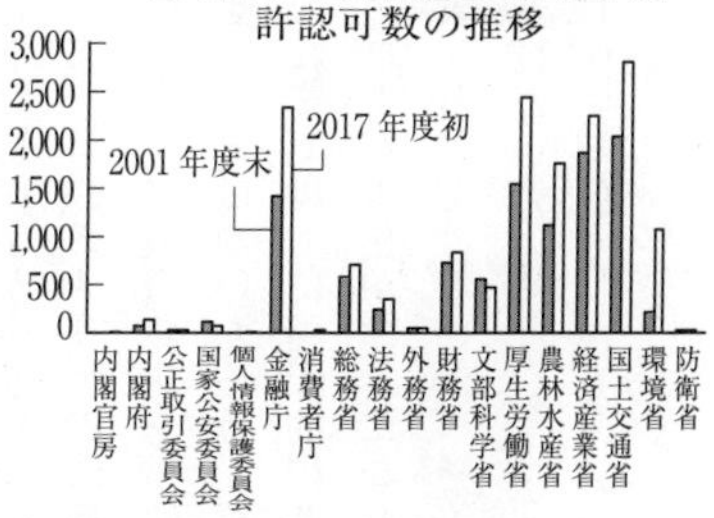

資料：総務省行政評価局「許認可等の統一的把握の結果について」2018 年 6 月

世界銀行による事業環境ランキング

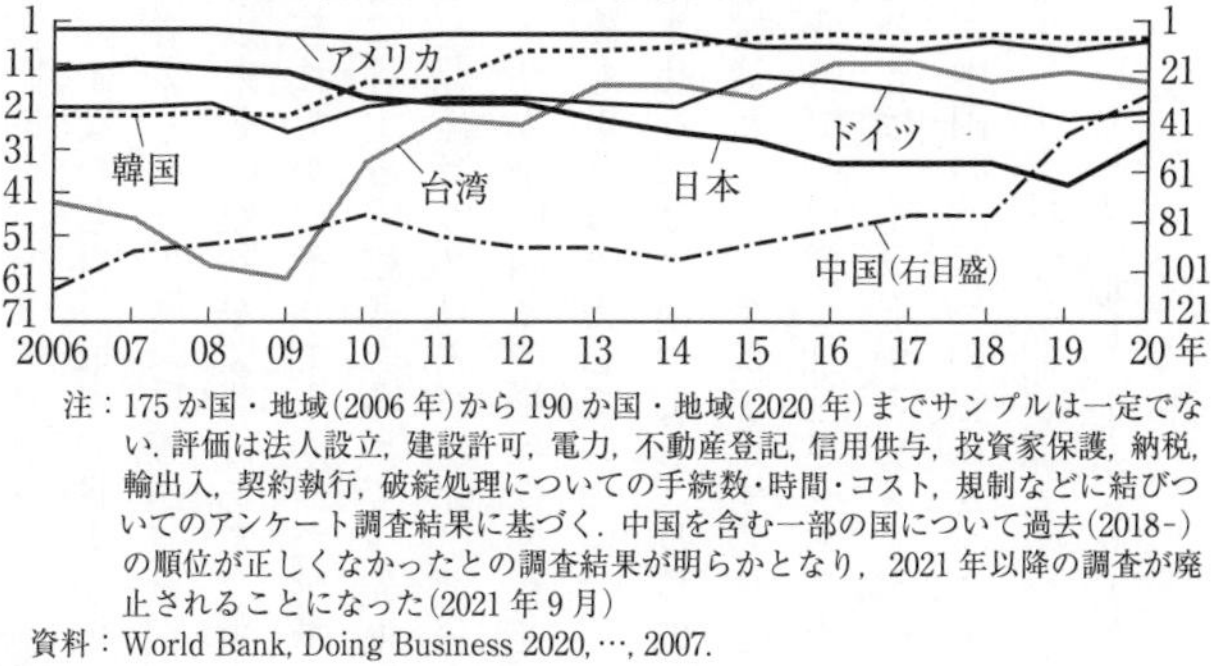

注：175 か国・地域(2006 年)から 190 か国・地域(2020 年)までサンプルは一定でない. 評価は法人設立, 建設許可, 電力, 不動産登記, 信用供与, 投資家保護, 納税, 輸出入, 契約執行, 破綻処理についての手続数・時間・コスト, 規制などに結びついてのアンケート調査結果に基づく. 中国を含む一部の国について過去(2018-)の順位が正しくなかったとの調査結果が明らかとなり, 2021 年以降の調査が廃止されることになった(2021 年 9 月)

資料：World Bank, Doing Business 2020, …, 2007.

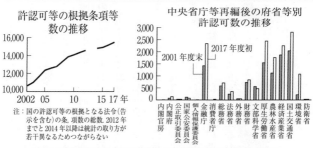

グローバル化の行方

米中貿易摩擦に加え、新型コロナウイルスのパンデミックで国際的サプライ・チェーンが一時機能不全に陥った。これまで多くの国で経済のグローバル化、すなわち対外取引の拡大が経済全体の成長を牽引してきた。戦後の先進諸国(日本はその典型だが)の経済成長は輸出に牽引されてきた。アジア諸国、特に中国では二〇〇〇年代に入って以来その傾向が顕著である。新興・発展途上諸国の中では、欧州や中南米でも同様な傾向がみられたが、そうでなかった地域もあった。しかし、中国経済の驚異的拡大が、中国の政治体制に対する違和感もあって、先進諸国の対中国警戒感を強めた。先進各国における所得格差の拡大も経済のグローバル化に関係しているととらえられた。特に対中貿易赤字が巨額になったアメリカが中国との様々な関係を見直し、貿易障壁を設けた。二〇二一年のアメリカの政権交代後も事態は改善していない。

コロナ・ショックがそれまでの中国への投資集中を若干変化させることはあっても、世界的に経済のグローバル化を減速させることはないだろう。感染症対策として一挙に加速することになったリモート・ワークは、これまで以上に国際的に多くの分野での分業を加速させることになる。特にサービス分野でのグローバル化が顕著になり、たとえば、インドからアメリカへのサービス輸出などがさらに拡大するのではないか。そもそも、中国の欧米への輸出が少々の関税障壁などで競争力を失うことはないだろう(人民元の対ドル・レートは一九九四年から二〇一九年までの二五年間で二五%しか上昇していない。日本円の対ドル・レートは一九七〇年から九五年までの二五年間に二八三%上昇した)。

先進経済の実質 GDP と実質財・サービス輸出の推移

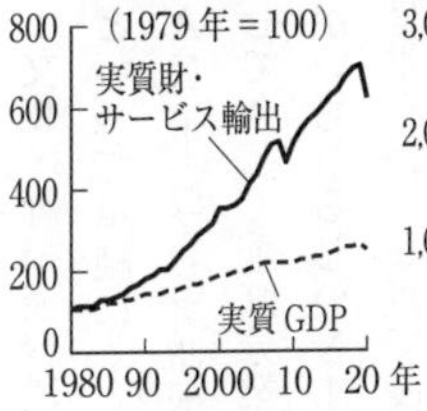

アジア新興・発展途上諸国の実質 GDP と実質財・サービス輸出

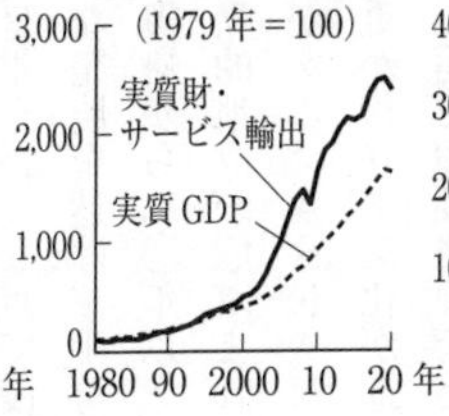

中東・中央アジアの実質 GDP と実質財・サービス輸出の推移

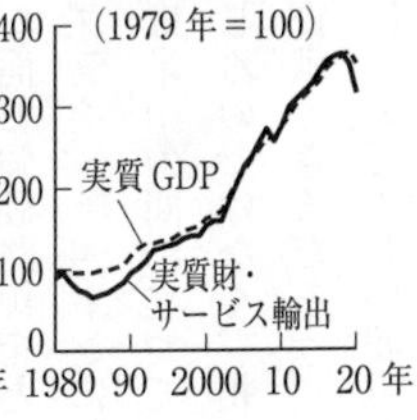

資料：IMF World Economic Outlook, Oct.2020

日米中の名目ドル建て GDP の推移

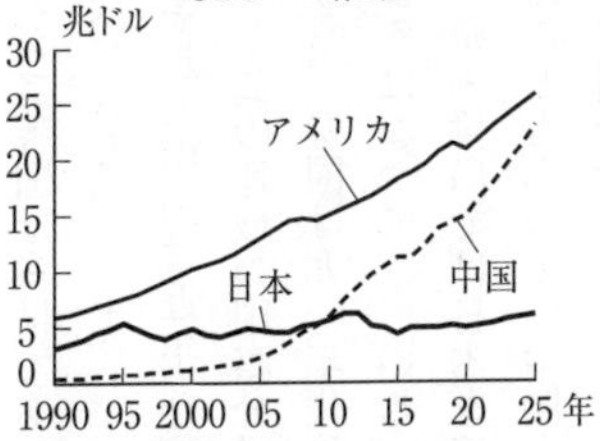

資料：IMF World Economic Outlook, Oct.2020

先進諸国のジニ係数の推移

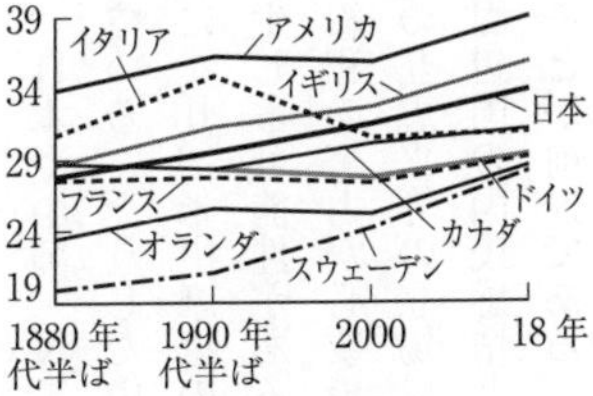

注：ここでは係数を 100 倍して表しており, 数字が大きいほど不平等度が高い
資料：OECD Factbook 2008 および OECD Staistics 2019

サービス貿易の分野別・国別伸び額

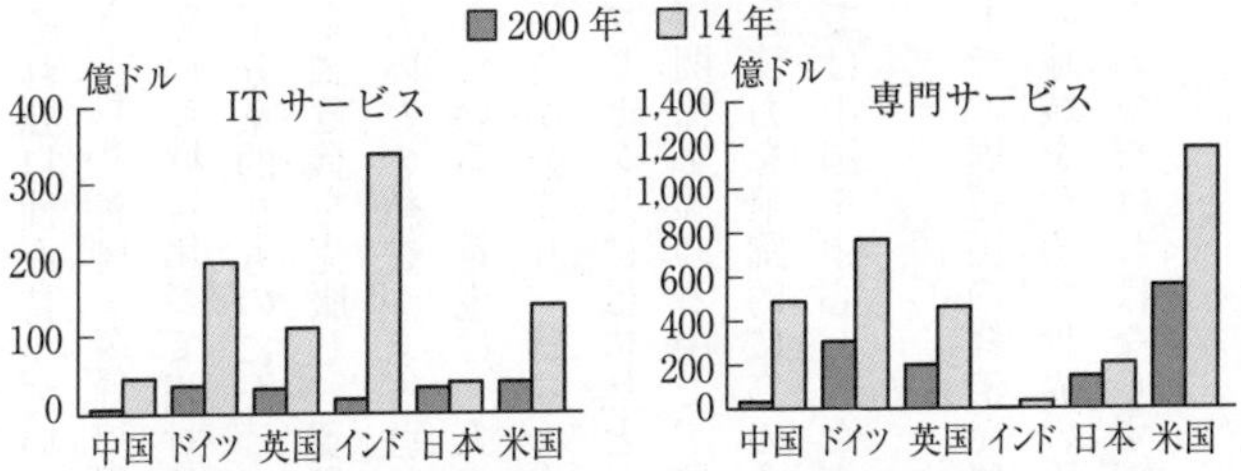

備考：付加価値ベース, 他産業の輸出に伴い誘発される間接効果を含む
資料：日本経済研究センター
出所：経済産業省「通商白書 2020」

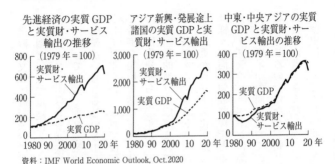

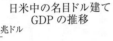

アジアの中の日本

宗教・文化・経済発展段階などアジア各国は多様であり、それぞれ独自性を持っている。アジア圏といって単純にくくることはできない。しかし、アジアＮＩＥｓ(新興工業経済地域)、ＡＳＥＡＮ(東南アジア諸国連合)、それに中国は近年経済成長率が他地域に比べて相対的に高い。そして久しく垂直分業的であったこの地域の国際分業が、水平分業的なものになってきた。

成長がいちじるしいＮＩＥｓのうち、韓国は九〇年代後半には金融危機を克服し、貿易立国として日本を様々な点で凌駕するようになってきている。台湾は大陸との結びつきを強める中で着実な発展を遂げ、半導体等の生産・輸出では日本を凌駕してきている。香港は一九九七年の中国復帰から二〇年以上経過したこともあって、中国本土の統治色が強まり、貿易・金融面での国際的地位が危ぶまれているが、国際金融センターとしてのプレゼンスには依然として一日の長がある。ＡＳＥＡＮ諸国は、日本や中国、ＮＩＥｓとの経済関係を強める中で、域内貿易に比重が移り工業化が進んできている。そうした中にあって、経済力を飛躍的に高めた中国は様々な面で強硬路線をとるようになり、米中摩擦の行方によっては中国を中心とした東アジアのサプライ・チェーンに齟齬が生じる可能性がある。

日本は米中の間に立って、緊張緩和の努力が必要である。その上で、周辺国の経済発展を脅威と感じるのではなく、相互補完の互恵平等の立場に立てば、この地域を含めて世界の平和と発展に貢献できるだろう。それは周辺国の国民感情とマッチしたものでなければならず、過去の歴史について正しい認識を持つことが前提である。

東アジアの国々

国名	国土面積(万平方キロ)	人口(100万人)	GDP(2019年,10億ドル)	主な民族	主な言語	主な宗教
ブルネイ	0.6	0.4	13	マレー系他	マレー語	イスラム教他
カンボジア	18.1	16.3	27	カンボジア人 90%	カンボジア語	仏教
インドネシア	192	267	1,120	大半マレー系	インドネシア語	イスラム教 87.2%
ラオス	24	7	19	ラオ族他	ラオス語	仏教
マレーシア	33	32	365	マレー系 69%	マレー語他	イスラム教, 仏教他
ミャンマー	68	51.4	69	ビルマ族他	ミャンマー語	仏教 90%
フィリピン	29.9	101	377	マレー系他	フィリピーノ語, 英語	キリスト教他
シンガポール	0.07	5.6	372	中華系 74%	マレー語, 英語他	仏教他
タイ	51.4	66.4	544	タイ族他	タイ語	仏教 94%
ベトナム	32.9	97.6	330	キン族(越人)86%	ベトナム語	仏教他
中国	960	1,400	14,402	漢民族他	中国語	仏教, イスラム教他
日本	37.8	126	5,080	日本人	日本語	仏教他
韓国	10	51.8	1,647	韓民族	韓国語	キリスト教, 仏教
参考：台湾	3.6	23.6	611	―	中国語, 台湾語他	仏教他
香港	0.11	7.5	366	中国系 91%	広東語, 英語, 中国語	仏教, キリスト教他

注：ブルネイからベトナムまでの10か国がASEAN加盟国
資料：GDP以外は外務省HP, GDPはIMF WEO, Oct. 2020

東アジア地域におけるサプライチェーンの実態

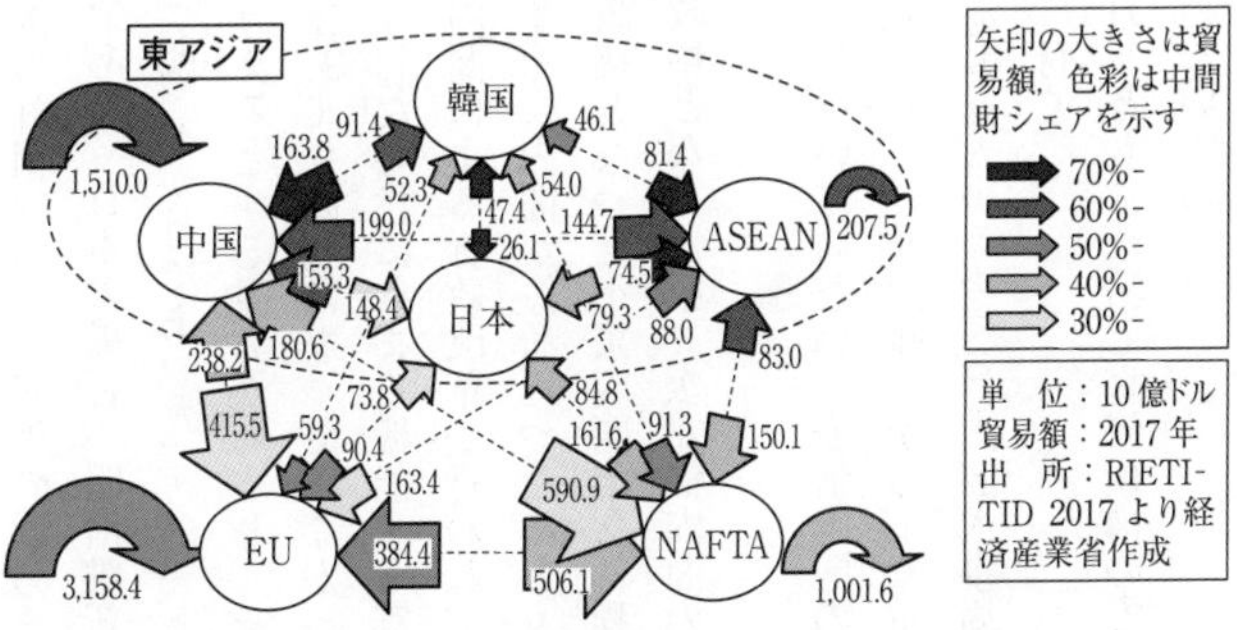

注：NAFTA(北米自由貿易協定)は2020年7月からUSMCA(米国, メキシコ, カナダ協定)に改定された
出所：経済産業省「通商白書 2020」

政治と経済

国際的にみると日本の政権はいかにも短命だった。戦後の首相は二〇二一年の初めまでで三五人にのぼり、一人当たり平均在任期間は二五・五か月である。日本の場合、明治維新以来終戦までの期間においても首相一人当たり平均在任期間は二四・七か月であった。

一般的に、頻繁な政権交代は経済にマイナスの影響を与えるとする見方があるし、そうした研究もある。ただ、日本の場合、短命な政権そのこと自体あまり問題になってこなかった。欧米に追いつけ追い越せといった時代背景もあったし、そうした時代にうまく機能する官僚組織があったこともあるだろう。ところが、近年、特に橋本内閣による行政改革が行われ、政治主導の政権運営ができるようになった。しかし、その後の多くの内閣が短命だったこともあって政治主導経済運営が行われてこなかった。例外的に長期政権となった小泉内閣である程度それは実現した(経済財政諮問会議の活用など)が、同じく長期政権となった第二次安倍内閣の下での政治主導政権運営は有効な政策に結び付かなかった。

内閣府や内閣官房の強化は行われたが、有効な政策に結び付いていない。安倍内閣の政策も短期決戦型の金融財政緩和は政権の思い通りに行われたものの、長期的観点からより重要な経済構造改革が実行されたようにはみえない。新設の(官僚の幹部人事を決める)内閣人事局も官僚の政権に対する行き過ぎた忖度をもたらす負の側面が目に付く。

政治の安定・内閣の長命化も望ましいが、政治の構想力とともに政治と官僚機構の安定した関係が構築されなければ日本経済の構造改革も再興も望めないだろう。

第二次大戦後における主要国の国家元首平均在任期間

(2021 年 2 月)

	人数	1 人当たり平均在任期間(月)
欧米主要国等		
アメリカ大統領(1945.8-)	14	63.9
イギリス首相(1945.8-)	15	59.6
フランス大統領(1947.1-)	12	73.2
ドイツ首相(1949.9-)	8	105.6
イタリア首相(1945.8-)	31	28.8*
スウェーデン首相(1945.8-)	11	81.3
カナダ首相(1945.8-)	13	68.8
オーストラリア首相(1945.8-)	16	55.9
その他主要国		
韓国大統領(1948.7-)	13	66.1
ロシア大統領(ソ連指導者)(1945.8-)	10	89.4
中国国家主席(1949.10-)	7	108.0
インド首相(1947.8-)	15	58.8
ブラジル大統領(1945.8-)	25	35.8
日本首相(1945.8-)	35	25.5
参考:(1885.12-1945.8)	29	24.7

＊:同一人物が間に異なる人物を挟んで再登板することがかなりあり, それを別の内閣とカウントすれば, 1 内閣当たり平均在任期間は 19.9 か月になる.

注:ソ連時代は共産党指導者, 中国は国家主席が廃止されていた 1975 年 1 月から 1982 年 6 月までを除く

内閣官房組織図(2021 年 2 月現在)

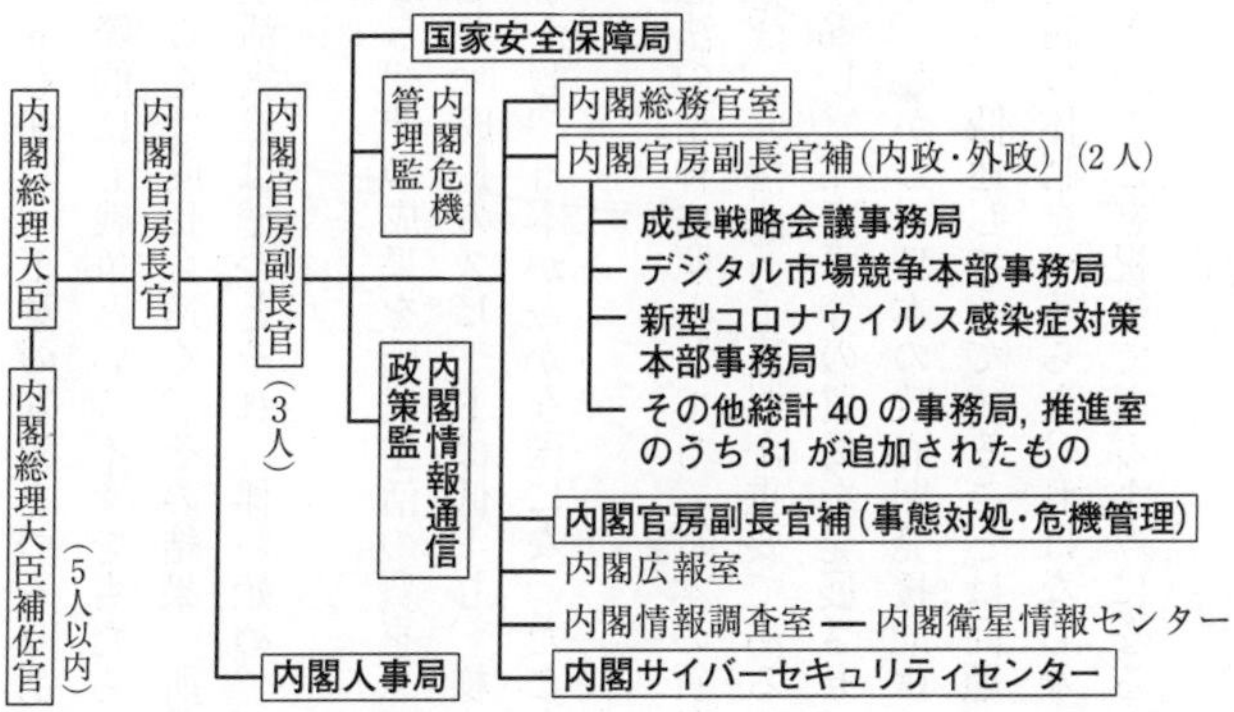

注:太字部分が第二次安倍内閣以降に追加されたもの

資料:内閣官房 HP

平和と発展のための貢献

明治維新から始まった近代化は、一面においてスピードも速く、工業の基盤をつくりあげた。しかし、成長の成果は国民生活には還元されず、また国際的にも戦争という不幸をもたらした。挫折したあとゼロから再出発した戦後の近代化も、しばらくは成長も速く、その結果、所得や対外資産の点において世界のトップクラスになった。生活実感はやっとそれに伴い始め、国際化もやっと門が開き始めたところである。

二一世紀に入って、この新時代は、成長を実現しながら、その成果を国民生活の質をさらに高めることに使うべきである。確かに、かつてに比べると、成長のスピードは低下し、様々な指標をみると国際的ポジションが低下してきている。しかし、日本が豊かな国になったことに変わりはない。日本の対外純資産額は世界一である。

世界への貢献には多様な意見があろう。私たちは、憲法の精神に照らしても、日本の貢献は非軍事に置かれるべきだと確信する。そして経済でいえば、経済協力（援助）が重要であることは言うまでもないが、基本的には各国の自立と自主を尊重し、互恵平等の貿易を発展させ、お互いに共生の道を歩むことに努力を傾注することである。しかし、日本の政府開発援助は主要先進諸国に比べて二〇〇〇年代、特に二〇一〇年代になって低迷してきていることは問題だと思われる。日本は自らもっと構造改革を通じて協力と協調の体制をつくらなければならない。そのことを通じて、世界の人びとがこの地球に生まれてきたことを祝福できるようになることを期待したい。

主要国の1人当たりGDP
（ドル建て）

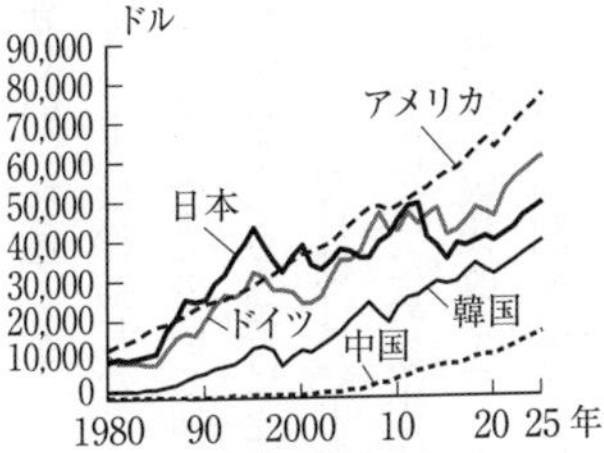

主要国の1人当たりGDP
（購買力平価建て）

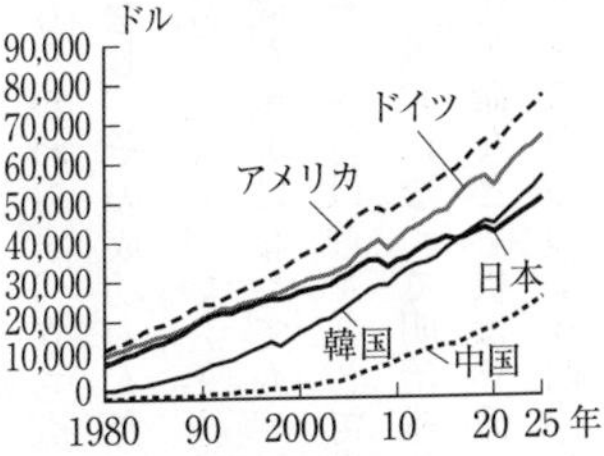

注：ドル建て購買力平価とは，アメリカと比べてそれぞれの国で同じ財・サービスを
　　買うことができる通貨の交換比率（市場で決まる為替レートとは異なる）
資料：IMF World Economic Outlook Database,Oct. 2020

日本の対外資産・負債残高の推移

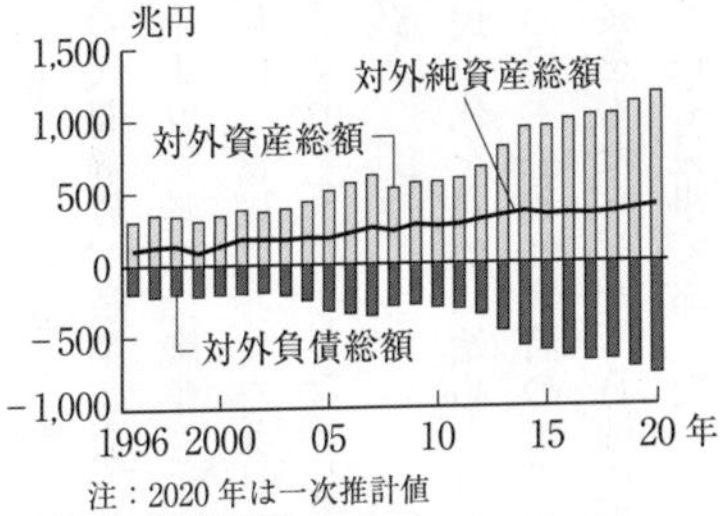

注：2020 年は一次推計値
資料：財務省 HP

主要国の対外純資産
（2019 年末，兆円）

日本	364.5
ドイツ	299.8
中国	231.8
フランス	－69.1
イギリス	－79.9
アメリカ	－1,199.4

資料：財務省「令和元年末本邦対外資産負債残高の概要」（参考 3,4）2020 年 5 月

主な DAC（OECD 開発援助委員会）加盟国の ODA（政府開発援助）
（2019 年暫定値，純支払ベース，10 億ドル）

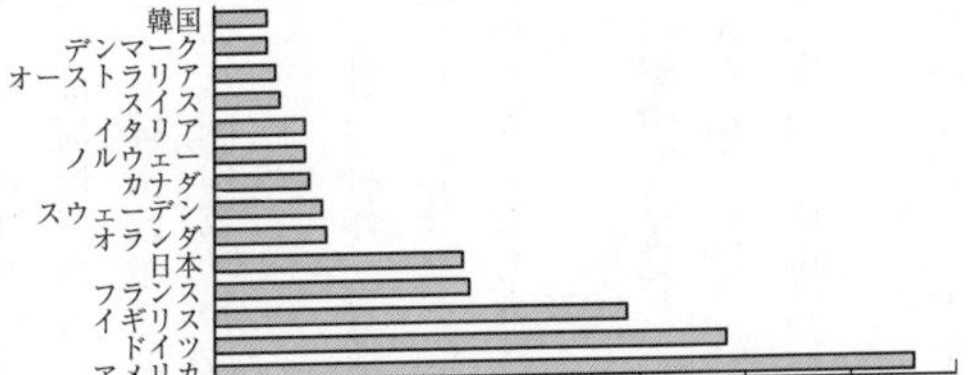

資料：OECD Statistics, Mar. 2021

最後にひとこと

いま新しい「改革」を　二〇世紀は「栄光と悔恨」の世紀であったと首脳経験者の会議（通称OBサミット）は総括した。封建制からの人間解放、産業革命と技術進歩、それは栄光である。しかし、その栄光の蔭で植民地主義が生まれ、遂には戦争を招いた。これは悔恨である。

それは日本にも当てはまる。明治維新は「富国強兵」をスローガンとして経済政策を展開した。「富国」の目標は「上からの指導」もあって成功した。しかし、その富国の成果を「強兵」に割いたため太平洋戦争で一切を失った。

再出発の「戦後改革」は非軍事化と民主化を目標に始められた。それは財閥解体、農地改革、労働三法などの制度改革を通じて政治の民主主義と経済の市場化を前進させ、急速な五〇年代の復興と六〇年代、七〇年代の高度成長をもたらした。石油危機も被害が世界で最も大きかったにもかかわらず、立ち直りは最も早く最も見事であった。

しかし、その成功のもたらしたバブル経済について、当初は実体経済の繁栄と錯覚し、それが危険だと気が付いたときも、日本の経済力を以てすれば無事に解決できると楽観し、いよいよ危機が現実になっても、経済構造の改革をはじめとして一連の「改革」を口では声高に叫びながら、実行は遅々として進まなかった。

二一世紀になって明治維新、戦後の民主改革につぐ改革をどう実行していくか。IT革命、国際化革命など看板は立派であるが、質の高い民主主義も人間的な市場経済も実現の道は厳しい。画餅にならぬよう期待したい。

あとがき

「日本経済の全貌を知りたい」と思っている人は多い。その希望に応えようとする各方面の試みも盛んである。しかし、巨大化し複雑化し、かつ躍動的に変化する日本経済を、短時間の講義や短い読み物で語るのはむずかしい。それを承知で、岩波新書の教養書としての性格にできるだけ沿う形で、私なりの「日本経済」をまとめたのが本書である。

執筆に当って、私は次の三点に留意した。

第一は、歴史の流れの中で日本経済を捉えることである。日々の市場の動静、月々の生産や雇用の動向、年々の景気変動……いずれも現状認識として大事である。が、同時に、明治維新以降の近代化から始まって、二一世紀を迎えて動いていく歴史の中で「今」を位置づけることが、より大切ではないか。

第二は、横断的に国際社会の中での日本経済を観ることである。相互依存の高まった世界経済の中で日本経済をどう位置づけるか。今後の日本経済の方向と役割を明確にするためにも、この視点は重要である。日本経済の特殊性を、あるいは逆に普遍性を安易に強調することはいずれも危険である。「国境なき経済」に向かっていても、意外に「国境性の強い」分野もある。

第三は、全体として整合的に日本経済を理解することである。マクロ分析だけでは経済はわからないから、経済をいろんな分野に分解して検討することが必要である。しかし、それぞれのミクロの問題は整合的に解釈しなければならない。最近、整合性に欠けるものが多い。

もう一つつけ加えると、以前の岩波新書『日本経済図説』(大内・有沢・脇村・美濃部・内藤共著、一九五五年。第五版＝一九七一年)のように、記述を図表で確認する形で全体を判りやすく書くことに努めた。

今回の改訂では、田谷禎三氏に論旨全般はもとより図表について全面的に協力していただき、共著者となっていただいた。これまでの版で協力いただいた本庄真氏に加えて、佐藤真理子、西渕雅江、河合美智子、岩立佐津紀の皆さんにも心から謝意を表したい。

それに岩波書店の坂巻克己氏、森光実氏、早坂ノゾミさん、山川良子さんに行き届いたかつ暖かい激励をいただいた。とくに書きとめて感謝の意を表したい。そして今度も厄介な図表を読みやすく綺麗に描きあげて下さった五島工房の方々にも心から御礼をのべたい。

二〇一三年初秋

宮崎　勇

第五版あとがき

日本経済は一九九〇年代に入って以降、とりわけ二〇〇〇年代以降、人びとが認識する以上に多くの分野で国際的な立ち位置を後退させてきた。特に先端産業分野における競争力が後退してきている。経済成長率の観点からみても、足踏み状態が長期化してきている。それは、この間の世界経済の変化、特に経済のグローバル化や情報通信分野での革新にうまく対応できなかったためだろう。また、国内における少子高齢化にうまく対応してこなかったためでもあるだろう。コロナ・ショックに直面しても想像以上に対応が後手に回った印象がある。

それまでプラスに働いてきたやり方であっても捨てることが必要であったが、それができなかったということだろう。それは、終身雇用であり、年功序列であり、学歴偏重であり、男女不平等であり、安定志向だった。官僚、政治家のあり方も時代の変化に対応してこられなかった。与えられた課題を効率よく解決する能力をなくしたかに見える官僚機構、官僚を適切に指導・誘導できない政治家も変わらなければならなかった。

経済の先行きに確信を持てない家計も企業も貯蓄超過を続けたことにより需要不足が続いてきたが、その穴を埋めたのが赤字財政による政府支出だった。その結果として、日本の財政状況は先進国の中でもダントツに悪化した。しかし、財政再建への動きは鈍い。金利が上がるような状況がくるまで財政再建はできないかもしれない。

今回も、前回の改訂と同様に、第一章の前半と各章末の「ここでひとこと」以外は全面的に改訂した。特に大きな変更は、第五章「情報通信の発展と情報化社会」を新たに加え、第三章の前半にマクロ経済をみる上での基礎知識を加え、第七、八、一一章で金融財政政策に関連した項目を増やした。また、最終第一二章ではコロナ・ショック後の日本経済の先行きについて、重要と思われる点について触れた。今回は宮崎さんに目を通していただけなかった。そうした中でも、できるだけ宮崎さんのフレーバーを残すよう心掛けた。

＊　＊　＊

この一五年ほど東京フィナンシャル・リサーチ（TFR）で毎月行われる編集会議で、編集委員の方々からいい刺激を受けてきました。そうした機会を与えてくださったTFRの小谷中奈美恵さんに感謝します。岩波書店の島村典行氏には、『世界経済図説　第四版』に続き、温かい激励と適切なご教示をいただいたことに感謝します。最後に、『世界経済図説　第四版』に続いて今回も面倒な図表を丁寧に作ってくださった風呂谷浩作氏にお礼を述べたいと思います。

二〇二一年

田谷禎三

日本経済年表(昭和－令和)

年		月	事　項
1926	昭和元	12	昭和と改元
1927	2	3	金融恐慌
1929	4	7	浜口内閣「緊縮財政，金解禁」発表(井上財政)
		10	アメリカで株暴落(世界恐慌の発端)
1930	5	1	金輸出解禁，金本位制復帰
		10	米価暴落，世界恐慌日本にも波及(昭和恐慌)
1931	6	9	満州事変勃発
		12	金輸出再禁止(高橋財政)，昭和恐慌最頂点
1932	7	3	「満州国」建国宣言
		5	5･15 事件(犬養首相殺害)
		11	赤字公債の日銀引受開始
1933	8	3	国際連盟脱退．外国為替管理法公布
		4	アメリカ，金本位制離脱
1936	11	2	2･26 事件(斎藤内大臣，高橋蔵相殺害)
		11	日独防共協定調印
1937	12	7	盧溝橋事件(日中戦争の発端)
		9	臨時資金調整法等公布，戦時統制経済へ
1938	13	1	「物資動員(物動)計画」発表
		4	国家総動員法公布．電力国家管理実現
		11	近衛首相「東亜新秩序建設」声明
1939	14	9	第 2 次世界大戦始まる
1940	15	1	米内内閣，6 カ月後に第 2 次近衛内閣成立
		9	日独伊三国同盟調印
1941	16	10	東条内閣成立
		12	太平洋戦争始まる
1942	17	1	大東亜戦争国債発行
1943	18	6	学徒戦時動員体制決定
1944	19	7	小磯・米内協力内閣成立．IMF(国際通貨基金)設立合意

日本経済年表

1945	20	2	ヤルタ会談
		7	ポツダム宣言
		8	広島，長崎に原子爆弾．日本無条件降伏
		10	連合国最高司令部「人権に関する五大改革」指示
		11	GHQ「財閥解体」指示(47.4 独占禁止法公布)
		12	GHQ「農地改革に関する覚書」．労働組合法公布
1946	21	2	金融緊急措置令
		5	第1次吉田内閣成立．食糧メーデー
		10	農地調整法改正(第2次農地改革)
		11	日本国憲法公布
		12	「傾斜生産方式」採用
1947	22	6	片山内閣成立．マーシャル・プラン発表
		7	第1回経済白書(「財政も企業も家計も赤字」)発表
		8	民間貿易再開
1948	23	1	GATT(関税と貿易に関する一般協定)発足
		3	芦田内閣成立
1949	24	3	ドッジ・ライン発表(「竹馬の足を切れ」)
		4	単一為替レート(1ドル＝360円)実施
		9	シャウプ税制勧告
		10	中華人民共和国成立
1950	25	6	朝鮮戦争勃発．特需景気(7月〜)
1951	26	5	北海道・東北・東京など9電力会社発足
		9	サンフランシスコ対日講和条約調印，日米安保条約調印
1952	27	8	IMF・世界銀行加盟
1953	28	7	朝鮮戦争休戦協定調印
1954	29	4	ECAFE(アジア極東経済委員会)加盟
		12	鳩山内閣成立
1955	30	1	春闘方式始まる
		9	GATT 加盟
		12	「経済自立五カ年計画」発表(初めての経済計画)
1956	31	7	経済白書「もはや「戦後」ではない」と宣言
		12	国連加盟
1957	32	2	岸内閣成立
1958	33	1	EEC(ヨーロッパ経済共同体)発足

1959	34	3	「貿易為替自由化方針」決定
1960	35	12	池田内閣「国民所得倍増計画」発表
1961	36	6	農業基本法公布
		9	OECD(経済協力開発機構)発足
1962	37	10	全国総合開発計画(全総計画)決定
		11	日中総合貿易(LT 貿易)協定調印
1963	38	2	GATT 11 条国移行
1964	39	4	IMF 8 条国移行．OECD 加盟
		10	東海道新幹線開通．東京オリンピック開催
		11	第 1 次佐藤内閣成立
1965	40	6	日銀，山一証券に特別融資．日韓基本条約調印
1966	41	1	赤字国債発行
		11	アジア開発銀行設立
1967	42	5	ケネディ・ラウンド妥結
		6	第 3 次中東戦争，スエズ封鎖 資本取引自由化基本方針決定
		7	EC(ヨーロッパ共同体)発足
		9	IMF 総会(SDR 創設)
1968	43	3	金プール停止，金の二重価格制採用
1969	44	3	富士・八幡製鉄合併調印
		5	自主流通米制度発足
1970	45	3	大阪万国博開幕
1971	46	6	沖縄返還協定調印
		8	アメリカ，金・ドル交換停止，10% 輸入課徴金など新政策発表
		12	スミソニアン協定(1 ドル＝308 円に)
1972	47	1	日米繊維協定調印
		2	ニクソン米大統領訪中(「頭越し外交」)
		6	田中通産相「日本列島改造論」発表
		7	田中内閣成立
		9	日中共同声明調印
1973	48	1	ベトナム和平協定．拡大 EC 発足
		2	変動相場制移行
		5	資本自由化(原則 100% 自由化)決定

		9	東京ラウンド宣言
		10	第4次中東戦争，第1次石油危機
1974	49	12	三木内閣成立．戦後初のマイナス経済成長
1975	50	11	初の主要先進国首脳会議(サミット)始まる(ランブイエ)
1976	51	2	ロッキード事件表面化
		12	福田内閣成立
1977	52	5	200カイリ漁業水域暫定措置法公布
1978	53	8	日中平和友好条約調印
		12	第2次石油危機．大平内閣成立
1979	54	6	東京サミット．一般消費税導入問題
		12	ソ連，アフガニスタン介入
1980	55	7	鈴木内閣成立
		9	イラン・イラク戦争勃発
1981	56	1	レーガン政権発足
		3	第2次臨時行政調査会発足
1982	57	11	中曽根内閣成立
1984	59	5	日米円ドル委員会発足(金融自由化明示)
		12	電電公社民営化
1985	60	3	ソ連，ゴルバチョフ政権誕生
		6	男女雇用機会均等法公布
		9	プラザ合意(先進5カ国蔵相会議(G5))
1986	61	4	「前川リポート」発表
		10	国鉄分割・民営化
1987	62	2	G5，ルーブル合意
		4	東芝機械事件
		10	ウォール街の株価暴落(ブラック・マンデー)
		11	竹下内閣成立
		12	米ソ，INF全廃条約合意
1988	63	8	イラン・イラク戦争停戦
1989	平成元	1	昭和から平成へ改元
			ブッシュ政権発足
		4	消費税(3%)実施
		6	宇野内閣成立
			中国，天安門事件

		8	海部内閣成立
		11	ベルリンの壁崩壊
		12	米ソ，冷戦の終結宣言
			日経平均株価史上最高値
1990	2	10	東西ドイツ再統合
1991	3	1	湾岸戦争勃発(9月 PKO 法案決定)
		11	宮澤内閣成立
		12	ソビエト連邦消滅
1992	4	8	中韓国交樹立
1993	5	1	EC 市場統合開始
		8	細川内閣成立
		11	APEC(アジア太平洋経済協力)閣僚会議開催
1994	6	4	羽田内閣成立
		6	村山内閣成立
1995	7	1	WTO(世界貿易機関)発足
1996	8	1	橋本内閣成立
		3	アジア欧州首脳会議(ASEM)初会合
		11	第2次橋本内閣成立
1997	9	5	イギリス，ブレア内閣(労働党)発足
		7	香港，中国に返還(一国両制度の始まり)
			タイ・バーツ危機，アジア通貨危機の始まり
		12	行政改革会議，中央省庁再編案を決定
1998	10	3	中国全人代，朱鎔基首相選出
		7	小渕内閣成立
1999	11	1	EU 共通通貨(ユーロ)発足
		3	コソボ紛争(NATO ユーゴ攻撃)
		10	自民，自由，公明3党で連立内閣
			世界人口60億人に(国連発表)
		12	マカオ，中国に返還
2000	12	5	小渕首相急逝，森内閣成立
		6	金大中大韓民国大統領，金正日朝鮮民主主義人民共和国総書記と会議
		7	沖縄サミット(先進国首脳会議)
		9	ロシア，プーチン大統領就任

		12	アメリカ大統領選挙混乱
2001	13	1	行政機構改革(省庁再編，1府12省庁に)
			アメリカ，ブッシュ大統領就任
		3	日銀量的金融緩和政策
		4	小泉内閣成立
		9	アメリカ同時多発テロ
2002	14	9	日朝首脳会議(第1回)
		2	中国，胡錦濤体制へ
2003	15	3	イラク戦争勃発(自衛隊派遣)
			個人情報保護法成立
2004	16	10	新潟県中越地震
2005	17	7	郵政民営化関連法案成立
2006	18	9	安倍内閣成立
2007	19	9	福田内閣成立
2008	20	9	リーマン・ブラザーズ破綻
			麻生内閣成立
2009	21	1	アメリカ，オバマ大統領就任
		9	鳩山内閣成立
2010	22	6	菅内閣成立
2011	23	3	東日本大震災
			福島第一原子力発電所事故
		9	野田内閣成立
2012	24	5	ロシア，プーチン大統領復帰
		8	消費税引き上げ(8%，10%)法案成立
		12	第2次安倍内閣成立
2013	25	1	アメリカ，オバマ大統領再選
		3	中国，習近平体制スタート
		4	日銀・黒田総裁主導「量的・質的金融緩和」開始
2014	26	4	消費税8%に引き上げ
2015	27	10	マイナンバー制度スタート(交付は2016年1月から)
		12	COP21パリ協定採択
2016	28	1	日銀マイナス金利導入
		4	熊本地震
		6	イギリス，国民投票でEU離脱賛成過半数に

		6	選挙権年齢18歳に引き下げ
2017	29	1	アメリカ，トランプ大統領就任
2018	30	3	中国全人代，国家主席任期撤廃
			ロシア，プーチン大統領4選
			米中関税の相互引き上げ開始(米中貿易摩擦激化)
		4	日銀・黒田総裁再任
		6	第1回米朝首脳会談
2019	令和元	5	年号「令和」に
		10	消費税10%に引き上げ
2020	2	1	中国・武漢で新型コロナウイルス発生確認
		4	日本でも新型コロナウイルス拡散で第1回緊急事態宣言
		9	菅内閣発足
2021	3	1	アメリカ，バイデン大統領就任

宮崎 勇

1923-2016年．東京大学経済学部卒業後，経済安定本部に入る．経済企画庁事務次官，大和総研理事長，経済企画庁長官などを歴任．著書に『世界経済図説 第四版』(岩波新書)，『人間の顔をした経済政策』(中央公論社) ほか．

本庄 真

1948年秋田県生まれ．早稲田大学理工学部卒業．大和総研理事等を歴任．

田谷禎三

1945年埼玉県生まれ．立教大学社会学部卒業後，UCLA経済学博士．国際通貨基金，大和証券を経て，大和総研常務理事，日本銀行政策委員会審議委員を歴任．著書に『世界経済図説 第四版』ほか．

日本経済図説 第五版　　岩波新書(新赤版)1878

2021年5月20日 第1刷発行
2024年2月5日 第2刷発行

著 者 宮崎《みやざき》 勇《いさむ》 本庄《ほんじょう》 真《まこと》 田《た》谷《や》禎三《ていぞう》

発行者 坂本政謙

発行所 株式会社 岩波書店
〒101-8002 東京都千代田区一ツ橋2-5-5
案内 03-5210-4000 営業部 03-5210-4111
https://www.iwanami.co.jp/

新書編集部 03-5210-4054
https://www.iwanami.co.jp/sin/

印刷製本・法令印刷 カバー・半七印刷

ISBN 978-4-00-431878-1 Printed in Japan

岩波新書新赤版一〇〇〇点に際して

ひとつの時代が終わったと言われて久しい。だが、その先にいかなる時代を展望するのか、私たちはその輪郭すら描きえていない。二〇世紀から持ち越した課題の多くは、未だ解決の緒を見つけることのできないままであり、二一世紀が新たに招きよせた問題も少なくない。グローバル資本主義の浸透、憎悪の連鎖、暴力の応酬――世界は混沌として深い不安の只中にある。

現代社会においては変化が常態となり、速さと新しさに絶対的な価値が与えられた。消費社会の深化と情報技術の革命は、種々の境界を無くし、人々の生活やコミュニケーションの様式を根底から変容させてきた。ライフスタイルは多様化し、一面では個人の生き方をそれぞれが選びとる時代が始まっている。同時に、新たな格差が生まれ、様々な次元での亀裂や分断が深まっている。社会や歴史に対する意識が揺らぎ、普遍的な理念に対する根本的な懐疑や、現実を変えることへの無力感がひそかに根を張りつつある。そして生きることに誰もが困難を覚える時代が到来している。

しかし、日常生活のそれぞれの場で、自由と民主主義を獲得し実践することを通じて、私たち自身がそうした閉塞を乗り超え、希望の時代の幕開けを告げてゆくことは不可能ではあるまい。そのために、いま求められていること――それは、個と個の間で開かれた対話を積み重ねながら、人間らしく生きることの条件について一人ひとりが粘り強く思考することではないか。その営みの糧となるものが、教養に外ならないと私たちは考える。歴史とは何か、よく生きるとはいかなることか、世界そして人間はどこへ向かうべきなのか――こうした根源的な問いとの格闘が、文化と知の厚みを作り出し、個人と社会を支える基盤としての教養となった。まさにそのような教養への道案内こそ、岩波新書が創刊以来、追求してきたことである。

岩波新書は、日中戦争下の一九三八年一一月に赤版として創刊された。創刊の辞は、道義の精神に則らない日本の行動を憂慮し、批判的精神と良心的行動の欠如を戒めつつ、現代人の現代的教養を刊行の目的とする、と謳っている。以後、青版、黄版、新赤版と装いを改めながら、合計二五〇〇点余りを世に問うてきた。そして、いままた新赤版が一〇〇〇点を迎えたのを機に、人間の理性と良心への信頼を再確認し、それに裏打ちされた文化を培っていく決意を込めて、新しい装丁のもとに再出発したいと思う。一冊一冊から吹き出す新風が一人でも多くの読者の許に届くこと、そして希望ある時代への想像力を豊かにかき立てることを切に願う。

（二〇〇六年四月）

岩波新書より

日本史

読み書きの日本史	八鍬友広
日本中世の民衆世界	三枝暁子
森と木と建築の日本史	海野聡
幕末社会	須田努
江戸の学びと思想家たち	辻本雅史
上杉鷹山 「富国安民」の政治	小関悠一郎
藤原定家『明月記』の世界	村井康彦
性からよむ江戸時代	沢山美果子
景観からよむ日本の歴史	金田章裕
律令国家と隋唐文明	大津透
伊勢神宮と斎宮	西宮秀紀
百姓一揆	若尾政希
給食の歴史	藤原辰史
大化改新を考える	吉村武彦
江戸東京の明治維新	横山百合子
戦国大名と分国法	清水克行
東大寺のなりたち	森本公誠
武士の日本史	髙橋昌明
五日市憲法	新井勝紘
後醍醐天皇	兵藤裕己
茶と琉球人	武井弘一
近代日本一五〇年	山本義隆
語る歴史、聞く歴史	大門正克
義経伝説と為朝伝説 日本史の北と南	原田信男
出羽三山 山岳信仰の歴史を歩く	岩鼻通明
日本の歴史を旅する	五味文彦
一茶の相続争い	高橋敏
鏡が語る古代史	岡村秀典
日本の近代とは何であったか	三谷太一郎
戦国と宗教	神田千里
古代出雲を歩く	平野芳英
自由民権運動〈デモクラシー〉の夢と挫折	松沢裕作
風土記の世界	三浦佑之
京都の歴史を歩く	小林丈広 高木博志 三枝暁子
蘇我氏の古代	吉村武彦
昭和史のかたち◆	保阪正康
「昭和天皇実録」を読む	原武史
生きて帰ってきた男	小熊英二
遺骨 戦没者三一〇万人の戦後史	栗原俊雄
在日朝鮮人 歴史と現在	水野直樹 文京洙
京都〈千年の都〉の歴史	高橋昌明
唐物の文化史◆	河添房江
小林一茶 時代を詠んだ俳諧師	青木美智男
信長の城	千田嘉博
出雲と大和	村井康彦
女帝の古代日本◆	吉村武彦
コロニアリズムと文化財	荒井信一
特高警察	荻野富士夫
古代国家はいつ成立したか	都出比呂志
渋沢栄一 社会企業家の先駆者	島田昌和

(2023.7)　◆は品切，電子書籍版あり．　(N1)

岩波新書より

鎌倉幕府と朝廷　近藤成一
室町幕府と地方の社会　榎原雅治
分裂から天下統一へ　村井章介

岩波新書より

世界史

岩波新書より

ノモンハン戦争 モンゴルと満洲国　田中克彦
中国という世界　竹内　実
ウィーン 都市の近代　田口　晃
紫禁城　入江曜子
ジャガイモのきた道　山本紀夫
創氏改名　水野直樹
フランス史10講　柴田三千雄
地中海　樺山紘一
多神教と一神教　本村凌二
奇人と異才の中国史　井波律子
ドイツ史10講　坂井榮八郎
ナチ・ドイツと言語　宮田光雄
ニューヨーク◆　亀井俊介
離散するユダヤ人　小岸　昭
現代史を学ぶ　溪内　謙
アメリカ黒人の歴史〔新版〕　本田創造
文化大革命と現代中国　安藤正士・太田勝洪・辻　康吾
フットボールの社会史　F・P・マグーンJr　忍足欣四郎訳

コンスタンティノープル千年　渡辺金一
ペスト大流行　村上陽一郎
ピープス氏の秘められた日記　臼田　昭
中世ローマ帝国　渡辺金一
モロッコ　山田吉彦
シベリアに憑かれた人々　加藤九祚
インカ帝国◆　泉　靖一
中国の隠者　富士正晴
漢の武帝◆　吉川幸次郎
孔子　貝塚茂樹
中国の歴史 上・中・下◆　貝塚茂樹
インドとイギリス　吉岡昭彦
アリストテレスとアメリカ・インディアン　L・ハンケ　佐々木昭夫訳
フランス革命小史◆　河野健二
魔女狩り　森島恒雄
風土と歴史　飯沼二郎
ヨーロッパとは何か　増田四郎
世界史概観 上・下　H・G・ウェルズ　長谷部文雄・阿部知二訳

歴史の進歩とはなにか◆　市井三郎
歴史とは何か　E・H・カー　清水幾太郎訳
フランス ルネサンス断章　渡辺一夫
チベット　多田等観
奉天三十年 上・下　クリスティー　矢内原忠雄訳
ドイツ戦歿学生の手紙　ヴィットコップ編　高橋健二訳
アラビアのロレンス 改訂版◆　中野好夫

シリーズ 中国の歴史
中華の成立 唐代まで　渡辺信一郎
江南の発展 南宋まで　丸橋充拓
草原の制覇 大モンゴルまで　古松崇志
陸海の交錯 明朝の興亡　檀上　寛
「中国」の形成 現代への展望　岡本隆司

シリーズ 中国近現代史
清朝と近代世界 19世紀　吉澤誠一郎

岩波新書より

(2023.7)　◆は品切，電子書籍版あり．(C2)